TÄGLICHE ANDACHTEN

Hansjörg Bräumer

Der Herr hat mir das Ohr geöffnet

Tägliche Andachten für Menschen von heute

Breklumer Verlag

1. Auflage 1979

Umschlag- und Einbandgestaltung: Erich Augstein
Holzschnitt: Jörg Hoffmann
Gesamtherstellung: Breklumer Druckerei Manfred Siegel
Printed in Germany
ISBN 3-7793-0006-0

Vorwort

»Der Herr hat mir das Ohr geöffnet« steht als große Heilszusage über allen 365 biblischen Betrachtungen des vorliegenden Andachtsbuches. Gott zwingt keinen Menschen, ihn zu lieben oder zu ihm zu beten, aber er öffnet ihm das Ohr. Gott gibt seinen Menschen die Chance, zu antworten. Die Antwort, das Gebet, beginnt mit dem Lauschen, mit der den ganzen Menschen bestimmenden Haltung: Rede, Herr, dein Knecht hört. Von Sören Kierkegaard wird berichtet: »Als sein Gebet immer andächtiger wurde, da hatte er immer weniger und weniger zu sagen. Zuletzt wurde er ganz still. Er wurde still – ja, was womöglich noch ein größerer Gegensatz zum Reden ist, er wurde ein Hörer.«

Die 365 biblischen Betrachtungen wollen Ihnen helfen, die Zeit der Stille und des Wartens zu füllen, bis Sie zu dem Punkt kommen, an dem Sie sagen können: Jetzt hat der Herr mir das Ohr geöffnet.

Ich widme dieses Buch unseren drei Kindern:

Carsten Joachim	geb. am 3. 6. 1967
Anke Daniela	geb. am 27. 9. 1971
Ilka Maria	geb. am 25. 1. 1975

Mit dieser Widmung stelle ich mich zusammen mit meiner Frau in die Reihe der Eltern, die von Gott erbitten, daß ihre Kinder Jesu Ruf in die Nachfolge hören und Jesu Jünger werden. Hören ist bereits der erste Schritt zum Gehorsam. Ein offenes Ohr haben, bedeutet schon Bereitschaft zur Konsequenz.

Herzlich danke ich meiner Frau, die das Entstehen des Buches mit Rat und Opfer an Zeit begleitet hat. Frau Hedwig Petersen danke ich für die Erstellung des Registers, Herrn Kurt Meinel für die Durchsicht des Manuskriptes und das Lesen der Korrekturen, nicht zuletzt aber der Gemeinde »Zum guten Hirten« in der Lobetalarbeit in Celle, die im Hören von Predigten und Andachten an der Vorarbeit zu diesem Buch beteiligt ist.

Es ist meine Bitte und mein Gebet, daß Sie im täglichen Gebrauch des Andachtsbuches erfahren, was es heißt: Der Herr hat mir das Ohr geöffnet.

Inhaltsverzeichnis

Gliederung der Andachten 9

Anleitung zur Stille und zur Hausandacht

A. Die persönliche »Stille Zeit« – eine Form christlicher Meditation 13

I. Biblische und Gott-lose Meditation 13

1. Meditation im Alten Testament 13
2. Meditation im Judentum 14
3. Meditation im Neuen Testament 14
4. Meditation und Kontemplation 14
5. Gott-lose Meditation 15

II. Stille vor Gott – ein Modell biblischer Meditation .. 16

1. Die Sammlung 16
   Ich habe Zeit – Ich bin anwesend – Ich bin aufmerksam
2. Die Begegnung Gottes in seinem Wort 17
   Erstes Vernehmen – Bewußtes Hören – Beginn der Antwort
3. Das Bleiben in Gottes Gegenwart 17
   Anbetung – Bekenntnis – Gebet der Hingabe

III. Ordnung der »Stillen Zeit« 19

1. Die Zeiten der Stille 19
   Das Morgengebet – Das Mittagsgebet – Das Abendgebet – Das Nachtgebet
2. Der Raum für die Stille und die Gebetshaltung 21
   Die Proskynese – Das Knien – Das Stehen – Das Sitzen – Die erhobenen Hände – Die herabhängenden Hände – Die gefalteten Hände

B. Die Hausandacht, die Urzelle christlicher Gemeinschaft 23

I. Die biblische Betrachtung 24

1. Die Wiedergabe des Textes 25
2. Die Auslegung 25
3. Der persönliche Anspruch 25

II. Die Hausandacht 26

1. Das gemeinsame Lesen 26
2. Das gemeinsame Beten 26

III. Die Andachten im Jahreskreis der Kirche 27

Verzeichnis der Bibelstellen 395

Personenregister 405

Gliederung der Andachten

Die Andachten entstanden aus vielen Predigten und Bibelarbeiten aus den Jahren 1973–1978. Sie greifen aus der Glaubenslehre 12 Themen auf und behandeln in zusammenhängenden Blöcken z. B. Fragen der Nachfolge, der Anfechtung, des Leidens. Einige Abschnitte der Bibel sind fortlaufend ausgelegt, z. B. das Buch Jona, das Hohepriesterliche Gebet und die Offenbarung des Johannes. Die Gliederung in Sachgebiete sowie die beiden Register sind für die Leser gedacht, die das Andachtsbuch gebrauchen wollen für die Erarbeitung eigener Andachten, Bibelarbeiten und Predigten.

I. Das geöffnete Ohr (1. 1. – 22. 1.)
Gottes Bote und Knecht (1. 1. – 6. 1.) Die Freudenbotschaft für das Volk in der Gefangenschaft (7. 1. – 14. 1.) Die Berufung des Samuel (15. 1. – 22. 1.)

II. Der Ruf in die Nachfolge Jesu (23. 1. – 29. 2.)
Jesus ruft Matthäus (23. 1.) und Petrus (24. 1.) Die Heilsrufe für Jünger Jesu (25. 1. – 3. 2.) Jesus wirbt um einen Gesetzeslehrer (4. 2. – 14. 2.) Jesus gibt einem Mädchen eine neue Existenzmöglichkeit (15. 2. – 22. 2.) Jesus eröffnet einem Gelähmten den Zugang in sein Reich (23. 2. – 29. 2.)

III. Das Gebet in der Anfechtung (1. 3. – 31. 3.)
Das Ringen um den rechten Weg (1. 3. – 14. 3.) Jesu Kampf und Angst (15. 3.) Jesus betet in Gethsemane (16. 3. – 24. 3.) Die Worte Jesu am Kreuz (25. 3. – 31. 3.)

IV. Auf der Flucht vor Gott (1. 4. – 30. 4.)
Drei Tage in der Unterwelt (1. 4.) Das Zeichen des Propheten (2. 4. – Ostern) Die Berufung des Jona, Flucht und Rettung (3. 4. – 12. 4.) Das Gebet des Jona (13. 4. – 19. 4.) Die Predigt in Ninive (20. 4. – 22. 4.) Die Gottesmüdigkeit des Propheten (23. 4. – 30. 4.)

V. Der Anfang der Gemeinde Jesu und ihre Gaben (1. 5. – 2. 6.)
Die Bekehrung des ersten Heiden zu Jesus: Der Hauptmann von Kapernaum (1. 5. – 7. 5.) Der Lobpreis der Gemeinde (8. 5.) Das Gebet der Jünger Jesu, das Vaterunser (9. 5. – 17. 5.) Die Geistesgaben in der ersten Gemeinde (18. 5. – 27. 5.) Die Wiederbeauftragung des Propheten Jesaja (28. 5. – 2. 6.)

VI. Die Gottesgemeinde des Alten Bundes (3. 6. – 30. 6.)
Ruben (3. 6. u. 4. 6.) Simeon (5. 6. u. 6. 6.) Levi (7. 6. – 10. 6.) Juda (11. 6. u. 12. 6.) Sebulon (13. 6. u. 14. 6.) Issaschar (15. 6. u. 16. 6.) Dan (17. 6. u. 18. 6.) Gad (19. 6. u. 20. 6.) Asser (21. 6. u. 22. 6.) Naphtali (23. 6. u. 24. 6.) Joseph (25. 6. – 27. 6.) Benjamin (28. 6. – 30. 6.)

VII. Jesus – wahrer Gott und wahrer Mensch (1. 7. – 31. 7.)
Jesus war vor aller Zeit (1. 7. – 8. 7.) Jesus wird Mensch (9. 7. – 12. 7.) Leiden und Sterben Jesu (13. 7. – 19. 7.) Höllenfahrt und Auferstehung (20. 7. – 22. 7.) Rückkehr Jesu zum Vater (23. 7. – 27. 7.) Jesus, der Erlöser und Richter (28. 7. – 31. 7.)

VIII. Das Hohepriesterliche Gebet (1. 8. – 31. 8.)

IX. Die Gemeinde Jesu und ihre Zukunft (1. 9. – 30. 9.)
Der Vorgang der Offenbarung (1. 9. – 3. 9.) Die sieben Sendschreiben (4. 9. – 15. 9.) Der erhöhte Herr und die Bewahrung der Gemeinde in der letzten Zeit (16. 9. – 30. 9.)

X. Die Vollendung und das Leben nach dem Tode (1. 10. – 30. 10.)
Das Ende der Welt und die Wiederkunft Christi (1. 10. – 10. 10.) Das letzte Gericht (11. 10. – 15. 10.) Der neue Himmel und die neue Erde (16. 10. – 22. 10.) Das Gleichnis von den sechs Brüdern – das Leben jenseits des Todes (23. 10. – 30. 10.)

XI. Der Beginn der Sünde und die Einladung zum Großen Abendmahl (31. 10. – 24. 11.)
Alter und neuer Ablaßhandel (31. 10.) Der Sündenfall (1. 11. – 14. 11.) Der Rückkauf des Menschen (15. 11.) Die Einladung zum Großen Abendmahl (16. 11. – 24. 11.)

XII. Die Weihnachtszeit (25. 11. – 31. 12.)

Tag der Hl. Katharina (25. 11.) Stephanus (26. 11. – 30. 11.) Maria, Joseph und Jesu vaterlose Geburt (1. 12. – 8. 12.) Elisabeth (9. 12.) Zacharias (10. 12.) Magnificat (11. 12.) Benediktus (12. 12. u. 13. 12.) Nunc dimittis (14. 12.) Hanna (15. 12.) Kaiser Augustus (16. 12.) Rahel (17. 12.) Ruth (18. 12.) David (19. 12.) Micha (20. 12.) Geburt in Bethlehem (21. 12.) Hirten (22. 12.) Weisen (23. 12.) Adam-und-Eva-Tag (24. 12.) Christtag (25. 12.) Stephanustag (26. 12.) Tag des Evangelisten Johannes (27. 12.) Tag der unschuldigen Kinder (28. 12.) Flucht nach Ägypten (29. 12.) Herodes (30. 12.) Joseph (31. 12.)

Anleitung zur Stille und zur Hausandacht

A. Die persönliche »Stille Zeit« – eine Form christlicher Meditation

Ähnlich wie das deutsche Wort Seelsorge, so kommt auch der lateinische Begriff Meditation in der Bibel nicht vor. Der in der Bibel häufig gebrauchte Begriff für Meditation ist Stille. Der Mensch erfährt in der Stille, was Gott von ihm will. Vor der Bekanntmachung der Gebote wird den Stämmen Israels zugerufen: »Sei still und höre, Israel« (5.Mose 27,11). Der Beter im Alten Testament wird aufgefordert: »Sei stille dem Herrn und warte auf ihn« (Psalm 37,7). Da, wo er keine Antwort findet, klagt er: »Ich finde kein Stilleschweigen« (Ps. 22,2). Gott selbst redet und offenbart sich, wo der Mensch erklärt: Ich bin hörbereit (1.Sam. 3,8). Neben dem Begriff Stille gibt es im Alten Testament und im Neuen Testament noch ganz spezielle Ausdrücke, die das Wortfeld der lateinischen Begriffe Meditation und Kontemplation umreißen und die biblische Meditation zugleich von der Gott-losen Meditation abgrenzen.

I. Biblische und Gott-lose Meditation

1. Meditation im Alten Testament

Das alttestamentliche Wort für Meditation ist haga und bedeutet wörtlich: seufzen, sinnen, murmeln, legen, denken, nachdenken, preisen. In Psalm 1,2 heißt es: »Er (der Gelehrte) hat Gefallen am Gesetz des Herrn und sinnt über das Gesetz nach bei Tag und bei Nacht.« Die von den Rabbinern autorisierte Übersetzung des Alten Testamentes überträgt haga mit meditieren. Meditation ist im Alten Testament das halblaute Murmeln des Gotteswortes. Es ist der Vorgang, der einem Gotteswort nach-denkt. Meditation ist das beständige Wiederholen und Üben eines Wortes, bis es zum Umsetzen des Wortes in das Leben und in die Tat kommt.

2. Meditation im Judentum

Bevor ein Jude zu Gott betet, verharrt er längere Zeit im Schweigen vor Gott. Von den Frommen der Makkabäerzeit (163–63 v. Chr.) wird berichtet: »Sie verweilten eine Stunde, ehe sie das Gebet sagten, damit sie ihr Herz auf ihren Vater im Himmel richteten« (Mischna Brachot, V. 1).

3. Meditation im Neuen Testament

Im Neuen Testament ist das Wort haga mit melatao – einüben, sich einer Sache befleißigen, um etwas Sorge tragen – übersetzt (vgl. 1. Tim. 4, 15). Das damit angesprochene Wortfeld wird außerdem mit einer Reihe anderer Zeitworte umschrieben, z. B. mit hören, im Herzen bewahren und bewegen. Der, der Gottes Wort vernimmt, versenkt es in die Tiefe seines Herzensgrundes (vgl. Maria, Luk. 2, 19). Im Grunde des Herzens werden Erkennen, Wollen, Hören und Sehen eine Einheit. Das beherzigte Wort wird zur Tat. Die, die Gottes Wort meditieren – die es hören und bewahren –, werden von Jesus seliggepriesen (Luk. 11,28).

4. Meditation und Kontemplation

Mit dem lateinischen Wort *Meditation* sind die deutschen Worte »Mitte« und »messen« verwandt. Der Meditierende hat einen Mittelpunkt, von dem aus sein gesamter Denk- und Lebenskreis bis hinein in alle Einzelheiten bestimmt wird. Diese Mitte ist das Wort Gottes. Wo immer er steht, denkt und lebt, kann er sich nach der Mitte hin orientieren.

Hinter der Vorstellung des Messens, genauer des Ausmessens, steht der Vorgang des Durchschreitens einer bestimmten Strecke. Maßstab dieses Ausmessens ist das von Gott ausgegangene Wort.

Übersetzt man das lateinische Wort *Kontemplation* in das Griechische, so heißt es dort theoria. Dieser bereits von Cicero und Seneca aufgezeigte Zusammenhang von Kontemplation und Theorie beschreibt den Vorgang der Meditation als eine rein empfangende Zuwendung, die zunächst völlig frei ist von einer praktischen Bezweckung. Die Kontemplation, wie sie z. B. Roger Schutz und die Brüder und Schwestern von Taizé üben und lehren, ist erstens ein schweigendes Vernehmen des Wortes Gottes, zweitens ein schauendes Erkennen, das sich dem Anspruch Gottes hingibt, ohne von vornherein das beweisende und schlußfolgernde Denken einzutragen, und drittens ein vom Staunen begleitetes Erkennen. Wer so in einer direkten Verbindung mit Gott, ohne sofort nach Dienlichkeiten und Belangen zu fragen, Gottes Wort hört und erfährt, wird befreit zu einer Aktion, die aus Gott geboren ist.

5. Gott-lose Meditation

Die christliche Meditation steht in Gefahr, von zwei Fremdbereichen belegt und beherrscht zu werden: von der medizinisch-psychologischen Entspannung und von den ostasiatischen Meditationsmethoden.

Von Ärzten und Psychologen werden heute unter verschiedenen Fachausdrücken *Entspannungsübungen* angeboten. Sie können helfende und heilende Wirkung haben. Solange sie sich nur auf den Menschen, d. h. auf dessen organische und seelische Gegebenheiten konzentrieren, vermitteln sie Hilfe für die Diesseitsbewältigung.

Christliche Meditation fängt aber erst da an, wo der Inhalt der Meditation Gott und sein Wort ist. Sie reicht über das Diesseits, über das Grab hinaus.

Psychologische und medizinische Entspannungsübungen sehen nur den Menschen in seiner Weltlichkeit, d. h. den Menschen als letzte Instanz. Es ist eine Meditationsmethode ohne Gott – eine Gott-lose Meditation. Diese von Gott gelöste Meditation steht in der Gefahr, an Gottes Stelle den Menschen zu setzen. Mitte und Maß aller Dinge werden der Mensch und seine Bedürfnisse. Eine Meditationsübung, bei der der Mensch Gottes Platz eingenommen hat, ist eine Übertretung des Gebotes: »Du sollst keine anderen Götter haben neben mir.«

Zu einer noch weiteren Entfernung von Gott und seinen Geboten führt der Einfluß *ostasiatischer Meditationsmethoden.* Die im asiatischen Raum geübte Meditation ist unlöslich verbunden mit ihrem religiösen Ziel, d. h., Methode und Ziel sind nicht voneinander zu trennen. Mit jeglicher Anleihe an asiatische Meditationsmethoden schleicht sich der fremde Gott ein.

Alle Meditationsformen und -praktiken, die sich nicht auf das in der Heiligen Schrift überlieferte Bibelwort konzentrieren, paktieren mit einer fremden Religion. Sie sind ein Verstoß gegen das Gebot: »Du sollst keine anderen Götter haben neben mir.« Der Anspruch Jesu, allein »der Weg, die Wahrheit und das Leben« zu sein (vgl. Joh. 14,6) wird relativiert. Die christliche Meditation hat es auch nicht nötig, äußere Formen und Haltungen aus den fremden Religionen zu übernehmen. Sie findet genügend Impulse und Methoden in der Heiligen Schrift. Für den Christen gibt es nur ein klares Nein zu aller von dem lebendigen Gott, wie er sich im Alten und Neuen Testament bezeugt, gelösten Meditation. Christen weisen deshalb auch alle noch so gering scheinenden Einflüsse aus dem asiatischen Bereich zurück.

II. Stille vor Gott – ein Modell biblischer Meditation

In der persönlichen Stille steht der Mensch einsam und allein vor Gott. Er läßt sich ganz auf einen Text aus der Heiligen Schrift ein. Er ist nicht mehr aktiv, sondern tritt in eine Empfangshaltung. Bestimmend ist nun allein das aus dem Bibelwort an den Menschen ergehende Wort. Dabei ist Stille in den seltensten Fällen ein Erlebnis oder Widerfahrnis. Sie ist eine Übung mit den Übungsschranken aller Übungen. Stille setzt sich nicht alleine durch. Sie ist ein Dienst, der in Treue und Gehorsam getan werden will. Von sich aus ist der Mensch nicht auf Stille angelegt. Er muß die Stille wollen und üben. Hilfe zu dieser Ein-Übung ist das bewußte Durchschreiten von drei Bereichen.

1. Die Sammlung

Wie schwer es ist, sich zu sammeln, merkt der Mensch, wenn er sich darum bemüht. Sobald er versucht, ruhig zu werden, kommt die Unruhe erst richtig über ihn. Gesammelt ist ein Mensch da, wo er die folgenden drei Aussagen bejahend durchlebt.

Ich habe Zeit. Der Mensch betet nicht gern. Er empfindet

beim Beten Langeweile, Verlegenheit und Widerwillen. Er sagt aber: »Ich habe keine Zeit«, obwohl er, sobald er die Stille verläßt, die überflüssigsten Dinge tun kann. Hier sollte der Mensch aufhören, sich selbst und Gott zu belügen. Die Sammlung beginnt mit der Erklärung: »Ich habe Zeit. Diese Stunde gehört allein dir, mein Herr und Gott.«

Ich bin anwesend. Sobald der Mensch beten will, drängt es ihn anderswohin. Er will weggehen, ein Buch nehmen, sich aktiv betätigen. Die Erklärung des Wach- und Anwesendseins drückt sich in der Gebetshaltung aus (siehe unten: Gebetshaltung).

Ich bin aufmerksam. Sammlung heißt: »In sich geeint sein«, einen festen Kern haben, eine Mitte, von der alles Tun ausgeht und zu der es zurückkehrt. Die Gedanken, die den Menschen zerstreuen, werden auf die Mitte der Stille, den Text aus der Bibel, gelenkt.

2. *Die Begegnung Gottes in seinem Wort*

Erstes Vernehmen. Eine Hilfe zum konzentrierten Lesen eines Bibelabschnittes ist das Lesen mit bewegten Lippen, ohne daß dabei ein Wort laut gesprochen wird. Es ist eine uralte äußere Regel. Der konzentrierte Leser liest weder laut, weil ihn dabei seine eigene Stimme stört, noch nur in Gedanken, weil dadurch das Schweigen des Geistes begünstigt wird.

Bewußtes Hören. Hier geht es um die Haltung Samuels, der sein schweigendes Zuhören einleitet mit der Erklärung: »Ich bin hörbereit« (1. Sam. 3, 10). Der Mensch öffnet sich dem Reden Gottes, setzt sich dem Wirken Gottes aus. Gott ist der Handelnde. Der Mensch läßt sich ganz auf Gottes Reden ein.

Beginn der Antwort. Der Mensch spricht den Text nach. Er formuliert ihn, indem er ihn neu niederschreibt. Er durchschreitet ihn, bis er sich in den einzelnen Aussagen wiederfindet. In den Texten begegnet ihm seine Not und das Handeln Gottes. Der Text ist an ihn gerichtet. Der handelnde Gott kommt auf ihn zu.

3. *Das Bleiben in Gottes Gegenwart*

Anbetung. Das Lob der Allmacht und Güte Gottes bricht da

auf, wo der Mensch zu staunen beginnt. Gott staunt nicht. Staunen kann nur, wer noch nicht das Ganze sieht. Der Mensch erkennt in der Begegnung mit Gott ein Stück des Handelns Gottes, das auch ihn, den heutigen Beter, umfaßt. Er beginnt zu staunen.

Bekenntnis. Angesichts der Heiligkeit Gottes ermißt und fühlt der Mensch seinen ganzen Zustand, in dem er sich befindet. Er erkennt, wo er in Sünde, in Eigentumsbestreitung gegen Gott lebt. Er sieht dies, gibt es zu, er gibt Gott recht und stimmt damit ein in den Lobpreis Gottes. Im Hebräischen heißt das Wort »bekennen« – »jadah« zugleich preisen.

Gebet der Hingabe. In jeder Gottesbegegnung hat der Mensch die Möglichkeit, Gott auszuweichen oder sich Gott neu zu übergeben. Im Gebet der Hingabe adressiert und konzentriert der Mensch allein alles bisher Bedachte, indem er es Gott hinhält. Er übergibt Gott sein Wollen und Denken und ist bereit, von Gott beauftragt und gesandt zu werden. Das Gebet der Hingabe wurde in der ersten Christenheit von jedem gesprochen, der Christ werden wollte. Es hatte folgenden Wortlaut: »Ich entsage dem Teufel und allen seinen Mächten. Ich übergebe mein Leben allein Dir, Jesus Christus. Jesus, sei Du mein Herr. Amen.« Es gibt bis heute keinen anderen Weg, Christ zu werden, als den, dieses Gebet von ganzem Herzen zu sprechen.

Für den Christen gibt es im Verlauf seines Lebens Situationen einer Neuhingabe; wo der Christ in seiner Stillen Zeit oder unter dem gepredigten Wort erkennt, an diesem konkreten Punkt habe ich mich von meinem Herrn und Heiland, von seinen Geboten und seinem Willen entfernt; da führt das Gebet der Neuhingabe ihn zurück in die intakte Gemeinschaft mit Jesus. Dieses Gebet hat folgenden Wortlaut: »Ich entsage der Sünde ... die mich bindet. Ich übergebe mich Dir neu und ganz. Jesus, sei Du mein Herr.«

III. Ordnung der »Stillen Zeit«

Das Leben ist zunehmend bedroht von wahllosem Treiben und Getriebenwerden. Hektik und Unordnung verdecken den Sinn und das Ziel eines Menschenlebens. Allein eine selbstgewählte Ordnung bewahrt den Menschen davor, Sinn und Ziel seines Lebens zu verlieren. Dies gilt in besonderer Weise für das Gebet und die Stille Zeit. »Unordnung in Gebetszeiten ist bei den meisten Menschen das Ende ihres Gebetslebens« (Manfred Seitz). Die Väter im Glauben fassen diese Erkenntnis in folgende Worte: »Wer nicht zu bestimmten Zeiten betet, der betet auch nicht zu unbestimmten Zeiten« und »Halte dich an die Ordnung, und die Ordnung wird dich halten«.

1. Die Zeiten der Stille

Festgelegte Zeiten für die Begegnung mit Gott gibt es bereits im Alten Testament. Als König Josia im Jahre 621 v.Chr. den Opferkult allein im Tempel in Jerusalem zuließ, stand für die Frommen im Lande fest, daß sie nicht ohne Gottesdienst bleiben können. So entstand die Synagoge. In ihr wird dreimal am Tag zur gleichen Stunde, in der in Jerusalem die Opfergottesdienste stattfinden, gebetet und das Wort des Gesetzes und der Propheten verlesen. Bis heute geht jeder fromme Jude trotz voller Berufstätigkeit dreimal täglich in die Synagoge zum Gebet und zum Hören auf Gottes Wort, am Morgen zwischen Sonnenaufgang und der dritten Stunde, am Mittag zwischen dritter und neunter Stunde und am Abend zwischen neunter und zwölfter Stunde. Die drei Gebetszeiten abends, morgens und mittags sind auch dem Psalter, dem Gebetsbuch der Bibel, bekannt. »Abends, morgens und mittags will ich klagen und seufzen, so wird er mein Flehen vernehmen« (Psalm 58,18). Auch für die Christen der alten Kirche gab es noch täglich drei Gebetszeiten.

Das Morgengebet. »Das Morgengebet ist der Anfang des Tages. Ohne Anfang ist es kein Tag, sondern ein Fetzen Zeit, ohne Sinn und Angesicht« (Romano Guardini). Der Morgen hat in Gottes Heilsgeschichte mit der Welt und dem Menschen eine besondere Bedeutung. Am Morgen erschien Gott auf dem Sinai

(2.Mose 19,16; 24,4), am Morgen schloß er den Bund mit seinem Volk (vgl. das Blut des Morgenopfers, 4.Mose 28,6). Nach Markus wurde Jesus in der dritten Stunde gekreuzigt (Mark. 15,25). Am Morgen des dritten Tages ist Jesus auferstanden von den Toten. Der Morgen, »der neue Tag«, weist in die Zukunft (Röm. 13,12; Offb. 21,13; 1.Kor. 15,22).

Das Mittagsgebet. Am Mittag wurde im Tempel das Speisopfer dargebracht. Nach einer alten Tradition geschah die Verkündigung an Maria durch Gabriel in der Mittagsstunde. In der sechsten Stunde begann das Sterben Jesu (Matth. 27,45). »Der Mittag, die Scheitelhöhe des Tages, ist der Punkt ohne Aufsteigen und Absinken, er gleicht der Ewigkeit« (Romano Guardini).

Das Abendgebet. Mit dem Abendgebet beginnt Gott die Ordnung des Schöpfungswerkes (1.Mose 1,5). Durch den Abend bannt Gott das Chaos. Am Abend geschah die Rettungstat in Ägypten (Passahlamm). Am Abend setzt Jesus das Abendmahl ein. Am Abend stirbt Jesus am Kreuz (Matth. 27,45). Das Abendgebet blickt zurück auf den Tag. Es steht vor dem »es ist geschehen« des Tages. Das Abendgebet ist zugleich die Einübung für die letzte Stunde des Menschen, es ist die Vorbereitung für die Nacht.

Die Last der täglichen Arbeit und der berechtigte Anspruch der Familie wird es nur wenigen ermöglichen, alle drei Gebetszeiten in Form einer sich jeweils über eine Stunde erstreckenden »Stillen Zeit« einzuhalten. An einem Punkt jedoch, entweder am Morgen, am Mittag oder am Abend, sollte jeder Christ eine Stunde Zeit für Gott haben. Alle Zeit in der Hand des Menschen ist anvertraute Zeit. Der Mensch teilt seine Zeit ein und vergibt sie an die Menschen, an die Dinge, die er liebt. »Es gibt keine Zeit an sich oder an etwas. Zeit ist die Liebe, die ich für etwas oder für jemanden habe« (Paul Schütz). Wer eine Zeit für seine Stunde der persönlichen Stille vor Gott gefunden hat, soll kämpfend an dieser Zeit festhalten. Wer eine feste Gebetszeit hat, der kann auch zu ihr zurückkehren, wenn an einzelnen Tagen es nicht möglich war, die Stille einzuhalten. Die biblischen Gebetszeiten sind Abend, Morgen und Mittag. Die Nacht war nur in besonderen Anlässen Zeit des Gebetes.

Das Nachtgebet. Für das Nachtgebet wird in der Bibel keine besondere Stunde genannt. Es sind besondere Zeiten für die Leviten (1. Chr. 9, 27. 33) oder für das Passahfest. Nach den Darlegungen des Kirchenvaters Hyronimus erwarten die Christen der ersten Zeit die Wiederkunft Jesu um Mitternacht. Außerdem berichtet die Bibel von einzelnen Betern in besonderer Not. Jesus betet die ganze Nacht (Luk. 6, 12. 13). Paulus und Silas beten in der Nacht (Apg. 16, 25). Die Nachtgebete sind kein Ersatz für die Stille Zeit. Sie sind intensive Zeiten des Gebetes aus einem besonderen Anlaß. Die Schlaflosen, die »Einzel-Einsamen, die Versprengten, die Verstoßenen des Schlafes« (Albrecht Goes), sollen in ihrer Traurigkeit, Krankheit, Schwermut, Angst und Sorge nicht allein sein. Sie können beten. Ihr sinnloses Nicht-schlafen-können bekommt ein Ziel, wenn es zu einem Mitwachen mit Jesus wird. »Christus wacht noch immer in Gethsemane, man darf nicht schlafen« (Blaise Pascal).

2. *Der Raum für die Stille und die Gebetshaltung*

Nur wenigen Menschen wird es möglich sein, aufgrund des Raumprogrammes ihrer Wohnung ein gesondertes »Stilles Zimmer«, einen kleinen Raum für die Stille Zeit einzurichten. Doch auch in der engsten Wohnung gibt es die Möglichkeit, eine Ecke, ein Stück Wand mit einem Bibelwort oder einem Symbol so zu gestalten, daß es zur Sammlung, zur Stille hilft. »Sammlung ist nicht leicht. Wie wenig wir sie besitzen, merken wir erst, wenn wir uns um sie bemühen. Sobald wir versuchen, ruhig zu werden, kommt die Unruhe erst richtig über uns; ähnlich wie abends, wenn wir uns zum Schlafen anschikken, eine Sorge oder ein Wunsch mit einer Macht uns anfallen können wie am ganzen Tag nicht« (Romano Guardini). Sind die Augen lange und unverwandt auf ein geschriebenes Bibelwort oder auf das Zeichen des Kreuzes gerichtet, dann läßt die Zerstreuung nach, die Gedanken schweifen nicht mehr ab. Mehr noch als Raum und Symbole ist die Gebetshaltung keine bloße Nebensache. Die Haltung des Leibes spiegelt die Vorgänge im Innern des Menschen wider. Aus dem Alten Testament und von altorientalischen Darstellungen Betender sind sieben Gebetshaltungen bekannt, durch die die Beter mit der äußeren Haltung ihres Leibes die tiefsten Empfindungen ihres Innern ausdrücken.

Die Proskynese, das Sich-Niederwerfen, ist die im Alten Testament am häufigsten erwähnte Haltung des Gebetes. Der Beter fällt auf sein Angesicht. Der ursprüngliche Anlaß des Sich-Niederwerfens ist der panische Schrecken. Kein Mensch kann Gott schauen und zugleich am Leben bleiben. Wo Gott ihm begegnet, bleibt dem Menschen nur das Werfen in den Staub und das Hoffen auf Gottes Gnade, die ihn weiterleben läßt. Das Niederfallen ist der konsequente Ausdruck des Kreaturgefühles des Menschen (Psalm 95,6). Der Mensch ist Staub (Psalm 103,14; 1.Mose 18,27), den Gott belebt hat (1.Mose 2,7). Der Mensch kann sich Gott nur in Furcht und Beten nahen (Psalm 2,11; 5,8) und vor ihm in den Staub fallen. Beim Niederfallen berühren Nase, Mund und Hände die Erde. Auch dadurch bekennt der Mensch sich zu seiner Herkunft und Vergänglichkeit. Die Proskynese ist aber keine Dauerhaltung des Betenden. Der Beter, der sich vor Gott als Staub empfindet, braucht dank der Gnade Gottes nicht in diesem Zustand zu bleiben. Gott selbst richtet ihn wieder auf. Als Haltung des längeren Verweilens vor Gott kennt das Alte Testament das Knien, Stehen und Sitzen.

Das Knien bedeutet Ehrfurcht und innere Beugung vor Gott. »Die Seele des Kniens ist, daß auch inwendig das Herz sich in tiefer Ehrfurcht vor Gott neige« (Romano Guardini).

Auch das Stehen ist mehr als die äußere Haltung des Körpers. Wer vor Gott steht, ist sein Diener (1.Kön. 17,1; Jer. 7,10). In Psalm 134,1 und 135,2 ist von denen die Rede, »die im Hause des Herrn stehen«, es handelt sich dabei um die Priester und Leviten, die im Tempel Dienst tun. Stehen bedeutet bereit sein, auf jeden Wink Gottes unverzüglich zu reagieren und seinen Willen zu erfüllen.

Das Sitzen: Nach 2.Samuel 7,18 ging David in den Tempel, setzte sich vor Gott und sprach ein demütig-vertrauensvolles Gebet (2.Sam. 7,18–20; 25–29). Im alten Orient war es das Vorrecht hochgestellter Persönlichkeiten und Priester, vor Gott zu sitzen. Im Sumerischen bedeutet das Wort für Tempel soviel wie »Haus des Sitzens für den Priester« (Jaritz). Sitzen kann im Hebräischen immer auch mit »wohnen« übersetzt werden. Der Wunsch, im Tempel sitzen bzw. wohnen zu dürfen (Psalm 84, 5), drückt das Verlangen aus nach einem vertrauten Umgang mit Gott und nach der Teilhabe an seiner Herrlichkeit.

Bei den letzten drei genannten Gebetshaltungen spricht zusätzlich die Stellung der Hände von der Erwartung und Haltung des Beters.

Die erhobenen Hände. Die wie leere empfangsbereite Schalen erhobenen Hände sind Ausdruck der Bitte. Erhobene Hände können jedoch auch den Wunsch signalisieren, aus der Tiefe emporgehoben zu werden, oder aber sie können Gestus der Begrüßung sein und so den Wunsch der Gemeinschaft mit Gott darstellen.

Die herabhängenden Hände, vor allem des stehenden Beters, drücken Passivität, Hörbereitschaft wie auch die Bereitschaft zur Tat aus.

Die gefalteten Hände stellen ursprünglich eine Art Selbstfesselung dar. Der Beter liefert sich seinem Gott aus. Er möge sein Geschick zum Guten leiten. Der altorientalische Gestus der gefalteten Hände war auch den Germanen vertraut. Der vor seinem Herrn mit gefalteten Händen stehende Untergebene bekennt durch seine Haltung: »Herr, ich bin dein Mann, dir in Vertrauen und Dienstbereitschaft zugetan« (Kurt-Dietrich Schmidt).

Die sieben der Welt des Alten Testamentes vertrauten Gebetshaltungen zeigen, wie lebendig in der Einheit von Leib und Seele der Beter vor seinem Gott steht. Die sieben biblischen Gebetshaltungen helfen, die Stunden der Stille vor Gott durchzuhalten, und zeigen, wie überflüssig es ist, bei fremden Religionen Anleihen bezüglich der Gebetshaltung machen zu wollen.

B. Die Hausandacht, die Urzelle christlicher Gemeinschaft

Das geistliche Leben ruht auf zwei Grundpfeilern. Der eine ist die Einsamkeit des einzelnen vor Gott – die persönliche Stille

–, der andere die Gemeinschaft der Christen untereinander – die Hausandacht – das gemeinsame Gebet – der Gottesdienst. Beide haben gleich großes Gewicht und bedingen einander. »Wer nicht allein sein kann, der hüte sich vor der Gemeinschaft. Wer nicht in Gemeinschaft steht, der hüte sich vor dem Alleinsein« (Dietrich Bonhoeffer). Dabei unterscheidet sich die Gemeinschaft der Christen untereinander an einem wesentlichen Punkt von allen anderen Formen menschlicher Gemeinschaft.
Eine Gemeinschaft, die von Menschen geprägt und geschlossen wird, fußt auf der Direktliebe von Mensch zu Mensch. Diese Gemeinschaft steht und fällt mit der Fähigkeit des Menschen zu lieben und zu opfern, für den anderen dazusein.
Christliche Gemeinschaft ist nicht von Menschen gemacht oder geschlossen. Sie ist eine durch Jesus Christus gesetzte Wirklichkeit. In der christlichen Gemeinschaft dient nicht ein Mensch dem anderen, sondern Jesus Christus gebraucht den Menschen, um dem anderen den Dienst Jesu zu vermitteln.
Ausgangspunkt und Anfang der christlichen Gemeinschaft ist deshalb immer ein von Gott ausgehendes Wort. Wo dieses Wort von Eltern und Kindern gemeinsam vernommen wird, wo zusammen gebetet wird, da spricht man von einer Andacht. Andacht nennt man aber auch eine kurze Auslegung in Form einer biblischen Betrachtung.

I. Die biblische Betrachtung

Die biblische Betrachtung ist mehr als die Auslegung eines Bibeltextes in Form einer Mitteilung von Arbeitsergebnissen. Eine biblische Betrachtung hat zur Voraussetzung, daß der Text zuerst beim Ausleger von Auge und Ohr hinab ins Herz gelangt war. Bevor die Auslegung niedergeschrieben wird, hat eine Begegnung mit dem lebendigen Gott stattgefunden. Der Ausleger wagt es dann, sein Herz zu offenbaren. Dabei vertraut er seinen Lesern und rechnet damit, daß sie behutsam mit dem Niedergeschriebenen umgehen. Ziel und Bitte des Andachts-

schreibers ist es, daß der einzelne oder die kleine Gruppe, die die Andacht lesen, Gott begegnen und dadurch umgestaltet werden. »Es ist dies, daß der Mensch aus dem Moment der höchsten Begegnung nicht als der gleiche hervorgeht, als der er in ihn eingetreten ist« (Martin Buber).
Der Aufbau der vorliegenden biblischen Betrachtungen umfaßt die Wiedergabe des Textes, die Auslegung und die persönliche Anrede des Lesers.

1. Die Wiedergabe des Textes
Der Bibeltext wird nach sorgfältiger Übersetzung und abgeschlossener Auslegung in eigenen Worten wiedergegeben. Jede Übersetzung ist ein Versuch und kann den Text in seiner ursprünglichen Form nie ganz ersetzen. »Denn was in hebräischer Sprache geschrieben ist, verliert viel, wenn man es in eine andere Sprache übersetzt« (Jesus Sirach 5,6f.). Bei den alttestamentlichen Schriftworten wird der Gottesname, den Luther jeweils mit »Herr« überträgt, in seiner hebräischen Form »Jahwe« belassen (vgl. dazu die Andachten zu 2. Mose 3).

2. Die Auslegung
Hierbei geht es um das Teilhabenlassen des Lesers am sorgsamen Durchdenken und Durcharbeiten des Textes. Mit den Erklärungen sollen Unklarheiten ausgeräumt werden, die das Betrachten ins Stocken bringen und die Gedanken zum Festfahren oder Abschweifen veranlassen. Der Text wird zunächst zurückgegeben in die Zeit und an den Ort, an dem er zuerst gesprochen und gehört wurde. Der Leser wird eingeladen, den geschichtlichen Vorgang nachzuverfolgen und sich den ersten Ort des im Text angesprochenen Geschehens zu veranschaulichen. Dabei wird er erleben, daß dieses Zurückgeben des Textes in die Vergangenheit bereits Aktualität und persönlichen Anspruch beinhaltet. »Je mehr wir das ergangene Wort erst einmal in seine alte, uns ferngerückte Welt zurückgeben, um so deutlicher und aktueller wird es« (Gerhard von Rad).

3. Der persönliche Anspruch
Dem verstehenden Nachvollziehen des Textes folgt das Vor-

dringen zum Besonderen und Einzigartigen. Die Beziehung zur Gegenwart wird hergestellt. Die möglichen Widerstände und Einwände werden genannt. Es geht nun nicht mehr um die Fragen: Was war und was ist? – sondern der Lehrer ist nun gefragt: Wie soll ich sein? Wie soll ich werden? Was muß ich meiden? Wo muß ich überwinden? Was muß ich tun?

II. Die Hausandacht

In dem Wort Andacht steckt der Begriff »denken«. In einer Andacht geht es um ein ruhiges Bedenken eines Wortes Gottes.

1. Das gemeinsame Lesen

Vater und Mutter lesen abwechselnd nach dem Essen, möglichst nach der Mahlzeit, an der die ganze Familie teilnehmen kann, das Wort Gottes und die sich daran anschließende Auslegung. Dem langsamen Lesen und *Nach*-denken – nach-denken heißt: im Einsatz der Erkenntnisfähigkeit und des Willens den Text begreifen – folgt eine Zeit der Stille.

2. Das gemeinsame Reden

Die Stille kann abgelöst werden durch einen kurzen Austausch. Dabei geht es darum, auszusprechen, ob das Wort Gottes eine bestimmte Handlung notwendig macht und wie es den Tag und die kommende Zeit prägen soll. Das gemeinsame Sprechen im Anschluß an eine Andacht wird nicht täglich möglich sein, ja, wenn es nicht in Wiederholungen, Selbstverständlichkeiten und Plattheiten ausmünden soll, wird es sogar die Ausnahme bleiben. Es muß auch nicht jeder reden. Vielleicht sagt nur einer aus dem Kreis der Familie einen Gedanken.

3. Das gemeinsame Beten

Kann das Miteinanderreden bei vielen Hausandachten fehlen, so gehört das gemeinsame Gebet, die Bitte um Gottes Beistand und Segen, zu jeder Andacht. Die Gebetsgemeinschaft, die nacheinander von allen oder mehreren gesprochenen Gebete und Fürbitten, sind nur *eine* Form des gemeinsamen Betens. Zunächst bietet es sich an, ein vorformuliertes Gebet gemeinsam zu beten. Hier können alle, auch Kinder und Gäste, mitbeten. In das Vaterunser, das Gebet Jesu, wird jeder seine Not und seine Freude eintragen können. Findet die Andacht nach dem Frühstück statt, so empfiehlt sich das alte Morgengebet: »Führe mich, o Herr, und leite meinen Gang nach deinem Wort. Sei und bleibe du auch heute mein Beschützer und mein Hort. Nirgends als bei dir allein kann ich recht bewahret sein.« Es kommt bei der Hausandacht nicht auf die Länge des Gebetes an, sondern darauf, daß jeder mitbeten kann. So genügt nach der im Anschluß an das Mittagessen gehaltenen Andacht das gemeinsam gesprochene Dankgebet: »Wir danken dir, du treuer Gott, auch heut für unser täglich Brot. Laß uns in dem, was du uns gibst, erkennen, Herr, daß du uns liebst.«

III. Die Andachten im Jahreskreis der Kirche

Die Feste der Christenheit sind schon lange gefeiert worden, bevor man von einem Kirchenjahr im Unterschied zum bürgerlichen Jahr redete. Erst gegen Ende des 16. Jahrhunderts lag das Kirchenjahr in seiner etwas künstlichen, aber doch sinnvollen Konstruktion fest. Seit jener Zeit scheidet man das Kirchenjahr in eine »festliche« und eine »festlose« Hälfte. Die Festzeit erstreckt sich vom 1. Advent bis zum Trinitatisfest. Die festlose Zeit beginnt mit dem 1. Sonntag nach Trinitatis und endet mit dem letzten Sonntag im Kirchenjahr. Noch vor Festschreibung des Kirchenjahres gab es in der Christenheit zwei 40 Tage dauernde »Rüstzeiten«. Die Rüst- oder Fastentage des Weihnachtskreises begannen ursprünglich am 25. November, dem Tag der Heiligen Katharina, und führten bis zum Epiphanientag, dem 6. Januar, der lange als Weihnachtsfest gefeiert wurde. Auch die Fastentage der Passionszeit enden mit einem großen Freuden- und Siegesfest. Sie führen bis zum Auferstehungstag. Dabei wurden weder in der Advents- noch in der Passionszeit die Sonntage als Fastentage begangen.
Vom Ostersonntag bis zum Pfingstfest reicht die österliche

Freudenzeit. 10 Tage vor Pfingsten liegt Himmelfahrt, das Fest der Königsherrschaft Jesu Christi.
Das Kirchenjahr hat dann seinen Sinn erfüllt, wenn seine Beachtung dazu verhilft, die Feste der Christenheit in ihrem vollen Sinn zu feiern und sie vor Verflachung und vor Verfälschung zu bewahren.
In dem vorliegenden Andachtsbuch finden Sie die biblischen Betrachtungen zu den beweglichen Hauptfesten unter folgenden Daten:

30. März	Gründonnerstag
31. März	Karfreitag
2. April	Ostern
11. Mai	Himmelfahrt
21. Mai	Pfingsten
28. Mai	Trinitatis

Gott der Herr hat mir das Ohr geöffnet. *Jes. 50,5a*

Das Öffnen des Ohres war innerhalb alttestamentlicher Priesterweihe ein besonderer Akt. Wie die Hände, mit denen der Priester Gott diente, und die Füße, die zum Altar schritten, wird bei der Weihe das rechte Ohrläppchen mit Opferblut bestrichen (vgl. 2. Mose 29,20). Hände, Füße und das Ohr werden für den besonderen Dienst Gottes geweiht. Zu den vornehmsten Aufgaben des Priesters gehört nicht nur das Dienen, sondern das Hören-können.

Das Ohr bezeichnet im Alten Testament nicht allein den sichtbaren Körperteil, sondern auch seine Funktion, die Hörfähigkeit. Für den alttestamentlichen Menschen ist nicht das Gehirn das Merkinstrument der Rede oder des Auftrages, sondern das Ohr. Das Ohr ist der Sitz der Einsicht.

Als Jesus am See Genezareth einen Kranken traf, der ihn zwar sehen, aber sein Wort nicht vernehmen konnte, öffnete er ihm das Ohr. Jesus legte ihm den Finger in das Ohr, um ihm zu zeigen, was er vorhatte, und spricht dann »Effatha« – »Öffne dich!« (Mark. 7,31–37). Betrachtet man das Öffnen des Ohres auf dem alttestamentlichen Hintergrund, so war es mehr als die Heilung eines Tauben. Ohne das Öffnen des Ohres hätte es für den Kranken nie die Möglichkeit gegeben, die Botschaft Jesu, den Ruf zur Umkehr, das Angebot des Heiles zu hören. Der Kranke konnte erst gerettet werden, nachdem er hören und aufnehmen konnte.

Im Alten Testament durfte der Priester Gott erst dienen, wenn sein Ohr durch die Weihe geöffnet war. Im Neuen Testament gibt es Rettung erst dann, wenn ein Mensch befähigt ist, Jesu Botschaft zu hören. In beiden Fällen kann, wie Jesaja, der Knecht Gottes, erfahren hat, Gott allein das Ohr öffnen. Wenn Sie und ich Gott dienen, wenn wir sein Wort aufnehmen und verstehen wollen, wird unser tägliches Gebet sein: Herr, öffne mir das Ohr.

Ich war nicht widerspenstig, ich will auch nicht zurück.
Jes. 50,5b

Das Ohr steht nicht nur in der Priesterweihe, sondern auch bei der lebenslänglichen Versklavung eines Knechtes im Mittelpunkt einer bildhaften Handlung. Wenn ein Sklave bereit ist, in dauernder Leibeigenschaft zu leben, und gleichzeitig um Aufnahme in die Familie seines Herrn bittet, wird ihm sein Ohr am Türpfosten des Hauses mit einer Pfrieme durchbohrt (vgl. 2. Mose 21, 5.6). Mit dem Rechtsakt des Durchbohrens des Ohrläppchens ist der Knecht ein Dauersklave. Er ist gezeichnet, und jeder erkennt: er gehört für immer dem Herrn, für den er sich entschieden hat. Das durchbohrte Ohr ist für den Sklaven ein lebendiges Zeichen, daß er sich zeitlebens zum Gehorsam gegenüber seinem Herrn verpflichtet hat.
Jesaja war ein Sklave Gottes. Er war nicht widerspenstig, als Gott ihn verpflichtete. Er willigte ein, als ihm das Ohr durchbohrt wurde zum Zeichen dafür, daß er zeitlebens Abhängiger war. Er ist auch nicht davor zurückgewichen, mit dem ihm aufgetragenen Wort vor die zu treten, für die es bestimmt war. Hören und Gehorsam gehören zusammen. Man kann nicht für Gott offen sein und etwas anderes tun als das, was man von Gott vernimmt. Für den, der vor Gott erklärt: »Ich weiche nicht zurück«, gibt es kein Hören mehr auf die eigene Stimme. Der, der vor Gott seinen Widerstand aufgegeben hat, hört nicht mehr auf fremde Stimmen. Er ist Sklave Gottes. Er redet und tut, was Gott ihm sagt. Um Diener und Bote Gottes zu sein, bedarf es eines Rechtsaktes, der mit der Einwilligung beginnt: »Mach mich zu Deinem Sklaven, durchbohre mein Ohr. Ich bin nicht widerspenstig. Ich weiche nicht zurück.«

Morgen für Morgen weckt er mir das Ohr, zu hören wie ein Jünger. *Jes. 50,4b*

Die Gabe des offenen Ohres und die Bereitschaftserklärung: »Ich weiche nicht zurück« verleihen dem Menschen nicht ein für allemal ein Dasein, das vom Hören und Gehorchen bestimmt ist, sondern der Mensch wird ein Jünger. Jünger ist einer, der in der Schule steht. Der Jünger ist ein Beauftragter. Er handelt und redet nicht in eigener Autorität, sondern hat seine Aufgabe und seine Worte empfangen. Wenn ein Jünger redet, wiederholt er die Weisheit seines Herrn. Würde er mehr schaffen, dann wäre er kein Jünger mehr. Der Jünger bleibt ein Lernender, d.h. einer, der in seinem geistigen Leben nicht selbständig ist. Alles, was er tut und zu sagen hat, kommt aus einem lernwilligen, gehorsamen Leben. Für den Jünger kommt nie die Zeit, daß er etwas ein für allemal weiß, so daß er nicht mehr auf das Hören angewiesen wäre. Er bleibt vielmehr für die Stimme Gottes offen. Er wartet darauf, daß Gott ihm selbst Morgen für Morgen das Ohr weckt.

Das geöffnete Ohr ist kein einmaliges Geschenk. Es ist eine immer sich erneuernde Ausrüstung. Es ist wie bei einem Knecht, der an jedem Morgen aufgerüttelt werden muß, um das Wort zu hören.

An dieser Stelle müssen Sie und ich uns fragen lassen, ob wir Jünger sind, deren Ohren täglich von Gott geschärft werden. Es scheint für unseren Umgang mit der Bibel oft nur zweierlei möglich zu sein: das Wort bleibt stumm, oder wir wissen schon vor dem Lesen, was der Abschnitt zu sagen hat. Der Jünger dagegen erlebt täglich das Wunder des Hörens. Wir wollen heute Gott bitten: »Gib uns den Mut, Jünger, Abhängige, Lernende, Unselbständige, Beauftragte zu sein. Laß uns jeden Tag aufs neue erleben, daß Du uns das Ohr weckst.«

Meinen Rücken bot ich denen dar, die mich schlugen, meine Backe denen, die mich rauften, mein Gesicht barg ich nicht vor Schändungen und Speichel. *Jes. 50,6*

Jesaja, der Mittler des Auftrages Gottes, wurde von denen, für die er wirkte, angegriffen und geschmäht. Er wurde mißhandelt und mußte sich öffentlich Züchtigungen gefallen lassen. Das erlebten vor ihm viele Boten. Es war so bei Jeremia und auch bei Mose.
Nach ihm aber erfuhr es im wörtlichen Sinne Jesus, der Gottesknecht, schlechthin. Während des Verhörs vor dem Hohen Rat spieen sie ihm ins Gesicht, schlugen ihn mit Fäusten und gaben ihm Backenstreiche (Matth. 26,67f.). Die römischen Soldaten verspotteten ihn, nahmen das Rohr und schlugen ihm aufs Haupt (Matth. 27,30). Sie flochten eine Dornenkrone und versetzten ihm Schläge ins Gesicht (Joh. 19,2.3). Dieser Knecht Gottes steht am Ende der Reihe der Propheten. Sein Leiden ist mehr als das aller Propheten. Jesu Leiden ist stellvertretendes Leiden zur Erlösung der gesamten Menschheit. In Jesus leidet einer, wie wir alle nie leiden können, da nur er, der Sohn Gottes, alle Tiefen der Verlorenheit durchschreiten konnte. Und doch ist alle Nachfolge Jesu Kreuzesnachfolge. Der Apostel Paulus trägt die Leidenszeichen Jesu an sich (vgl. Gal. 6,17). Er gehört zu denen, die an ihrem Fleisch erstatten dürfen, was noch mangelt an den Trübsalen Christi (Kol. 1,24). Seit Jesu Tod am Kreuz bedeutet Nachfolge Jesu zugleich ein Mit-Jesus-Leiden. Dieses Mit-Leiden wird unsererseits nie ein unschuldiges sein. Es heißt aber: sein Kreuz auf sich nehmen, vor keiner Schmähung und Drohung zurückweichen und unter allen Umständen treu bleiben. Die Propheten aller Zeiten gingen einen schweren Weg der Demütigung, Schmähung und Drohung. Das Leiden Jesu ist in seiner Tiefe und Bedeutung nie nacherlebbar. Dem Nachfolger Jesu aber bleibt in der Regel das Leiden nicht erspart. Wer Jesus nachfolgen will, muß bereit sein, mit ihm zu leiden.

Jahwe, der Herr, hilft mir, darum werde ich nicht zuschanden, darum mache ich mein Gesicht unempfindlich wie einen Kieselstein. Ich weiß, daß ich nicht zuschanden werde.

Jes. 50,7

Bei Gott ist das Leid nie das Letzte. Wie es der Prophet Jesaja an sich erlebte und im Blick auf Jesus, den wahren Gottesknecht, schon Jahrhunderte früher kommen sah, finden die, die mit Jesus leiden, das echte, ewige Leben. Der Kreuzesnachfolger weiß: Gott ist bei ihm. Er wird nicht zuschanden. Auch wenn er aus vielen Wunden blutet und vor seinem Tod die Wende nicht mehr erfährt, wird er den Sieg in der Ewigkeit erleben. Die Gewißheit: Jesus ist da, er sieht mein Leiden, ich werde einmal Anteil haben an seiner Herrlichkeit, macht den Jünger Jesu unempfindlich wie einen Kieselstein. Der Kiesel ist ein platter, vom Wasser geschliffener Stein, an dem nichts hängenbleibt. Das Kratzen, Spucken, Raufen und Zerschlagen prallt ab. Das Gesicht des Nachfolgers Jesu ist geprägt von Widerstandskraft und Standhaftigkeit. Diese Unempfindlichkeit wächst aus der Bejahung der Schläge und Schändungen, die ihn treffen. Der Jünger weiß: Sie treffen zwar mein Gesicht, aber sie meinen Gottes Anspruch. Sein eigenstes »Ja« zu diesem Mitleiden macht sein Gesicht hart wie einen Kiesel. Sein Leiden steht unter der Verheißung: »Der Herr hilft mir. Ich werde nicht zuschanden!«

Bis heute dürfen Sie und ich, wo wir Schmach und Schande in dem Wissen auf uns nehmen, daß Jesus Leidensbejahung will, gewiß sein: Jesus steht auf unserer Seite.

Ich möchte Sie einladen, heute mit den Worten des Kirchenvaters Augustinus zu beten:

> »Siehe, die Ohren meines Herzens sind vor Dir,
> Herr, öffne sie,
> sprich zu meiner Seele: Ich bin Dein Heil.
> Amen.«

Der Herr hat mir gegeben eine Zunge, daß ich verstehe, mit den Müden zu reden. *Jes. 50,4*

Wenn für den Jünger, dem der Herr selbst das Ohr geöffnet hat, die Stunde des Redens kommt, dann findet er im Augenblick, in dem sein Reden gefordert ist, das richtige Wort. Die Gnadengabe des Jüngers besteht darin, mit den Müden zu reden. Der Jünger Gottes tritt nicht gegen seine Mitmenschen auf, sondern er ist für sie da. Er ist der Bringer des Trostes.
Die Textstelle selbst ist schwer zu übersetzen, wobei alle Übersetzungsversuche vom wahren Trost des Müden handeln. Die griechische Übersetzung, die sogenannte »Septuaginta«, überträgt die Stelle: Er redet mit dem Müden »zur rechten Zeit«. Er weiß genau, wann der Verzagte und Resignierte nicht mehr weiterleben kann ohne das befreiende Wort des Trostes. Ludwig Köhler übersetzt: »Der Jünger weiß dem Müden zum Bescheid eine Antwort.« Wenn alles zu Ende scheint und kein Ausweg mehr zu sehen ist, bringt der Jünger die Antwort. Gerhard von Rad greift auf eine aramäische Übersetzung zurück, in der es heißt: »Der Jünger weidet den Müden.« Wo der Verzagte und Verzweifelte nicht mehr weitergehen kann, sagt der Jünger: »Ich gehe mit, wie ein Hirte mit seiner Herde. Ich begleite dich, bis du wieder alleine gehen kannst.« Das Entscheidende bei aller Seelsorgetätigkeit des Jüngers ist: er bringt nicht seine Worte und Einsichten, er bietet nicht seine Antworten und Überlegungen dar, er arbeitet nicht nach einer erlernten Methode, sondern der Herr, der ihm das Ohr geöffnet hat, der hat ihm die Zunge gegeben, die ihn zum Mund Gottes macht. Jesus macht seine Jünger zu Seelsorgern. Er will auch Ihnen und mir Worte für die Müden geben. Er hält die Gaben für uns bereit, Resignierte und Verzagte zu begleiten.

»Tröstet, tröstet mein Volk!« spricht euer Gott. *Jes. 40,1*

Der Prophet Jesaja lebt und wirkt in einer Situation ohne Hoffnung und ohne Trost. Nebukadnezar hatte Jerusalem erobert und den Tempel zerstört. Die Oberschicht des jüdischen Volkes, ca. 15 000 Mann, darunter die Propheten Hesekiel und Jesaja, wurde mit nach Babylon in die Gefangenschaft geführt. Alle Brücken zum verheißenen Land waren abgebrochen. Das erwählte Volk drohte im Völkergemisch Babylons auf- und damit unterzugehen. Die Frommen des Volkes klagten und weinten: »Führe uns zu Dir zurück, daß wir heimkehren! Laß unsere Tage erneuert werden wie vor alters« (Klgl. 5,21). In dieser aussichtslosen Situation bekommt Jesaja den Auftrag, das Volk zu trösten, im Namen Gottes ihm Trost zuzusprechen. Für das Judentum bedeutet trösten soviel wie »eine Brücke bauen«. Es soll für das Volk eine Brücke gebaut werden, eine Brücke, die den Abgrund zwischen Babylon und Jerusalem überspannt.

Am Oberlauf des Jordans in den Höhen des Golans gibt es eine alte Brücke, die den Namen trägt: »Brücke der Töchter Jakobs«. Auf der Brücke geht der Besucher sicher und trockenen Fußes von dem einen Ufer des Jordans hinüber zum anderen. Den Namen »Brücke der Töchter Jakobs« bekam dieser Übergang aufgrund der alttestamentlichen Stelle, die erzählt, daß Jakobs Töchter ihren Vater trösteten über den vermeintlichen Tod seines Lieblingssohnes Joseph (1. Mose 37,35). Die Töchter ermöglichten ihm das Weiterleben. Sie bauten ihm eine Brücke aus der Trauer und Resignation in ein neues Leben. Sie trösteten ihn.

Einen Traurigen trösten heißt: dem Verzagten eine Brücke bauen, mit deren Hilfe er den Abgrund überqueren kann. Gott will uns in seinem Wort Brücken bauen. Er will, daß wir mit einem Wort unüberwindlich scheinende Abgründe überqueren. Gleichzeitig will er uns auch ermutigen, anderen Brücken zu bauen, heute einen Menschen zu trösten.

Sprecht zum Herzen Jerusalems und ruft ihm zu, daß vollendet sein Frondienst, abgezahlt ist seine Schuld, es hat empfangen von Jahwes Hand Zweifaches für alle Sünden. *Jes. 40, 2*

Jesaja stellt in seiner Trostrede zunächst fest: Die Verbannung nach Babylon ist ein Frondienst, den das Gottesvolk wegen der in Jahrhunderten angehäuften Schuld abzubüßen hat. Die babylonische Gefangenschaft ist kein politisches Unglück, sondern göttliche Strafe für die Sündenlast. Israels Sünde schrie zum Himmel (vgl. Jes. 43, 24), darum mußte es den »Becher des Zorns« (Jes. 51, 17) trinken. Für seine Sünden aber hat Israel doppelte Strafe erhalten. Diese Aussage Jesajas erinnert an einen Verurteilten, der in seinem Verließ vergessen wurde. Kann Gott so mit seinem Volk umgehen? Kann er zweimal Sühne fordern? Jesaja denkt nicht an eine Ungerechtigkeit Gottes, sondern er sieht, was in Zukunft geschieht und worüber er wenige Kapitel später schreibt: ». . . die Strafe liegt auf ihm« (Jes. 53, 5). Damit ist in der Tat das Sühnekonto überzahlt. Seit dem stellvertretenden Leiden des Gottesknechtes liegt keine Notwendigkeit für den Menschen vor, eine Strafe abzubüßen. Ein anderer hat es für ihn getan. Diese Botschaft soll zum Herzen Jerusalems gesprochen werden. Die Formulierung »zum Herzen reden« wird sonst im Alten Testament von der Rede eines Liebenden zu seiner Geliebten gebraucht. Gott hat eine Liebesbotschaft für Jerusalem. Jerusalem ist hier nicht die Stadt, sondern das gesamte Gottesvolk. Jesaja stellt einmal eine Verbindung zwischen den Juden in Babylon und ihren Volksgenossen in Jerusalem her, zum anderen aber gilt in seiner prophetischen Schau die Botschaft der Gesamtgemeinde der Vergangenheit, Gegenwart und Zukunft. Allen, auch Ihnen und mir, gilt das Wort des Trostes: Die Schuld ist bezahlt! Jesaja tröstet, indem er Gottes Vergebung zuspricht. Gott hat vergeben: Dieses Trostwort macht auch Ihnen einen neuen Anfang möglich. Gott will Ihnen vergeben, denn die Strafe liegt auf ihm.

Eine Stimme ruft: »In der Wüste bereitet den Weg für Jahwe! Richtet in der Öde eine Straße für unseren Gott!« *Jes. 40,3*

Der Prophet hört die Stimme Gottes. Er hört Gottes Aufruf: Tröstet, tröstet! Er vernimmt die Aufforderung: »Sprecht zum Herzen« und wird Zeuge der Zusage des Befehles: »Bereitet in der Wüste den Weg!« Die Angeredeten sind keine Menschen und keine Propheten, sondern die himmlischen Heerscharen. Gott ist umgeben von seinen Engeln, die sein Wort ausführen und »gehorsam sind der Stimme seines Gebotes« (Psalm 103,20). Der Prophet wird in seiner Schau Zeuge der himmlischen Ratsversammlung (vgl. Jes. 6,1 ff.; Jer. 23,22; 1. Kön. 22,19). Der Herr der Heerscharen ruft seine Engel auf. Sie bringen die Botschaft des Trostes, des Wortes der Vergebung, und sie bauen für ihren Gott die große Straße durch die Wüste.
Die Straße für den Herrscher, die Königsstraße, erinnert an die Triumph- und Prozessionsstraße in Babylon, an die Straße voller Pracht, auf der die siegreichen Könige einziehen. Die Straße aber, die für Jahwe gebaut wird, führt durch die syrisch-arabische Wüste, die sich trennend zwischen Babylon und Jerusalem ausbreitet. Durch diese Wüste wurde das Volk unter dem Heereszeichen Nebukadnezars gefesselt und aneinandergejocht in die Gefangenschaft geführt. Jetzt soll diese Straße die Triumphstraße Gottes werden. Er selbst, seine Herrlichkeit, wird vorherziehen. Für das Volk in der Gefangenschaft gab es keine sprechendere Botschaft des Heils als den Bau dieser Straße zurück in die Heimat. Das Geheimnis der Erlösung ist: Die Straße wird nicht von Menschen gemacht; unsichtbare himmlische Kräfte sind am Werk.
Gerade das Letzte ist der bleibende Trost der Gottesgemeinde. Wo Gott handelt, wo er befreit und erlöst, gibt es keine Mitwirkung des Menschen. Gott bahnt den Weg, und Sie und ich dürfen seiner Herrlichkeit nachfolgen.

9. Januar

Jedes Tal soll sich heben, jeder Berg und Hügel soll sich senken. Das Höckerige werde Fläche, das Buckelige werde Ebene, und offenbart wird die Herrlichkeit Jahwes, und alles Fleisch sieht es. *Jes. 40,4.5* √

Um den Weg durch die Wüste zu bahnen, sind übergroße Hindernisse zu beseitigen. Berge müssen abgetragen, Täler aufgeschüttet werden.

Der Schweizer Reformator Johannes Calvin deutet die Hindernisse geistlich. Die Täler und Berge wären demnach Abgründe und Felsen, die zwischen Gott und dem Menschen stehen. Wo Gott einem Menschen begegnet, da kann der Mensch nicht so bleiben, wie er ist. Seine Schuld muß aus dem Wege geräumt werden. Wo ein Mensch vor seinem Abgrund steht und Gott seine Schuld bekennt, da füllt Gott das Tal aus. Wo einer sagt: »Vater, ich habe gesündigt. Meine Schuld ist zu einem Berg angewachsen«, da trägt Gott die Felsen ab. Viele Glieder der Gemeinde Gottes erinnern sich dankbar an die Stunde, in denen sie erlebten: Er trug meine Sünden. Mir ist vergeben. Mühsam aber bleibt der tägliche Weg der Nachfolge, die vielen kleinen Höcker und Buckel auf dem Wege. Sie sehen zunächst harmlos aus. Erst bemerkt man sie kaum. Und dann sind sie die Hindernisse, die müde und verzagt machen, die die Freude rauben und schon manche veranlaßt haben, umzukehren.

Gott gebietet seinen Heerscharen, dafür zu sorgen, daß das Höckerige Fläche, das Buckelige Ebene werde. Er selbst sorgt für den Weg, der zu ihm und in sein Reich führt. Jünger Gottes, Nachfolger Jesu sind Menschen auf dem Weg zum Himmel. Gott selbst ließ den Weg bahnen. Er ist es, der die großen und die aufreibenden kleinen Hindernisse beseitigt. Wir wollen ihn bitten: Vergib uns, Herr, räume alles weg, was mich daran hindert, Deine Herrlichkeit zu sehen.

Eine Stimme sagt: »Rufe!« Und ich sage: »Was soll ich rufen?« »Alles Fleisch ist Gras und all seine Anmut wie die Blume des Feldes. Das Gras verdorrt, die Blume verwelkt, wenn Jahwes Hauch darübergeht.« *Jes. 40, 6.7a*

Nachdem der Prophet vernommen hatte, wie Gott die himmlischen Heerscharen beauftragt, seinem Volk Trost und Vergebung zu vermitteln, und nachdem dann von ihm der Bau der großen Befreiungsstraße wahrgenommen wurde, wird er persönlich angeredet. Jesaja, der Prophet in der Gefangenschaft, soll rufen und verkündigen. In diesem Augenblick weicht er wie alle Propheten vor ihm zurück. Er wehrt sich gegen seine Berufung (vgl. Jes. 6; Jer. 1). Ganz sachlich stellt er fest: »Ich habe keinen Auftrag, ich weiß nicht, was ich sagen soll. Alles, was ich sehe, ist die Erfüllung dessen, was Du, Gott, in Deinem Wort sagst. Ich sehe nur den hoffnungslosen Zusammenbruch Deines Volkes. Dein Volk gleicht dem Gras, das am Morgen noch grünt und unter dem heißen Glutwind, der aus der Wüste einbricht, verdorrt, verwelkt und vergeht« (vgl. Psalm 90, 5; 103, 15.16).
Mit dieser seine Beauftragung abwehrenden Klage bekennt Jesaja seine Ratlosigkeit und seine Überzeugung, daß alle prophetische Verkündigung vergeblich ist. Zugleich aber fragt er Gott: »Gibt es eine Botschaft, die *ich* sagen soll? Was soll ich predigen?«
Die alttestamentlichen Propheten wissen nicht, was sie sagen sollen. Sie wiederholen nicht einfach die reiche religiöse Überlieferung. Sie predigen nicht, was gerade ihre Seele bewegt. Sie fragen nach einem vollmächtigen Wort. Wenn Gott einem Menschen einen besonderen Auftrag gibt, versteht er das Widerstreben und seine Abwehr. Er erwartet die Frage: Was soll ich sagen? und die Bitte: Gib mir ein vollmächtiges Wort.

Ja, das Gras ist das Volk! Das Gras verdorrt, die Blume verwelkt, doch das Wort unseres Gottes besteht für immer.

Jes. 40,7b.8

Die Botschaft, die Jesaja hört, ist zunächst radikal und zerstörend. Es ist die Bestätigung der totalen Vergänglichkeit, des Todesgefälles, in dem der Mensch steht. Das Wort vom Sterben ist hart und ohne versöhnliche Deutung. So radikal haben auch die Verzweifelten in Babylon ihr Schicksal nicht gesehen. Ohne Zweifel haben sie sich immer wieder an menschlichen Hoffnungen aufgerichtet. Nebukadnezar war tot. Nach dreimaligem Thronwechsel innerhalb von 6 Jahren besteigt Nabonich, der letzte Babylonier, den Thron. Er war priesterlicher Abkunft. Er residierte nicht in Babel, sondern zog nach Haran und belebte dort den Kult des Mondgottes Sin. Es war nur noch eine Frage der Zeit, bis Kyros, der bereits Elam und Lydien erobert hatte, auch Babylon beherrschte. Gewiß gab es viele, die ihre Hoffnung auf den als tolerant bekannten Kyros setzten. Jesaja bekommt eine andere Antwort. Menschen und Reiche kommen und gehen. Eines nur bleibt für immer: das Wort unseres Gottes. Die Menschheit, ihre Herren und Werke sind ohne Heil und dem Tod preisgegeben, aber das von Propheten gesprochene Wort wirkt Bleibendes. Das einzige, das Bestand und Rettung verbürgt, wird durch Gottes Wort gewirkt. Dieses Wort soll Jesaja verkündigen. Er soll dem Volk sagen: Das Wort aus dem Munde Gottes kehrt nicht wirkungslos zurück, sondern erst dann, wenn es ausgerichtet hat, was Gott gewollt hat, und zustande gebracht hat, wozu er es gesandt hat (Jes. 55,11). Gott gibt Jesaja den Auftrag, die Glieder des Gottesvolkes zu warnen, ihre Hoffnung auf Menschen zu setzen. Sie sollen alles erwarten von dem Wort, das Bestand hat, das aufsteht und wirkt, wozu es gesandt ist.

Steig du auf hohen Berg, Freudenbotin Zion! Erhebe mit Macht deine Stimme, Freudenbotin Jerusalem! Erhebe sie ohne Furcht! *Jes. 40,9*

Galten die beiden ersten Rufe Gottes den himmlischen Heerscharen, der dritte dem Propheten Jesaja, so ist der vierte Ruf an Jerusalem, die Gemeinde Gottes, gerichtet. Die Gemeinde ist jetzt aufgerufen, Freudenbotin zu werden. Sie soll wie ein Herold vor dem kommenden Herrn hergehen und die Siegesnachricht bereits ausrufen. Gottes Herrschen richtet sich nicht mehr gegen den Menschen, die Schuld ist gesühnt, Gott ist für den Menschen da, sein Wort wirkt, wozu es gesandt ist. Er will seine Herrschaft mit den Menschen führen, sie sollen seine Freudenboten sein.
Für die Gemeinde in der Gefangenschaft war dieser Auftrag schwer. Das Heil, die Rettung wird ausgerufen, ohne daß die Wende schon begonnen hat. Die Rettung wird bezeugt, bevor die sichtbare Befreiung beginnt. Dennoch soll die Botschaft ohne Furcht ausgerufen werden. In den Jubelruf darf sich kein Unterton von Angst, Zweifel und Kleinglauben mischen, als wäre das Werk, das Gott ansagt, so wunderbar oder gar unmöglich oder nicht von Bestand. Die Botschaft steht allein auf Gottes Wort und der Gewißheit, was er zusagt, das trifft ein.
Mit dem Ruf an die Glieder der Gemeinde zeigt Gott die Größe des Glaubens und führt die Freudenboten ein in das Geheimnis der Anbetung. Der Glaubende kann denken, noch ehe das im Glauben Empfangene sichtbar wird. Er stimmt ein in das große Gotteslob, auch wenn der Inhalt des Lobes für ihn noch in der Zukunft liegt.

Da, euer Gott! Da, Jahwe, der Herr, er kommt mit Macht, und sein Arm greift ein. Da, sein Lohn mit ihm, sein Ertrag vor ihm her. Wie ein Hirte, der seine Herde hütet, mit seinem Arm die Lämmer sammelt und an seinem Busen trägt, die Muttertiere leitet. *Jes. 40,10.11*

Zuletzt schaut der Prophet in seiner ersten Schau an der Gestalt des mit dem Volk nach Jerusalem zurückkehrenden Jahwe zwei Züge: die Kraft und die Fürsorge. Die Kraft wird versinnbildlicht durch den Arm. So wie einst Jahwe sein Volk »mit starker Hand und mit ausgestrecktem Arm« (Hes. 20,33) aus Ägypten führte, so bringt er es jetzt zurück ins Land Kanaan. Er zieht als Sieger seinem Volk voran. So wie siegreiche in der Stadt einziehende Könige den Ertrag ihres Sieges mit sich führen, so bringt Jahwe sein Volk wie eine Siegesbeute zurück in das verheißene Land.
Dieses große Bild von der Kraft Jahwes war für das noch in Babylon gefangene Volk fast zu stark, deshalb steht am Ende ein zweites Bild, das Bild vom Hirten. Auch wenn der alttestamentliche Mensch unter dem Hirten noch einen Herrscher und Regierer versteht, so doch unter der Leitvorstellung der Fürsorge. Der Hirte sammelt die Lämmer, er trägt das Verwundete und leitet die Muttertiere mit seinem Stab. Zum Schutz seiner Herde trägt der Hirte eine Keule, deshalb betet David: »Hirtenstab und Keule sind mein Trost« (Psalm 23,4). Mit dem Bild des Hirten weist Gott Jesaja noch einmal hin auf die ersten Worte, die er aus der himmlischen Welt hörte: Tröstet, tröstet mein Volk. Alle werden zurückkehren. Gott führt mit starkem Arm. Gleichzeitig aber sorgt er dafür, daß keiner zurückbleibt. Er kümmert sich wie ein Hirte um den einzelnen in seiner Verschiedenheit. Er leitet die Muttertiere und trägt die Lämmer an seinem Busen.

Zu der Zeit, als der junge Samuel den Dienst des Herrn unter Elis Aufsicht versah, waren Offenbarungen des Herrn in Israel etwas seltenes: Gesichte kamen nicht häufig vor.

1. Sam. 3,1

Es war zu keiner Zeit selbstverständlich, daß Gott redete, seinen Willen offen darlegte und einem Menschen erlaubte, einen Blick in die Zukunft zu werfen. Während der Amtszeit Elis in Silo wurde das direkte Reden Gottes immer seltener.

Silo war ein ehrwürdiges Heiligtum mit einer guten Tradition. Es wurde um 1175 v. Chr. von dem Priester Pinehas I., einem Enkel des Mose, gegründet. Der Mittelpunkt des Heiligtums waren das Stiftszelt und die Bundeslade, aber auch die Orakelgeräte Urim und Tummim und die eherne Schlange des Mose wurden in Silo gehütet. Eli war ein Sohn Pinehas I. Auch er stammte direkt von Mose ab. Die Amtsfolge war geradlinig, aber in seiner Amtsführung hatte Eli, der Hohepriester, versagt. Als seine Söhne Pinehas II. und Hophni – beide waren zur Nachfolge Elis bestimmt – sich großer Vergehen schuldig machten, setzte Eli alles daran, sie zurechtzubringen. Mit bedrohlicher Gestik tritt er seinen Söhnen entgegen: »Ich höre üble Reden über euch! Warum laßt ihr euch desgleichen zuschulden kommen? Nicht doch, meine Söhne!« (1. Sam. 2,23.24).

Alles, was Eli als Familienvater und Pädagoge tun konnte, tat er. Er ermahnte, wies zurecht, bedrohte und versuchte, sie zu gewinnen. Aber Eli war für seine Söhne nicht nur Vater, er konnte mit ihnen nicht nur auf der Personenebene verkehren, er war auch ihr oberster Richter (vgl. 1. Sam. 1,9).

Als Richter aber hätte er über seine Söhne aufgrund ihrer Vergehen die Todesstrafe verhängen und vollstrecken lassen müssen. Eli war hin- und hergerissen zwischen seiner Bindung als Vater und seinem Amt als Richter. Er hat die Zerreißprobe nicht bestanden. Seinen Söhnen gegenüber war er unfrei, er konnte sie nicht richten.

Eli war Gottes Auftrag gegenüber untreu geworden, und Gott schwieg. Eli hatte sich in seinem Amt von Gott abgewandt, und Gott läßt ihn allein.

Samuel hatte den Herrn noch nicht kennengelernt, es war ihm noch keine Offenbarung des Herrn zuteil geworden.

1. Sam. 3,7

Samuel war der Tempellehrling des nahezu erblindeten, fast hundertjährigen Eli. Er führte sein Amt mit Sorgfalt und Nachsicht. »Die Lampe Gottes war noch nicht erloschen« (V. 3). Beim Bau der Stiftshütte gab Gott die Anweisung, für das Heiligtum einen siebenarmigen Leuchter anzufertigen. Seine Lampen sollten den Raum des Heiligtums erleuchten (2. Mose 25, 31–37). Die Israeliten waren verpflichtet, genügend reines Öl zum Heiligtum zu bringen, damit die Lampen »beständig aufgesetzt werden können« (3. Mose 24, 2.3). Das geschah noch in Silo. Die Lampen brannten. Jeden Morgen öffnete Samuel den Pilgern die Tür. Sie kamen oft von weither, brachten ihre Abgaben, opferten und beteten Gott an. In Silo wurden auch Gebete erhört. Samuel selbst war ein in Silo erbetenes Kind (vgl. 1. Sam. 1). Gottes Reden und Handeln ist nicht an menschliche Vorleistungen gebunden. Er erhörte in Silo das Gebet der Hanna, obwohl er sich vom Priester des Heiligtums zurückgezogen hat. Er begegnet den Pilgern, obwohl Samuel, der Diener des Heiligtums, ihn noch nicht kennengelernt hatte. Im Urtext lautet das Wort Kennen »jada^{c}«, und es bedeutet soviel wie persönliche innige Gemeinschaft pflegen, vertrauten direkten Umgang haben. Samuel tat den Dienst, aber er war noch nicht persönlich berufen. Er erfüllte seine Pflichten in absoluter Treue, ohne Gott begegnet zu sein. Er selbst empfand diese Kluft nicht, »denn er wußte nicht, wie es zugeht, wenn Gott sich offenbart«. Gott beruft Samuel, nachdem er schon lange Diener im Heiligtum war. Er kann auch denen begegnen, um deren Berufung und Bekehrung wir schon lange beten.

Der Herr trat vor Samuel und rief wie die vorigen Male: »Samuel, Samuel!« Dieser antwortete: »Rede, denn Dein Knecht ist hörbereit.« *1. Sam. 3,10*

Die im Urtext stehende Form »Schomea[c]« bedeutet mehr als »Dein Knecht hört«. Es geht nicht um ein bloßes Vernehmen eines Wortes durch einen Körperteil, das Ohr, sondern um eine Grundhaltung, die keinem Menschen angeboren ist, um die Haltung des Hörenkönnens, um die Hörbereitschaft. Im Alten Testament ist das Ohr dazu bestimmt, die kritische Funktion des Unterscheidens auszuüben – »das Ohr soll die Worte prüfen« (Hi. 12,11). Zum Prüfen und Unterscheiden aber braucht es eine Hörfähigkeit, die damit beginnt, daß ein Mensch sagt: »Ich will nur hören, ich bin hörbereit.« Als Samuel Gottes Stimme hörte, klang sie für ihn zum Verwechseln ähnlich mit der seines greisen Herrn Eli. Obwohl Samuel das Rufen in der Nacht vernahm und bestimmt nach einem langen Tageswerk der Ruhe bedurfte, stand er jedesmal, unmittelbar nachdem er seinen Namen hörte, auf und ging zu Eli. Erst beim dritten Mal sagte ihm Eli: »Es ist der Herr, wenn er noch einmal ruft, dann sage: ›Ich bin hörbereit‹.« Hätte Samuel auf seine verdiente Ruhe gepocht oder hätten Vorurteile gegen Eli, den Versager in seinem Amt, ihn davon abgehalten, der Stimme zu folgen, wäre nie der Augenblick gekommen, in dem er zu Gott sagen konnte: »Rede, ich bin hörbereit.« Nun aber konnte Samuel, der es geübt hatte, auf Elis Stimme zu hören, sein Ohr bereithalten für Gottes Wort. Auch im Neuen Testament ist das Ohr das wichtigste Organ für den Glaubensvorgang. Immer wieder erklingt Jesu Weckruf: »Wer Ohren hat zu hören, der höre!« (vgl. Matth. 11,15; 13,43; Mark. 4,9).
Dabei kommt es nicht auf bloßes Vernehmen, sondern darauf an, ob Jesu Wort richtig gehört wurde. Hören will geübt sein. Auch Jesu Wort ergeht oft in Stimmen von Menschen, gegen die wir manche Vorurteile haben. Hörbereite Menschen fragen: »Herr, willst Du aus diesen Worten zu mir reden?«

Samuel aber wuchs heran, und der Herr war mit ihm und ließ nichts unerfüllt von allem, was er angekündigt hatte, und ganz Israel von Dan bis Beerscheba erkannte, daß Samuel zum Propheten des Herrn bestellt worden war.

1. Sam. 3, 19. 20

Die erste Botschaft, die Gott Samuel übermittelte, war das Gericht über Eli und sein Haus. Samuel fand in jener Nacht keine Ruhe mehr. Am Morgen suchte er Eli auszuweichen (vgl. Vers 15 ff.). Wie nahezu alle Propheten, so leistet auch Samuel zunächst Widerstand. Das Amt des Propheten und sein Auftrag schienen ihm zu schwer. Doch er sollte nicht mehr Eli, sondern später seinem eigenen König gegenübertreten. Nachdem Saul selbstmächtig in das Amt des Priesters eingegriffen und das Brandopfer entzündet hatte, mußte ihm Samuel sagen: »Was hast du getan?« Dann erklärte er ihm im Auftrag Gottes: »Du hast töricht gehandelt, daß du das Gebot, das der Herr, dein Gott, dir gegeben hat, nicht beobachtet hast, deshalb wird dein Königtum keinen Bestand haben« (1. Sam. 13, 10–14).

Prophetie war von Anfang an nicht nur Vorhersage des Künftigen, sondern zuerst die Enthüllung des Menschen. Ohne Scheu und Rücksicht auf Amt und Würde zeigt ein Prophet, wo ein Mensch auf falschem Wege ist, sich von Gott entfernt und in Sünde verstrickt. Dann erst sagt er die Konsequenzen an, die Gott aus dieser Entscheidung des Menschen zieht.
An diesem Grundriß des prophetischen Redens hat sich auch in der neutestamentlichen Gemeinde nichts geändert. Von den Propheten in den Gemeinden sagt Paulus: »Der Ungläubige wird von denen, die die Gabe der Prophetie haben, ins Gericht genommen und überführt« (1. Kor. 14, 24).
Das Besondere am Amt des Propheten ist es, daß Gott selbst den Inhalt der Prophetie erfüllt und damit seinen Boten bestätigt. Wo wir erkennen, daß der Prediger in seiner Auslegung unsere Situation trifft und unsere Schuld aufdeckt, da hat Gott prophetisch an uns gehandelt.

Samuel waltete als Richter in Israel während seines ganzen Lebens. Er zog Jahr für Jahr umher und machte die Runde über Bethel, Gilgal und Mizpa. *1. Sam. 7,15.16a*

Samuel war oberster Richter in Israel. Er zog von Ort zu Ort, um alle Streitigkeiten, die die Ältesten der Ortsgemeinde nicht schlichten konnten, beizulegen. Samuel war der Wahrer und Verkündiger des Rechtes. Dabei konnte er sich vom Volk bestätigen lassen, daß ihn bei seinen Urteilen allein das Recht und der Wille Gottes leiteten. Die, die er richtete, sagten über ihn: »Du hast uns nicht übervorteilt und uns keine Gewalt angetan und hast auch von niemandem irgend etwas angenommen« (1. Sam. 12,4). Er war selbst seinem König gegenüber unbestechlich. Dabei gehörte bei Samuel das Amt des Richters und des Propheten eng zusammen. Sein Richten war aufdekkende Prophetie. Er überführte den, der im Unrecht war, und im Namen Gottes sagte er ihm das Urteil. Von diesem Urteil wich er nicht ab, auch wenn der Verurteilte sich noch so sehr verteidigte und um ihn warb.
Als Samuel über seinen König das Urteil verkündigen mußte: »Dein Königtum wird von dir genommen«, verteidigte Saul sein Handeln in dreifacher Argumentation: »Sieben Tage habe ich gewartet, das Heer drohte auseinanderzulaufen, ich wollte doch nicht in den Kampf ohne Opfer« (1. Sam. 13,11–12). Für jeden falschen Weg gibt es mindestens drei Entschuldigungen: ich konnte nicht mehr, sieben Tage sind lang, die anderen – das Heer – nötigten mich, ich tat es in Verantwortung vor Gott. Samuel ließ sich von keiner der Entschuldigungsketten beeindrucken. Er sprach sein Urteil.
Die Entschuldigungen mit ihren drei typischen Zügen: »Meine Kraft war zu klein, die anderen tragen die Schuld, ich tat es letztlich in Verantwortung vor Gott«, sind zu allen Zeiten dieselben. Ein falscher Weg wird auch durch die uralten Entschuldigungen nicht gerechtfertigt.

19. Januar

Ich will euch den guten und rechten Weg lehren. Fürchtet den Herrn und dient ihm aufrichtig mit eurem ganzen Herzen; beachtet wohl, was er Großes getan hat! *1. Sam. 12,23.24*

Samuel zeigte nicht nur im prophetischen und richtenden Wirken den falschen Weg auf, sondern er war zugleich Lehrer des rechten Weges. Sein Lehren war nicht ein Belehren und Dozieren, sondern die Einladung an das Volk, Gott zu fürchten und ihm mit ungeteiltem Herzen aufrichtig zu dienen. Dabei war für Samuel Lehren und eigener Lebensvollzug eine Einheit. Er war nicht Dozent, sondern Jünger Gottes, der andere mit in die Jüngerschaft hineinzog.
In seinem Amt als Lehrer erfährt Samuel, daß Gott seine Pläne ändern und daß er auf die unablässige Bitte der Menschen eingehen kann. So gab Gott, der beanspruchte, alleiniger König des Volkes zu sein, Samuel die Weisung: »Komm der Forderung des Volkes nach und setze einen König ein; aber weise sie gleichzeitig auf die Rechte des Königs hin, lehre sie, was sie unter der Herrschaft des Königs erwartet, und sage ihnen: Wenn ihr wegen eines Königs, den ihr euch erwählt habt, zum Herrn schreit, so wird euch der Herr alsdann nicht erhören« (1. Sam. 8, 1–8). Samuel entfaltete die Worte Jahwes in allen Einzelheiten. Seine Lehre gibt bis heute eine zurückhaltende, aber klare Antwort auf die Frage, warum Gott in vielen Fällen das Schreien gegen die Obrigkeit nicht hört.
Die Lehre des guten und rechten Weges ist nach Samuel ablesbar an dem, was Gott in der Geschichte Großes getan hat. Wie die Lehrer des Wortes vor ihm die großen Taten Gottes niederschrieben – auch Mose machte Aufzeichnungen über die erste Zeit (vgl. 2. Mose 17, 14) –, so schreibt Samuel die Geschichte des Königs David, die in der folgenden Zeit fortgesetzt wurde von den Propheten Nathan, Gad, Ahia von Silo und Iddo (vgl. 1. Chr. 29, 29; 2. Chr. 9, 29).
Die großen Taten Gottes sind von Lehrern seines Wortes niedergeschrieben, damit wir an ihnen den rechten Weg erkennen.

Da erging das Wort des Herrn an Samuel: »Es reut mich, daß ich Saul zum König gemacht habe, denn er hat sich vom Gehorsam gegen mich abgewandt und meine Befehle nicht ausgerichtet.« Darüber geriet Samuel in schmerzliche Aufregung, so daß er die ganze Nacht hindurch zum Herrn laut flehte.

1 Sam. 15,10.11

Samuel, der Sohn Hannas und Elkanas, stammte aus dem Hause Levi. Er blieb sein ganzes Leben neben seinen Ämtern des Propheten-Richters und Lehrers Priester Gottes. Er eröffnete die Opfermahlzeiten und die Anbetungsgottesdienste (1. Sam. 9,13.23; 15,31), vor allem aber war er Mittler zwischen seinem Volk und Gott. Der Prophet Jeremia nennt Samuel in seinem priesterlichen Dienst in einem Atemzug mit Mose (Jer. 15,1). Samuel und Mose hatten aber nicht nur das fürbittende Eintreten vor Gott gemeinsam, sondern beide vereinigten in sich Führungsämter und priesterliche Aufgaben. Sie waren Vorgesetzte, die das letzte Wort zu sprechen hatten, und zugleich oberste Priester. Sie waren weltliche Richter und geistliche Väter. Sie hatten beide sowohl das Amt der Menschenführung als auch der Seelsorge. Die Tendenz, weltliche und geistliche Ämter zu trennen, Seelsorge und Vorgesetztenposition für unvereinbar zu erklären, hat bestimmt manche Argumente für sich. Eines aber wird dabei vergessen: Wo beide Ämter noch eine Einheit sind, wird die Not am Arbeitsplatz, der Konflikt mit den weltlichen Gesetzen in gleicher Weise vor Gott gebracht wie die direkten Verschuldungen gegen Gottes Gebot. Außerdem weiß der Vorgesetzte als Priester von seiner Abhängigkeit von Gott, die ihm nicht erlaubt, sich über andere zu erheben. Im fürbittenden Eintreten übernimmt der Priester das Beten, die Last des anderen, und wo er Worte des Gerichtes weitergeben muß, kann er es nur so tun, daß er unter den Folgen der Verschuldungen des anderen mitleidet. Samuel weinte die ganze Nacht. Er besuchte Saul nicht mehr, aber er trauerte um ihn (1. Sam. 15,35).

21. Januar

Die Hand des Herrn lag auf den Philistern, solange Samuel lebte. *1. Sam. 7,13*

Nach dem Sieg der Israeliten unter Samuels Führung war der große Gottesmann den Philistern genauso unheimlich wie die Heilige Lade.
Die Philister waren ein zivilisatorisch und staatspolitisch hochstehendes Volk, kretischer Herkunft, das um 1180 v. Chr. an den Südküsten Palästinas landete und ca. 130 Jahre später den ersten Großangriff auf Israel startete. Damals erbeuteten sie die Bundeslade und schleppten sie nach Ashdod, einer ihrer Hauptstädte am Meer, wo sie sie im Tempel ihres Gottes Dagon aufstellten. Nachdem von Stadt zu Stadt, wohin immer sie die Lade brachten, die Pest ausbrach, gestatteten sie die Rückführung der Lade ins Volk Israel. Seither gab es manche Kämpfe; doch nie mehr vergriffen sich die Philister an der Bundeslade. Ganz ähnliche Konsequenzen zogen die Philister nach der Schlacht bei Mizpa. Solange Samuel lebte und ein Heer zusammenrufen konnte, erklärten die Philister Israel nie wieder den Krieg.
Samuel, der letzte sogenannte »große Richter« Israels, war wie der Richter Othniel sowohl ein charismatischer Erretter des Volkes (= »großer Richter«) als auch der oberste Rechtsprecher (= »kleiner Richter«). Der Krieg gegen die Philister begann mit der Einberufung der Israeliten nach Mizpa. Dort veranstalteten sie ein großes Fasten und einen Bußgottesdienst. Unter dem Zeichen des Wasserschöpfens und vor dem Herrn Ausgießens bekannten sie ihre Sünden und baten Gott um Vergebung. Als die Philister aufgrund der Zusammenkunft der Israeliten angriffen, griff Samuel zur »Waffe des Gebetes«. Er schrie zu Gott. Gott sandte ein Unwetter und eine Verwirrung unter den Philistern, so daß den Soldaten Israels nur die Verfolgung der von Jahwe Geschlagenen blieb.
Samuel war ein charismatischer Führer. Sein Charisma der Befreiung aber war eingebunden und aufgefangen von der Vielfalt seiner Ämter, von dem Amt des Priesters, des kleinen Richters, des Lehrers und des Propheten.

Und Jesus sah einen Menschen an der Zollstation sitzen, der hieß Matthäus, und er sagte zu ihm: »Folge mir nach!«, und er stand auf und folgte ihm. *Matth.* 9,9

Mit der Sendung Jesu in diese Welt setzt Gott den einst durch die Propheten ergangenen Ruf in die Abhängigkeit von ihm fort. Jesus macht Menschen zu Jüngern. Er ruft in die Nachfolge.

Die klassische Berufung des Zöllners Matthäus in den Jüngerkreis Jesu zeigt, was Nachfolge bedeutet: Nachfolgen heißt, hinter Jesus hergehen, aus der bisherigen Existenz heraustreten, das Alte zurücklassen, dem Rufenden folgen, nicht weil Jesus etwas Wertvolles verspricht, sondern einfach um des Rufes willen.

Wie bei Matthäus war es bei der Berufung der anderen zwölf Jünger: Der Ruf erging, und ohne jede weitere Erklärung folgte die gehorsame Tat des Gerufenen. Für diese unmittelbare Abfolge von Ruf und Gehorsam gibt es nur eine einzige Begründung: Jesus Christus selbst. Jesus war nicht ein großer Rabbi, ein vorbildlicher Meister, ein Religionsstifter, er war der Sohn Gottes. Diesem Jesus, dem Gesalbten, dem Sohn Gottes, folgte Matthäus unvermittelt und ohne Bedingungen. Er bindet sich damit an die Person Jesu Christi. Nachfolge ist Bindung an die Person Jesu. Weil er da ist, weil er ruft, deshalb kann Matthäus folgen.

Warum gerade Matthäus und nicht ein anderer Zöllner gerufen wurde, bleibt unerklärt. Wie er es selbst verstand, zeigt sein Name, den er sich vielleicht erst später beilegte. Matthäus heißt übersetzt: »Geschenk Gottes«.

Es war Gottes Geschenk, daß er den Ruf hörte. Es war Gottes Wirken, daß er erkannte: Hier spricht Gott, Jesus, sein Sohn. Da konnte er nur aufstehen und hinter Jesus hergehen.

Matthäus hat seinen Herrn gefunden, sein Leben gehört nicht mehr ihm. Er hat sich gebunden an die Person Jesu. Nachfolge heißt es nur, wo Jesus, der Sohn Gottes, der Lebendige, der Auferstandene, zu Wort kommt und gehört wird.

An Petrus ergeht der Ruf »Folge mir nach« zweimal. Es war das erste und das letzte Wort, das Jesus an seinen Jünger richtete (Mark. 1,17; Joh. 21,22). Das erste Mal verließ Petrus seine Netze, d.h., er gab seinen Beruf auf und ging hinter Jesus her. Das letzte Mal trifft ihn der Auferstandene noch einmal am See. Petrus war wieder in seinem alten Beruf. Dazwischen lagen drei Jahre Nachfolge Christi. Während dieser Zeit bekam Petrus seinen neuen Namen, ursprünglich hieß er Bar Jona. Der jüdische Theologe Lapid übersetzt den Namen mit »Außenseiter«, »Geächteter«. Als er in der Gegend von Cäsarea Philippi das Bekenntnis ablegte »Du bist Christus, der Sohn des lebendigen Gottes«, spricht Jesus zu ihm: »Du bist Petrus, und auf diesem Felsen will ich bauen meine Kirche.« Petrus, Fels, hebräisch Sela, war ein alttestamentlicher Name. Abraham hieß »der Fels«. Der Prophet Jesaja fordert das Volk auf: »Blickt hin auf den Felsen, aus dem ihr gehauen seid, blickt hin auf Abraham, euren Vater« (Jes. 51,1.2). Der Stammvater des Alten Bundes hieß Petrus. Simon Bar Jona wurde mit seinem neuen Namen Petrus der Stammvater der neutestamentlichen Gemeinde. Er wurde zum Urbild des Christen. Deshalb sagt Jesus noch einmal zu ihm: »Folge mir nach.« Jesus spricht diesen Ruf in die Nachfolge kurz vor seiner Himmelfahrt aus. Damit sagt er: »Auch nach meiner Zeit in dieser Welt ist das Entscheidende am Christsein die Nachfolge. Gewiß, ihr könnt nicht mehr hinter mir hergehen, indem ihr einfach mitwandert, aber ihr habt mein Wort, dem folgt unvermittelt und ohne es zu hinterfragen.«

Der Auferstandene ruft bis heute: »Folge mir nach.« Das unvermittelte gehorsame Folgen ist nichts anderes als die persönliche Bindung an Jesus. Jesus erwartet, daß wir den Blick auf ihn lenken und seinem Wort folgen.

Als Jesus das Volk sah, stieg er auf den Berg, und als er sich gesetzt hatte, traten seine Jünger zu ihm, und er öffnete den Mund, sie zu lehren. *Matth. 5,1.2*

Jesus folgt eine große Menschenmenge. Er besteigt einen Berg und setzt sich. Das Sitzen gilt bei Lehrern in der antiken Welt als besonderes Zeichen der Würde. Auch in den Synagogen wird sitzend gelehrt.
Die Jünger standen – wie es damals üblich war (vgl. Neh. 8,4; Sir. 50,12f.) – in einem ersten Kreis um Jesus; den zweiten und die weiteren Kreise bildeten das Volk. Das Volk sieht Jesus umgeben von seinen zwölf Jüngern. Jesus sah, da er sitzend lehrte, zunächst nur seine Jünger. Er hatte jeden einzelnen gerufen. Sie waren aus dem Volk heraus zu ihm getreten. Sie haben auf seinen Ruf hin auf alles verzichtet. Jesu Ruf hatte sie arm, angefochten und hungrig gemacht. Jetzt redete er sie allein an. Der Evangelist Lukas hält diesen Augenblick fest, indem er schreibt: »Er erhob seine Augen auf seine Jünger und spricht selig ...« (Luk. 6,20).
Das Selig ist der alttestamentliche Heilruf: »Glückselig bist du!« (vgl. Psalm 1,1; 1.Mose 30,13). Mit dem Heilruf: »Du mein Jünger bist glückselig«, preist Jesus in neuen Worten den Stand des Jüngers. Ihr Mangel und Verzicht hat Verheißung. Sie tragen in sich seine Art und werden seiner Herrlichkeit teilhaftig.
Das Volk hört alle an die Jünger gerichteten Worte mit. Für sie sind die Glückseligrufe Jesu Rufe zur Entscheidung. Jesus wirbt um jeden einzelnen. Er lädt ein, in den engen Kreis der Jünger zu treten, damit er auch zu ihm sagen kann: »Glückselig bist du!«

Glückselig sind die dem Geist nach Armen, denn ihrer ist das Königtum des Himmels. *Matth. 5,3* √

In bezug auf den Menschen bedeutet im biblischen Sprachgebrauch Geist nicht Verstand oder Vernunft, sondern das Innere des Menschen, sein Herz. Der äußere Mensch wird als Fleisch bezeichnet, der innere als Geist (vgl. Matth. 26,41). Die dem Geist nach Armen sind die in bezug auf ihre inneren Kräfte Geschlagenen (vgl. Jes. 66,2). Sie sind niedrig, was ihre innere Haltung anbelangt, d.h., sie sind demütig (Jes. 57,15). Zur Zeit Jesu gab es in der Wüste am Toten Meer eine Familienkommunität, die abgeschieden von Kult und Tempel in der Wüste Gott diente. Sie nannten sich selbst die Armen, oder genauer Arme der Gnade, d.h. Arme, die Gnade empfangen haben. Andere Selbstbezeichnungen sind »Arme deiner Erlösung« oder »Arme, die die Zeit der Umkehr angenommen haben«.
Da z.Z. Jesu jeder wußte, was unter »geistlich Armen« zu verstehen ist, konnte Jesus seine Jünger kurz »die dem Geist nach Armen« nennen.
Die Jünger sind Menschen, die vor Gott als Bettler stehen (»Zahn«), die in ihrer Umkehr auf das Geschenk der Erlösung angewiesen sind, die in der Nachfolge arm, d.h. abhängig und bedürftig bleiben. Sie machen sich selbst nichts vor, sondern bleiben angewiesen auf die Barmherzigkeit und die Gnade Gottes.
Diesen, dem Geist nach Armen, nicht denen, die von sich sagen, sie seien reich und haben keinen Mangel (vgl. Offb. 3,1f.), sagt Jesus das Königtum des Himmels zu. Mitten in ihrer Armut sind sie Erben des himmlischen Reiches. Im Empfangen der Barmherzigkeit haben sie bereits zu ihren Lebzeiten ein Stück Himmelreich, das ihre Gegenwart neu gestaltet.
Herr, bewahre uns vor dem Hochmut, der meint, Jünger seien reich. Laß uns arm bleiben und von Dir alles erwarten.

Glückselig sind die Leid-Tragenden, denn sie werden getröstet werden. *Matth. 5,4*

Das griechische Wort für Leid-Tragende kann einfach übersetzt werden mit Trauernde. Es meint zunächst die, die um ihre Toten, um die Gestorbenen trauern. Die Totenklage nahm im Judentum z.Z. Jesu angesichts der mangelnden oder ganz vagen Auferstehungshoffnung einen breiten Raum ein. Die Trauernden sind dann aber auch die, die im Leid stehen. Luther erkennt in dieser Gruppe die Leid-Tragenden.
Die Jünger und Boten Gottes im Alten Testament trugen das Leid des Volkes und vieler einzelner. Wenn das Volk verworfen wurde und die Strafe Gottes bevorstand, weinten sie vor Gott und erflehten sein Erbarmen. Als Saul verworfen wurde, weinte Samuel die ganze Nacht und trauerte um ihn, solange er lebte (vgl. 1. Sam. 15,11.35). Jünger Jesu tragen Leid über die Welt und ihre Schuld. Der Untergang, auf den die Welt zueilt, ist den Jüngern nicht gleichgültig. Jünger Jesu können vieles, was ihre Mitmenschen tun, nicht mitmachen. Sie fallen aber nicht in Menschenverachtung und Menschenhaß, sondern sie werden Leid-Tragende. Sie leiden unter der Schuld der anderen, sie bitten Gott um sein gnädiges Eingreifen und Rufen. Sie bestürmen den Himmel um eine Erweckung.
»Leid-Tragende« hat noch eine weitere Bedeutung. Wenn den anderen in der Gemeinde oder außerhalb Leid trifft, schütteln sie das Leid nicht einfach ab, als hätten sie nichts damit zu schaffen, sondern sie tragen es mit.
Jünger werden unter den Lasten des Leides nicht müde, zerrieben und bitter, sie zerbrechen auch nicht, sondern sie können das Leid tragen, weil sie einen Tröster haben. Ihr Herr selbst ist der Tröster. Von Simeon heißt es, er wartete auf »die Tröstung«, d.h. auf den Messias (Luk. 2,25). Jünger sind Leid-Tragende, indem ihr Blick unverwandt auf ihren Tröster gerichtet ist.

Glückselig sind die Sanftmütigen, denn sie werden das Erdreich besitzen. *Matth. 5,5* √

Die Zukunft der Jünger Jesu spielt sich nicht allein im Himmel ab. Kaiser Julian schrieb spottend in seinem 43. Brief: er ziehe die Güter der Christen nur deshalb ein, damit sie arm ins Himmelreich eingehen könnten. Jesus sagt seinen Jüngern zu, sie werden die Erde besitzen. Abraham, dem Repräsentanten des Gottesvolkes im Alten Bund, wurde der Besitz des Landes, in dem er zunächst ein Fremdling war, verheißen (1. Mose 17,8). Die wahren Besitzer des Landes, die sich an der Fülle des Friedens freuen werden, sind nach einem Gebet Davids die »stillen Dulder« (Psalm 37,11).
Zweifellos dachte Jesus bei seiner dritten Jüngerverheißung an jene »stillen Dulder«, die in der Welt des Rechtens und Streitens wirklich wie Fremdlinge leben. Wo Menschen darauf verzichten, ihre Rechte in jedem Fall durchzusetzen, ihren eigenen Willen zurückzustellen, und auch nicht darauf aus sind, ihre eigenen Pläne ohne Rücksicht auf Verluste durchzusetzen, wirken sie wie Fremdkörper. Kein Wunder, daß die Welt über solche »stillen Dulder« sagt: »Laß ihnen den Himmel, da gehören sie hin!« Jesus aber sagt: »Meinen Jüngern, den Rechtlosen und Ohnmächtigen, gehört die Erde. Denen, die sie jetzt mit Gewalt und Unrecht besitzen, wird sie genommen. Die aber, die sanftmütig waren, sollen die neue Erde beherrschen.«
Die Herrschaft der Jünger liegt in der Zukunft. Dennoch gehört den Jüngern jetzt schon ein Stück Erde. Jesus wurde auf diese Erde gesandt, und Golgatha, wo der Sanftmütigste starb, war ein Stück Erde. Die Gemeinde ist auf Erden gebaut, und die Jünger leben in dieser Welt. Als Sanftmütige aber können sie verzichten. Sie prozessieren nicht um ihr Recht, sie machen kein Aufsehen, wenn ihnen Unrecht geschieht. Sie sehen auf ihren Herrn, sie leben von Golgatha und der Verheißung der neuen Erde.

28. Januar

Selig sind die nach Gerechtigkeit Hungernden und Dürstenden, denn sie werden gesättigt werden. *Matth. 5,6* ✓

Hunger und Durst sind Ausdrücke für die tiefste Erniedrigung des Volkes in der babylonischen Gefangenschaft. Jesaja wurde beauftragt, ihnen zu sagen: sie sollen Weideplätze finden, sie sollen nicht mehr hungern und dürsten (Jes. 49,10). Hungern und dürsten hat bereits im Alten Testament einen über den leiblichen Mangel hinausgehenden Sinn. Amos spricht von einem Hunger und Durst nach den Worten des Herrn (Amos 8,11f.). Die Jünger, die Jesus glückselig preist, hungern nach Gerechtigkeit. Sie haben ein brennendes Verlangen, von Gott gerecht gesprochen zu werden. Sie tragen Verlangen nach dem Neuwerden, nach Vergebung aller Sünden, nach völliger Erneuerung. Dieses Hungern und Dürsten nannten unsere Väter im Glauben die Sehnsucht nach Heiligung, das Verlangen, immer mehr gereinigt zu werden. Jesus sagt: »Dieses Verlangen soll gestillt werden, sie sollen satt werden. Wer zu mir kommt, den wird nimmermehr hungern, und wer an mich glaubt, den wird nie wieder dürsten. Ich bin das Brot des Lebens« (Joh. 6,35). Die Jünger werden beim künftigen Abendmahl des Herrn das Brot des wahrhaftigen Lebens essen, dann wird ihre Freude vollkommen sein. Doch wie bei allen Verheißungen Jesu hat auch diese Zusage bereits eine irdische Seite. Das Brot des Lebens, der Kelch des Heils wird den Jüngern jetzt schon angeboten im Heiligen Abendmahl.
Das Brot, das die Jünger im Mahl des Herrn empfangen, ist Himmelsbrot. Ihr Hunger und Durst nach Gerechtigkeit wird hier schon ein Stück weit gestillt. Im Empfangen von Brot und Wein wird dem Jünger zugesagt: »Für dich gegeben zur Vergebung deiner Sünden! Du bist rein!« Mit Brot und Wein werden die Jünger gestärkt zu neuem Glauben, Lieben und Leben. Sie gehen vom Tisch des Herrn weg unter dem Zuspruch: »Geh hin in Frieden, Jesus ist mit dir.«

Glückselig sind die Barmherzigen, denn sie werden Barmherzigkeit finden.
Matth. 5,7

Die ersten vier Seligpreisungen könnte man mit einem Wort Sören Kierkegaards zusammenfassen: »Gott nötig haben ist des Menschen höchste Vollkommenheit.« Glückselig sind die, die Jesus nötig haben. In einer zweiten Reihe von Seligpreisungen gibt Jesus seine Heilszusagen den Jüngern, die seine Art an sich tragen. Dabei ist alles, was Jesus nun aufzählt, ein Widerschein seines eigenen Wesens. Der Ausdruck »die Barmherzigen« findet sich im Neuen Testament nur an dieser Stelle. Einmal ist er von Jesus selbst gebraucht. »Er wurde in allen Stücken seinen Brüdern gleich, ein Barmherziger, ein treuer Hoherpriester, um für die Sünden des Volkes Vergebung zu wirken« (Hebr. 2,17).

Jesus wurde den Menschen ein Bruder. Er trug ihre Schande bis zum Tod am Kreuz. Er gab seine Stellung, seine Würde und Ehre auf und ging den Weg nach Golgatha, um die Vergebung zu erwirken.

Jesus ist der Barmherzige schlechthin. Von seinen Jüngern, die allein und ausschließlich von seiner Barmherzigkeit leben, erwartet er, daß sie seine Art an sich tragen. Sie sollen in ihrem Bereich und angemessen ihrer Möglichkeiten Barmherzige sein.

Jesu Jünger, die Barmherzigen, sind bereit, das höchste menschliche Gut, die eigene Würde und Ehre, aufzugeben und barmherzig zu sein. Ihre Liebe und ihr Einsatz gilt den Geringen, Kranken, Elenden, Erniedrigten, Vergewaltigten, Unrechtleidenden und Ausgestoßenen. Sie stehen auch auf die Gefahr hin, verkannt und selbst geächtet zu werden, auf der Seite der Verachteten. Keine Not und Sünde ist ihnen zu furchtbar. Die Barmherzigen suchen die in Schuld und Schande Geratenen. Sie tragen diese Schuld vor Jesu Thron. Sie teilen die Schmach und schenken dem Ehrlosen ihre eigene Ehre. Auch wenn viel Verkennen, Schande und Verachtung auf sie fällt, sind sie doch selig. Jesus sagt: »Glückselig seid ihr, wo ihr meine Art der Barmherzigkeit weitertragt.«

30. Januar

Glückselig sind die in ihrem Herzen Reinen, denn sie werden Gott schauen. *Matth. 5,8* ✓

Reinheit des Herzens hat hier nichts zu tun mit dem idealistischen Reinheitsbegriff oder mit äußerlicher Reinheit. Ein reines Herz hat der Mensch, dem Gott ein neues Herz geschenkt hat. Nach dem Mord an Uria und dem Ehebruch mit Bathseba betete David: »Gegen Dich allein habe ich gesündigt ..., schaffe mir, Herr, ein reines Herz und stell einen neuen, festen Geist in meinem Inneren her« (Psalm 51,6.12 nach Menge). Das reine Herz ist Gottes neue Schöpfungsgabe. Es ist die neue Schöpfung, die neue Kreatur, die Wiedergeburt des Menschen. Allein der Wiedergeborene gehört zu denen, die von Gott wie in einer Audienz empfangen werden, die ihn schauen (vgl. Offb. 22,4).
Der Mensch mit dem reinen Herzen, die neue Kreatur, gehört ungeteilt Jesus Christus und trägt etwas von der Art Jesu an sich. Sein »Herz ist ein Spiegel des Bildes Jesu geworden« (Dietrich Bonhoeffer). Sein Herz wird nicht mehr vom Gewissen, sondern vom Bild Jesu beherrscht. Der Jünger mit dem reinen Herzen ist frei von arglistigen Hintergedanken und unlauteren Nebenabsichten, sein Handeln geschieht in Aufrichtigkeit und schlichter Geradheit der Gesinnung.
Die Gottesschau, die ihm von Gott gewährte Audienz, wird von den Jüngern noch während ihres Erdenlebens erfahren, und zwar im reinen, lauteren Gottesdienst. Der Jünger darf, wie es vom Gottesdienst im Psalm 24 heißt, auf den Berg des Herrn steigen und am heiligen Ort stehen. Er hat reine Hände und ist rein dem Herzen nach, »er richtet seine Sinne nicht auf nach Bösem und schwört nicht trügerisch gegen seinen Nächsten« (Psalm 24,4). Vielleicht sind unsere Gottesdienste oft deshalb so leer, langweilig, farblos und ohne Frucht, weil wir, seine Diener, zu wenig von der Art Jesu widerspiegeln. Im Gottesdienst will Gott jetzt schon wie in einer Audienz die empfangen, die reines Herzens sind.

Selig sind die Friedensstifter, denn sie werden Söhne Gottes genannt werden. *Matth. 5,9*

Der aaronitische Segen schließt mit der Bitte: »Er gebe dir Frieden« (4. Mose 6,26). Die Jünger empfangen am Schluß eines jeden Gottesdienstes die Friedensgabe. Sie gehen im Frieden des Herrn. Als Jünger grüßen sie sich mit dem Friedensgruß, und bei ihrer Aussendung sagt Jesus zu ihnen: »Beim Eintritt in ein Haus entbietet ihm den Friedensgruß, und wenn das Haus es verdient, soll der Friede, den ihr ihm gewünscht habt, ihm auch zuteil werden« (Matth. 10,12.13). Im Aramäischen heißt den Friedensgruß entbieten soviel wie »Gottes Friede auf das Haus herabflehen«, d.h., vor Gott dafür eintreten, daß dieses Haus mit allen seinen Bewohnern Friede mit Gott bekommt. Die Jünger sind Friedensstifter oder, wie Windisch diese Stelle übersetzt, »Friedensbringer«. Ihr Ziel und ihre Aufgabe ist es, die zwischen Gott und Menschen zerstörte Gemeinschaft wiederherzustellen. Sie tun dies, indem sie ihren Mitmenschen den Namen des Messias bringen. Einer der alttestamentlichen Namen, die der Messias trägt, ist »Friedefürst« (Jes. 9,5). Für die Jünger ist Jesus der Friede, der die beiden Teile zu einer Einheit gemacht und die trennende Scheidewand, die Feindschaft, weggeräumt hat (Eph. 2,14). Die Jünger aber sollen den Frieden nicht nur haben, sie sollen ihn auch weitertragen. Sie sollen selbst Friedensstifter werden. Jesu Nachfolger sind berufen, Stifter des Friedens zu sein. Sie verkündigen und erbitten für ihre Mitmenschen den Frieden mit Gott und infolge der wiederhergestellten Gemeinschaft mit Gott auch den Frieden untereinander. Letzteres tun sie, indem sie darauf verzichten, sich selbst durchzusetzen, und den Haß, das Mißtrauen, die Verleumdung und die Herabsetzung des anderen mit Liebe erwidern. Sie verzichten auf Gewalt und Aufruhr und tragen so das Friedenswerk weiter, das Jesus auf dieser Welt begonnen hat. In der Herrlichkeit werden sie als Jünger, die nach Jesu Art Friedensstifter wurden, Söhne des lebendigen Gottes genannt.

Glückselig sind die um Gerechtigkeit willen Verfolgten, denn ihrer ist das Königtum des Himmels. *Matth. 5,10*

Gerechtigkeit ist hier nicht Gerechtigkeit Gottes, denn es fehlt der Artikel, sondern das Rechttun, das gerechte Urteilen, der Einsatz für eine gerechte Sache. Die Jünger verzichten auf Glück, Besitz, Recht, Würde, Ehre und Gewalt. Sie werden in ihrem Tun der Welt anstößig. Ihre Haltung bringt ihnen nicht Anerkennung, sondern Verwerfung. Sie werden um Gerechtigkeit willen verfolgt. In dem Buch der Weisheit Salomos sprechen die Gottlosen:

> »Dem Gerechten wollen wir aufsässig sein, weil er uns unbequem ist und unserem Tun entgegentritt, weil er uns Übertretungen des Gesetzes vorhält und uns Verfehlungen gegen die Zucht zum Vorwurf macht. Er rühmt sich, Gottes Erkenntnis zu besitzen, und nennt sich selbst Gottes Knecht. Er ist für uns eine beständige Anklage unserer Denkweise geworden, lästig ist er uns schon durch seinen Anblick, denn seine Lebensweise weicht von der aller anderen ab, und sein ganzes Verhalten ist völlig verschieden ... Mit Hohn und Mißtrauen wollen wir ihn auf die Probe stellen, um seine Sanftmut kennenzulernen und seine Standhaftigkeit im Leiden zu prüfen, zu schmachvollem Tod wollen wir ihn verurteilen« (Weish. 2,11–20).

Wo Jesu Jünger die Art ihres Herrn an sich tragen, sind sie eine ständige Provokation derer, die Jesus nicht zum Herrn haben. Es bleibt nicht aus, daß sie aufgrund ihres Handelns verfolgt werden. Die Verfolgung, die Austreibung aus ihrer Heimat, widerspricht der jüdischen Art der Frömmigkeit. Die Gemeinde des Gekreuzigten jedoch ist verfolgte Gemeinde, Gemeinde des Leidens, und es ist kein Zufall, daß gerade Petrus, der diesen Zug der wahren Jüngerschaft Jesu immer wieder in seinem Brief aufgreift, auch Jesu Seligpreisung noch einmal aufnimmt: »Ihr müßt um Gerechtigkeit willen leiden. Selig seid ihr zu preisen!« (1.Petr. 3,14). Der verfolgte Jünger gehört zur Gemeinde des Gekreuzigten, auf ihn wartet das Königtum des Himmels.

Glückselig seid ihr, wenn euch die Menschen um meinetwillen schmähen und euch verfolgen und sagen: »Alles Böse wider euch«, so sie daran lügen. Seid fröhlich und getrost, denn euer Lohn ist groß in den Himmeln. Denn wie euch, so haben sie vor euch die Propheten verfolgt. *Matth. 5,11.12*

Nachdem Jesus seinen Jüngern viermal das Glückselig zugerufen hatte, weil sie ihn in allen Stücken nötig haben, und weitere viermal, weil sie seine Art an sich tragen, redet er sie noch einmal direkt und mit einer abschließenden Seligpreisung an: »Ihr, die ihr im engsten Kreis hier um mich steht, erleidet nichts anderes als das Schicksal der alttestamentlichen Jünger und Boten: das Los der Propheten.« Jesus stellt damit seine Jünger in eine Linie mit den Propheten. Die Welt will die Jünger los sein. Alles, was die Jünger trifft, gilt aber letztlich Jesus selbst. Um der Gemeinschaft mit Jesus willen haben die Jünger Schmähworte und üble Nachrede zu erdulden. Sie werden vor Gericht verklagt und erleben Zeugen, die böswillig und falsche Aussagen machen. »Während Jesus ruft: ›Selig, selig!‹, schreit die Welt: ›Hinweg, hinweg‹!« (Dietrich Bonhoeffer).
In diese Situation hinein sagt Jesus: »Freuet euch und seid getröstet, es kommt die Zeit, in der Gott abwischen wird alle Tränen« (Offb. 21,4). Dann werdet ihr erkennen, daß das Leid nur kurze Zeit dauerte und sein mußte, damit sich die Echtheit eures Glaubens bewährte und ihr dann für wertvoller erachtet werdet als Gold (vgl. 1. Petr. 1,6–8).
Die verwundeten und gemarterten Leiber stehen dann verklärt da. Sie tragen das weiße Kleid der Gerechtigkeit. Solange die Jünger Jesu auf dieser Welt sind, ist ihr Weg gezeichnet von Leid, Verfolgung und Schmach. Keiner der Jünger jedoch wird unter dem Leid wie unter einer Last zerbrechen, denn Jesus stellt jeden seiner Jünger unter ein neunfaches »Glückselig bist du«. Mose brachte dem Volk vom Berg Sinai das Gesetz. Jesus ruft vom Berg der Seligpreisungen seinen Jüngern zu: »Glückselig seid ihr.«

Ein Gesetzeslehrer trat auf, um ihn auf die Probe zu stellen, und sagte: »Meister, was soll ich tun, um das ewige Leben zu ererben?«

Luk. 10,25

Jesus lehrte nicht nur seine Jünger und daneben die ganze Volksmenge, die ihm nachfolgte, sondern er redete auch ganz speziell zu verschiedenen Zielgruppen bzw. zu einzelnen ihrer Repräsentanten. So tritt eines Tages ein Gesetzeslehrer aus der Menge heraus vor Jesus hin, um ihm eine Frage vorzulegen, die ihn auf die Probe stellen sollte.

Es war damals genauso ungewöhnlich wie heute, daß ein studierter Theologe einen Laien um den Weg zum ewigen Leben fragt. Die Frage wurde nur den großen Rabbinern gestellt. So baten die Schüler ihren Lehrer, Rabbi Eliezer: »Rabbi, lehre uns die Wege des Lebens, daß wir auf ihnen das Leben der zukünftigen Welt erlangen.« Ungewöhnlich ist auch, daß der Schriftgelehrte Jesus mit »Lehrer Rabbi« ansprach, obwohl Jesus mit Sicherheit die beiden Prüfungen zum Rabbiner nicht abgelegt hatte. Die Frage ist eine Herausforderung Jesu. Hinter ihr stehen unlautere Motive. Der Gelehrte wollte auf dem Hintergrund der Sicherheit seines Wissens Jesus bloßstellen. Um dieses Ziel zu erreichen, scheut sich der Gelehrte nicht, Jesus die große Frage nach dem Heil zu stellen. Die Frage nach dem ewigen Leben ist die bedeutendste Frage des Menschen. Im Munde des Gelehrten wird sie mißbraucht, um Jesus auf die Probe zu stellen. Der Gelehrte stellte Jesus eine Testfrage. Die Frage selbst zeigt, wie gut er seine Bibel kennt. »Das Himmelreich ist nur zu ererben.« Erben des Reiches sind die Gelehrten (vgl. Psalm 37,22.29; Klgl. 5,2). Trotz seiner Gelehrsamkeit enthält seine Frage, indem er Tun und Erben einander zuordnet, einen Widerspruch. Eine Erbschaft tritt keiner an durch ein Tun. Sie wird erlangt durch ein Sein.

Der Gesetzeslehrer ist der Typus des Frommen, der seine Bibel kennt, der die wichtigsten Fragen stellt und sich doch nicht im klaren darüber ist, was er eigentlich sagt. Man kann die Frage nach dem ewigen Leben stellen, ohne sie auf sich selbst zu beziehen.

4. Februar

Jesus sprach zu ihm: »Was ist im Gesetz geschrieben? Wie liest du?« *Luk. 10,26*

Obwohl Jesus die Motive des Gelehrten durchschaut, fährt er ihn nicht an oder weist ihn unwillig zurück. Vielmehr, Jesus geht auf die Frage des Gesetzeslehrers ein, als ob dahinter ein echtes lauteres und reines Fragen stünde. Mit seiner Gegenfrage geht er sogar persönlich auf den Schriftgelehrten ein, indem er ihm zu verstehen gibt: »Ich will mit dir disputieren nach der Art des rabbinischen Lehrgesprächs.« Gleichzeitig macht Jesus einen dritten Schritt. Er spricht den Gelehrten an auf sein tägliches Schriftstudium.
Die Frage: »Wie liest du?« kann auch übersetzt werden: »Wie rezitierst du?« (Joachim Jeremias); d.h., Jesus fragt den praktizierenden Frommen nach seinen täglichen Frömmigkeitsübungen. Zweimal täglich rezitiert jeder Mann der alttestamentlichen Gottesgemeinde das Grundbekenntnis Israels, das »Schema Israel«, indem er sich zu Gott als dem einen und einzigen Herrn bekennt, der als Antwort seines Volkes die Liebe zu ihm erwartet. Dieses Gebot trägt jeder Jude bei sich in Form der Gebetskapseln, die er zu jedem Gebet an den Kopf und an den linken Arm bindet. Außerdem ist ein Pergament, auf dem dieses Gebot steht, Inhalt eines kleinen Behälters, der Mesusa, die an jeder einzelnen Tür eines jüdischen Hauses angebracht ist. Der fromme Jude betritt keinen Raum, ohne die Mesusa zu küssen und einige Worte des Textes zu rezitieren. Jesus spricht den Gelehrten auf seine Frömmigkeitsübungen an und sagt ihm: »Laß uns darüber sprechen, was du täglich tust. Laß uns das Wort betrachten, über das du mehrmals am Tage meditierst.«
Jesus konnte bei dem Gelehrten anknüpfen an dessen Zeiten des Gebetes und der Stille. Er will auch uns, die wir zu ihm beten, fragen: »Was liest du täglich, worüber meditierst du, welches sind die Worte, die dich durch deinen Tag begleiten?«

Er antwortete: »Du sollst Gott, deinen Herrn, lieben von ganzem Herzen, mit deiner ganzen Seele, mit deiner ganzen Kraft und mit deinem ganzen Denkvermögen.« *Luk. 10,27a*

Der Gelehrte zitiert aus seiner täglichen Meditation das Wort aus 5. Mose 6,5: »Du sollst den Herrn, deinen Gott, lieben mit deinem ganzen Herzen, mit deiner ganzen Seele und mit deiner ganzen Kraft.« Dabei nimmt er in seiner Rezitation die Worte auf, mit denen Jesus den alttestamentlichen Text übersetzt. Jesus überträgt das hebräische Wort für Herz »lebab« zweimal, einmal mit Herz und zum anderen mit Denkvermögen (vgl. Matth. 22,37 und Mark. 12,30). Das Herz ist im Alten Testament das Zentrum der menschlichen Person. Gott selbst hat sein Gebot in das Herz des Personenzentrums des Menschen geschrieben (vgl. Jer. 31,33). Das Herz ist der Ausgangspunkt der Liebe und zugleich der Sitz des Gewissens. Im Herzen liegt das Unterscheidungs- und Denkvermögen des Menschen. Wie ein Bräutigam ausschließlich an seiner Braut hängt, soll der Mensch mit ganzem Herzen seinen Gott lieben. Die Liebe Gottes ist zuerst Herzenssache. Wo es darum geht, Gott ungeteilt zu lieben, ist die Seele, d.h. die ganze Lebenskraft des Menschen, gefordert. Die Liebe zu Gott ist nicht eine Sache des Gefühls, sondern der Führung des Lebens. Deshalb braucht es zur ungeteilten Gottesliebe auch die Kraft des Willens. Um Gott ungeteilt lieben zu können, muß der Mensch die Kraft des Willens einsetzen. Wer Gott so liebt, hat die ersten vier Gebote, die Worte Gottes auf der ersten Tafel, erfüllt. Er hat keine anderen Götter neben dem einen wahren Gott. Er macht sich weder ein Bildnis noch ein Abbild. Er mißbraucht den heiligen Namen Gottes nicht und heiligt den Feiertag. Wenn Gottes Gebote, in denen er das Verhältnis zwischen sich und den Menschen regelt, Eingang in das Herz eines Menschen finden und ihn ganz durchdringen, dann kann er Gott lieben von ganzem Herzen, von ganzer Seele, von ganzer Kraft und mit ganzem Denkvermögen.

6. Februar

Du sollst deinen Nächsten lieben wie dich selbst.

Luk. 10,27b

Mit dem zweiten Teil seiner Antwort greift der Gelehrte zurück auf die ihm aus seiner Theologie bekannte Verbindung des Gebotes der ungeteilten Gottesliebe (5.Mose 6,4ff.) und dem Gebot »Du sollst deinen Nächsten lieben wie dich selbst, denn ich bin der Herr« (3.Mose 19,18). Die Schriftgelehrten zählten in der Thora, d.h. in den fünf Büchern Mose, 613 Satzungen und teilten sie auf in 248 Gebote und 365 Verbote. Die Propheten Micha und Jesaja versuchen als erste die Fülle der Gebote in katechismusartigen Sätzen zusammenzufassen (vgl. Micha 6,8; Jes. 33,15). Die jüdischen Vätertestamente sehen dann die Summe aller Gebote gegeben in der Zusammenordnung von Gottes- und Nächstenliebe. Issaschar z.B. sagt von seiner Lebensführung: »Den Herrn liebte ich mit meiner ganzen Kraft, und jeden Menschen liebte ich gleichermaßen wie meine Kinder« (Test.Iss. 7,6). Auch wenn Paulus und nach ihm Rabbi Akiba († 135) als Zusammenfassung der Gebote nur noch den letzten Satz »Du sollst deinen Nächsten lieben wie dich selbst« nennen (vgl. Röm. 13,8.10; Gal. 5,14), so gehören für beide Gottesliebe und Nächstenliebe noch untrennbar zusammen. Die von Jesus gelehrte Nächstenliebe (vgl. Matth. 22,36–40; Mark. 12,30–33) ist ohne die Gottesliebe so undenkbar, wie die zweite Tafel der Gebote, mit der Gott das Leben der Menschen untereinander ordnet, untrennbar ist von den ersten vier Geboten. Allein da, wo ein Mensch vor Gott lebt, begegnet er seinem Nächsten so, wie es Gott in seinen Geboten festlegt. Allein der, der Gott von ganzem Herzen, von ganzer Seele und all seinen Kräften und seinem Denkvermögen liebt, kann seinen Nächsten lieben wie sein eigen Leben. Das Gebot der Nächstenliebe, ohne seine Begründung in der Gottesliebe, ist ein Appell zur Mitmenschlichkeit. Die Predigt der Menschenliebe, die gelöst ist von der Gottesliebe, ist Moralpredigt. Ihr Ziel ist es, das menschliche Miteinander erträglicher zu gestalten. Sie hat nichts mehr zu tun mit der Frage des Gelehrten: »Was muß ich tun, um das ewige Leben zu ererben?«

7. Februar

Da sprach Jesus zu ihm: »Du hast richtig geantwortet. Tue dies, so wirst du leben.« Der Gelehrte aber wollte sich selbst rechtfertigen und sagte zu Jesus: »Wer ist denn mein Nächster?«
Luk. 10,28.29 √

Die bestätigende und anerkennende Antwort Jesu veranlaßt den Schriftgelehrten zu einer zweiten Frage. Wollte er mit der ersten Jesus auf die Probe stellen, so diente die zweite seiner eigenen Rechtfertigung, da er sich durch Jesus bloßgestellt sieht. Der Gesetzeslehrer flieht nun in den ethischen Konflikt. Ich will ja gehorsam sein, aber das Gebot Gottes ist mehrdeutig. Keiner weiß, wer der Nächste ist. Das Gebot läßt mich in ewigem Konflikt. Die Pharisäer, zu denen sich der Schriftgelehrte zählt, lehren: Es ist verboten, einem Menschen, der kein Wissen über die Gebote Gottes besitzt, Barmherzigkeit zu erweisen. Im Männerkloster der Essener am Toten Meer wird den Söhnen des Lichtes nahegelegt, die Andersgläubigen zu hassen. Manche Rabbiner verlangen, die Abtrünnigen in die Grube zu stoßen und nicht wieder heraufzuziehen. Im Volksglauben der damaligen Zeit ist der Grundsatz verbreitet, den persönlichen Gegner vom Liebesgebot auszuschließen. Es heißt: Deinen Volksgenossen sollst du lieben, deinen Gegner aber sollst du nicht lieben. Auf diesem Hintergrund ist die Rechtfertigung des Gesetzeslehrers eine verständliche Frage. Er möchte wissen, wo Jesus die Grenzen für die Liebespflicht setzt. Wer ist mein Nächster? In der Sprache Jesu heißt Nächster »rea – Freund«. Der Gesetzeslehrer stellt damit die uralte Menschenfrage Freund – Feind und sagt dann mit Gewißheit und Selbstsicherheit: »Es kann doch nicht jeder mein Freund sein. Irgendwo muß es doch Grenzen geben.«
Die durchaus verständliche Frage, mit der der Schriftgelehrte Jesus antwortete, ist dennoch ein Ausweichen. Jesus sagt ihm, was er zu tun hatte: »Tue dies und du wirst leben.« Er aber fragt weiter. Die ausweichende, sich rechtfertigende Frage ist bis heute der einfachste und üblichste Weg, dem Anspruch Jesu: »Geh und handle« auszuweichen.

Da nahm Jesus das Wort und sagte: Ein Mensch ging hinab von Jerusalem nach Jericho und fiel unter die Räuber, die zogen ihn aus, schlugen auf ihn ein, gingen weg und ließen ihn halbtot zurück. Luk. 10,30

Noch einmal geht Jesus unvoreingenommen auf die Frage des Gesetzeslehrers ein. Er wählt für seinen Schriftbeweis die auch bei den Rabbinern übliche Form des Gleichnisses. Dabei greift er auf eine Begebenheit zurück, die sich jeder vorstellen konnte und die vielleicht in Jerusalem gerade von Mund zu Mund ging. Jesus lehrte mit dem Gleichnis, was es heißt, Gott zu lieben und den Nächsten wie sein eigen Leben. Dabei schildert er die Personen des Gleichnisses so plastisch, daß jeweils zu erkennen ist, nach welchen Zielen sie streben, woran sie ihr Herz gehängt haben, wer oder was ihr Gott ist, den sie lieben.
Die Räuber hatten für ihre Überfälle einen geeigneten Weg ausgewählt. Die alte 27 km lange Straße von Jerusalem nach Jericho führte durch verlassenes, kahles Bergland. Die Reisenden brauchten sechs Stunden, um den Höhenunterschied von 1200 m zu bewältigen. Josephus nennt die Straße »einsam und felsig« und kennt auf der ganzen Strecke nur einen einzigen Wachturm, und zwar an der Stelle, wo der Weg steil nach Jericho abfällt.
Es ist anzunehmen, daß die Räuber Zeloten waren, eine Gruppe, die sich mit Waffen gegen die Römerherrschaft und die Ausbeutung des Volkes wehrten. Mit Vorliebe überfielen sie solche, die mit den Römern Geschäfte machten, raubten, was immer diese bei sich hatten, und gaben manche Beute zurück an die Armen ihres Volkes. Bei ihren Unternehmungen scheuten sie vor keiner Gewalttat, auch nicht vor dem Morden zurück.
Der Gedanke, der sie beherrschte, war die ausgleichende Gerechtigkeit und die politische Freiheit.
Ihr Herr war nicht der lebendige Gott. Sie dienten ihren Idealen und ließen sich ihr Handeln diktieren von ihren Zielen: Weltverbesserung, politische Freiheit und ausgleichende Gerechtigkeit.

Es traf sich gerade, daß ein Priester ebendenselben Weg ging, sah ihn und ging mit abgewandtem Angesicht vorüber.

Luk. 10,31

Der Priester ging von Jerusalem nach Jericho. Sein Dienst im Tempel war beendet, vermutlich war er auf dem Weg nach Hause in die Palmenstadt Jericho, die damals ein beliebter Wohnort für Priester und Leviten war.

Als er den Halbtoten sah, heißt es: wandte er sein Angesicht weg; andere übersetzen: ging er auf die andere Straßenseite. Das abgewandte Weitergehen umschließt Abwehr, Widerwillen, inneren Widerstand und läßt darauf schließen, daß sich in ihm ein Kampf abgespielt haben muß. Das Gesetz schrieb ihm vor, daß er mit keiner Leiche, außer mit denen seiner allernächsten Angehörigen, in Berührung kommen durfte (vgl. 3. Mose 21,1 ff.). Die Berührung mit einem Toten machte ihn unrein. Erst nach einem sehr komplizierten und langwierigen Reinigungsritus durfte er wieder im Tempel seinen Dienst tun. Vielleicht hat er den am Weg Liegenden bereits für tot gehalten oder aber er befürchtet, er könne unter seinen Händen sterben. Auf jeden Fall entschloß er sich, seine religiösen Pflichten höher zu achten. Mit Gewalt wendet er seinen Blick von dem Bild der Not, wechselt die Straßenseite und zieht weiter.

Im Augenblick dieser Entscheidung sprach nicht mehr sein Herz, sondern das Gesetz, die Prinzipien, Regeln und Paragraphen. Sein Herr, der sein Handeln bestimmte, war nicht mehr der lebendige Gott und sein Gebot, den Nächsten zu lieben wie sein eigen Leben, sondern eine erstarrte Frömmigkeit. Er hatte Gott mit dem Gesetz verwechselt. Sein ganzer Einsatz mit Herz, Seele und Willenskraft galt nicht dem lebendigen Gott, sondern der Gesetzlichkeit.

Es gibt eine Frömmigkeit, die unfrei macht. Der Gesetzliche meint, er diene Gott, und geht genau an Gottes Gebot vorbei.

In ähnlicher Weise kam auch ein Levit an den Ort, sah ihn und ging mit abgewandtem Angesicht vorüber. *Luk. 10,32*

Der Levit kam ebenfalls von dem durch das Gesetz vorgeschriebenen Gottesdienst in Jerusalem. In dramatischer Weise wiederholt sich in seiner Person das Verhalten des Priesters. Er wendet sein Angesicht ab, wechselt die Straßenseite und geht einfach weiter. Die Tatsache, daß mit ihm sich ein Zweiter in gleicher Weise der Unbarmherzigkeit schuldig machte, liefert den zweiten Zeugen, der nach dem Gesetz nötig ist, ein Verbrechen zu ahnden (vgl. 5. Mose 19,15). Gott hat dieses Unrecht nicht übersehen. Über die Einzelheiten, die zum Entschluß vorbeizugehen führten, macht Jesus auch bei dem Leviten keine genauen Aussagen. Der Levit braucht nur während seines kultischen Dienstes rein zu sein. Sein Amt hat es ihm durchaus erlaubt, mit Toten in Berührung zu kommen, es sei denn, er sei ein Oberlevit. Vielleicht hat ihn auch die Angst geleitet, selbst in die Hände der Räuber zu fallen. Auf jeden Fall war er nicht frei zum barmherzigen Handeln. Er hatte sich dafür entschieden, den halbtot am Weg Liegenden nicht als seinen Nächsten, seinen Freund, ansehen zu müssen. Er hat den Konflikt, den der Gesetzeslehrer Jesus vortrug, so gelöst, daß er sich sagen konnte: »Dieser ist nicht mein Freund. Ich kann wegsehen und vorbeigehen.« In seiner abschließenden Frage fragt Jesus den Gesetzeslehrer nicht: »Wer war der Nächste?«, d. h., er fragt nicht danach, ob einer der Liebe würdig ist. Seine Frage lautet vielmehr: »Wer hat als Nächster gehandelt?« Jesus denkt allein vom Notleidenden aus. Der Levit kreiste um sich, seine Ängste und seine Familie. Sein Herr war nicht der lebendige Gott, der Liebe statt Unbarmherzigkeit erwartet; sein Herr war sein eigenes Ich.
Die Sorge um sein eigen Leben machte ihn blind für den Sterbenden auf dem Weg nach Jericho.

Da kam ein Samariter auf demselben Weg zu ihm, sah ihn und empfand Mitleid mit ihm. *Luk. 10,33*

Der Samariter gehörte für die Juden zu den Menschen, denen die Frommen keine Barmherzigkeit zu erweisen brauchten, da sie nicht nach dem jüdischen Gesetz lebten. Zwischen Juden und Samaritern gab es keine Gemeinschaft. Von einem Samariter aber erzählt Jesus, daß er sich erbarmte.
Das Wort im Urtext für »Erbarmen« wird nur von Gott oder Jesus Christus gebraucht. Jesus selbst gebraucht dieses Wort im Gleichnis von dem König, der mit seinen Knechten Abrechnung hielt und sich über den Schalksknecht erbarmte (Matth. 18,27), ebenfalls vom Vater des verlorenen Sohnes (Luk. 15,20). Legt man das Wort Gottes durch das Wort selbst aus, dann ist im Samariter Gott, der Vater Jesu Christi, zu sehen. Er selbst, Gott, bückt sich nach dem unter die Räuber Gefallenen und rettet ihn aus dem Tod. Da Jesus selbst keine andere Deutung gab, in seinen Gleichnissen das besondere Wort für Barmherzigkeit aber nur Gott dem Vater in der Gestalt des Königs und Vaters des verlorenen Sohnes zuordnet, kann er mit dem barmherzigen Samariter nur seinen himmlischen Vater meinen. Im Bilde dessen, der halbtot am Wege liegt, stellt er aber dann keinen anderen als sich selbst dar. Er ist es, der von den Repräsentanten des jüdischen Volkes mißachtet wurde. Priester und Leviten lehnten Jesus ab wie einen, an dem sie sich verunreinigen könnten. Deshalb werden sie es erleben, daß Gott selbst eingreift und sich seiner annimmt.
Mit dem Gleichnis von Gott als dem barmherzigen Samariter sagt Jesus dem Gesetzeslehrer: »Gott ist anders, als du ihn dir vorstellst. Sein Erscheinen auf dieser Welt kann Formen annehmen, die du nicht erwarten würdest. Zu erkennen ist Gott nur aus seinem Handeln. Er läßt den Halbtoten nicht liegen. Seine sichtbare Seite auf dieser Welt ist sein göttliches Erbarmen, zu dem ihn die Liebe zu seinen Menschen treibt.«

Er ging zu ihm, verband ihm seine Wunden, nachdem er Öl und Wein hineingegossen hatte, dann setzte er ihn auf sein eigenes Reittier, brachte ihn in die Herberge und sorgte für ihn. Am anderen Morgen zog er zwei Denare aus der Tasche, gab sie dem Wirt und sprach: »Sorge du für ihn, und was du zusätzlich aufwendest, werde ich dir bei meiner Rückkehr erstatten.«

Luk. 10,34.35

Der Samariter tut, was ihm sein Herz sagt. Gottes Handeln ist bestimmt von seinem göttlichen Erbarmen. Seine Barmherzigkeit gilt zunächst Jesus, seinem unter die Räuber gefallenen Sohn. Wenn Jesus zum Schluß des Gleichnisses dem Gesetzeslehrer sagt: »Geh und tue du in gleicher Weise«, dann ist dies nichts anderes als die Aufforderung zu den Werken der Barmherzigkeit: Hungrige zu speisen, Durstigen zu trinken zu geben, Fremde zu beherbergen, Nackte zu bekleiden, Kranke und Gefangene aufzusuchen (Matth. 25,35.36). Es ist auffallend, daß trotz der bisher sehr knapp gehaltenen Erzählung die barmherzigen Taten des Samariters so ausführlich geschildert werden. Der Samariter läßt ihn nicht verhungern und in der Wüste verdursten. Er desinfiziert die Wunden des Opfers der Räuber mit Wein und bestreicht sie mit heilendem Öl. Er verbindet sie, hebt den fremden Halbtoten auf sein eigenes Reittier und sucht für ihn eine Herberge. Bevor er weiterzieht, gibt er dem Wirt zwei Denare für die Pflege. Ein Denar war zu jener Zeit ein gewöhnlicher Tageslohn. Der Samariter bezahlt für seinen Kranken einen beachtlichen Tagessatz. Er macht die Herberge zu einer diakonischen Einrichtung, in die er zurückkommen wird, um dem Wirt alles zu bezahlen, was er darüber hinaus für seinen Betreuten aufgewendet hat.
Die bis ins einzelne geschilderte Tat des Samariters sind die Werke der Barmherzigkeit, von denen Jesus sagt: »Alles, was ihr einem dieser meiner geringsten Brüder getan habt, das habt ihr mir getan« (Matth. 25,40).

»Wer von denen scheint dir der Gefährte geworden zu sein dem, der unter die Räuber fiel?« Er sagt: »Der die Barmherzigkeit an ihm tat.« Nun sagt Jesus: »Geh und tue du in gleicher Weise.« *Luk. 10,36.37*

Die Begegnung Jesu mit dem Gesetzeslehrer, der ihn auf die Probe stellen wollte und der mit seiner zweiten Frage die Flucht in den ethischen Konflikt antrat, ist zu Ende. Es wird nicht erzählt, ob dieser Schriftgelehrte von Jesus gewonnen wurde und in den engeren oder weiteren Kreis der Jünger eintrat. Der Evangelist Lukas berichtet nur von einer für unsere Ohren seltsam klingenden Antwort. Als Jesus ihn fragt: »Wer hat als Nächster gehandelt?«, sagt er: »Der an jenem Barmherzigkeit tat.« Die Antwort zeigt, daß der Gelehrte das Gleichnis Jesu zu deuten wußte. Er hatte verstanden, daß Jesus ihm die Liebe Gottes zu den Menschen deutlich machte in dem Bild des barmherzigen Samariters. Als Gesetzeslehrer aber durfte er den Namen Gottes nicht aussprechen. Er mußte deshalb zu einer der gebotenen Umschreibungen für den Gottesnamen greifen und sagt deshalb: »Nicht Gott der Vater ist es, von dem alle Liebe seinen Ursprung nimmt, sondern ›der, der die Barmherzigkeit an ihm getan hat‹. Er wurde als erster Nächster, Freund des Notleidenden und Verlassenen.« Der Gelehrte hatte Jesu Gleichnis verstanden. Jesus lehrte ihn: Alle Liebe geht von Gott aus. Gott ist zu allem bereit, um seine Liebe den Menschen zu erweisen. Der von Gott geliebte Mensch antwortet, indem er Gott liebt mit ganzem Herzen, mit dem Einsatz all seines Denkvermögens und mit seiner ganzen Lebens- und Willenskraft. Für den, der Gott so liebt, ist das Freund-Feind-Denken zu Ende. Er steht als Liebender neben seinem Nächsten. Gottes- und Nächstenliebe sind genausowenig voneinander zu trennen wie die beiden Tafeln der Gebote, mit denen Gott dem Menschen zuerst ermöglicht, vor ihm zu stehen, und ihm dann zeigt, worauf es im menschlichen Miteinander ankommt. Der Apostel Thomas überliefert das Gebot der Nächstenliebe im folgenden Wortlaut: Jesus sprach: »Liebe deinen Bruder wie deine Seele, hüte ihn wie deinen Augapfel.«

14. Februar

Als es Morgen geworden war, kam Jesus in den Tempel, und das ganze Volk kam zu ihm, und er setzte sich nieder und lehrte, und die Schriftgelehrten und Pharisäer brachten zu ihm eine Frau, die beim Ehebruch ertappt worden war.

Joh. 8,2.3a

Solange Jesus auf Erden wirkte, war es sein einziges Ziel, Menschen in die Nachfolge zu rufen. Wann immer er mit seinen Jüngern zu den großen jüdischen Festen nach Jerusalem zog, nahm er die Gelegenheit wahr und lehrte in den Vorhallen des Tempels unter den Säulen, unter denen zu allen Zeiten jüdische Gelehrte das Gesetz auslegten. Die Nächte verbrachte er mit seinen Jüngern in einer Grotte auf dem Ölberg.
Die Konfrontation Jesu mit der auf frischer Tat ertappten Ehebrecherin erzählt Johannes im Zusammenhang mit einem Laubhüttenfest, zu dem Jesus nach Jerusalem gekommen war. Das ganze Volk schlief in Erinnerung an den Auszug aus Ägypten und die Wüstenzeit unter offenem Himmel. Die in Jerusalem ansässigen Juden bauten sich Hütten, deren Dächer mit Palmenzweigen bedeckt waren, so daß sie den Sternenhimmel sehen konnten. Die Pilger schliefen einfach auf den Plätzen um den Tempel oder im naheliegenden Kidrontal. Aus diesem Festgebrauch heraus erklärt sich ein jüdischer Theologe, der sich mit der Konfrontation Jesu mit der Ehebrecherin befaßte, den Umstand, daß die Schriftgelehrten und Pharisäer als Hüter des Gesetzes eine Frau beim Ehebruch beobachten konnten. Das Verhalten Jesu beim Prozeß gegen die Ehebrecherin wurde von den ersten Christen bald nicht mehr verstanden. Deshalb verbannten sie die Geschichte kurzerhand aus den Evangelien. Vielleicht stand sie ursprünglich im Markus- oder Lukasevangelium. In jedem Fall gehört sie, wie Papias von Hierapolis bezeugt, im Jahre 135 noch zu dem festen Bestand der Jesus-Überlieferung. Der Kirchenvater Augustinus gibt für die Streichung der Geschichte folgenden Grund an: »Bestimmte Leute entfernten den Abschnitt aus dem Neuen Testament, weil sie befürchteten, es würde hier den Frauen die Freiheit gegeben, die Ehe ungestraft zu brechen.« Die Geschichte will Menschen in schwieriger Position und Situation in seine Nachfolge rufen.

Sie stellten die Frau in die Mitte eines Halbkreises und sagten zu ihm: »Meister, diese Frau ist auf frischer Tat beim Ehebruch ertappt worden. Mose hat uns im Gesetz geboten, solche zu steinigen. Was sagst Du dazu?« Joh. 8,3b–5

Zur Zeit Jesu durfte anfänglich noch das höchste jüdische Gericht in den Hallen des Tempels stattfinden. Der Gerichtshof bestand aus den Mitgliedern des Hohen Rates, die in einem Halbkreis saßen. Der Angeklagte stand in der Mitte des Halbkreises. Das Ergebnis dieser Verhandlung stand bereits vor der Eröffnung des Verfahrens fest. Die Frau war auf frischer Tat ertappt, die Zeugenaussagen stimmten somit überein, und das Gesetz schrieb die Steinigung vor. Zwei Beobachtungen lassen auf die besondere Situation und den Stand der angeklagten Frau schließen. Bei Ehebruch verlangt das Gesetz die Todesstrafe für beide Partner, für den Mann und die Frau (vgl. 3. Mose 20,10; 5. Mose 22,22). Da die Frau überrascht wurde, mußte den Pharisäern und Schriftgelehrten auch der Mann bekannt sein. Außerdem wurden die beiden Ehebrecher, wie aus den alttestamentlichen Gesetzestexten und der späteren Tradition hervorgeht, nicht gesteinigt, sondern erdrosselt. Die Steinigung wurde nur verhängt, wenn eine unverheiratete Frau, z.B. eine Braut, einer ehebrecherischen Tat überführt wurde (vgl. 5. Mose 22,21). Sie wurde nach Abschluß des Verfahrens vor die Stadt getrieben und solange mit Steinen beworfen, bis sie unter dem Steinhagel ihr Grab fand. Der aufgeworfene Steinhügel blieb als Mahnung aller im Umkreis lebenden unverheirateten Frauen liegen.
Die Hinrichtung durch Steinigung bedeutete aber nicht nur einen qualvollen Tod und ein Begrabenwerden des gerade sterbenden Leibes, sondern sie besiegelte gleichzeitig die drastische Ausstoßung aus der Gemeinschaft des Gottesvolkes.
An jenem Morgen eines Laubhüttenfestes ist Jesus aufgefordert, seinerseits Stellung zu nehmen, wie mit einem Mädchen zu verfahren ist, die vor der Ehe körperliche Gemeinschaft mit einem Mann hatte. Er wurde von den Pharisäern und Schriftgelehrten aufgefordert: »Jesus, was sagst du zu einem solchen Mädchen?«

Sie sagten das aber, um ihn zu versuchen und etwas zu haben, ihn anzuklagen. Jesus schwieg, neigte sich dabei zur Erde und schrieb mit dem Finger in den Sand. *Joh. 8,6* √

Wie in vielen Fällen zuvor wollten die Pharisäer Jesus eine Falle stellen. Das Todesurteil mußte von der Besatzungsmacht, den Römern, bestätigt werden. Diese hatten aber aufgrund ihrer laxen Auffassung in Fragen des sexuellen Lebens Todesurteile wegen Ehebruchs untersagt. In Rom wurden zur Zeit Jesu Ehen nur um einer Karriere willen geschlossen. Sonst lebte man unverheiratet zusammen, und jeder der beiden Partner ging seinem Beruf nach. Die Billigung des Todesurteils durch Jesus hätte ihn in Konflikt mit den Römern gebracht. Billigt er es aber nicht, gehört er zu denen, die das Gesetz und die Ordnung auflösen, und steht im Gegensatz zum Volk und seiner geistlichen Führung. Wie immer sich Jesus auch verhalten würde, er liefert ihnen Gründe, ihn anzuklagen.
Jesus antwortet zunächst überhaupt nicht. Er sitzt mit dem Hohen Rat im Halbkreis, wohin sie ihn als Richter gebeten hatten, und schreibt mit dem Finger in den Sand. Diese Handlung sehen nur die, die unmittelbar im Halbkreis mit ihm sitzen, die Pharisäer und Schriftgelehrten. Sie allein wissen auch aufgrund ihrer Kenntnis des Alten Testamentes, daß dieses Schreiben in den Sand eine Gleichnishandlung ist, eine Anspielung auf das Prophetenwort Jeremia 17,13: »Die Abtrünnigen werden in den Sand geschrieben.« Mit dieser Gleichnishandlung redet Jesus zu den Schriftgelehrten. In Zurückhaltung und voller Takt macht er ihnen ohne Worte deutlich, daß es in der Begegnung mit ihm nicht nur um das Mädchen, sondern auch um sie und ihre Schuld vor Gott geht. Jesus redete so zu den Pharisäern, daß es das herumstehende Volk gar nicht merkte. Sie hätten umkehren können, ohne ihr Gesicht zu verlieren.
Bis heute redet Jesus zu Ihnen und mir in der Stille, ohne zudringlich zu werden und ohne den einzelnen zu beschämen. Er ruft den einzelnen mitten in der Anonymität einer großen Hörerschaft, ohne daß es die anderen sehen und merken.

Als aber die Ankläger hartnäckig weiter fragten, richtete er sich auf und sagte zu ihnen: »Der, der in Sachen Ehebruchs ohne Sünde ist, werfe den ersten Stein.« *Joh. 8,7*

Die Pharisäer hatten Jesu Ruf ohne Worte nicht gehört. Sie wollten ihm nicht folgen und wiederholten ihre harten, rechthaberischen Fragen. Jetzt argumentiert Jesus laut, so daß es auch jeder der Umstehenden hören konnte. Er rechtfertigt mit keinem Wort die angeklagte Frau, er sagt auch nicht einmal andeutend, daß sie unschuldig sei oder dem Tod entrinnen könnte. Er spricht immer noch nicht zu der Frau, aber er will mit den Pharisäern auch nicht über die Frau reden. Deshalb spricht er noch einmal, jetzt offen, laut und herausfordernd die Ankläger an. Dabei dringt es wie in seiner Bergpredigt von der Oberfläche der Schuld vor bis zu den persönlichen Bewegungen im Herzen des Menschen: »Wer unter euch in Sachen Ehebruchs ohne Sünde ist, der werfe den ersten Stein.« Die Übersetzung, wer unter euch ohne Sünde ist, ist zu allgemein. Das im Urtext stehende Wort ist ein Ausdruck für Verschuldungen in Sachen Ehebruchs. Vielleicht erinnern sich einige der Umstehenden an Jesu Wort: »Wer eine Frau ansieht, ihrer zu begehren, der hat schon die Ehe gebrochen« (Matth. 5,28). Luther legt diese Stelle so aus: Du darfst jede Frau ansehen und dich an ihr freuen, aber keine so wie deine eigene Frau. Die Steinigung muß sein. Der aber soll den ersten Stein werfen, der in seinem Herzen in Sachen Ehebruchs noch nicht schuldig wurde.

Nun war Jesu Herausforderung an die Schriftgelehrten und Pharisäer offen ausgesprochen. Jeder von ihnen hatte sich jetzt zu entscheiden. Sie können das Urteil vollstrecken, wenn sie selber in Sachen Ehebruchs ohne Schuld sind. Wo Jesu stilles und heimliches Werben nicht gehört wird, konfrontiert er den Menschen mit harten, oft aufschreckenden Worten. Sein Ziel aber bleibt auch bei harten, offenen, manchmal sogar bloßstellenden Reden die Einladung in seine Nachfolge.

Dann neigt er sich wieder zur Erde und schreibt mit dem Finger in den Sand. *Joh. 8,8*

War Jesu erstes Schreiben in den Sand eine Gleichnishandlung, so liegt es nahe, auch beim zweiten Mal eine Gleichnisrede anzunehmen. Ein jüdischer Theologe denkt bei diesem zweiten Schreiben an die alttestamentliche Praxis des Bittertrankes. Wenn es für einen Ehebruch keinen Zeugen gibt, nehme der Priester zwei Becher mit Wasser, in den einen streue er Staub (Sand) aus der Wohnung des Verdächtigen, den anderen bereite er zum Bittertrank. Er schreibe auf ein Pergament die Verfluchung des Ehebrechers und wische die Schrift wieder ab in dem Wasser des Bitterkelches. Der Angeklagte muß dann beide Kelche trinken. Ist er schuldig, tritt die Erfüllung des Fluches ein (vgl. 4. Mose 5, 11–31). Ist dem Schreiben in dem Sand, wie es die jüdischen Ausleger annehmen, ein symbolisches Auswischen gefolgt, dann hätte Jesus mit dieser Handlung das priesterliche Amt der Entscheidung beansprucht. Ja, mehr noch, er erhebt damit den Anspruch, dieses Amt abzulösen, da es ihm zustand, Sünden zu vergeben und zu behalten. Für die Pharisäer und Schriftgelehrten war diese Folgerung leicht zu ziehen. Sie wußten ohnehin Beispiele genug, wo Jesus zu Menschen sagte: »Dir sind deine Sünden vergeben« (Mark. 2,5; Luk. 7,49). Jetzt aber sind sie gefordert, diese von ihm durch eine Gleichnishandlung angebotene Sündenvergebung anzunehmen. Sie hätten aus dem Halbkreis heraustreten und sich in die Mitte neben die Frau stellen können.

Jesus wirbt um die Pharisäer und Schriftgelehrten. Mit einer erneuten Gleichnishandlung sagt er: »Hier steht vor euch der, der Sünden vergeben kann, offene und geheime Sünden. Kommet her zu mir, ich will euch vergeben. Werdet meine Jünger, folget mir nach!« Die Nachfolge Jesu beginnt mit dem Angebot der Vergebung, Vergebung aber gibt es nur, wo Menschen ihre Sünden bekennen.

Als dies die Ankläger hörten, waren sie in ihrem Gewissen überführt und gingen davon, die Ältesten zuerst. Die Frau aber blieb allein zurück in der Mitte des Anklagekreises.

Joh. 8,9

Die Antwort Jesu hatte bewirkt, daß einer nach dem andern sich entfernte, angefangen bei dem Ältesten bis hin zu den Letzten. Jesu Wort hatte sie mitten in ihr Herz getroffen. Sie waren in ihrem Gewissen überführt. Jesus hatte sie durch sein Wort und Zeichenhandlungen zu Mitwissern des Vorgehens Gottes gemacht. Seine Worte haben ihr Gewissen aufgerüttelt und sie befähigt, sich schuldig zu fühlen. »Wir haben ein brauchbares, vielleicht sogar ein einzig brauchbares Unterscheidungsmerkmal zwischen Mensch und Tier, die Fähigkeit, sich schuldig zu fühlen« (Joachim Illies). In der Situation der Erkenntnis seiner Schuld hat der Mensch zwei Möglichkeiten. Er kann seine Schuld bekennen oder er kann einfach weggehen. Die Pharisäer hielten es in der Gegenwart Jesu nicht mehr aus. Sie gingen alle weg. Damit aber bringen sie sich um die Neuordnung ihres Lebens. Allein die Frau bleibt mitten im Anklagekreis stehen. Da alle ihre Ankläger verschwunden waren, hätte auch sie unbemerkt und unbehelligt gehen können. Doch sie bleibt.

Das Bleiben der Frau in der Mitte des Kreises, d.h. das Verharren auf der Anklagebank, ist ihr Bekenntnis: »Ich bin schuldig.« Sie weiß inzwischen, der, der sie allein verurteilen kann, der in Sachen Ehebruchs ohne Schuld ist, ist Jesus. Dennoch bleibt sie vor ihrem Richter stehen.

Sünden bekennen heißt, in Jesu Gegenwart bleiben, zu seiner Schuld stehen und auf sein Wort warten. Das Mädchen weiß um ihre persönliche Situation, um die Unwiederbringlichkeit der Ausgangssituation, aber sie steht zu ihrer Tat und wartet darauf, was Jesus tun wird.

Da richtet sich Jesus wieder auf und fragt die Frau: »Wo sind sie? Hat dich denn keiner verurteilt?« Die Frau antwortet: »Nein! Keiner! Herr!« *Joh. 8, 10.11a*

Jesus sieht die Frau in der Mitte des Halbkreises stehen. Er nimmt ihr Stehen zu ihrer Schuld, ihr Bekenntnis »Ich bin zu Recht angeklagt« an, aber er fordert keine Einzelheitenbeichte. Er verlangt von der Frau nicht, daß sie vor ihm alles wiederholt und einzelne Begebenheiten schildert. Ihr einfaches und klares Stehen zu der Schuld ist für ihn echte Beichte.
Die Frau ihrerseits verzichtet auf alles Anführen von entlastenden Momenten. Sie schiebt die Schuld nicht ab auf den Mann, sie entschuldigt sich nicht mit ihrer seelischen Verfassung, die ein anderer leicht ausnutzen könnte. Sie motiviert ihre Schuld auch nicht mit dem Hinweis auf das Fest und den Festtrubel: »Du weißt, sechs Tage und sechs Nächte feiern und unter freiem Himmel schlafen, wer kann da stark bleiben?« Nichts von alledem. Das Mädchen führt keine entlastenden Argumente an. Sie verzichtet auf jegliche Art von Erklärung und Entschuldigung. Sie bekennt sich mit ihrem Bleiben im Kreis schuldig.
Aus der Begegnung Jesu mit dem wegen vorehelicher Beziehungen angeklagten Mädchen kann man die neutestamentliche Beichtordnung erkennen. Der erste Akt der Beichte ist das persönliche Schuldbekenntnis. Der Schuldiggewordene spricht nicht über die Sünde, er erklärt sie nicht, sondern er steht zu seiner Schuld ohne Beschönigung und ohne Verschleierung. Dabei kommt es nicht darauf an, in Einzelheiten zu gehen oder einen vollständigen Katalog von Sünden aufzustellen, sondern es werden die Sünden, von denen Luther sagt, daß sie »zwicken und zwacken«, genannt. Nach seinem Bekenntnis wartet der Beichtende auf Jesu befreiendes Wort.

Da sagt Jesus: »Auch ich verurteile dich nicht. Geh und werde in Sachen Ehebruchs von jetzt ab nicht mehr schuldig.«

Joh. 8,11b

Jesus spricht das Mädchen frei. Er setzt für sie eine neue Zeit. Der Freispruch, die Absolution, erfolgt nicht aufgrund von entlastenden Momenten, sondern ist Begnadigung trotz erdrükkender Belastung. Die von Jesus ausgesprochene Absolution »Ich verurteile dich nicht, geh hin« mündet ein in die Aufforderung »und werde in Sachen Ehebruchs von jetzt ab nicht mehr schuldig«. Die Beichte mit ihren beiden Teilen des Bekenntnisses und des Freispruchs ziehen einen Schlußstrich unter die Sünde. Der Freispruch setzt eine neue Zeit. Er darf nur erfolgen, wo dieses neue Leben vom Beichtenden gewollt ist und bejaht wird.

Die verzeihende Liebe Jesu zu der Ehebrecherin ist die Absolution im Verbund mit der Beichte des Mädchens. Sie ist keine christliche Rechtfertigung des vorehelichen Verkehrs, sondern gerade das Ende aller vorehelichen Beziehungen. Für das Mädchen beginnt eine neue Zeit.

Wer in dem Gespräch Jesu mit dem Mädchen eine Beichte sieht, die zu einem totalen Neuanfang führt, braucht nicht wie die ersten Christen zu befürchten, in diesem Abschnitt würde den Frauen die Freiheit gegeben, die Ehe ungestraft zu brechen. Im Gegenteil, die Geschichte von Jesus und der Ehebrecherin ist ein klares Wort zur biblischen Unverletzlichkeit der Ehe und ein deutliches Nein zu jeder vorehelichen Beziehung. Daß diese Lehre nicht an einem unverheirateten Mann, sondern an jenem Mädchen gezeigt wird, ist nicht nur zeitgeschichtlich bedingt, denn zu allen Zeiten »ist die unverheiratete Frau die Beschützerin der Ehe« (Gertrud von le Fort).

Mit seinem befreienden Wort »Geh ...« ordnet Jesus das Leben des Mädchens neu. Sie ist würdig, ihm nachzufolgen. Die Schriftgelehrten und Pharisäer waren verschwunden. Dem Mädchen, das zu seiner Schuld stand, eröffnete Jesus den Weg in die Nachfolge.

Jesus kam wieder nach Kapernaum. Als sich die Kunde verbreitete, daß er im Haus sei, kamen viele zusammen, so daß sie keinen Platz hatten, auch nicht an der Tür, und er sagte ihnen das Wort. *Mark. 2,1.2*

Nachdem Jesus nicht mehr länger in der Stadt seiner Eltern, in Nazareth, wohnen konnte, wurde er im Synagogengottesdienst (vgl. Mark. 1,21–28) als Vollbürger der Stadt Kapernaum aufgenommen. Kapernaum war »seine eigene Stadt« (Matth. 9,1). Jesus hatte dort ein bestimmtes Haus, in dem er lehren konnte. Als bekannt wurde, daß Jesus wieder in Kapernaum in seinem Haus war, strömten viele Leute zusammen, um ihn, den Botschafter des Wortes, zu hören. Da sich im Orient das Leben weitgehend im Freien abspielt, gibt es in den Häusern keinen großen Raum. So ist anzunehmen, daß Jesus in der Tür stand, um von da aus zu der im Hof und außerhalb der Hoftür auf der Straße versammelten Volksmenge zu sprechen. »Er sagte ihnen das Wort.« Die von Jesus ausgehende Urbotschaft war sein Ruf in die Nachfolge. Sein Wirken begann mit der Verkündigung: »Die Zeit ist erfüllt, die Königsherrschaft Gottes ist nahe herbeigekommen, kehrt um und glaubt aufgrund der Freudenbotschaft« (Mark. 1,15).

»Das Wort«, das Jesus zu sagen hatte und das die große Volksmenge anzog, war die Frohe Botschaft: der von Gott verheißene Zeitpunkt ist gekommen. Gott hat, wie es Jesaja verheißen hat, »sein Königtum angetreten« (Jes. 52,7). Diese Königsherrschaft Gottes ist ein Raum bzw. eine Machtsphäre, in die man eintreten kann. Das erste Wort Jesu an seine Hörer ist die auffordernde Bitte »kehrt um, wendet euch ab von allem, was euch von Gott trennt, und kehrt euch diesem Königtum Gottes zu«. Wer der Freudenbotschaft Jesu »das Reich Gottes ist im Anbruch« traut und die sein ganzes Leben betreffende Umwendung vollzieht, für den ist ein neuer unvergleichlicher Anfang gesetzt. Seine neue Existenz ist die des Glaubenden. Am Anfang des Wirkens Jesu steht das Wort vom angebrochenen Reich Gottes. Am Anfang der neuen Existenz der Hörer steht die Umkehr. Der Glaube, die persönliche Nachfolge eines Menschen, beginnt mit seiner Bekehrung.

Da kamen Leute zu ihm, die einen Gelähmten brachten, der von vier Männern getragen wurde. Da sie ihn aber wegen der Volksmenge nicht zu ihm hinabbringen konnten, gruben sie das Dach, wo er war, auf und ließen die Matte, auf der der Gelähmte lag, hinab. Als Jesus den Glauben sah, sprach er den Gelähmten an. *Mark. 2,3–5a*

Vier Männer bringen einen Kranken zu Jesus. Da der ganze Hof einschließlich der Tür belagert ist, bestiegen sie das Dach, zu dem an der Rückwand eine Treppe hinaufführte. Die palästinischen Dächer hatten eine Flachbedachung aus Holzstangen, deren Zwischenräume mit Zweigen, Schilf oder Heu ausgefüllt und überdeckt waren und die mit einer Lehmschicht überzogen wurden. Die Dächer konnten Menschen und Tiere tragen und dienten vor allem auch im Sommer dem Aufenthalt. Sie wurden an den Rändern geschützt mit einer kleinen Lehmumfriedung. Bei dem »Aufgraben des Daches«, das Matthäus gar nicht erwähnt, ist am ehesten zu denken an einen Durchbruch der Umfriedung. Die Träger ließen dann den Kranken vor Jesus, der in der Tür steht und zu den Leuten spricht, nieder.

Dieses Handeln der Träger bezeichnet Jesus als Glauben, und er spricht den Gelähmten an, als wäre dieser selbst der Glaubende. Als ein an sein Haus und an seine Matte Gebundener konnte er Jesus weder sehen noch hören, noch konnte er es miterleben, wenn Jesus viele »Kranke von mancherlei Krankheit heilte« (Mark. 1,34). Die vier Gesunden hatten ohne Zweifel Jesus erlebt, wie er den Kranken die Hand auflegte und sie gesund machte. Nun glaubten sie für ihren gelähmten Bekannten und brachten ihn zu Jesus. In der Praxis der Nachfolge gehört für die Glaubenden Fürbitte zu ihrem täglichen Gebet. Trotz der Geschichte von den vier Männern, die für den gelähmten Bekannten glaubten, fehlt das Wort Für-Glaube in der Sprache der Christen. Nachfolger Jesu beten nicht nur für ihre Angehörigen, Freunde und Kollegen, sondern sie glauben auch für sie. Sie bringen sie zu Jesus in der festen Zuversicht: »Du, Jesus, kannst helfen, Du kannst sie retten.«

Mein Sohn, deine Sünden sind dir vergeben. *Mark. 2,5b*

In dem Augenblick, als die vier Träger den Gelähmten vor Jesus niederließen, predigte Jesus das Wort, die Frohe Botschaft vom Anbruch des Reiches Gottes. Überwältigt von dem Glauben der vier Träger und dem nun einfach zu seinen Füßen liegenden Gelähmten sagt Jesus zu diesem: »Du gehörst zu den Gliedern des Reiches Gottes.«

»Mein Sohn« ist eine Anrede, die nicht ohne Gegenüber gedacht und ausgesprochen werden kann. Da Jesus aber im Hause des Petrus (Mark. 1,31) unter seinen Jüngern als Hausvater waltete, heißt die Anrede soviel wie »Du bist in mein Haus, in das Haus meiner Jünger einbezogen, du gehörst zu meinem Jüngerkreis, du bist mein Sohn«. Die eigentliche Ermächtigung, zu dem Kreis der Jünger Jesu zu gehören, ist dann die Zusage: »Deine Sünden sind dir vergeben. Unter deine Vergangenheit ist ein Schlußstrich gezogen. Für dich hat eine neue Lebenswirklichkeit begonnen. Ab jetzt gehörst du zum Reich Gottes.«

Noch lag der Gelähmte auf seiner Matte. An seinem äußeren Los hatte sich nichts geändert. Nur eins ist vor allem deutlich gesagt: »Dieser Mann vor euch gehört nun zum Kreis derer, die mir nachfolgen. Er gehört zum Reich Gottes.« Mit dieser Anwendung seiner Predigt, die Jesus der Menge im Hause, im Hof und vor der Hoftür gibt, macht Jesus deutlich, in der Nachfolge geht es um Sünde und um Gnade, um Gerettet- und Verlorensein, um Vergeben und Behalten. Diesem Gelähmten ist vergeben, er ist gerettet. Wo Jesus ruft und »das Wort sagt«, geht es um das Seelenheil. Die körperliche und seelische Heilung steht nicht im Vordergrund, sie steht an zweiter Stelle. Wichtig ist, daß der Gelähmte gerettet ist.

Viele kommen heute zur Gemeinde Jesu, manche werden auch gebracht, weil sie körperliche und seelische Heilung erwarten, Linderung der Schmerzen, Befreiung von Krankheit, Gleichgewicht, Lebensmut, Trost und Freude. Wo Jesu Wort in Vollmacht verkündigt wird, geht es zuerst um das Seelenheil. Gerettet ist der, der hört: Im Namen Jesu, deine Sünden sind dir vergeben.

25. Februar

Es saßen aber einige von den Schriftgelehrten dabei und überlegten in ihrem Herzen: »Was redet der so? Er lästert. Wer kann Sünden vergeben außer der eine Gott?« Und Jesus erkannte sofort im Geist, daß sie dies in sich erwogen, und sagte zu ihnen: »Warum erwägt ihr das in eurem Herzen?«

Mark. 2,6–8

Jesu Wort an den Gelähmten muß den Widerspruch seiner Gegner herausfordern. Sie kennen zwar den Zuspruch der Vergebung der Sünden an das Volk, der aber darf nur am großen Versöhnungstag ausgesprochen werden. Gott, der allein vergeben kann, hat seinen Zuspruch der Vergebung delegiert an den Hohenpriester und dafür einen ganz bestimmten Rahmen festgelegt. Jeder Fromme fastet an diesem Tag, er bringt Opfer und Gelübde. Die Schuld wird vor Gott unter Aufstützen der Hände auf die Opfertiere bekannt, der Hohepriester betritt dann an diesem höchsten Feiertag das Allerheiligste, vollzieht mit dem Blut des Opfertieres die Versöhnung und tritt danach mit dem feierlichen Ruf: »Euch sind eure Sünden vergeben« vor das Volk. Das, was in Israel der Hohepriester am heiligen Ort, zu heiliger Zeit, unter Vollzug der vorgeschriebenen Opfer tat, das tut Jesus hier an einem einzelnen, zu einer beliebigen Stunde, an einem beliebigen Ort, ohne die vorgeschriebenen Opfer. Das kann für sie nichts anderes sein als Lästerung. Die Schriftgelehrten kennen zwei Formen der Lästerung: Gotteslästerung geschieht da, wo Jahwes Name mißbraucht und verwünscht wird, zum andern ist der ein Lästerer, der seine Hand nach Gott ausstreckt, d.h., der seine Hand ausstreckt nach dem, was Gott allein vorbehalten ist.

Für die Schriftgelehrten stellt sich Jesus mit seinem Wort: »Dir sind deine Sünden vergeben« neben Gott, ja an Gottes Stelle. Da der fromme Jude nicht einmal vom Messias erwartet, daß er Sünden vergeben kann, ist dieser Jesus vor ihm nichts anderes als ein Gotteslästerer, und auf Gotteslästerung steht Steinigung. Jesus, so heißt es bei Matthäus 9,4, erkannte ihre Gedanken und sprach: »Weshalb denkt ihr Böses in eurem Herzen?« Das Bild, das sie sich vom Messias gemacht haben, ihre bösen Gedanken und Verdächtigungen lassen sie dicht bei Jesus stehen und ihn doch nicht erkennen.

26. Februar

Was ist leichter, zu sagen zu dem Gelähmten: »Dir sind deine Sünden vergeben« oder zu sagen: »Steh auf und nimm deine Matte und wandle«? *Mark. 2,9*

Für Jesus und die Schriftgelehrten ist der Befehl zum Wandeln das Leichtere gegenüber dem Zuspruch der Vergebung. Heilungen haben auch Propheten und Rabbiner vollzogen. Das Wort »Dir ist vergeben« steht allein Gott zu. Während die Menge den Befehl zum Wandeln für gewichtiger hält, weil man seine Wirkung sehen kann, bleibt für Jesus und die Schriftgelehrten der Freispruch das Größere. Ebenso einig ist sich Jesus mit den Schriftgelehrten, die einen Zusammenhang zwischen Schuld und Krankheit annehmen. Von Rabbi Alexandriai, der 200 Jahre nach Jesu Wirken gelehrt hat, wird die jüdische Lehre zu diesem Punkt in folgende Worte zusammengefaßt: »Der Kranke steht von seiner Krankheit nicht auf, bis man ihm seine Sünden vergeben hat.« Dabei hatten die Schriftgelehrten bereits zur Zeit Jesu ein rechnendes und berechnendes Verfahren entwickelt, das in jedem Krankheitsfall auf eine ganz bestimmte Ursache schließt. Auch den Jüngern war diese Rückfolgerung vertraut, deshalb fragten sie beim Anblick des Blindgeborenen: »Wer hat gesündigt, dieser oder seine Eltern?« Ein solches Verfahren, zwischen Krankheit und Schuld einen direkten ursächlichen Zusammenhang zu sehen, weist Jesus zurück: »Weder dieser noch seine Eltern haben gesündigt« (vgl. Joh. 9,1–3). Der Zusammenhang zwischen Sünde und Krankheit ist kein unmittelbarer. Keiner kann und darf je zu einem anderen sagen: »Diese deine Krankheit ist Strafe für deine begangenen Sünden.« Eine solche Auffassung ist jüdisch und wird von Jesus zurückgewiesen. Wenn Jesus die Sünde dennoch in Zusammenhang mit der Krankheit bringt, dann deshalb, weil Krankheit nicht von Gott geschaffen und gewollt ist. Sie gehört zu der gefallenen Welt, zu der Welt, die sich von Gott losgesagt hat. Sie ist eine Folge des ersten Sündenfalles der Menschheit. Die Krankheiten sind Söhne des Todes (vgl. Hi. 18,13), der erst mit dem Fall des Menschen sein Hinwegraffen, Sterben und Leidenlassen in dieser Welt beginnen konnte.

Damit ihr aber seht, daß des Menschen Sohn Vollmacht hat, Sünden auf Erden zu vergeben, sagte er zu dem Gelähmten: »Ich sage dir, stehe auf, nimm deine Matte und gehe nach Hause.« *Mark. 2, 10. 11*

Die Vollmacht des Menschensohnes besteht darin, in das Machtfeld des Todes und der Krankheit einzubrechen. Der Menschensohn ist nach der Prophetie Daniels der aus dem Himmel kommende Herr, dem Gott Gewalt, Ehre und Reich gibt, dessen Gewalt ewig ist und nie vergeht und dessen Königreich kein Ende hat (vgl. Dan. 7, 14). Als Gottessohn, vom Vater mit aller Vollmacht begabt, kommt Jesus in diese Welt, in der Tod und seine Söhne, die Krankheiten (vgl. Hi. 18, 13), herrschen. Er kann, wen immer er will, aus den Händen des Todes und der Krankheit reißen. Um diese seine Botschaft sichtbar zu machen, sagt Jesus nun zu dem Gelähmten: »Steh auf, nimm deine Matte und gehe in dein Haus.« Damit will Jesus keinen Beweis für seine Göttlichkeit führen, sondern das Wunder der Heilung ist Zeichen und Hinweis auf den Inhalt seines Wortes. Die Wunder Jesu sind keine selbständigen Ereignisse. Sie stehen immer im Zusammenhang mit dem Wort. Wo die Gefahr besteht, daß das Wunder das Wort verdeckt, gebietet Jesus zu schweigen (vgl. Mark. 7, 36; Matth. 17, 9). Wo von ihm »nur« Zeichen gefordert werden, handelt er nicht (vgl. Mark. 8, 12). Das Wunder an dem Gelähmten war ein Hinweis auf das von Jesus gepredigte Wort und ein begleitendes Zeichen für das Geschehen, daß der Gelähmte durch die Vergebung seiner Sünden in das Reich Jesu aufgenommen wurde. Jesus entriß seinen eben berufenen Jünger der Macht des Todes. Er befreit ihn von seiner Krankheit.
Bis heute kann Jesus Menschen, die er gerettet hat, heilen. Er kann sie aber auch im Leiden lassen. Paulus war gerettet durch das Wort, berufen in Jesu Reich, bestätigt und gesegnet in seiner Arbeit und doch ein kranker Mann (vgl. 2. Kor. 12, 7).

Und er stand sofort auf und nahm seine Matte und ging vor aller Augen hinaus, so daß alle außer sich gerieten und Gott priesen, indem sie sagten: »So etwas haben wir noch nie gesehen.« *Mark. 2,12*

Mit dem das Wort bestätigenden Zeichen war für die erstaunte Menge klar, daß das von Jesus ausgesprochene Wort von der Sündenvergebung keine Lästerung war. Der, dessen Wort Gott durch Wunder bestätigt, kann auch nach rabbinischer Überzeugung kein Sünder sein. In seinem zweiten Verhör vor den Pharisäern hält der von Jesus geheilte Blindgeborene ihnen diesen ihren eigenen Grundsatz vor: »Wir wissen doch, daß Gott Sünder nicht hört, sondern nur wenn jemand gottesfürchtig ist und seinen Willen tut, den hört er« (Joh. 9,31). Jesu Wort und das seine Predigt begleitende Wunder waren für die Hörer Signale des messianischen Reiches. Die Propheten hatten dies schon lange vorhergesagt (vgl. Jes. 61,1; 35,6). Jesus selbst ließ dem Johannes, der zu ihm aus dem Gefängnis schickte, sagen: »Blinde sehen, Lahme gehen, Aussätzige werden rein, Taube hören, Tote werden auferweckt und Armen wird die Heilsbotschaft verkündigt; selig ist der, der an mir keinen Anstoß nimmt« (Matth. 11,5). Die hörende Menge hat die Signale der messianischen Zeit verstanden. Sie stimmte ein in den großen Lobpreis Gottes. Der Gelähmte ist gerettet und geheilt. An ihm hat Jesus als Hoherpriester der messianischen Zeit gehandelt. Nicht im Tempel, sondern in Kapernaum, nicht am großen Versöhnungstag, sondern als ihn die vier Männer zu ihm brachten, hörte er die Botschaft: »Deine Sünden sind dir vergeben.« Von den Schriftgelehrten und Pharisäern ist nicht mehr die Rede. Sie haben den, den sie in Kapernaum im stillen der Gotteslästerung beschuldigten, wenige Jahre später als Gotteslästerer hingerichtet. Er entsprach nicht ihrer korrekten Bibelauslegung. Auch durch seine Zeichen überführt Jesus seine Gegner nicht. Es gibt bis heute Zuschauer, die zwar erschrecken und sich fürchten, wenn sie Spuren des Handelns Gottes erkennen. Aber Erschrecken bedeutet noch nicht viel, wenn diesem nicht die Umkehr und das Eintreten in Jesu Reich folgt.

29. Februar

Befiehl dem Herrn deine Wege und hoffe auf ihn, er wird's wohl machen. *Psalm 37,5*

Paul Gerhardt dichtete nach einer Predigt über Psalm 37,5 sein Lied: »Befiehl du deine Wege.« Jede Strophe beginnt mit einem Wort aus dem damals 1600 Jahre alten Gebet Davids. Das Lied wurde für unzählige Menschen ein Begleiter in Not und Anfechtung. Matthias Claudius schreibt 1790 darüber: »So ein ›Befiehl du deine Wege‹, das man in der Jugend in Fällen, wo es nicht so war, wie es sein sollte, oft und andächtig mit der Mutter gesungen hat, ist wie ein alter, guter Freund im Hause, dem man vertraut!« Es ist nicht schwer, nachträglich das Leben des Dichters in den einzelnen Strophen des Liedes wiederzufinden.
Paul Gerhardt wurde am 12. März 1607 in Gräfenhainichen geboren. Das im kurfürstlichen Sachsen zwischen Wittenberg und Halle gelegene Städtchen hatte damals ca. 1000 Einwohner. Der Vater Paul Gerhardts war Land- und Gastwirt und z. Z. der Geburt seines Sohnes Paul gerade Bürgermeister. Die Mutter Paul Gerhardts stammte aus dem Dresdner Pfarrergeschlecht Döbler. Mit sieben Jahren verlor Paul Gerhardt seinen Vater. Wenige Jahre später starb seine Mutter. Mit 14 Jahren verließ er das Elternhaus, um die Fürstenschule in Grimma zu besuchen. Paul Gerhardt war in seinem Leben sehr früh auf sich gestellt. Er mußte bald seinen Weg alleine gehen und das, was ihn bedrückte, Gott, seinem Herrn, anvertrauen.

Befiehl du deine Wege
und was dein Herze kränkt
der allertreusten Pflege
des, der den Himmel lenkt.
Der Wolken, Luft und Winden
gibt Wege, Lauf und Bahn,
der wird auch Wege finden,
da dein Fuß gehen kann.

Verlaß dich auf den Herrn von ganzem Herzen, und verlaß dich nicht auf deinen Verstand. *Spr. 3,5*

In der Fürstenschule in Grimma begann für Paul Gerhardt der Tagesablauf um 5.00 Uhr früh. Schwerpunkte des Unterrichts in der aus einem alten Mönchskloster entstandenen Schule waren die alten Sprachen, die Auslegung des Alten und Neuen Testamentes sowie die Bekenntnisschriften der Lutherischen Kirche. Die Unterrichtssprache war für Schüler und Lehrer Latein. Die strenge Lebens- und Hausordnung veranlaßte den Bruder Paul Gerhardts auszubrechen. Er wurde eingefangen und nach langen Verhandlungen im guten entlassen.
Paul Gerhardt war kein überdurchschnittlich begabter Schüler. Trotz des ihm in seinem Zeugnis bescheinigten Fleißes und Gehorsams heißt es von seinem lateinischen Aufsatz, daß er befriedigend, und von seinen lateinischen Versen, daß sie erträglich waren. Die Aufgaben, Arbeiten und die Examina brachten ihn in die vielen Schülern vertraute Not. Er mußte mit seinen Grenzen leben und lernte sehr früh, sich nicht auf Begabung und Verstand zu verlassen, sondern seine Hoffnung einzig und allein auf die Treue und Gnade seines himmlischen Vaters zu setzen.

Dem Herren mußt du trauen,
wenn dir's soll wohlergehn;
auf sein Werk mußt du schauen,
wenn dein Werk soll bestehn.
Mit Sorgen und mit Grämen
und mit selbsteigner Pein
läßt Gott sich gar nichts nehmen,
es muß erbeten sein.

Gedenke an ihn in allen deinen Wegen, so wird er dich recht führen. *Spr. 3,6*

Die dunkelsten Monate seiner Schulzeit waren das Wüten der Pest in Grimma. Über ein Drittel der Bevölkerung wurde Opfer des gefürchteten schwarzen Todes. Die Schüler der Fürstenschule waren beurlaubt. Mehr als 50 zogen nach Hause. Paul Gerhardt blieb mit wenigen seiner Schulkameraden in Grimma. Wo hätte er hinziehen sollen? Seine Eltern waren tot, der Dreißigjährige Krieg und die Folgen waren überall zu spüren. Kaum ein Dorf blieb von Überfällen und Plünderungen verschont. Paul Gerhardt verließ sich auf Gottes ewge Treu und Gnade. Er wußte und betete:

»Und was du dann erlesen,
das treibst du, starker Held,
und bringst zu Stand und Wesen,
was deinem Rat gefällt.«

1628 konnte Paul Gerhardt mit dem Studium der Theologie in Wittenberg beginnen. Seine Lehrer in Wittenberg waren Jakob Martini und Paul Röber, ein bibelzentrierter Theologe und ein Liebhaber des Gesanges und der Musik. Nach Abschluß seines Studiums bestand keine Aussicht auf eine Anstellung in einer Gemeinde. Paul Gerhardt mußte sich ganz auf Gottes weitere Führung verlassen:

»Weg hast du allerwegen,
an Mitteln fehlt dir's nicht;
dein Tun ist lauter Segen,
dein Gang ist lauter Licht.
Dein Werk kann niemand hindern,
dein Arbeit darf nicht ruhn,
wenn du, was deinen Kindern
ersprießlich ist, willst tun.«

Der Herr ist mit mir, darum fürchte ich mich nicht; was können mir Menschen tun? *Psalm 118,6*

Elf Jahre wartete Paul Gerhardt in Wittenberg auf ein Amt. Was ihn bewegte, kommt zum Ausdruck in dem Wort:

»Solang ich denken kann, hab ich so manchen Morgen,
so manche liebe Nacht mit Kummer und mit Sorgen
des Herzens zugebracht.«

1643 bekam er eine Anstellung als Erzieher im Haus des Kammergerichtsadvokaten Barthold in Berlin. Neun Jahre blieb er als Hauslehrer in Berlin. In dieser Zeit wurden seine ersten 18 Lieder gedruckt und verbreitet.
1651 bekam er als 44jähriger eine Anstellung als Pfarrer in Mittenwalde. Die erste Pfarrstelle an der Moritzkirche war verbunden mit dem Amt des Propstes. Der zweite Pfarrer in Mittenwalde, Diakon Allborn, hatte erwartet, Propst zu werden, und fühlte sich zurückgesetzt. Er hat es Paul Gerhardt nie verziehen, daß er auf die 1. Pfarrstelle berufen wurde, und war deshalb bereit zu harten Verleumdungen Paul Gerhardts in der Gemeinde. So bekam Paul Gerhardt vom ersten Tag seines Amtes an eine besondere Last auferlegt. Mit dem Amt in Mittenwalde war ein schweres »Amtskreuz« verbunden. Paul Gerhardt, unschuldig verleumdet, mußte lernen, was es heißt: Der Herr ist mit mir! Menschen können mir nicht schaden.

Und ob gleich alle Teufel
hier wollten widerstehn,
so wird doch ohne Zweifel
Gott nicht zurückegehn.
Was er sich vorgenommen
und was er haben will,
das muß doch endlich kommen
zu seinem Zweck und Ziel.

Fürchte dich nicht, glaube nur! *Mark. 5,36b*

Nachdem Paul Gerhardt vier Jahre Propst in Mittenwalde war, heiratete er Anna Maria Barthold, die Tochter des Kammergerichtsadvokaten, in dessen Haus er neun Jahre als Hauslehrer tätig war. Am Geburtstag seiner Frau wurde ihnen ihr erstes Kind Maria Elisabeth geboren. Nach acht Monaten starb die kleine Tochter. Die Gedenktafel in der Moritzkirche trägt folgende Inschrift:

> Maria Elisabeth, Pauli Gerhardts damaligen Propstes allhier zu Mittenwalde und Annae Mariae Bartholdin erstgeborenes herzliebes Töchterlein, so zur Welt gekommen den 19. Mai 1656 und wieder abgeschieden den 14. Januari 1657, hat allhier ihr letztes Ruhebettlein und dieses Täflein zum Gedächtnis von ihren lieben Eltern. 1. Mose 47,9: »Wenig und böse ist die Zeit meines Lebens.«

Zu dem »Amtskreuz« in Mittenwalde war das »Hauskreuz« in die neugegründete Familie eingezogen. Wie gut mögen Anna Maria und Paul Gerhardt die Verzweiflung des Synagogenvorstehers Jairus in Kapernaum und seiner Frau verstanden haben. Doch auch die Gerhardts blieben nicht allein in ihrem Leid. Auch ihnen galt Jesu Wort »Fürchte dich nicht, glaube nur«. Sie waren gewiß in der Hoffnung, ihre Tochter einmal in der Ewigkeit wiederzusehen.

Hoff, o du arme Seele,
hoff und sei unverzagt!
Gott wird dich aus der Höhle,
da dich der Kummer plagt,
mit großen Gnaden rücken;
erwarte nur die Zeit,
so wirst du schon erblicken
die Sonn der höchsten Freud.

Weise mir, Herr, Deinen Weg und leite mich auf richtiger Bahn. *Psalm 27,11*

Nach sechs Jahren Pfarrdienst in Mittenwalde wurde Paul Gerhardt auf die 3. Pfarrstelle in St. Nikolai in Berlin berufen. Am 4. Juni 1657 schrieb er an den Magistrat:

> »Wenn ich denn nach fleißiger Anrufung des Namens Gottes und reifer Erwägung der so einhelliglich auf mich gefallenen votorum so viel abnehme, daß der liebe Gott in diesem Werke seine sonderbare Schickung und Regierung habe, als will mir nicht anstehen, diesem großen und allgewaltigen Herrn zu widerstreben.«

Paul Gerhardt sah sich mit seiner Frau nach Berlin geführt. Die Wege Gottes bestätigten sich, denn sehr bald war er eng mit seiner Gemeinde verwachsen. Er konnte Gott preisen mit den Worten: »Auf, auf, gib deinem Schmerze und Sorgen gute Nacht!« Doch schon nach fünf Jahren war Paul Gerhardt verwickelt in einen hartnäckigen Konfessionsstreit zwischen Lutheranern und Reformierten. Kurfürst Friedrich Wilhelm wollte mit Hilfe eines Edikts vom 2. Juni 1662 beide streitenden Parteien vereinigen und verlangte in einem neuen Edikt 1664 die Unterschriften aller Geistlichen unter die Erklärung, daß sie sich nicht weiter von den Kanzeln verketzerten. Auch Paul Gerhardt, der wie viele andere seine Unterschrift verweigerte, wurde 1665 seines Amtes enthoben.

Ihn, ihn laß tun und walten,
er ist ein weiser Fürst
und wird sich so verhalten,
daß du dich wundern wirst,
wenn er, wie ihm gebühret,
mit wunderbarem Rat
das Werk hinausgeführet,
das dich bekümmert hat.

6. März

Und die Raben brachten ihm Brot und Fleisch des Morgens und des Abends, und er trank vom Bach. *1. Kön. 17,6*

Nachdem die Kanzel Paul Gerhardts in St. Nikolai leer geworden war, verwandten sich Gemeindeglieder und sämtliche Stadtverordnete beim Kurfürsten und erreichten 1667 für Paul Gerhardt die kurfürstliche Erlaubnis, »das Predigtamt nach wie vor zu treiben«. Diese Sondererlaubnis brachte Paul Gerhardt in harte Gewissensnot. Auch wenn man heute den kleinlichen dogmatischen Streit kaum noch versteht und man Paul Gerhardt am liebsten Engherzigkeit, Eigensinn und krankhafte Ängstlichkeit nachsagen möchte, so muß man doch seine Gewissensentscheidung, freiwillig zurückzutreten, respektieren.

In seinem Brief an den Kurfürsten, in dem er auf sein Amt verzichtete, schreibt er:

> »Was mit bösem Gewissen geschieht, ist Gott ein Greuel und zieht nicht den Segen, sondern den Fluch nach sich, womit aber weder meiner Gemeinde noch mir würde geraten sein. Dero Churfürstliches Haus stehe unverrückt in dem Schutze und Schirm des Allerhöchsten, welches zu wünschen und zu bitten ich Zeit meines Lebens nicht unterlassen werde.«

Paul Gerhardt wohnte in Berlin noch zweieinhalb Jahre ohne Amt und Einkommen. Er hatte aber mit seiner Familie nie hungern müssen. Treue Gemeindeglieder brachten ihm Brot und sorgten für seinen Unterhalt.

Er wird zwar eine Weile
mit seinem Trost verziehn
und tun an seinem Teile,
als hätt in seinem Sinn
er deiner sich begeben
und solltst du für und für
in Angst und Sorge schweben,
als frag er nichts nach dir.

Gelobet sei der Herr täglich. Gott legt uns eine Last auf, aber er hilft uns auch. *Psalm 68,20*

Zum »Amtskreuz« kam auch in Berlin das »Hauskreuz«. 1659 starb die 2. Tochter des Ehepaars Gerhardt, Anna Katharina, 1665 ihr Sohn Andreas Christian, und 1668 folgte den verstorbenen Kindern ihre Mutter Anna Maria. Wie oft wird Paul Gerhardt eines seiner vielen Trost- und Ewigkeitslieder gebetet haben. Trotz des immer erneuten Zugreifens des Todes war für Paul Gerhardt der Tod nicht nur Feind. Er konnte von ihm reden und dichten wie von einem Freund:

Was trauerst du, mein Angesicht,
wenn du den Tod hörst nennen?
Sei ohne Furcht, er schadt' dir nicht,
lern ihn nur recht erkennen!

Paul Gerhardts Lieder sind ein Zeugnis gelebter Frömmigkeit. Sie waren geschrieben und verfaßt »aus persönlichem Bedürfnis und persönlichen Anfechtungen« (K. Gerok). Bezeichnend dafür ist, daß von den von Paul Gerhardt überlieferten 120 Liedern nicht weniger als 16 mit dem persönlichen Fürwort »Ich« beginnen. Paul Gerhardt waren große Lasten auferlegt. Gott, sein Herr und Vater, aber half ihm, sie zu tragen.

Wird's aber sich befinden,
daß du ihm treu verbleibst,
so wird er dich entbinden,
da du's am wen'gsten gläubst;
er wird dein Herze lösen
von der so schweren Last,
die du zu keinem Bösen
bisher getragen hast.

Gedenket an eure Lehrer, die euch das Wort Gottes gesagt haben; ihr Ende schauet an und folget ihrem Glauben nach.
Hebr. 13,7

Als 62jähriger bekam Paul Gerhardt noch einmal ein Amt. Mit seinem ihm verbliebenen sechsjährigen Sohn und der Schwester seiner Frau, die den beiden den Haushalt führte, zog Paul Gerhardt 1669 nach Lübben. Lübben lag im Gebiet des Herzogs von Merseburg und war von Brandenburg aus gesehen Ausland. Für alle, die sich mit dem Leben Paul Gerhardts befassen, verliert sich die Spur mit dem Einzug in Lübben fast im Dunkeln. Es ist von keinem seiner Lieder überliefert, daß es Paul Gerhardt in den letzten sieben Amtsjahren in Lübben dichtete. Bekannt ist nur das Testament, das er seinem Sohn hinterließ. In ihm heißt es:

> »Es weiß mein Sohn, daß ich ihn von seiner zarten Kindheit an dem Herrn, meinem Gott, zu eigen gegeben, daß er ein Diener und Prediger seines Heiligen Worts werden soll . . .
> In deinem Leben tue nichts in der Hoffnung, es werde heimlich bleiben, denn es wird nichts so fein gesponnen, es kommt denn an die Sonnen . . . Rede nicht eher ein Wort, bis du ernstlich die 10 Gebote bei dir ausgebetet hast.«

Obwohl in seinem Leben zu dem Kreuz in seiner Familie das schwere Kreuz des Amtes kam, konnte er sich für seinen Sohn nichts anderes wünschen, als daß auch dieser ein Verkündiger des Evangeliums werde.

Wohl dir, du Kind der Treue,
du hast und trägst davon
mit Ruhm und Dankgeschreie
den Sieg und Ehrenkron.
Gott gibt dir selbst die Palmen
in deine rechte Hand,
und du singst Freudenpsalmen
dem, der dein Leid gewandt.

Simon, Simon, siehe, der Satan hat euer begehrt, daß er euch möchte sichten wie den Weizen. Ich aber habe für dich gebeten, daß dein Glaube nicht aufhöre. Luk. 22,31.32

Als Paul Gerhardt am 7. Juni 1676 Abschied von den Seinen nahm, tröstete er sie mit den Worten seines Liedes:

Kann uns doch der Tod nicht töten,
sondern reißt unsern Geist
aus viel tausend Nöten,
schließt das Tor der bittern Leiden
und macht Bahn, da man kann
gehn zu Himmelsfreuden.

Paul Gerhardt wurde in der Kirche zu Lübben begraben. Zu seinem Gedächtnis hängt dort ein lebensgroßes Ölbild mit der Unterschrift: Theologus in cribo satanae versatus (Ein Theologe, im Siebe Satans gesichtet). Die an Jesu Wort erinnernde Inschrift faßt das Leben und Sterben Paul Gerhardts treffend zusammen

Seine Lieder werden bis heute gesungen und gebetet. Für Königin Luise wurde das Lied »Befiehl du deine Wege« Trost in den Tagen ihrer Schmach. Kurfürst Friedrich Wilhelm nannte es trotz der Auseinandersetzungen, die er mit Paul Gerhardt hatte, sein Lieblingslied, und für Friedrich Leopold Graf zu Stollberg wurde es in den letzten Stunden die Brücke zur Heimkehr in die verlassene Kirche. Seit Paul Gerhardts tragischem Leben hat mancher Jünger Jesu in Not und Leid gebetet:

Mach End, o Herr, mach Ende
mit aller unsrer Not,
stärk unsre Füß und Hände
und laß bis in den Tod
uns allzeit deiner Pflege
und Treu empfohlen sein,
so gehen unsre Wege
gewiß zum Himmel ein.

Wer will uns scheiden von der Liebe Gottes? Trübsal oder Angst oder Verfolgung oder Hunger oder Blöße oder Fährlichkeit oder Schwert? *Röm. 8,35*

Früh am Morgen, wenn die um ihres Glaubens willen vertriebenen Salzburger aus einer gastfreien Stadt auszogen, um mit Frauen und Kindern ihre Wanderung fortzusetzen, stimmten sie regelmäßig das Paul-Gerhardt-Lied an:

Warum sollt ich mich denn grämen?
Hab ich doch Christum noch,
wer will mir den nehmen?
Wer will mir den Himmel rauben,
den mir schon Gottes Sohn
beigelegt im Glauben?

Die Salzburger lebten die Gewißheit, daß sie niemand von der Liebe Gottes scheiden kann mit der Erfahrung und den Worten Paul Gerhardts. Als sie einmal 1732 beim Durchzug durch Schwaben gefragt wurden, ob es ihnen nicht zu schwer würde, Heimat und Freunde zurückzulassen, sagte einer: »Wir grämen uns über nichts mehr, als daß wir solange haben heucheln müssen und die Wahrheit nicht bekannt, vielmehr gefürchtet haben.« Verfolgung, Hunger, Blöße, Trübsal und Angst konnten diese Schar nicht davon abbringen, ihren Glauben zu bezeugen, im Worte Gottes zu forschen und danach zu leben. Sie waren bereit, für ihren Herrn und Heiland eher zu sterben, als ihn zu verleugnen.

Unverzagt und ohne Grauen
soll ein Christ, wo er ist,
stets sich lassen schauen.
Wollt ihn auch der Tod aufreiben,
soll der Mut dennoch gut
und fein stille bleiben.

Er hat seinen Engeln befohlen über dir, daß sie dich behüten auf allen deinen Wegen. *Psalm 91,11*

Gottes Engel haben zwei Erscheinungsweisen. Die zum himmlischen Hofstaat gehörenden Engel sind die Seraphim und Cherubim, die Feuerwesen, die menschliche Augen nicht ertragen können. Die Engel, die Gott auf die Welt schickt, um die Seinen zu bewahren, sind Boten vergleichbar, ja verwechselbar mit Menschen. Abraham besuchten drei Männer (1. Mose 18,2). Gideon wurde von einem Mann überrascht, den er für einen Midianiter hält (Ri. 6,11), die Frauen am Ostermorgen sahen einen jungen Mann im Grab (Mark. 16,5), und viele haben ohne ihr Wissen Engel beherbergt (Hebr. 13,2). Während französische Soldaten der geschlagenen Revolutionsarmee 1796 das hessische Städtchen Lisberg plünderten, in Brand steckten und den Pfarrer des Ortes ermordeten, wachte eine Mutter in einem abgelegenen Haus am Bett ihres kranken Kindes. Plötzlich – so erzählt die Chronik – wurde die Tür aufgestoßen, und mit gefälltem Bajonett stürzte ein Franzose wütend auf die erschrockene Frau zu. Sie betete weiter aus dem Abendgebet Paul Gerhardts:

Breit aus die Flügel beide,
o Jesu, meine Freude,
und nimm dies Küchlein ein.
Will Satan es verschlingen,
so laß die Engel singen:
»Dies Kind soll unverletzet sein.«

Der Soldat senkte die Waffe, legte die Hand auf den Kopf des Kindes, und seine Lippen bewegten sich wie zum Gebet. Nachdem er schweigend davongegangen war, sah ihn die Mutter später dem Haus gegenüberstehen, um es zu bewachen, bis die Soldaten abgezogen waren.

Er war der Allerverachtetste und Unwerteste, voller Schmerzen und Krankheit. Er war so verachtet, daß man das Angesicht vor ihm verbarg; darum haben wir ihn nichts geachtet.
Jes. 53,3

Höhepunkt der Verachtung Jesu in der Zeit seines Erdenlebens war seine Geißelung und das Gekröntwerden mit der Dornenkrone. Als Jesus vor seiner Kreuzigung den Soldaten überlassen wurde, trieben sie ihr grausiges Werk mit ihm. Sie zogen ihm einen alten roten Soldatenmantel an, setzten ihm eine Krone von Dornen auf sein Haupt und gaben ihm einen Stab in die Hand, spuckten ihn an und beugten ihre Knie vor ihm.
Mit der Dornenkrone wollten sie einen Strahlenkranz nachahmen. Vermutlich war er geflochten aus dem in Palästina häufig wachsenden stachligen Unkraut Akenthus. Während sie ihn verhöhnten, nahmen sie den Stab, den sie ihm wie einen Zepter in die Hand gedrückt hatten, und schlugen ihm die Dornen in den Kopf. Dabei haben Wunden und Blut sein Gesicht bedeckt.
Nach altkirchlicher Tradition blieb ein Abdruck des geschundenen Hauptes Jesu erhalten im Schweißtuch der Veronika. Eine Darstellung dieses Schweißtuches befand sich in der Kirche zu Mittenwalde auf dem Sockel, der Predella, des gotischen Flügelaltars. Bei jedem Gottesdienst hatte Paul Gerhardt in seiner 1. Pfarrstelle das Angesicht Jesu mit der Dornenkrone vor Augen. Das Bild des gemarterten und leidenden Heilandes wurde für Paul Gerhardt Anlaß, sein Lied »O Haupt voll Blut und Wunden« zu dichten, in dem es heißt:

Du edles Angesichte,
davor das Reich der Welt
erschrickt und wird zunichte,
wie bist du so entstellt!
Wie bist du so erbleichet,
wer hat dein Augenlicht,
dem sonst kein Licht mehr gleichet,
so dunkel zugericht'?

Ich weiß, daß mein Erlöser lebt, und als der letzte wird er über dem Staube sich erheben. *Hi. 19,25*

Mitten in seiner Verzweiflung und seinen Klagen kommt Hiob zu der Gewißheit, daß sein Erlöser lebt. Auch wenn seine Haut noch so zerschlagen und sein Fleisch dahingeschwunden ist, er wird einmal Gott sehen, den lebendigen Erlöser, der ihn »hernach aus der Erden auferwecken« wird (Luther). Die Hoffnung der Auferstehung und des Lebens nach dem Tode ist bereits, wenn auch in wenigen Andeutungen, Glaubensgut des Alten Testamentes. Der fromme Jude betet bis heute dreimal täglich im Achtzehnbittengebet: »Gepriesen seist du, Jahwe, der die Toten lebendig macht.« Die christliche Kirche ist erbaut über dem leeren Grab Jesu, dem »unentbehrlichen Zeichen« (K. Barth) des Ostergeschehens. Gott hat Jesus auferweckt, so daß er als Erhöhter sagen kann: »Ich war tot, und siehe, ich bin lebendig von Ewigkeit zu Ewigkeit« (Offb. 1, 18). Seit Jesu Auferstehung hat der Tod seine Macht und Endgültigkeit für jeden Glaubenden verloren.
Einer der Vorgänger Paul Gerhardts in Mittenwalde wurde auf den Stufen des Altars, der das Leiden Jesu darstellte, niedergeschossen. Er wollte die Altargeräte vor räuberischen Soldaten in Sicherheit bringen und mußte dies mit seinem Leben bezahlen. Die Angst und Pein, aber auch die Zuversicht, daß Jesus, der Erlöser, keinen der Seinen dem Tode überläßt, kommt zum Ausdruck in dem Gebet:

Wenn ich einmal soll scheiden,
so scheide nicht von mir.
Wenn ich den Tod soll leiden,
so tritt du dann herfür.
Wenn mir am allerbängsten
wird um das Herze sein,
so reiß mich aus den Ängsten
kraft deiner Angst und Pein.

Er hat in den Tagen seines Erdenlebens Gebete und flehentliche Bitten mit lautem Schreien und Tränen vor den gebracht, der ihn vom Tode zu erretten vermochte, und hat auch Erhörung gefunden und ist aus seiner Angst befreit worden.

Hebr. 5,7

Jesus Christus, der Sohn Gottes, hat die Knechtsgestalt des Menschen Jesus von Nazareth angenommen. Er hielt es selbst für »geziemend, alle Gerechtigkeit zu erfüllen« (Matth. 3,15), und wurde, als die Zeit erfüllt war, dem Gesetz unterworfen (Gal. 4,4). Durch dieses Eingehen in die Menschheit stand Jesus seinem himmlischen Vater selbst als Beter gegenüber.
Die Formulierung des Schreibers des Hebräerbriefes »Jesus brachte Gebete dar« erinnert daran, daß die Gebete die Opfer im Tempel ablösten und ersetzten, wobei die Gebetszeiten die Zeiten des Tempelopfers blieben.
»Jesus brachte Gebete dar« heißt soviel wie, er hielt die Gebetszeiten ein. Außer den »Tischgebeten« (vgl. Mark. 8,6; 14.22), dem »Höre Israel« (vgl. Mark. 12,28 ff.; Matth. 22,35 ff.; Luk. 10,25 ff.) und dem Lobpreis bei der Passahfeier berichten die Evangelisten von drei großen Gebeten Jesu. Jesus lehrte die Jünger das Vaterunser. Jesus selbst betete das Hohepriesterliche Gebet, und Jesus betet in der Not der Anfechtung. Die flehentlichen Bitten, das Schreien, die Tränen und die Angst bestimmen die Gebete in Gethsemane und am Kreuz. Das Weinen ist ein alttestamentliches Wort für Beten (vgl. 1. Mose 21,16f.). Es gehört in den Bereich der Klage. Das Judentum kennt bis heute das Gebetsweinen. Als Jesus zu Beginn seiner Leidenszeit noch einmal am Ölberg saß, die Stadt Jerusalem zu seinen Füßen, da weint er (Luk. 19,41). Sie haben seine Botschaft nicht verstanden und seine Einladung in das Reich Gottes nicht angenommen.
Keiner, der Jesus nachfolgt, braucht sich zu schämen, wenn er in Leid und Not vor Gott weint und ihm sein Herz ausschüttet. Jesus weinte über Jerusalem.

Er ging aus der Stadt hinaus und begab sich nach seiner Gewohnheit an den Ölberg. *Luk. 22,39*

Wie Jesus nach seiner Gewohnheit am Sabbat den Synagogengottesdienst besuchte, so hielt er auch die vom Gesetz vorgeschriebenen Gebetszeiten ein. Er verläßt, seiner Gewohnheit entsprechend, zum Abendgebet die Stadt und geht zum Ölberg in ein Grundstück, das den Namen Gethsemane »Ölkelter« trägt. Gethsemane war nach Darstellungen des Geschichtsschreibers Euseb (300), der Pilgerin Aetheria (385) und des Kirchenvaters Hieronymus (400) ein größeres Landgut mit Weinstöcken, Öl- und Obstbäumen. Es war umgeben mit einer Mauer und mit einigen für die Verwertung der Ernte notwendigen Gebäuden versehen. Wahrscheinlich gehörte das Landgut dem Besitzer des Hauses, in dem Jesus mit seinen Jüngern Passah feierte und das Abendmahl einsetzte. Es ist anzunehmen, daß eine der vielen Grotten im Garten Jesus und seinen Jüngern zur Übernachtung diente, wann immer sie in Jerusalem waren.
Für Jesus war Gethsemane der gewohnte Ort. Er ging auch an dem Abend nach Gethsemane, von dem er wußte, daß Judas mit Soldaten unterwegs war, um ihn gefangenzunehmen. Jesus hatte nicht vor, vor seinen Gegnern zu fliehen. Er hätte nur 7 km über den Ölberg bis Bethanien gehen müssen, um sich dort von seinen Freunden verstecken zu lassen. Auch wenn sie ihn aufgespürt hätten, wäre die Gefangennahme aufgrund der Zuständigkeit der Distrikte nicht gelungen. Doch Jesus floh nicht. Er ging nach seiner Gewohnheit zum Ölberg. Er weicht seiner Passion nicht aus. Er stellt sich dem Leiden, denn gerade am gewohnten Ort kann er gefunden werden.
Du gingst, o Jesu, unser Haupt, durch Leiden himmelan und führest jeden, der da glaubt, mit dir die gleiche Bahn.

Da sagte er zu seinen Jüngern: Laßt euch hier nieder, bis ich gebetet habe. Er nahm aber Petrus und Jakobus und Johannes mit sich und fing an, sich zu entsetzen und zu bangen.

Mark. 14,32.33

Jesus läßt seine Jünger zurück. Wie Abraham bei der Opferung des Isaaks zu seinen Männern am Fuße des Berges Morija sagte »bleibet ihr hier« und wie Mose den Ältesten am Sinai verbot, mit hinaufzugehen, so sagt Jesus zu seinen Jüngern: Laßt euch hier nieder. Allein Petrus, Jakobus und Johannes, die Zeugen der Verklärung Jesu auf dem Tabor, sollen die Stunde der Anfechtung miterleben. Sie sollten bei ihm sein, wenn er vor dem Leid »zurückschreckt« und »in Angst gerät«.

Das im Urtext gebrauchte Wort für Erschrecken bezeichnet den äußersten Grad eines grenzenlosen Entsetzens und Leidens. Für Jesus, den Sohn des lebendigen Gottes, naht sich das Verlassenwerden von Gott, in dem sich das Gericht vollzieht. Er gerät in Angst. Das Wort in Angst geraten oder bangen heißt wörtlich »vom Volk getrennt sein, einsam sein«. Im Neuen Testament kommt dieses Wort nur noch in Philipper 2,26 vor, wo Paulus, krank und gefangen, sich nach der Gemeinde sehnte. Die Angst entsteigt der Vereinsamung. Für Jesus mündet die Einsamkeit ein in die Gottverlassenheit (Mark. 15,34). Kein Mensch wird je so leiden können wie Jesus, denn auch wenn Jesu Jünger als Märtyrer sterben (vgl. Mark. 10,38), sind sie in ihrem Leiden von Jesu Kampf und Sieg umgeben. Und doch war Jesus »niemals dem, was Menschsein heißt, so nahe wie in Gethsemane« (Paul Schütz). Es gibt in dieser Welt keine Tiefe des Leidens, die Jesus nicht durchlitten hätte. Er ruft jedem, der vor Krankheit und Leid entsetzt zurückschreckt, zu: Kommt her zu mir. Ich habe es durchlitten. Ich will euch erquicken. Er sagt jedem, der in Vereinsamung zu versinken droht: Du bist nicht allein. Komm her zu mir. Ich habe die tiefste Einsamkeit durchlitten. Ich will dich erquicken.

Er sagt zu ihnen: Betrübt ist meine Seele bis in den Tod. Bleibt hier und wachet. *Mark. 14,34*

Den drei Jüngern, die er mitnahm, um ein Stück menschliche Nähe in seinem Leiden zu haben, sagt er: Ich sehne mich nach dem Tod. Die Formulierung »Betrübt ist meine Seele bis in den Tod« hat im Urtext optativen Sinn, d.h., in ihr ist der *Wunsch* enthalten, sterben zu dürfen vor Ankunft der Streitmacht und so dem Kreuzestod zu entgehen. Damit steht Jesus am Gipfel der Versuchungen durch Satan. Sie begannen bei seinem Auftreten in der Wüste, auf der Zinne des Tempels und auf dem Berg bei Jericho. Der Versucher trat dann Jesus gegenüber in der Gestalt seiner Jünger Petrus (Matth. 16,23) und Judas (Joh. 13,27), und nun setzt er alles auf eine Karte. Jesus wünscht zu sterben. Wie Elia unter dem Ginsterstrauch (vgl. 1.Kön. 19,4) und Jona unter seinem Rizinus (vgl. Jona 4,1–9) bittet Jesus: Vater, ich möchte sterben, nimm meine Seele von mir. Dabei handelt Jesus nicht selbständig. Er macht aus seiner Todessehnsucht ein Gebet, und er fleht die drei Vertrauten aus dem Jüngerkreis an, mitzubeten. Das erbetene Wachen ist nichts anderes als Mitbeten mit Jesus. Jesus bittet die Jünger, die vor wenigen Stunden bei der Einsetzung des Abendmahls gestiftete besondere Art der Gemeinschaft zu bewahren und ihn in seinem Beten nicht allein zu lassen. Er bittet seine Jünger, daß sein Gebet getragen ist von dem Gebet der Gemeinschaft der drei vertrauten Jünger.

In Gethsemane hat Jesus selbst die Stunde durchlitten, die selbstmordgefährdete Menschen nur zu gut kennen. Es packte ihn die Sehnsucht zu sterben. Wenn Sie einmal die Sehnsucht, sterben zu dürfen, ergreift, dann tun Sie zweierlei: Machen Sie aus Ihrem Todeswunsch ein Gebet, und bitten Sie Menschen aus der Gemeinde: Wachet mit mir, unterstützt mich mit eurem Gebet. Darüber hinaus können Sie ganz gewiß sein, Jesus versteht Ihre Situation. Er hat sie selbst durchlitten. Darum kann er sagen: Kommet her zu mir!

Dann ging er noch ein wenig weiter, warf sich auf die Erde nieder und betete, daß, wenn es möglich sei, die Stunde an ihm vorübergehen möchte. *Mark. 14,35*

Lukas berichtet, daß Jesus sich »einen Steinwurf weit« (Luk. 22,41) entfernte, das heißt, er bleibt in Ruf- und Hörweite zu seinen Jüngern. Das Wort für entfernen heißt wörtlich übersetzt »sich losreißen«. Mit dem Sich-Losreißen von den drei ihn begleitenden Jüngern, die er kurz zuvor noch um den Dienst des Gebetswachens ersucht hatte, zeigt Jesus die Grenze jeder Gebetsgemeinschaft. Wenn ein Mensch die unsäglichen Verzweiflungen und Kümmernisse seines Lebens vor Gott hinlegt, wenn er die Ängste, die er nicht erklären kann, durchbetet, dann tut er dies allein (vgl. Matth. 6,6).
Als Jesus allein war, warf er sich auf die Erde nieder. Das Werfen auf die Erde zeigt Jesu ganze Erregung. Er begegnete Gott als ganzer Mensch, als Kreatur, die mit dem Niederfallen und mit dem Berühren der Erde mit Mund und Händen sich völlig und ganz Gott unterwirft und ausliefert. Die Verhaltensforscher sehen in der Gebetshaltung des Niederwerfens mit Recht einen »Totstellreflex«, d.h., der Betende weiß, vor Gott geht es um Tod und Leben. In dieser Gebetshaltung der vor dem heiligen Gott vergehenden Kreatur fragt Jesus nach der Möglichkeit des Vorübergehens der Stunde. Unter Stunde versteht Jesus hier die letzte Stunde der Weltentscheidung, d.h. die Stunde, die das Gericht bringt, die Stunde, in der Gott abrechnet. Doch schon in seiner Gebetshaltung bringt er zum Ausdruck, die Entscheidung, ob die Stunde vorübergeht oder ob sie seine Stunde wird, in der er das Gericht auf sich nimmt, entscheidet der Vater. Angesichts dieses Ringens Jesu in Gethsemane können Sie und ich nur beten:
»Für deine Angst und tiefe Pein will ich dir ewig dankbar sein.«

Dabei sagt er: Abba, Vater! Alles ist Dir möglich. Trage diesen Kelch von mir fort. Doch nicht, wie ich will, sondern wie Du willst. *Mark. 14,36*

»Abba« als Gebetsanrede gibt es weder im Alten Testament noch im Judentum zur Zeit Jesu. Jesus wählt diese Anrede zur Eröffnung seiner Gebete, um damit das Herzstück seines Gottesverhältnisses auszudrücken. Abba ist seinem Ursprung nach eine Lallform. Es sind die ersten Plapperlaute eines Kindes. Zur Zeit Jesu war aber das ursprüngliche Lallwort Abba schon längst nicht mehr auf die Kindersprache beschränkt. Auch erwachsene Kinder, Söhne wie Töchter redeten ihren Vater mit Abba an. Darüber hinaus gibt es auch Belege, daß nicht leibliche Väter, sondern ältere Respektspersonen mit Abba angeredet wurden. Den Gebrauch des Wortes Abba als Höflichkeitserweis untersagte Jesus seinen Jüngern (vgl. Matth. 23,9). Die Ehrung, mit dem Vaternamen angeredet zu werden, wollte er allein Gott vorbehalten wissen. »Jesus hat mit Gott geredet wie ein Kind mit seinem Vater; vertrauensvoll und geborgen und zugleich ehrerbietig und bereit zum Gehorsam« (Joachim Jeremias).

So kann Jesus in Gethsemane im Vertrauen und im letzten Wissen, bei seinem Vater geborgen zu sein, sagen: »Alles ist dir möglich.« In Ehrfurcht und in Bereitschaft, dem Vater zu gehören, fährt er dann fort »doch nicht wie ich will, sondern wie du willst«. Damit legt Jesus die Entscheidung über sein Ende in die Hände des Vaters. Er spricht selbst die dritte Bitte des Gebetes, das er seine Jünger lehrte: »Dein Wille geschehe«, und ergibt sich dem Willen des Vaters. Da Jesus uns lehrte zu beten: Unser Vater, sind auch Sie und ich eingeladen, mit Gott zu reden wie ein Kind mit seinem Vater: vertrauensvoll und geborgen und zugleich ehrerbietig und bereit zu dem »Dein Wille geschehe«.

Er stand auf vom Gebet, kam zu seinen Jüngern und fand sie schlafend vor Trübsal. *Luk. 22,45*

Jesus bat die drei ihn begleitenden Jünger Petrus, Johannes und Jakobus um ein Gebetswachen. Das wachende Beten sollte sie bewahren vor der Versuchung Satans (Luk. 22,40). Sie sollten nicht der Versuchung verfallen, Jesus retten zu wollen (Matth. 26,54), und sie sollten aber auch davor bewahrt bleiben zu fliehen (Matth. 26,31.56). Jesus bat um ihre Gemeinschaft. Sie sollten bei Jesus stehen. Zweimal wiederholte Jesus seine Bitten. Er traf die Jünger, als er von seinem Ringen zu ihnen zurückkehrte, »vom Schlaf beschwert« (Mark. 14,40). Ihr Zustand entsprach dem Schlummer, dem Halbschlaf. Nach rabbinischer Lehre hebt der Halbschlaf die Gemeinschaft, etwa bei der Passahfeier, noch nicht auf, d.h., rein äußerlich standen sie noch immer in der Gemeinschaft mit Jesus. Jesu Frage aber: »Könnt ihr nicht eine Stunde mit mir wachen?« war voll Enttäuschung und Schmerz (Mark. 14,37). Als Jesus zum dritten Mal zu seinen Jüngern kam, da heißt es: sie waren eingeschlafen (Matth. 26,44). Der Evangelist Lukas weiß auch den Grund für das Versagen der Jünger anzugeben: »Sie schliefen vor Trübsal.« Die Enttäuschung, daß es nicht anders kam, die Trauer, daß es mit Jesus so trübselig zu Ende gehen soll, ließ sie einschlafen. Das Wort für Trübsal kann man hier auch übersetzen mit Resignation. Die Jünger haben resigniert. Resignation heißt wörtlich: das Ziel aufgeben, einen Plan zurückstellen, das Zeichen (signum!) ablegen.

Wo ein Christ oder eine Gemeinde das Ziel aus den Augen verliert, das Zeichen Jesus Christus ablegt, da kommt es zur Trägheit, Müdigkeit, zum Halbschlaf bis hin zum Schlafen vor Trübsal.

Da verließ er sie, ging wieder weg und betete zum dritten Mal, wieder mit denselben Worten: »Mein Vater, wenn dieser Kelch nicht an mir vorübergehen kann, ohne daß ich ihn trinke, so geschehe Dein Wille.« Matth. 26,44

Der dreifache Gebetsgang und das dreimalige Beten mit denselben Worten um ein und dieselbe Sache zeigen, daß der Beter entschlossen ist, alle Möglichkeiten auszuschöpfen. Paulus sagt von seinen Gebeten: »Ich habe dreimal um seinetwillen (Pfahl im Fleisch!) den Herrn angefleht, der Satan möchte von mir ablassen« (2.Kor. 12,8). Die Wiederholungen der Gebetsanliegen brauchen noch kein Plappern zu sein. Jesus betet um das Vorübergehen des Kelches. Der Becher ist im biblischen Sprachgebrauch der Becher des Zornes, der Kelch des Leidens, den Gott seinem Volk und den Völkern kredenzt (Jes. 51,17–22; Jer. 25,15ff.; Klgl. 4,21; Psalm 75,9). Wenn Jesus diesen Becher des Zornes leert, dann sieht es vor aller Welt so aus, als ob der Teufel gesagt hätte: Hinter der Frage Jesu, ob Gott nicht einen anderen Weg weiß, steht die Sorge, ob der Teufel wirklich vor aller Welt als der dastehen soll, der recht behält. Deshalb fragt Jesus Gott, ob der Kelch von ihm fortgenommen werden könne. Doch zugleich ergibt sich Jesus, wie in den beiden Gebeten zuvor, wiederum in den Willen Gottes. Das Gebet »Dein Wille geschehe« bleibt das schwerste. Blaise Pascal lädt Sie und mich ein, mit folgenden Worten zu beten:

> »Vater im Himmel, ich bitte weder um Gesundheit noch um Krankheit, weder um Leben noch um Tod, sondern darum, daß Du über meine Gesundheit und Krankheit, über mein Leben und meinen Tod verfügst zu Deiner Ehre und zu meinem Heil. Du allein weißt, was mir dienlich ist. Du allein bist der Herr, tue, was Du willst. Gib mir, nimm mir; aber mache meinen Willen dem Deinen gleich, daß ich in demütiger, vollkommener Unterwerfung und heiligem Vertrauen Deine Befehle empfange. Amen.«

Es erschien ihm aber ein Engel vom Himmel und stärkte ihn.
Luk. 22,43

Als dem Propheten Daniel Gottes Bote erschien und ihm zeigte, was am Ende der Zeit geschehen soll, sprach Daniel: »Mein Herr, bei dem, was ich zu sehen bekam, hat mich Todesangst befallen, so daß ich keine Kraft mehr behielt.« Dann heißt es: Der Engel berührte ihn und verlieh ihm mit den Worten: »Sei stark, sei stark« neue Kraft (Dan. 10,15–19). Gott sendet seinen Engel, um seine Boten zu stärken. Die Rabbiner berichten, daß Michael zu den drei Männern im Feuerofen kam, um ihnen neue Kraft zu geben. Nach jüdischer Tradition werden alle Märtyrer von Engeln gestärkt.
Albrecht Dürer stellt die Stärkung durch den Engel in Gethsemane so dar, daß der Engel Jesus den Kelch zum Trinken gibt. Jesus wird mit dem Kelch gestärkt, um dessen Vorübergehen er gebetet hat. Der Becher muß ausgetrunken werden. Gott verzichtet nicht auf seine Gerechtigkeit und auf den Strafernst. Das Geheimnis der Stunde Jesu liegt nicht im Vorübergehen, sondern im Trinken des Kelches. »Das ist der Kelch, der Kelch, der die Verzweiflung selber scheint und den Sieg auf seinem Grunde birgt, indem er getrunken wird« (Paul Schütz). Der Kelch des Leidens wird, indem Jesus ihn stellvertretend für die verlorene und von Gott gerichtete Menschheit trinkt, für alle, die an ihn glauben, der Kelch des Heils. Mit den Worten »Trinket alle daraus, denn dies ist mein Blut, das Blut des neuen Bundes, das für viele vergossen wird zur Vergebung der Sünden« (Matth. 26,27.28) gibt er seinen Jüngern den Kelch.
Der Kelch beim Heiligen Abendmahl ist der Becher des Heils (vgl. Psalm 116,13). Wer diesen Kelch des Sieges trinkt, empfängt himmlische Stärkung.

Und er war in Todesangst und betete inständiger, und sein Schweiß wurde wie Blutstropfen, die auf die Erde fielen.
Luk. 22,44

Jesus geht seinem Tod nicht wie ein legendärer Märtyrerheld entgegen. Er stirbt keinen gelassenen Tod wie Sokrates. Jesus durchlebt den Todeskampf, die Agonie. Das hier im Urtext gewählte Wort Agonie umschreibt die letzte Spannung der Kräfte vor hereinbrechenden Entscheidungen und Katastrophen. Es ist der Todeskampf unter Einsatz aller Kräfte, vergleichbar mit dem Ringen des Jakobs am Jabbok (1. Mose 32,22–32). Die angstvollen Kämpfe fordern alle körperlichen Kräfte. Der Angstschweiß fällt wie Blutstropfen zur Erde.
Wenn im Orient ein Mensch in höchster Furcht und Seelennot ist, sagt man: »Er wird weiß, und sein Angstschweiß verwandelt sich in Blut« (Lamsa). Jesus bleibt die Agonie, der Todeskampf, nicht erspart. Er war in die Welt gekommen, um zu sterben. Er legte sein Los vertrauensvoll und in dem Bewußtsein der Geborgenheit dreimal in die Hände seines Vaters, doch als es soweit war, mußte er den Todeskampf durchleiden, als hätte er nie zuvor gebetet »Dein Wille geschehe«.
Viele von Ihnen haben Gott ihr Leiden und ihre Not hingelegt, bejaht und wurden von Gott gestärkt und getröstet; doch dann, wenn das Leiden wieder durchbricht, wenn die Stunde des Dunkels und der Not von neuem beginnt, ist es, als ob wir nie zuvor das Leid in Gottes Hände gelegt hätten. Wir müssen wieder in den angstvollen Kampf eintreten, bis wir von neuem sagen können: »Dein Wille geschehe.«
Auch Jesus blieb die Agonie, der Todeskampf, nicht erspart. Er weiß um Ihr und mein Kämpfen, deshalb kann er sagen: »Komm her zu mir, ich will dich erquicken.«

Vater, vergib ihnen, denn sie wissen nicht, was sie tun!
Luk. 23,34

Von jüdischen Märtyrern ist bekannt, daß sie in der letzten Stunde ihres Lebens ihre Richter und Henker beschimpften. Jesus dagegen betet für die, die ihn quälen und umbringen. Er hatte kein Schuldbekenntnis abzulegen. Der Hohepriester, der den Hinzurichtenden das Schuldbekenntnis abnehmen muß, wurde in Jesu Gebet mit eingeschlossen. Jesus bittet für die Schuld derer, die ihn verurteilt haben und die ihn jetzt hinrichten. Durch dieses Fürbittgebet ermöglicht Jesus den Juden in letzter Minute die Chance zur Umkehr. Nach dem alttestamentlichen Gesetz ist die bewußte, mit erhobener Hand begangene Schuld unvergebbar (vgl. 4. Mose 15,29f.). Nur die Schuld, in die der Mensch in Schwachheit, Übereilung und Unwissenheit willigte, ist nach dem Gesetz vergebbar. Deshalb betet Jesus: Vater, bedenke, sie tun es aus Unwissenheit. Sie können gar nicht wissen, was sie in ihrer Blindheit tun. Vergib ihnen. Mit diesem Gebet wendet sich Jesus nicht an Gottes Gerechtigkeit und Heiligkeit, sondern allein an seine Barmherzigkeit. Er betet, vergiß deine Macht und Ehre, vergiß deine Majestät und Heiligkeit. Vergib!
Jesus, der in seiner Unterweisung, wie man beten soll, von der Zurückgezogenheit in die Stille des »Kämmerleins« spricht (Matth. 6,6), betet am Kreuz laut und öffentlich. Dieses laute Beten ist ein letztes Herabneigen Jesu zu den Menschen, zu denen er gesandt ist. Er will seine Mörder trösten. Er sagte ihnen, wenn ihr Christen werden wollt, der Weg ist auch euch offen. Vielleicht gehörten später manche seiner Henker und Zeugen seines Sterbens zu der ersten Gemeinde. Jesus gibt keinen Menschen auf. Er lädt selbst noch seine Richter und Mörder ein, umzukehren, um mit ihm in das Reich seines Vaters einzugehen.

Aber der Übeltäter einer sprach zu Jesus: »Herr, gedenke an mich, wenn Du in Dein Reich kommst.« Und Jesus sprach zu ihm: »Amen, ich sage dir: Heute wirst du mit mir im Paradiese sein.« *Luk. 23,42f.*

Wie ernst es Jesus mit seiner Einladung ins Himmelreich meint, zeigt das erlösende Wort, das er an den Schächer zu seiner Rechten richtete. Jesus, gekreuzigt inmitten von zwei Verbrechern, vermutlich Zeloten, die mit Gewalt und Mord die Vorherrschaft der Römer abschütteln wollten, mußte neben dem Spott der Oberen und Soldaten sich auch den Hohn eines der Verbrecher gefallen lassen. In spöttischer Anspielung auf Jesu Messianität verlangte er die Rettung vom Kreuz. Der andere Verbrecher wies ihn zurecht, bekannte sich schuldig, huldigte Jesus mit den unscheinbaren Worten: »Dieser hat nichts Unrechtes getan« und bittet ihn: »Gedenke mein.« Auf die Schächerbeichte, die Schächerhuldigung und das Schächergebet antwortet Jesus mit der Zusage der Rettung. Mit einem Amen-Wort, d.h. in der ihm vom Vater verliehenen Vollmacht, spricht Jesus dem Schächer das Zusammensein mit sich in seiner Herrschaft zu. Da Jesus durch den Tod hindurch sofort die ihm vom Vater gestiftete Herrschaft antritt, wird für den Schächer die Stunde seines Todes durch die Gemeinschaft Jesu zum heilserfüllten Heute. Der eine wollte gerettet werden vom Kreuz, der andere wurde gerettet durch das Kreuz.

Viel Lästrer reden böse Ding,
auch einer, der zur Seiten hing,
goß auf ihn seinen Geifer:
der aber an dem anderen Ort
straft ihn und seine Lästerwort'
mit großem Ernst und Eifer.
Spricht Jesum an: »O Himmelsfürst,
gedenke meiner, wenn du wirst
nun in dein Reich eingehen!«
»Fürwahr, fürwahr, ich sage dir«,
sprach Jesus, »du wirst heut bei mir
im Paradiese stehen.« Paul Gerhardt

26. März

Da nun Jesus seine Mutter sah und den Jünger dabeistehen, den er lieb hatte, spricht er zu seiner Mutter: »Frau, siehe, das ist dein Sohn!« Danach spricht er zu dem Jünger: »Siehe, das ist deine Mutter!« *Joh. 19,26.27*

Nach Jesu hohepriesterlicher Fürbitte »Vater, vergib« und seinem königlichen Machtspruch an den Schächer ist das dritte Wort am Kreuz ein Beweis menschlicher Treue. Vier Frauen und ein Jünger waren Jesus bis nach Golgatha gefolgt. Während drei der Frauen, unter ihnen die Mutter des Johannes, am Rande des Geschehens standen (Mark. 15,40f.), war die Mutter Jesu nahe am Kreuz. Jesus spricht sie an, wie er sie beim Hochzeitswunder zu Kana anredete, nicht mit ihrem Namen, nicht mit Mutter, sondern mit Frau. Er empfiehlt sie nicht dem reichen Joseph von Arimathia, sondern er weist sie an Johannes, den Jünger, den er lieb hatte.
Sowohl die Anrede Frau als auch die Bezeichnung des Jüngers als den, »den er lieb hatte«, weisen über die Personen Maria und Johannes hinaus. Maria, die stellvertretend Bittende und Erwartende (Joh. 2,4), steht für alle Jünger aus dem Judentum, Johannes, der spätere Bischof von Ephesus, für das Heidenchristentum. Beide Gemeinden sind aneinander gewiesen. Nur zusammen bilden sie die Gemeinde Jesu. Doch Johannes, so erzählt die Überlieferung, verläßt die Grenzen Palästinas erst nach dem Tode Marias. Er war durch das Wort seines Herrn verpflichtet, und obwohl auch seine leibliche Mutter Salome unterm Kreuze stand, gehörte er nun zu Maria.

Herr, ich bitte dich, erwähle
mir aus aller Menschen Meng
eine fromme heilge Seele,
die an dir fein kleb und häng.
Auch nach deinem Sinn und Geiste
mir stets Trost und Hilfe leiste,
Trost, der in der Not besteht,
Hilfe, die von Herzen geht. Paul Gerhardt

Danach, da Jesus wußte, daß schon alles vollbracht war, daß die Schrift erfüllt würde, spricht er: »Mich dürstet!«

Joh. 19,28

In der letzten bittersten Entwicklung des Leidens am Kreuz, als die Spanne des Weges immer dunkler und einsamer wurde, ruft Jesus wie eine schmachtende Kreatur: »Mich dürstet!« Jesus stirbt nicht als Held während einer philosophischen Betrachtung über die Ewigkeit, sondern als ganzer Mensch in kreatürlichem Ringen unter Schmerzen und Durst.
Gleichzeitig kann er am Verlauf der Kreuzigung und seines Sterbens sehen, wie sich Stück um Stück die alttestamentliche Voraussage seines Todes erfüllt. Er hängt am Kreuz, während im Tempel die unzähligen Passahlämmer geschlachtet werden. Nun wird ihm auf seinen kreatürlichen Ruf »Mich dürstet« der Ysop gereicht. Beim Passah in Ägypten wurden mit einem Büschel Ysop, getaucht in das Blut der Passahlämmer, die Oberschwelle und die beiden Türpfosten bestrichen (2. Mose 12,22). Außerdem weiß sich Jesus völlig eins mit dem Beter des damals schon 1000 Jahre alten Gebetes: »Meine Kräfte sind vertrocknet wie eine Scherbe, und meine Zunge klebt mir am Gaumen, und du legst mich in des Todes Staub« (Psalm 22,16). Diesen Psalm kann bis heute jeder von uns in Leid und Todesnot beten.

Ach! treuer Gott, barmherzig's Herz,
das Gute sich nicht endet.
Ich weiß, daß mir dies Kreuz und Schmerz
dein Vaterherze sendet.
Ja, Herr, ich weiß, daß diese Last
du mir aus Lieb erteilet hast
und gar aus keinem Hasse.

Paul Gerhardt

Um die neunte Stunde rief Jesus mit lauter Stimme: Eli, Eli, lama sabachthani? Mein Gott, mein Gott, warum hast Du mich verlassen? *Matth. 27,46*

Die laute Stimme, das Schreien, ist nichts anderes als das Einstimmen in das alttestamentliche Klagegebet. Die Kinder Israels schrien in der Knechtschaft (2. Mose 2,23). Die jüdische Tradition spricht von dem Weinen und Geschrei Isaaks, als er gebunden auf dem Altar lag. Sie kennt auch das Schreien des Messias, wenn er mit eisernem Balken auf dem Halse gebeugt wird. Jesu Klagegebet, sein Schreien, hätte die frommen Juden an den verheißenen Messias erinnern müssen. Sie aber wichen aus, die Anrufung Gottes mit dem 22. Psalm deuteten sie um und stellten es so dar, als sei Jesus dem Volksglauben der damaligen Zeit verfallen und rufe nach dem Nothelfer Elia. Jesus selbst aber war in dieser Stunde der Hölle und dem Fluch preisgegeben (Gal. 3,13). Er war Gott-los. Jesus, der sagte »Ich und der Vater sind eins« (Joh. 10,30) und »Wer mich sieht, sieht den Vater« (Joh. 14,9), ist nun ohne Gott. »Christus war mehr als alle Heiligen verdammt und verlassen« (Martin Luther). Jesus erleidet das, was die eigenste Wirklichkeit des Sünders ist. Er wurde zur Sünde gemacht (2. Kor. 5,21). In dieser Stunde der Gottverlassenheit betet Jesus den 22. Psalm. Das jüdische Gebetbuch empfiehlt diesen Psalm dem unschuldig Angeklagten, der im Vertrauen auf Gott um einen rechten Entscheid beten will. Mit diesem vorformulierten Gebet seines Volkes konnte Jesus in der für Menschen unvorstellbaren Gottferne noch klagend schreien »*Mein* Gott«. »Dieser Schrei ist das trostreichste Wort der ganzen Schrift« (E. Schlink). Denn seit Christus von Gott verlassen war, gibt es keine Gottverlassenheit mehr. Seit Jesus Christus unter Gottes Zorn gelitten hat, gibt es keine unaufhebbare Verzweiflung mehr. Wenn Sie in Stunden der Verzweiflung kein eigenes Gebet formulieren können, dürfen Sie das alte Gebet beten und in das »mein Gott« alles, wonach Sie sich sehnen, hineinlegen.

Vater, in Deine Hände befehle ich meinen Geist. Luk. 23,46

Jesu Gebet am Kreuz ist das Gebet gegen alle Erfahrungen, alle Vernunft und alles Gefühl. Jesus sagt Vater, obwohl Gott fern ist. Jesus sagt zum zornigen Gott Vater. Er fühlt nichts von Gottes Liebe und Väterlichkeit, nichts von seiner Fürsorge und Barmherzigkeit. Er erlebt nur schrecklichstes Gottesgericht und fühlt nur furchtbarste Gottverlassenheit. Jesus konnte so beten, weil er mit den Worten des Abendgebetes aller frommen Juden betete. Zur neunten Stunde, der Todesstunde Jesu, wurde auf dem Tempelplatz das Schofarhorn geblasen, das die Juden zum Abendgebet rief. Das mindeste, was ein Jude beim Aufruf zum Abendgebet mitbeten mußte, war Psalm 31,6: »In deine Hände befehle ich meinen Geist.« Jesus betete wie in allen Tagen seines Lebens das Abendgebet. Millionen Juden in Jerusalem, in ganz Israel und in der Zerstreuung beteten zu derselben Zeit dieselben Worte. Der Fels Golgatha und der Fels des Tempelplatzes sind ein und dasselbe Massiv. Jesus konnte am Kreuz die Gebetsrufe der Juden auf dem Tempelplatz hören. Er betete einfach mit. Er fügte nur die Anrede Vater dazu. Jesus befiehlt sich den segnenden Händen seines Vaters, obwohl er im Augenblick nur schlagende Fäuste zu spüren und zu sehen bekommt. »Befehlen« ist mehr als ein Bitten und Hoffen. Befehlen ist anvertrauen und übergeben. Wo es für Sie und mich zur guten Gewohnheit wird, zu festen Zeiten bestimmte Gebete Gott »darzubringen«, da können wir auch beten gegen alle Erfahrung, alle Vernunft und alles Gefühl. Obwohl Jesus von seinem Volk nicht aufgenommen worden war, betete er mit allen Juden: »In deine Hände befehle ich meinen Geist« (Psalm 31,6).

Gründonnerstag

30. März

Es ist vollbracht! *Joh. 19,30*

Als Jesus das Abendgebet in der vom Gesetz erlaubten Kurzform »In deine Hände befehle ich meinen Geist« (Psalm 31,6) gesprochen hatte, neigte er sein Haupt und starb. Der zweite Satz des Abendgebetes, den aber keiner der Zeugen am Kreuz hörte, daß ihn Jesus laut betete, heißt: »Du hast mich erlöst, Herr, du treuer Gott« (Psalm 31,6b). Ein einziges Wort noch vernahmen die um das Kreuz Versammelten: »Es ist vollbracht.« Jesus hat sich dem Vater anvertraut und übergeben. Sein »Es ist vollbracht« ist das Bekenntnis des Vertrauens und der Zuversicht. Jesus spricht nicht von Mißerfolg, Zusammenbruch, Zerstörtsein und Ende, sondern von Vollendung.
Vollbracht ist die neue Welt, auch wenn auf der alten Welt Jesus weiter gekreuzigt wird.
Vollbracht ist das Gottesreich, auch wenn Kirchen und Reiche der Welt sich noch lange dagegen sträuben.
Vollbracht ist die Erlösung, die Versöhnung des Menschen mit Gott. Kein Mensch kann und braucht auch nur das Geringste hinzuzufügen. »Es ist vollbracht« ist das Wort des Siegers nach langer, heißer, gewonnener Schlacht. Der Kampf Jesu begann mit seiner Menschwerdung. Johann Sebastian Bach hat als Text für den Eingangschor zu seiner Kantate für den 1. Weihnachtstag die Worte gewählt: »Dazu ist erschienen der Sohn Gottes, daß er die Werke des Teufels zerstöre.«
Mit seinem Wort »Es ist vollbracht« ist der Sieg über den Fürsten dieser Welt besiegelt. Satan kann noch wüten und toben, aber er wird auch gegen Sie und mich keine Schlacht mehr gewinnen, denn wir dürfen uns darauf berufen: Er hat auch an mich gedacht, als er rief: »Es ist vollbracht!«

Karfreitag

31. März

Gleichwie Jona drei Tage und drei Nächte im Leib des Seeungeheuers war, so wird des Menschen Sohn drei Tage und drei Nächte im Herzen der Erde sein. *Matth. 12,40*

Jesu Geschick, sein Tod am Kreuz, die Zeit im Grab und seine Auferstehung haben eine Vorabschattung im Alten Testament in dem Los des Propheten Jona. Daß Jona auf hoher See ins Meer geworfen wurde, wird in Vergleich gesetzt mit Jesu Leiden am Kreuz und seinem Tod. Die drei Tage im Leib des Seeungeheuers entsprechen den Tagen, die Jesus in der Totenwelt zubrachte, und das Wiedererscheinen Jonas ist sinnbildlich für Jesu Auferstehung und Sieg über den Tod.
Der Karsamstag – die langen, dunklen Stunden zwischen dem Tod auf Golgatha und dem Auferstehungsmorgen – erinnert an Jesu Abstieg in die Hölle. Nach jüdischer Tradition zeigt Gott Jona die unterste der Höllen. Jesus aber ist selbst bis in die letzten Tiefen der Totenwelt vorgedrungen. Er »führte die Gefangenschaft gefangen« (Eph. 4,8). Er predigte den Geistern im Gefängnis, die vorzeiten nicht glaubten, da Gott Geduld hatte zur Zeit Noahs (1.Petr. 3,19f.).
Die Zeitgenossen Noahs sind für das Judentum bis heute das Geschlecht, das nie errettet werden wird. Für Jesu Tod am Kreuz aber gibt es keine Beschränkung, sein Heilsangebot macht nicht halt vor den Toren der Unterwelt. Es wird *jedem* angeboten. So ist der Karsamstag in all seiner Dunkelheit der Tag, der an den grenzenlosen Sieg Jesu erinnert. Das Heil gilt allen. Es gibt keinen Menschen, der so weit von Gott weg sein könnte, als daß ihn nicht Jesu Hand erreicht. Jesus predigt in der Unterwelt! Er bietet seine Erlöserkraft an. Wer immer in diese ausgestreckte Hand einschlägt mit den Worten »Rette mich, ich bin Dein«, der ist gerettet und selig in Ewigkeit.

Ein böses und ehebrecherisches Geschlecht sucht ein Zeichen, und ein Zeichen wird ihm nicht gegeben werden außer das Zeichen des Jona, des Propheten. *Matth. 12,39*

Für die Schriftgelehrten und Pharisäer stand fest: Behauptet Jesus für seine Botschaft und seine Taten die Bevollmächtigung durch den *einen* lebendigen Gott, dann muß er sie durch ein Zeichen vom Himmel erweisen! Die Möglichkeit, Jesus glaubend anzuerkennen, hängt für die Schriftgelehrten an dem Erweis, daß er in göttlicher Vollmacht handelt.
Propheten und Lehrer, die kein Zeichen vorzuweisen hatten und denen nachgewiesen werden konnte, daß ihre Prophetie eine falsche war, wurden umgebracht.
Die Pharisäer hatten den geheimen Anspruch Jesu, Sohn des lebendigen Gottes zu sein, aufgrund ihrer Kenntnis der Schrift weit besser verstanden, als wir uns dies heute vorstellen können. Um diesen ungeheuerlichen Anspruch zu legitimieren, bedurfte es eines noch nie dagewesenen Zeichens. Von Elia und Elisa, aber auch von namhaften Rabbinern, werden Totenauferweckungen bezeugt. Das Zeichen des Messias, das noch ausstand, ist die eigene Auferstehung.
Auf diese seine Auferstehung verweist Jesus die Gelehrten mit dem Hinweis: Sie ist vorabgeschattet im Erleben des Propheten Jona.
Die Auferstehung Jesu ereignete sich am dritten Tag nach seinem Sterben am Kreuz. In der jüdischen Zählung wird der angebrochene Tag als ganzer Tag gerechnet. Jeder, der sich von den Juden an Jesu Wort erinnert, hätte spätestens am Ostersonntag Christ werden müssen. Wer Jude bleiben wollte und bis heute nicht Christ werden will, muß die Auferstehung leugnen.
Gott, der Eine und Lebendige, ließ seinen Messias nicht im Grabe. Die Christen wissen und rufen es sich zu:

Der Herr ist auferstanden,
ER ist wahrhaftig auferstanden!

Ostersonntag

2. April

Einst erging Jahwes Wort an Jona, Amittais Sohn. *Jona 1,1*

Jona – seit Jesu Wort von dem Zeichen des Jona für die Christen der Osterprophet – wird von Gott bei seinem vollen Namen gerufen.
Jona heißt Taube. Amittai hängt ab von dem hebräischen Stamm emeth, Wahrheit. So ist Jona, die Taube, der Sohn der Wahrheit.
Nach rabbinischer Überlieferung ist Jona identisch mit dem von Elia auferweckten Sohn der Witwe von Zarpath. Die Tradition geht zurück auf die Beobachtung, daß in der letzten Begegnung Elias mit der Witwe das Gespräch endet mit dem Wort »Wahrheit« (1. Kön. 17,24).
Unabhängig davon, ob Jona gleichzusetzen ist mit dem auferweckten Sohn jener Witwe oder ob er der Sohn eines jüdischen Elternpaares mit Namen Amittai war, es geht in jedem Fall um einen ganz konkreten Menschen, der in einer bestimmten Zeit lebte und von Gott bei seinem Namen genannt wurde. Rabbi Jona (um 350) nimmt diese Beobachtung so ernst, daß er in seiner Untersuchung zu dem Ergebnis kommt: Jona wurde während eines Laubhüttenfestes, zu dem er nach Jerusalem gepilgert war, von Gott bei seinem Namen gerufen, der Geist ruhte auf ihm und übermittelte ihm die Weissagung.
Bis heute ruft Gott, wenn er einen Menschen beruft, diesen Menschen bei seinem Namen. Das erste Moment einer jeden Berufung ist die persönliche Anrede. Es gibt Situationen beim Lesen der Schrift und Hören des Wortes, wo Sie und ich genau merken: jetzt geht es um mich und um keinen andern sonst. Gott hat mich bei meinem Namen gerufen. Er, der allmächtige Gott, hat etwas ganz Bestimmtes mit mir vor.
Wenn Sie in Ihrem Leben an einen solchen Punkt kommen, gilt es, die Chance nicht zu verpassen, sondern zu sagen: Herr, rede. Ich bin bereit, zu hören.

Ostermontag

3. April

Brich auf – wandre nach Ninive, der großen Stadt.

Jona 1,2a

Gott befiehlt Jona, die Brücken hinter sich abzubrechen. Das »Brich auf!« erinnert an den Befehl an Abraham, den kulturell hochstehenden Adligen aus dem Fürstengeschlecht Arpachsad, dem Gott bei seiner Berufung zurief: Geh aus deinem Vaterland!, oder aber an Mose, der seine sichere Zukunft als Nachfolger und Erbe des Priesterführers Jethro verlassen mußte, um das Volk aus Ägypten herauszuholen.
Wo Gott einen Menschen beruft, kommt es zu einem Bruch mit dem früheren Leben.
Jona war ein anerkannter Heilsprophet und lebte in einem kleinen Dorf, zwischen dem heutigen Nazareth und Kana gelegen, in Gath Hepher (2.Kön. 14,25). Seine Heilsprophezeiung an Jerobeam II. (787–747) ist eingetroffen. Jerobeam konnte das Land, wie es Jona vorausgesagt hatte, von Lebo Hamat bis ans arabische Meer ausdehnen. Jona war damit als Heilsprophet anerkannt, bestätigt und gefeiert. Nun soll er, der Heilsprophet, nach Ninive, in das Zentrum der heidnischen Feindesmacht. Er soll sein Leben in Gath Hepher aufgeben. Er soll zu den Heiden – zu den Feinden Israels. Er soll auf ein Unternehmen eingehen, das es vor ihm nie gegeben hat. Er soll sein früheres Leben abbrechen.
Bis heute gehört zu jeder Berufung Gottes der Bruch mit dem früheren Leben. Wenn Gott Sie in seinen Dienst ruft, kann Ihr Leben nicht mehr so weitergehen, wie es bisher verlief.
Viele Berufungen scheitern daran, daß dieser von Gott erwartete Bruch nicht vollzogen wird.

Predige gegen sie, denn ihre Bosheit ist zu mir heraufgedrungen. Da brach Jona auf, um nach Tharsis zu fliehen, von Jahwe fort. *Jona 1,2b.3a*

Wo Gott einen Menschen beruft, beansprucht er Mund und Leben eines Propheten. –

Jona soll gegen Ninive predigen. Er soll das Machtzentrum des neuassyrischen Reiches zur Umkehr rufen. Dabei ahnt Jona, wie er es später auch zum Ausdruck bringt (Jona 4, 1.2), daß sich die Heiden leicht der Buße zukehren. Zugleich weiß er, daß, wenn die Heiden umkehren, die Unbußfertigkeit seines eigenen Volkes das Gerichtshandeln Jahwes nach sich zieht. Er kann es nicht verstehen, daß Gott von ihm verlangen kann, den Heiden zum Heil zu verhelfen und damit sein eigenes Volk an den Rand des Untergangs zu führen. Jona flieht! Jona gibt damit zu erkennen, daß er den Anspruch Gottes auf seinen Mund und sein Leben nicht blind nachvollziehen kann. Er verstand es nicht, warum er den Heiden predigen sollte. Er sah keinen Grund, Heilsprophet der Heiden und damit Gerichtsprophet für sein eigenes Volk zu werden. Zu einem solchen Weg konnte er nicht Ja sagen.

Wenn Gott einen Menschen beruft, erwartet er eine Verzichtserklärung: Ich verzichte, selber reden und meine Lebensführung verstehen zu wollen. Ich vertraue Dir. Ich trete meine eigenen Ansprüche und Vorstellungen ab. Ich gebe mich in Deine Vaterhand, auch wenn ich nichts verstehe.

Weiß ich den Weg auch nicht, du weißt ihn wohl;
das macht die Seele still und friedevoll.
Ist's doch umsonst, daß ich mich sorgend müh,
daß ängstlich schlägt mein Herz, sei's spät,
sei's früh.

Er ging nach Japho hinunter, fand ein Schiff, das nach Tharsis fuhr, zahlte den Preis dafür und stieg ein, um mit ihm nach Tharsis zu fahren, von Jahwe fort. *Jona 1,3b*

Japho, das heutige Jaffa, ist von Jerusalem aus gesehen, wo die Berufung des Jona stattfand, der nächste Hafen. Als Jona dort ein Schiff fand, das nach Tharsis auslief, bezahlte er den Preis im voraus, obwohl es auf allen Schiffen üblich war, daß man den Fahrpreis erst bezahlte, wenn man das Schiff verließ.
Jona wollte in jedem Fall von Jahwe fort. Als Prophet und Beter wußte er, daß man letztlich vor Gott nicht fliehen konnte, auch wenn man Flügel der Morgenröte nähme (Psalm 139,7 ff.). Aber auf eines hoffte er, daß die Lehre stimmt, die besagt: Seit der Inbesitznahme Kanaans offenbart sich Gott nicht mehr im Ausland, sondern nur in Israel. In Tharsis, an der Südwestküste Spaniens, wäre er sicher vor unerträglichen Weissagungen, vor solchen Zumutungen Gottes, wie er sie in Jerusalem erfahren hatte. Tharsis war damals eine der Städte, wo man noch nie die Kunde von Jahwe vernommen hatte (Jes. 66,19). Jona wollte Ruhe haben vor Gott. Er suchte einen Ort, an dem ihn Gottes aufdringliches Werben nicht mehr erreichte.
Vielleicht läßt der Fluchtort Jonas, Tharsis, übersetzt Schmelzhütte, noch ein anderes Motiv seiner Flucht erkennen. Tharsis war bekannt für seinen Reichtum an Silber, Eisen und Blei (Hes. 27,12). Der ohnehin geschäftstüchtige Jona – er hatte den nicht geringen Fahrpreis zur Hand – hätte dort leicht zu großem Reichtum kommen können.
Hinter dem »Fort von Gott«, das bis heute für viele die Reaktion auf Gottes Ruf ist, steckt häufig die Sehnsucht nach Ruhe vor Gott und das Verlangen nach einem gesicherten Auskommen.

Da warf Jahwe einen großen Wind aufs Meer, so daß ein hoher Wellengang im Meer entstand. Als das Schiff zu zerbrechen drohte, gerieten die Seeleute in Furcht. Ein jeder schrie zu seinem Gott. Sie warfen die Ladung, die im Schiff war, ins Meer, um es zu entlasten. *Jona 1,4.5a*

Jona, der das Berufungswort Jahwes in den Wind geschlagen hatte, erfährt jetzt den Sturm in seinem Leben. Gott beginnt mit dem fliehenden Jona einen schweigenden Dialog. So wie Saul seine Lanze »wirft«, wirft Jahwe einen Wind aufs Meer. – Die Windstärke und die aufpeitschenden Wogen des Meeres bringen das Schiff an den Rand des Schiffbruchs, »es drohte zu zerbrechen«. Die gesamte Schiffsbesatzung geriet in Angst vor dem drohenden Untergang.
Ihre Angst erzeugte als erstes ein religiöses Klageflehen. Sie schrien um ihr Leben, jeder zu seinem Gott. Die jüdische Tradition stellt sich dies so vor, daß jeder sein Götzenbild in der Hand hielt und in lautes Klageschreien ausbrach. Zugleich aber blieben sie *nicht untätig.* Sie setzten all ihr seemännisches Handeln ein, warfen den Ballast vom Schiff und legten sich in die Ruder (vgl. Vers 13).
Die Anstrengungen, die die Matrosen unternahmen, können kurz zusammengefaßt werden mit der späteren Mönchsregel: Beten und Arbeiten. Die Matrosen taten alles, was in ihren Kräften stand. Doch ihr Beten und Arbeiten war umsonst. Die von Gott ausgelöste Bedrohung galt einem einzigen auf dem Schiff, Jona. –
Es gibt Schritte des Ungehorsams im Leben einzelner Menschen, die das Beten und Arbeiten ganzer Gruppen blockieren können. Wir wollen Gott bitten, daß wir nicht zu denjenigen gehören, die den Segensstrom aufhalten, den Er für unser Land bereit hat.

Jona aber war ins Unterste des Schiffes hinabgestiegen, hatte sich hingelegt und war tief eingeschlafen. *Jona 1,5b*

Jona hatte sich aus der Lebens- und Gefahrensgemeinschaft entfernt. Er beteiligte sich weder am Gebet noch an der Arbeit. Er steigt hinab in das Innerste des Schiffes, legt sich schlafen und schläft auch ein. Das Wort hinabsteigen kommt hier im Jonabuch zum dritten Male vor. Es ist die letzte Stufe seiner Flucht. Er flieht hinunter nach Japho, steigt hinab in das Schiff und sucht nun den untersten Teil des Schiffes auf zum tiefen Schlaf. Im Gegensatz zu den Matrosen ringt und arbeitet Jona nicht um sein Leben. Er will sterben. Das Hinabsteigen ist im Alten Testament häufig gebraucht in der Verbindung mit Tod, Grab und Unterwelt (vgl. Hi. 33,24). Wie sich Elia mit dem Wunsch zu sterben niederlegte (1.Kön. 19,4f.), so sucht Jona den Schlaf, der ihm den Tod bringen soll (vgl. Hes. 32,21.27–30; Psalm 88,5f.). Sein einziges Ziel ist: »Fort von Jahwe.«
Wo Gott in ein Leben eingreift, suchen bis heute die Menschen zu fliehen. Die ersten Reaktionen auf den Sturm im Leben sind nicht selten Schlafsuchtsanfälle und Sterbewünsche. Wer kennt nicht die Sehnsucht, einfach schlafen zu können, oder das Verlangen, still sterben zu dürfen.
Jona wird von der Gemeinschaft, in der er lebt, zurückgeholt. Der Kapitän fordert ihn auf »Bete!« (Jona 1,6), die Matrosen werfen die Lose und erfahren: Es ist Jona, um dessen willen das Schiff in Seenot geriet (Jona 1,7). Sie nehmen ihn auf in ihre Reihen mit der gezielten Frage: »Was ist dein Beruf? Woher kommst du? Welches ist deine Heimat, welches ist dein Volk?«

Ein Hebräer bin ich, und Jahwe, den Gott des Himmels, fürchte ich, der das Meer und das Festland gemacht hat.
Jona 1,9

Jona antwortet nicht im einzelnen auf die Fragen der Matrosen. Er macht auch keine Ausführungen über seinen Sonderauftrag für Ninive, sondern er bekennt sich zu Jahwe, seinem Gott. Mit diesem Bekenntnis hatte Jona die Angst überwunden, ein einzelner mitten in der heidnischen Umwelt zu sein. Ursprünglich hatte Jona Angst, in Ninive als erster und einziger Heidenmissionar zu stehen, nun bekennt er sich unter all den Heiden auf dem Schiff, die zu ihren Götzen schrien, als einziger zu Jahwe. Er wurde damit im Vollsinne seines Namens ein Sohn Admittais, d.h. ein Sohn der Wahrheit.
»Die Wahrheit begnügt sich damit, in der Einzahl zu sein. In der Ewigkeit wirst du dich vergebens nach der Menge umsehen« (Sören Kierkegaard).
Streng genommen, antwortet Jona nur auf die 4. Frage der Matrosen, auf die Frage nach seiner Volkszugehörigkeit. Die Antwort »Ich bin ein Hebräer« umfaßt jedoch mehr als das völkische Moment. Sie bedeutet soviel, wie wenn Sie und ich in unserer Umwelt bekennen: »Ich bin ein Christ. Ich habe mich für Jesus Christus entschieden.« Der jüdische Theologe Schalom Ben-Chorin sieht in der Antwort des Jona einen Typus von Antworten, die von Ihnen und mir erwartet werden.

Immer wenn die Stürme toben,
muß der Jona seinen Schöpfer loben.
»Ein Hebräer bin ich«, muß er sprechen,
wenn die Wellen über ihm zusammenbrechen.
Wer ist Jona? – Wenn nicht ich und du
und das ganze Israel dazu?
Hier im Bilde, hier im Zeichen
stellt der Herr uns seine Weichen.

9. April

Die Matrosen sprachen zu ihm: Was sollen wir mit dir machen, damit das Meer uns in Ruhe läßt? Er sprach zu ihnen: Nehmt mich und werft mich ins Meer! Dann wird das Meer euch in Ruhe lassen. *Jona 1,11.12*

Die Berufung des Jona begann mit der persönlichen Anrede. Gott forderte ihn auf zu einem Bruch mit seinem früheren Leben. Er beanspruchte den Mund und das Leben des Jona. – Jona sah das Interesse seines Volkes nicht gewahrt. Er sah sein Volk in Gefahr und konnte deshalb den Weg Gottes nicht verstehen. So entschloß er sich zur Flucht. In der Zuspitzung der Gefahr hatte sich Jona aber nicht nur zu seinem Volk, sondern auch zu seinem Gott bekannt. Er war von Gott eingeholt. Nun steht Jona vor dem vierten Moment seiner Berufung, vor dem letzten Bezwungenwerden. Er fängt nun nicht an, um Befreiung zu beten oder mit den Matrosen an der Rettung des Bootes zu arbeiten, sondern er liefert sich rückhaltlos Jahwe aus. –
Das letzte Bezwungenwerden Jonas faßt Dietrich Bonhoeffer im Wehrmachts- und Untersuchungsgefängnis Tegel ein Jahr vor seinem Tod in folgende Zeilen:

Sie schrieen vor dem Tod, und ihre Leiber krallten
sich an den nassen, sturmgepeitschten Tauen,
und ihre Blicke schauten voller Grauen
das Meer im Aufruhr jäh entfesselter Gewalten.
»Ihr ewigen, ihr guten, ihr erzürnten Götter,
helft oder gebt ein Zeichen, das uns künde
den, der euch kränkte mit geheimer Sünde,
den Mörder oder Eidvergeßnen oder Spötter,
der uns zum Unheil seine Missetat verbirgt
um seines Stolzes ärmlichen Gewinnes!«
So flehten sie. Und Jona sprach: »Ich bin es!
Ich sündigte vor Gott. Mein Leben ist verwirkt.
Tut mich von euch! Mein ist die Schuld. Gott zürnt mir sehr.
Der Fromme soll nicht mit dem Sünder enden!«
Sie zitterten. Doch dann mit starken Händen
verstießen sie den Schuldigen. Da stand das Meer.

Da nahmen sie Jona und warfen ihn ins Meer. Da hörte das Meer auf zu tosen. Die Männer aber gerieten in große Furcht vor Jahwe. Sie brachten Jahwe ein Opfer dar und legten Gelübde ab. *Jona 1,15.16*

Die Flucht des Jona schränkte Gott in seiner Freiheit und in seinem Handeln nicht ein. Nach Ninive – das stand für Jahwe fest – kommt Jona ohnehin. Zuvor aber kommt eine ganze Schiffsbesatzung zum Glauben. Nach jüdischer Überlieferung waren an Bord des Schiffes Vertreter aller 70 Nationen. Sie kamen zum lebendigen Glauben an Gott und brachten ein Opfer dar und legten Gelübde ab.
Die Rabbiner sehen in dem genannten Opfer den Beschneidungsakt. In ihren Auslegungen lenkten die Matrosen das Schiff zurück nach Japho und zogen geschlossen nach Jerusalem, um sich beschneiden zu lassen. Zugleich gelobten sie, daß sie ihre Frauen und Kinder nach Rückkehr in ihre Länder anleiten wollten, den Gott Jonas zu fürchten.
Wie sich die Bekehrung der Schiffsbesatzung auch im einzelnen zugetragen haben mag: Die Mission hatte begonnen. Die Heiden hatten sich bekehrt, Opfer gebracht und ein Gott wohlgefälliges Leben gelobt.
Die Mission hatte begonnen, obwohl der erste Missionar den Weg der Flucht angetreten hatte.
Gott ist größer als Pläne und Irrwege von Menschen. Er kann trotz meines und Ihres Widerstrebens und Handelns zum Ziel kommen. Gott kann ohne die Hände, die Füße und den Mund der Menschen handeln. Gott braucht die Menschen nicht.
Wo er dennoch durch Sie und mich handeln will, ist es sein freier Wille.
»Herr Gott, hab' Dank, daß Du uns für wert hältst, durch uns zu handeln.« – Amen.

Inzwischen hatte Jahwe einen großen Fisch bestimmt, Jona zu verschlingen. *Jona 2,1*

»Hilf, Gott! Welch ein wunderlich Werk ist doch das! Wer kann es genugsam bedenken, daß ein Mensch soll drei Tage und drei Nächte so einsam ohne Licht, ohne Speise mitten im Meer im Fisch leben und wiederkommen? Das mag wohl eine seltene Schiffahrt heißen. Wer wollte es auch glauben und nicht für eine Lüge und Märlein halten, wo es nicht in der Schrift stände?« (M. Luther).
Für Martin Luther ist bei aller Unbegreiflichkeit des Vorganges die Autorität der Schrift weit erhaben über das Fassungsvermögen der Vernunft. Auch dann, wenn der Mensch nie eine einleuchtende Erklärung fände, kann Gott nie Dagewesenes, ja Unvorstellbares zum Einsatz bringen, um sein Werk zum Ziel zu führen. So wählt Gott im Falle Jonas ein großes Seeungeheuer.
Den Schriftkundigen erinnert das Seeungetüm an das Seetier Rahab aus der Zeit des Urfalls, das sich unter Gottes Zorn zu beugen hat (Hi. 9,13; 26,12). Das Seeungeheuer ist identisch mit dem Tier, dessen Kopf in Vorzeit zerhauen ist (Psalm 89,11; Jes. 51,9f.) und dem die Seele der Taube Gottes nicht preisgegeben wird (Psalm 74,13ff.).
Bedenkt man noch einmal, daß Jona Taube heißt, so ist sein Geschick bereits im Psalm 74 vorabgeschattet, Jona ist der Unterwelt, dem Bereich der Verderbensmächte preisgegeben. Das bedrohliche Ungeheuer bringt aber Jona nicht ewigen Tod und Gottferne, sondern es muß Jona für seinen Auftrag bewahren.
Die Geschichte mit dem großen Fisch ist keine Legende, sondern das Zeugnis von dem tatsächlichen Abstieg Jonas in die Toten- und Verderbenswelt.
Jona fuhr in die Hölle und erfährt in dieser gottfernen Welt Gottes Bewahren.
Es gibt keine Hölle, in die hinein nicht Gottes Befehl und Auftrag reichen.

Jona war drei Tage und drei Nächte im Bauch des Fisches, da betete Jona zu Jahwe, seinem Gott. *Jona 2,2*

Erst nach einem Gewaltakt Gottes, nach drei Tagen und drei Nächten absoluter Dunkelheit, beginnt Jona zu beten. Jahwe hatte das »Verschlungenwerden« des Jona verfügt. Das hebräische Wort an dieser Stelle bedeutet immer äußerste Gefährdung, oft sogar Vernichtung (Jer. 51,34; Psalm 21,10; Psalm 35,25; Psalm 69,16 u.a.). Die letzte Hoffnung auf Rettung verstrich mit dem dritten Tag. Drei Tage und drei Nächte ist die Zeit, nach der nichts mehr zu hoffen ist (vgl. die Emmausjünger Luk. 24,21). In dieser letzten Not schreit Jona zu Gott. Nun erst tut Jona das, was die Matrosen schon lange taten und worum ihn der Kapitän jenes Schiffes vergeblich gebeten hatte. Jonas Gebet ist ein Gebet in allerletzter Not. Es ist vergleichbar mit dem Beten des Paulus in Damaskus. Nachdem Paulus drei Tage blind war und weder Speise noch Nahrung zu sich genommen hatte, sagte der Bote zu Ananias: Geh hin zu einem Mann namens Saul von Tarsus, denn siehe, er betet (Apg. 9,9–11).

Über der letzten Not des Jona wie des Paulus steht das für beide Männer überraschende Wort: Siehe, er betet! Der fliehende, störrige und resignierte Jona betet. Der rasende, verfolgende, folteranordnende Eiferer aus der Partei der Pharisäer, Paulus, betet.

Wie groß Ihre Not auch sein mag, wie hoffnungslos auch Ihre Lage aussieht, es wird einmal darauf ankommen, ob auch über Ihrer und meiner Not stehen wird: Siehe, er betet! Siehe, sie betet!

Aus meiner Drangsal rief ich zu Jahwe, und er hat mich erhört.
Jona 2,3a

In der Tiefe seiner Not betet Jona einen Psalm. Wie Hanna mit den Worten eines Psalmes ihr Herz vor Gott ausschüttet (1. Sam. 2,1–10), so nimmt Jona in seiner aussichtslosen Situation Zuflucht zu einem alten vorformulierten Gebet. Jona betet mit den Worten der Väter, wie sie in den Psalmen 120,1; 118,5; 34,5; 138,3 und andere mehr überliefert sind. Jona spricht nicht ein freies Gebet, sondern wie auch später Jesus am Kreuz, so betet Jona mit Worten aus dem Gebetbuch der Bibel. Das Entscheidende dabei ist, daß Jona das vorformulierte Gebet neu erlebt. Das alte Gebet wird Jonas ureigenstes Rufen zu Gott. Dies gelingt ihm zunächst dadurch, daß er seine ganz besondere Situation in die Formulierungen des Gebetes einträgt. Heißt es in Psalm 120,1: »In meiner Drangsal rief ich zu Jahwe«, so betet Jona im Bauch des Fisches: »*Aus* meiner Drangsal rief ich zu Jahwe.« Jona betet, als ob die Not schon vorbei wäre, und bekennt sich in aller Aussichtslosigkeit zu der Gewißheit: Er hat mich erhört. –
Die Glaubenden des Alten Bundes beten bis heute die Psalmen in dieser Weise. Der Jonapsalm gehört z. B. zu den Hauptgebeten am Jom Kippur, am Großen Versöhnungstag. Im Ringen um Vergebung stellt sich damit jeder fromme Jude auf die Stufe des verzweifelten Jona. Ich möchte Sie einladen, in besonderen Zeiten der Not in und aus Ihrer persönlichen Drangsal heraus das Buch der Psalmen aufzuschlagen und eines der uralten Gebete langsam und mehrmals vor Gottes Angesicht auszusprechen.

Ich schrie aus dem Bauch der Hölle, da hörtest Du meine Stimme. *Jona 2,3b*

Im Alten Testament und im Judentum ist das Meer der für das menschliche Auge sichtbare Teil der Hölle. Jona war im Begriff, von der Hölle verschlungen zu werden. In dieser Situation schreit Jona zu Jahwe, von dem er aus dem Gebetbuch des Alten Testamentes, aus den Psalmen, weiß, daß ER, Jahwe, einen Weg hat durch das Meer. ER geht einen Pfad durch die großen Wasser (Psalm 77,20). Wie Jesaja von Jahwe weiß, daß ER sich im Meer Weg und in starken Wassern Bahnen machen kann (Jes. 43,16), so ist Jona gewiß: Jahwe kann jetzt noch zu mir kommen. ER kann über das Wasser gehen bis in den Bauch der Hölle und mich herausholen. –
Eine Bitte und ein Gebet ist nur dann sinnvoll, wenn es an einen gerichtet ist, der den Inhalt des Bittens auch erfüllen kann. Hier liegt der Grund, warum Jesus auf dem Meer wandelte (Matth. 14,22–27). Das Wandeln auf dem Meer war um der Liebe zu seinen Jüngern willen notwendig. Jesus sagte damit: Ihr könnt zu mir kommen mit euren Bitten, auch wenn die Hölle euch zu verschlingen droht. Wie das Wasser unter meinen Füßen still und ruhig bleibt, so ist Satan und sein Reich meiner Macht unterworfen. Was das Alte Testament von Jahwe bekennt: ER hat einen Pfad durch große Wasser, haben die Jünger mit ihren eigenen Augen gesehen. Jesus wandelt auf dem See Genezareth. Er kann jede Bitte um Errettung aus dem Bauch der Hölle erfüllen. Ihn um Hilfe anzurufen heißt, einen bitten, der *wirklich* retten kann.

15. April

In die Tiefe der Meere hast Du mich geworfen, daß mich die Flut umrang. All Deine Brandungen und Wogen sind über mich einhergebrochen. *Jona 2,4*

Die über Jona »einherbrechenden Brandungen und Wogen« erinnern an jenes von den Wellen überflutete Boot mit den Jüngern auf dem See Genezareth, in dem Jesus trotz Sturm und Wellen schlief. Von jenem Boot heißt es in Matthäus 8,24 wörtlich: »Das Boot wurde furchtbar gequält wie mit Folterqualen der Hölle.« Dem Kenner des Alten Testamentes ist der Hintergrund dieses Sturmerlebnisses deutlich. Die Jünger waren wie Jona bedroht von Hölle und Tod. Jesus konnte schlafen, denn ER ist der Sieger über Tod und Hölle. Von den Jüngern aufgeweckt, sagte er traurig und tadelnd: »Was seid ihr so furchtsam, ihr Kleingläubigen?« Dann bedrohte er den Wind und die See, und es trat eine völlige Windstille ein. –
Jesus zeigte damit seinen Jüngern damals und heute: In seiner Gegenwart hat der Satan und sein Reich keine Macht.
In Jesaja 30,6.7 wird von dem Nilpferd des Südens, das Israel bedroht, gesprochen. Es wird gleichgesetzt mit dem Drachen aus der Unterwelt. Von diesem Seeungetüm heißt es dann in Vers 7, es brüllt, doch dann liegt es ruhig da. Mit der Sturmstillung hat Jesus diese Prophezeiung des Jesaja erfüllt: Der See Genezareth, das Meer »brüllte«, Jesus sprach, und es lag ruhig da. Seit dieser Zeit können Sie und ich beten und bekennen:

Ich hang und bleib auch hangen
an Christo als ein Glied;
wo mein Haupt durch ist gangen,
da nimmt er mich auch mit.
Er reißet durch den Tod,
durch Welt, durch Sünd, durch Not,
er reißet durch die Höll,
ich bin stets sein Gesell. Paul Gerhardt

So sprach ich: Entschwunden bin ich Deinen Augen. Wie soll ich ferner schauen Deinen heiligen Tempel? Umfangen haben Wasser mich bis an die Kehle, das Urmeer, es umringt mich, Schilf hält mein Haupt umschlungen an der Berge Gründen.
Jona 2, 5. 6

Jona betet einen Psalm, den die Väter im Glauben schon 250 Jahre vor ihm gebetet haben. Dabei unterschlägt er auch die Formulierungen nicht, die sich mit seiner augenblicklichen Situation nicht decken. So kommt es in Vers 5 und 8 zur Erwähnung des heiligen Tempels. Obgleich der Ort, an dem Jona jetzt betet, in der denkbar weitesten Entfernung vom Tempel liegt, findet er sich völlig und ganz in dem Gebet wieder. Jona stößt durch zu dem Erlebnis der Identifikation, d. h., Jona betet den Psalm, als ob er sein frei formuliertes, nur seine eigene Situation betreffendes Gebet sei. Er sieht sich in der Reihe der ägyptischen Soldaten, die im Schilfmeer ihr Leben ließen. Er erlebt, wie er auf der Flucht vor Gott nun wie jene Verfolger des Heiligen Volkes an der »Berge Gründen« vom Schilf festgehalten wird. Jona weiß, der Psalm beschreibt nicht nur jene ägyptischen Soldaten oder die verzweifelte Situation des Einsamen, der im Tempel betet. Er selbst steckt in den Worten des Psalmes. Er ist Gottes Augen entschwunden. Jona findet sich in seiner individuellen Not in den Worten des Psalmgebetes wieder und erlebt danach seine Rettung.
Beim Nachvollziehen von vorformulierten Gebeten kommt es darauf an, daß Sie und ich die Worte so lange nachsprechen, bis Sie und ich selbst in dem Gebet vorkommen. Sie werden dann wie Jona und Tausende nach ihm Gottes Rettungshandeln erleben.

17. April

Drunten war ich in der Erde, die ihre Riegel hinter mir für immer schloß. Aber Du hast aus dem Grabe herausgeführt mein Leben, Jahwe, mein Gott. *Jona 2,7*

Jona erlebt, daß er noch einmal herausgerissen wird aus dem Reich Satans. Im Neuen Testament wird ein Stück der Jonageschichte erfahren von Petrus, dem Repräsentanten des Jüngerkreises. Als Petrus, von Jesus gerufen, über das Wasser zu Jesus kam, plötzlich aber nur noch den Sturmwind sah und die Angst ihn umschloß, fing er an zu sinken. Jesus holt den sinkenden Petrus zurück. Er entreißt ihn den über ihm zusammenbrechenden Wellen und befreit ihn damit aus der Gewalt des Satans. Jesus faßt ihn an, d.h., er gibt ihm Anteil an seiner Macht. Beide gehen zurück ins Boot, die Jünger im Boot warfen sich vor Jesus nieder mit dem Bekenntnis: Du bist wahrhaftig Gottes Sohn (Matth. 14,28–33).
Jona und Petrus wurden Satans Gewalt entrissen. Am Ende ihrer Errettung stehen die staunenden und anbetenden Bekenntnisse: Jahwe, Du bist mein Gott. Jesus, Du bist wahrhaftig Gottes Sohn. Jesus läßt keinen Menschen versinken. Gott hat den Menschen nicht geschaffen, um ihn untergehen zu lassen. Wer mit Jona betet oder mit Petrus schreit: »Herr, hilf mir!«, der wird errettet werden. Wie aus dem störrigen Jona ein Beter wurde, der nun sagen kann: »Du bist mein Gott. Du ließest mich im Grabe nicht«, so werden auch Sie erleben: Gott ist treu. Er hört, wenn Sie rufen: Herr, hilf mir, ich versinke.

Als ich selbst verzweifelt war an mir, da gedachte ich an Jahwe. Mein Gebet kam zu Dir in Deinem heiligen Tempel. Die Haltlos-Nichtiges verehren, verlassen ihre Hilfe. Doch ich will Dir mit lautem Danklied opfern. Was ich gelobt, will ich erfüllen. Hilfe kommt von dem Herrn. *Jona 2,8–10*

Das Gebet des Jona mündet ein in eine Lehre. Die Lehre ist klar und eindeutig. Wer Abgötter respektiert, wer sich auf die Flucht vor Gott begibt, der tauscht Gottes zuverlässige Gnade und seine Rettung gegen Windig-Nichtsloses ein. Wie der Beter, dessen Gebet Jona nachvollziehen konnte, nach seiner Erhörung zum Lehrer seiner Mitmenschen wurde, kann jetzt auch Jona Lehrer sein. Die am eigenen Leib erfahrene und bewältigte Not macht ihn zum Lehrer. Lehrer kann nur der sein, der sich unter den Inhalt seiner Lehre stellt, der das, was er lehrt, selbst durchlitten und erfahren hat.
Zum Lehren gehört ferner die Bereitschaft, in Gottes Abhängigkeit zu bleiben. Jona opfert Gott Dank. Jona erklärt – erinnert an sein vor Gott abgelegtes Gelübde – die Bereitschaft, zu diesem Gelübde zu stehen. Jona bekennt sich zu dem einzigen Ort der Hilfe.
Das Seeungeheuer spie Jona an Land, und Jona macht sich auf den Weg nach Ninive.
Jona, seine Freunde oder Jünger – oder wer auch immer dieses kleine Buch geschrieben hat – haben die durchlittene und erfahrene Not des Jona nicht verschwiegen. Im Buch Jona steht vor der großen Bußpredigt in Ninive der Bericht von der großen Demütigung des Propheten. Sören Kierkegaard folgert daraus für die Lehrer der Geheimnisse Gottes:

> »Wenn du etwas mitteilst, was existentiell höher steht als deine eigene Existenz, so darfst du es nur so mitteilen, daß es zu deiner eigenen Demütigung dient.«

19. April

Jona schickte sich an, in die Stadt hineinzugehen. Er wanderte einen Tag lang. Dann predigte er und sprach: »Noch 40 Tage, und Ninive ist zerstört.« *Jona 3,4*

Mit der Predigt in Ninive ist Jonas Berufung erfüllt. Gott hatte Jona berufen in der Art und Weise, wie er zu allen Zeiten seine Propheten und Boten in Dienst nimmt. Gott rief Jona bei seinem Namen. Er forderte von ihm den Bruch mit dem früheren Leben. Er beanspruchte Mund und Leben des Jona. Er rang mit ihm, bis es zu einem letzten Bezwungenwerden kam, und schließlich gibt er ihm bis hin zum Wortlaut einen ganz speziellen Auftrag: die Predigt für Ninive.
Im Urtext besteht die Predigt aus fünf Worten: Noch 40 Tage, dann ist Ninive zerstört. Sie ist sachlich und bar aller Überschwenglichkeit. Jona wühlt nicht in den Bosheiten Ninives. Er appelliert nicht an den Willen der Leute. Er droht auch nicht mit apokalyptischen Weltuntergangsbildern, und was das Erstaunlichste ist, er erwähnt nicht einmal den Namen Gottes. Die Leute von Ninive aber verstanden die Predigt. Sie wußten genau: jetzt kann nur Gott helfen. Vielleicht läßt es sich Gott gereuen (Vers 9). Sie nahmen jedes einzelne Wort der Predigt ernst. Sie waren erschlagen von der Wucht des letzten Wortes: Ninive ist zerstört. Das im Urtext stehende Partizip »zerstört« klingt für das israelitische Ohr so, wie wenn die Handlung schon abgeschlossen wäre. Ninive wird das Geschick Sodoms und Gomorras erleiden.
Wo Gott seinem Boten eine Predigt in den Mund legt, da wird sie verstanden. Es kommt in einer Predigt und in einem Zeugnis nicht auf die Fülle der Worte an, auch nicht auf die Häufung frommer Wendungen oder auf die wiederholte Nennung des Namens Gottes, sondern allein darauf, welche Worte Gott für den Augenblick seinem Boten als Predigt aufträgt.

Die Männer von Ninive setzten Vertrauen in Gott. Sie riefen ein Fasten aus und zogen Sackzeug an, sie alle vom Größten bis zum Kleinsten. *Jona 3,5*

Während Jona in Berufsblindheit nur noch auf die Zerstörung Ninives wartete, gaben die Leute von Ninive die Hoffnung nicht auf. Die gewaltige Aussage von der völligen Vernichtung Ninives beinhaltet eine zweifache Hoffnung:
Da war erstens der Raum von 40 Tagen. 40 Tage ist die Zeit, die Jahwe für die Unterweisung des Mose ansetzte (2. Mose 24, 18; 34, 28 und 5. Mose 9, 9). 40 Tage verbrachte Mose in stellvertretender Buße, um Jahwes Zorn über sein Volk abzuwenden (5. Mose 9, 18). Solche 40 Tage sind Ninive gewährt, und die Männer in Ninive verstanden und nutzten die Chance. Sie setzten ihr Vertrauen auf Gott. Es heißt nicht, daß sie den Worten Jonas glaubten, sondern daß sie sich aufgrund des bezeugten Wortes an Gott festhielten.
Der zweite Aspekt der Hoffnung liegt in der Doppelbedeutung des hebräischen Wortes »haphach«. Dies heißt nicht nur völlige Zerstörung, sondern es kann auch die neutrale Bedeutung »ändern«, »umwandeln« bis hin zum positiven »Sinneswandel« haben (1. Sam. 10, 6.9; Jer. 31, 13; Neh. 13, 2 u. a.).
Die Männer in Ninive gaben nicht auf, sie änderten ihren Lebenswandel, sie ordneten die festgeprägten, überlieferten Bußriten an: das Fasten, das Anlegen des groben Sackgewandes und das Gebet.
Die Reaktion der Männer in Ninive kann Sie und mich zwei Dinge lehren: Glauben und vertrauen heißt, sich an Gott festhalten. Buße und Bekehrung brauchen bestimmte Formen. Wo die mit der Umkehr verbundenen Schuldbekenntnisse formlos werden, finden sie nicht mehr statt.

Da Gott ihre Taten sah, wie sie von ihrem bösen Wege umkehrten, da tat Gott das Böse leid, das er ihnen zu tun angesagt hatte – und er tat es nicht. *Jona 3,10*

Die erste Konsequenz, die Ninive aus der Predigt des Jona zog, war die Annahme des verdienten Gerichtes. Jeder einzelne vom Größten bis zum Kleinsten, der König vornean, nahm die Selbsterniedrigungsriten – das Fasten und das Anlegen des Trauerschurzes – auf sich. Doch weder das Fasten noch die Gebete der Hoffnung noch das ethische Wohlverhalten finden die ausdrückliche Beachtung Gottes, sondern die Abwendung von der Bosheit. Allein die radikale Umkehr Ninives veranlaßt Gott, die Androhung des Unheils zu widerrufen.
Die in Vers 9 ausgesprochene Hoffnung: »Vielleicht hat Gott noch einmal Mitleid und kehrt um von seinem glühenden Zorn, daß wir nicht umkommen« erinnert an den Wortlaut der Fürbitte des Mose (2. Mose 32,12b). Die Männer von Ninive sehnten sich nach der einmal bezeugten Reue Gottes und hofften auf den aus der Geschichte Gottes mit Israel bekannten Widerruf aus Mitleid. Und was dort in der Wüste das frühe Israel erfuhr, widerfährt nun dem zuvor so brutalen Ninive: Gott, dem Herrn, tat das Böse leid, das er sich vorgenommen hatte auszuführen (vgl. 2. Mose 32,14). Gott ist frei zur Reue und zum Mitleid. Von dieser Freiheit Gottes lebte Israel, lebte Ninive, leben Sie und ich. Wie verfahren auch Ihre Situation ist, Gott reagiert auf Ihre radikale Umkehr. Wo Sie und ich uns abkehren vom Bösen und hinkehren zu Gott, da beginnt Gott eine neue Geschichte mit Ihnen und mit mir.

Da kam eine große Bosheit über Jona, und er wurde zornig.
Jona 4,1

Gottes Erbarmen bringt die »große Bosheit« über Jona. Wörtlich übersetzt heißt es: »Jona wurde es heiß«, »seine Nase schnaubte«, »sein Zorn entbrannte«. Gott hatte sich von der Glut seines Zornes abgewandt, Jona wird im Widerwillen gegen Gottes Entscheidung gepackt und geschüttelt. Ninive war gerettet, aber Jona, dessen Predigt Ninive Heil brachte, droht nun verlorenzugehen. Es hat, ähnlich wie Jesus es im Gleichnis von den beiden verlorenen Söhnen erzählt (vgl. Luk. 15,11–32), ein Rollentausch stattgefunden. Im Gleichnis Jesu ist der in großer Gottferne und Schuld lebende jüngere Sohn des Vaters heimgekehrt. In einem Festmahl wurde seine Umkehr mit einem Ring besiegelt und in einem Mahl gefeiert. Der ältere Sohn aber, der Gerechte, der immer beim Vater war, konnte nicht mitfeiern. Er verstand den Vater nicht mehr. Für ihn war der Bruder verloren, d.h. strenggenommen gestorben. Auch ihm wurde es angesichts des inkonsequenten Handelns des Vaters heiß, seine Nase schnaubte, und in seinem Zorn konnte er nicht mehr Bruder sagen. Er nannte ihn im Verhandeln mit dem Vater nicht mehr Bruder, sondern »dieser dein Sohn« (Luk. 15,30). Damit verlor der ältere Sohn den Vater. Kein Mensch kann den Vater ohne den Bruder haben. Wer den Bruder, und sei er noch so weit entfernt vom Vaterhaus, aufgibt, verliert auch den Vater.
So schnell kann aus einem treuen Sohn ein verlorener werden.

Jahwe sprach zu ihm: Ist es recht, daß du so zornig bist?
Jona 4,4

Gott gab den schnaubenden, zornigen Jona nicht auf. So, wie der Vater das Festmahl verläßt und dem älteren Sohn entgegengeht und mit ihm ringt, indem er ihn liebevoll anredet »mein Junge« (Luk. 15,31), so wirbt Gott um Jona. Gott gibt Jona nicht auf. Er löscht sein Leben nicht aus. Er macht ihm keine Vorwürfe, er weist ihn nicht brutal in die Schranken. Er lädt ihn ein zum ruhigen Nachdenken: Meinst du, daß du mit Recht zornig bist? – Gott ringt um den seelisch komplizierten und theologisch vergrübelten Jona. Er weiß, daß ihn die Mißgunst des Glaubens nicht zur Ruhe kommen läßt. Er kennt die Bitterkeit des Jona gegenüber den Heiden. Jona mißgönnt, wie sein Volk Israel, nicht aus Gedankenlosigkeit, sondern aus theologischer Reflexion den Heiden das Heil. Wozu hat Israel Gott treu gedient und nach den Geboten gefragt, wenn einer so gottlosen Stadt wie Ninive in letzter Minute noch dasselbe Heil zuteil wird? –
Die Mißgunst des Glaubens war nicht nur in Israel zur Zeit Jesu noch wach, sondern sie stellt auch für die Christen eine schwere Versuchung dar. Jesus erzählt deshalb das Gleichnis von den zu verschiedenen Stunden angeworbenen Arbeitern im Weinberg, die alle denselben Lohn bekommen. Als dann die treuen Arbeiter gegen den Hausherrn murrten, ließ Jesus diesen sagen: »Freund, ich tue dir nicht Unrecht, aber es gefällt mir, dem letzten ebensoviel zu geben wie dir. Was siehst du neidisch zu, daß ich so wohlwollend bin?« (Matth. 20,1–16). Wie Gott Jona, so will Jesus Sie und mich gewinnen, die Mißgunst des Glaubens aufzugeben.

Jona war aus der Stadt herausgegangen und ließ sich östlich der Stadt nieder; er machte sich dort eine Laubhütte und ließ sich in ihrem Schatten nieder, bis er sähe, was in der Stadt geschähe. *Jona 4, 5*

Jona sitzt vor der Stadt. Er verfolgt mit bösem Interesse die Geschehnisse, für ihn ist der Untergang Ninives eine beschlossene Sache. Er hatte gar nicht gemerkt, daß seine Predigt eine zweifache Hoffnung enthielt. Für ihn waren die 40 Tage regelrecht der Endpunkt einer Reihe von gezählten Tagen. Jona hatte sich zurückgezogen in ein untätiges, böses Abseitsstehen. In ihm wühlt kein Leid und kein Erbarmen. Sein Herz ist tot. Dabei bleibt er fromm. Er baut sich eine Laubhütte, um als Jude in der Ferne Gott in der Woche des Laubhüttenfestes zu dienen. Vielleicht dachte er an seine Berufung, die nach rabbinischer Auslegung während eines Laubhüttenfestes in Jerusalem stattfand. Er diente Gott, er wartete auf Gottes Gericht, ohne an die mehr als 120000 Menschen zu denken, die von ihrem Untergang bedroht zu Gott riefen.
Jona war der erste Missionar unter den Heiden. Er verstand sich aber bis zuletzt als Vollzieher des göttlichen Gerichtes, nicht als Überbringer des Heils.
Es gibt bis heute ein böses Abseitsstehen, ein Warten auf gerechtes Gericht, einen Rückzug hinter die schützenden Mauern der Kirche, einen Gottesdienst ohne Retterliebe. Die wahren Boten Gottes, die von Jesus berufenen Missionare, kann nichts zurückhalten, das Heil den Heiden in unserem Land und in aller Welt zu verkündigen. Sie wagen bis heute den Einsatz von Ehre, Geld und Leben, getrieben von der einen Angst: Laßt uns alles wagen, sie sterben sonst darüber.

Ach, Jahwe! War es nicht mein Gedanke, als ich noch in meiner Heimat war? Darum wollte ich das erste Mal nach Tharsis flüchten, denn ich wußte, daß Du ein gnädiger und gütiger Gott bist. *Jona 4,2a*

In seinem großen Mißmut und Zorn wird aus dem wortkargen Jona ein sich im Klageflehen rechtfertigender Bote. Mit dem Aufschrei »Ach, Jahwe!« beginnt Jona ein verzweifeltes Gebet, in dem er zunächst zurückblendet in seine Berufungsstunde: »als ich noch in meiner Heimat war«. Jona erinnert sich an seinen Plan, nach Tharsis zu fliehen, und sieht seinen Fluchtversuch nachträglich gerechtfertigt. Waren in der Stunde des Aufbruchs weg von Gott die Motive Angst und Drang nach Sicherheit, so begründet Jona sein Verhalten nachträglich mit frommer Argumentation. Jona wird zu dem Typus des Menschen, der sein Tun nachträglich untermauert und rechtfertigt. Was hinter seiner frommen Argumentation steht, zeigt das neunmalige Vorkommen eines Ausdruckes der 1. Person innerhalb von zwei Gebetsversen (4,2.3). Jona rückt sein Ich neunmal selbstquälerisch in den Vordergrund. Er ist völlig und allein mit sich selbst beschäftigt. Er sieht nur sich und kann deshalb Gottes Handeln nicht verstehen.
Das Gebet des Jona sollte für Sie und mich zum Anlaß genommen werden, einmal einige unserer Gebete aufzuschreiben und dann in den niedergeschriebenen Gebeten alle Ausdrücke der 1. Person zu unterstreichen. Sie werden erkennen, wie weit unser Beten von tiefer ichhafter Angst bestimmt ist und wie kurz der Teil unserer Gebete ist, der von Gottes Plan, von seinem Sieg und seiner Barmherzigkeit bestimmt ist.

Ich wußte, daß Du ein gnädiger und gütiger Gott bist, zögernd im Zorn und reich an Huld, der das Unheil bedauert.

Jona 4, 2b

In gedrängter Kürze spricht Jona in seinem Klagegebet Gott auf fünf Eigenschaften an, die er einfach nicht verstehen kann.
Gott ist gnädig, wörtlich übersetzt: Gott ist ein sich zum Niedrigen und Hilfsbedürftigen herabneigender Gott. Er setzt seine Überlegenheit zugunsten des Unterlegenen ein.
Gott ist gütig. Das hebräische Wort gütig ist abgeleitet von dem Wort für »Mutterschoß«. Gott ist der Fürsorgliche, der, der mütterlich gefährdetes Leben schützt und erhält.
Gott ist langmütig, zögernd im Zorn. Gott handelt nicht in der Glut des Zornes, sondern hat einen langen Atem. Abwartend zieht er es lange hin, geduldig setzt er auf lange Zeit den verdienten Zorn, der den Schuldigen vernichtet, aus.
Gott ist reich an Huld. Huld ist die Bundestreue, mit der Gott die Gemeinschaft mit seinem Volk stiftet und erhält. Die Fülle und Größe seiner Bundestreue übersteigt alle Grenzen menschlichen Denkens.
Gott tut das Unheil leid. In mitleidigem Widerruf nimmt Gott das einmal angesagte Unheil zurück. Gott behält seine Freiheit.
Jona ist unwillig über die Eigenschaften Gottes, weil sie auch den Heiden zugute kommen. Er vergißt, daß auch er allein davon lebt, daß Gott so unbegreiflich gnädig ist. Der Gott Jonas ist heute noch derselbe. Wenn Sie und ich die fünf Eigenschaften Gottes erkennen, können wir nur staunend unsere Knie vor ihm beugen und anbeten:
»Ich danke Dir, daß Du Dich zu mir herabneigst.
Ich danke Dir, daß Du mein gefährdetes Leben schützt und erhältst.
Ich danke Dir für Deinen langen Atem.
Ich danke Dir für die Fülle Deiner Bundestreue.
Ich danke Dir für Deinen mitleidigen Widerruf des zugesagten Unheiles.
Ich danke Dir. Amen.«

27. April

Da bestimmte Gott eine Rizinusstaude, sie wuchs über seinem Kopf, um ihm Schatten zu spenden und ihn aus seiner Bosheit herauszureißen. Als die Morgenröte aufstieg, bestimmte Gott einen Wurm, der stach die Rizinusstaude, und sie welkte dahin. Als die Sonne aufging, bestimmte Gott einen sengenden Ostwind; da schlug die Sonne auf Jonas Kopf ein, und er wurde ganz schwach. *Jona 4,6–8*

Im Werben um seinen halsstarrigen Propheten verzichtete Gott auf alle verbalen Belehrungen und Drohungen. Er setzt noch einmal mit einem dreimaligen Handeln ein.
So wie er zu Beginn seiner Geschichte mit Jona zu diesem redete durch den Sturm, das Gebet der Matrosen und die wunderbare Errettung aus dem Seeungeheuer, benutzt Gott jetzt einen Rizinus, einen Wurm und den sengenden Ostwind. Der Rizinus, hebräisch Kikajon, ist eine der kalifornischen Schuß-Yucca vergleichbare Pflanze, die bei einer bestimmten Wärme und Sonneneinstrahlung innerhalb von Minuten Triebe bis zu 3 m Länge hervorbringt. Der winzige Wurm bringt die schnell aufgeschossene Pflanze zu Fall, und der aus der Wüste kommende glühende Schirokko trifft den Kopf des Jona. Rizinus, Wurm und Schirokko waren für Jona und seine Umwelt nichts Aufregendes, nichts Unbekanntes. Gottes Wunder bestand darin, daß er diese drei Selbstverständlichkeiten des Alltags benutzte, um mit Jona in einen Dialog des Schweigens zu treten. Jona wußte: Jetzt redet Gott, obwohl kein Wort fällt.
Gott will bis heute zu Ihnen und zu mir reden durch alltäglich scheinende, natürlich erklärbare Handlungen und Ereignisse. Er arbeitet an uns durch die Widerfahrnisse und Erlebnisse des Alltags. Wir können sie als blinden Zufall bezeichnen oder aber in ihnen Gottes schweigendes Werben und Reden erkennen.

Jona erbat sich zu sterben und sprach: Sterben ist besser für mich als Leben! *Jona 4,8*

Jona hatte aufgehört zu hoffen und zu hören. Er will nur noch sterben. Jona merkte gar nicht mehr, daß hinter dem Ostwind ein Angebot Gottes steckte. Ostwind, ruach kadim, kann auch übersetzt werden mit »Geist von früher«, »Geist der ersten Zeit«, »Geist der Schöpfung«. Gott lädt Jona ein, noch einmal ganz neu mit ihm zu beginnen. Doch Jona konnte nicht mehr hören, er konnte nicht mehr hoffen, er versank in Sterbenssehnsucht. Wie Elia unter dem Ginsterbusch auf dem Horeb und später Jesus unter den Ölbäumen in Gethsemane wünscht er sich unter dem vertrockneten Rizinus den Tod. Er war nicht nur des Lebens überdrüssig, sondern er war auch zu müde, um zu glauben. Jona war gepackt von einer großen Gottesmüdigkeit. Er wollte nicht mehr für Gott arbeiten. Er wollte bewahrt bleiben vor neuen ähnlichen Aufträgen und Entscheidungen. Darum bittet er, sterben zu dürfen. Dunkel und Traurigkeit hatten ihn in Besitz genommen. Er sah keinen anderen Ausweg mehr.

Auch den Christen kann große und lang andauernde Gottesmüdigkeit befallen. Jeder Christ weiß um den Punkt, wo es still in ihm weint. Dieses stille Weinen darf sich auch beim Christen herauswagen aus dem Versteck. Sie und ich dürfen unserm Herrn sagen: Ich bin müde. Ich sehe keinen Ausweg. Ich kann nicht mehr.

Ich möchte Sie bitten, solange im Reden mit Gott zu bleiben, bis auch Sie beten können wie Dietrich Bonhoeffer im Gefängnis in Tegel wenige Monate vor seiner Hinrichtung:

> »Und reichst Du mir den schweren Kelch, den bittern
> des Leids, gefüllt bis an den höchsten Rand,
> so nehmen wir ihn dankbar ohne Zittern
> aus Deiner guten und geliebten Hand.«

Gott sprach zu Jona: »Du leidest wegen einer Rizinusstaude, um die du keine Mühe gehabt und die du nicht großgezogen hast, die innerhalb einer Nacht entstand und innerhalb einer Nacht verging, und ich sollte nicht leiden wegen Ninive, der großen Stadt, in der es mehr als 120000 Menschen gibt, die zwischen links und rechts nicht zu unterscheiden wissen, und auch viele Tiere?« *Jona 4,10.11*

Gott leidet wegen Ninive, der großen Stadt. Das hebräische Wort traurig sein, leiden, betrübt blicken, beinhaltet die Vorstellung vom Fließen der Tränen. Gott weint über Ninive. Als er seine hundertzwanzigtausend Menschen, dazu die vielen Tiere sah, brach er in Tränen aus. Er hatte sie erschaffen, Mensch und Tier. Nun sollen sie alle umkommen. Die Erwähnung der Tiere zeigt, daß die Entscheidung des Menschen zum Guten wie zum Bösen auch die stumme Kreatur in Heil oder Unheil mit hineinzieht. Gott sah unter Tränen den Weg, den Ninive ging. Er ist voll Freude über die Umkehr der Bewohner von Ninive und wirbt um die Einsicht und Bekehrung seines Propheten. Von Jona wird ähnlich wie vom älteren Sohn im Gleichnis von den beiden verlorenen Söhnen (Luk. 15,11–32) nicht bekannt, ob er je zurückkehrte und zur großen Mitfreude kam. Das Jonabuch bricht an dieser Stelle ab. Gott hat uns nie wissen lassen, ob Jona noch einmal ein gehorsamer Prophet Gottes wurde oder ob er als Verlorener starb. Er hat es deshalb nicht getan, um Sie und mich antworten zu lassen. Wo Sie und ich abseits stehen und uns nicht mitfreuen können am Wohl und Heil eines Geretteten, da bittet er uns, gut zu entscheiden. Gottes Herz hängt an dem Verlorenen. Wie Jesus auf dem Ölberg über Jerusalem, so weint Gott über jeden, der sich auf dem Weg zum Untergang befindet. Gott leidet, seine Tränen fließen, wo sich Menschen selbst den Untergang bereiten.

In Kapernaum kam ein Hauptmann zu Jesus und flehte ihn an.
Matth. 8,5

In Kapernaum lebte zur Zeit Jesu ein heidnischer Hauptmann. Er war von König Herodes Antipas, dem Landesherren Jesu, als Befehlshaber über eine Garnison eingesetzt. Die Zoll- und Grenzstadt Kapernaum war die nördlichste Stadt im Königreich des Herodes Antipas. Jenseits der Grenze im Norden und Osten herrschte Herodes Philippus. Im Nordwesten von Kapernaum lagen die für ihre Judenfeindlichkeit bekannten tyrischen Dörfer. Es war nicht selten, daß die Tyrer Kapernaum überfielen. Auch war die Grenze zwischen den beiden Reichen der Brüder Herodes Philippus und Herodes Antipas schwer aufrechtzuerhalten. Auf beiden Seiten der Grenzen wohnten Juden – Verwandte und Freunde. Herodes Antipas konnte deshalb die Befehlsgewalt über seine Garnison in Kapernaum keinem Juden übertragen. Ein Jude wäre zu leicht bestechlich gewesen. Deshalb setzte er einen Heiden ein. Wir wissen nicht, ob der Hauptmann ein römischer Offizier war oder ob er aus dem im Libanon gelegenen Haurangebirge stammte. In jedem Fall, der Hauptmann in Kapernaum war ein Nichtjude, ein Heide.

Die Begegnung des heidnischen Hauptmanns mit Jesus, das Gespräch Jesu mit dem Hauptmann auf der Straße in Galiläa zeigt, wie es geschah, daß ein Heide zum Glauben an Jesus kam. Der Hauptmann bekennt sich zu Jesu Person. Er ist der Überzeugung, Jesus allein kann mir und meinem Jungen helfen. Er fleht Jesus um Hilfe an. Das Wort im Urtext heißt: »bitten, flehen, schwören, erwarten«. Wahrscheinlich fiel er vor Jesus nieder mit den Worten: »Du allein kannst mir helfen.« Dem Hauptmann fiel dies gewiß nicht leicht. Er, der Heide, der Machthaber in Kapernaum, der Freund der Juden – er war es, der den Synagogenbau ermöglichte – kniete vor dem umstrittenen Jesus.

Herr, mein Junge liegt gequält durch Nervenschmerzen unter großen Qualen. *Matth. 8,6*

Der Hauptmann hatte viel von Jesus gehört, und als es mit der Krankheit seines Jungen immer schlimmer wurde, da dachte er an Jesus. Der Junge des Hauptmanns – das griechische Wort kann man sowohl mit Knecht, Adjutant als auch mit Sohn übersetzen – litt an einer schmerzhaften Krankheit. Er war, so heißt es wörtlich übersetzt, »gelähmt durch Nervenschmerzen«. Konnten Lahme noch auf der Bahre zu Jesus getragen werden, so erlaubten die unsagbaren Schmerzen des kranken Jungen keinen Transport. Der Hauptmann konnte die Qual seines Jungen nicht mehr länger mit ansehen. Er entschloß sich, Jesus um Hilfe zu bitten. Er brachte bald in Erfahrung, wo Jesus sich aufhielt, macht sich auf den Weg und trifft Jesus. Er sprach sein erstes Gebet. Zum ersten Gebet brauchen auch Sie und ich viel Mut. In vielen Punkten gleicht Ihre und meine Situation der von jenem Hauptmann in Kapernaum. Wir haben eine angesehene Position. Wir haben Nachbarn und Freunde, die nur ein Kopfschütteln dafür haben, wenn Sie und ich sagen: »Ich bete zu Jesus, ich erwarte von ihm Hilfe.« Mit dem Gebet »Jesus, hilf mir« vollzog der heidnische Hauptmann den Schritt zum Glauben. Ein solches Gebet ist zugleich das Bekenntnis: Ich erwarte alles von Jesus.
Wenn Sie dieses Bekenntnis einmal in Ihrer Familie, in Ihrem Freundeskreis ausgesprochen haben, dann können Sie in Freimut Ihre Hände falten und sagen: »Jesus, Du weißt um meine Not! Hilf mir!« Der Glaube beginnt mit dem Bekenntnis zu Jesus, der zweite Schritt ist das Gebet, der dritte das Bekenntnis vor Menschen.

Da sagte Jesus: »Soll ich kommen? Soll ich heilen?« Der Hauptmann antwortete: »Herr, ich bin es nicht wert, daß Du unter mein Dach gehst.« *Matth. 8,7.8a*

Der Hauptmann muß in seiner Begegnung mit Jesus den großen Abstand zwischen ihm und Jesus erkennen. Jesus erinnert mit seinen Fragen den Hauptmann an das Verbot für einen Juden, in das Haus eines Heiden zu gehen: »Ich soll kommen? Ich soll heilen?« (Vers 7). Hinter diesen Fragen Jesu steht die Vorschrift des Gesetzes, daß ein Jude keine Gemeinschaft mit einem Nichtjuden haben darf. Die Bitte, in das Haus des Heiden zu gehen, käme der Aufforderung gleich, sich gegen das Gesetz zu stellen. Jesus aber ist nicht gekommen, das Gesetz aufzulösen, sondern zu erfüllen (Matth. 5,17). Zwischen Jesus und dem Hauptmann stand die alte Gewißheit: die Verheißung gehört den Juden (Röm. 9,4). Er durfte nicht in das Haus eines Heiden, denn so lehrten es die Pharisäer damals: wer in das Haus eines Heiden geht und mit ihm Gemeinschaft hat, ist wie einer, der Hundefleisch ißt. – Deshalb antwortete der Hauptmann: »Ich weiß um das Gesetz, ich dachte nicht daran, daß Du mein Haus betrittst. Ich bin es nicht wert, daß Du unter mein Dach gehst.«
Bis heute gibt es keine Begegnung mit Jesus ohne Erkenntnis der Schuld. Wenn Sie und ich beginnen, in Gottes Wort zu lesen und zu ihm zu beten, dann brechen Zweifel und Fragen auf: Bin ich nicht zu schlecht? Ist nicht zuviel in meinem Leben schon geschehen, als daß ich Christ werden könnte? Ist der Glaube nicht nur den moralisch Intakten vorbehalten? Ich bin es nicht wert. Wenn Sie auf dem Weg zum Glauben an diese Stelle kommen, dann ist dies nicht befremdlich, sondern es ist nichts anderes als der vierte Schritt zum Glauben, die Erkenntnis Ihrer Schuld, Ihres Getrenntseins von Gott. An dieser Stelle dürfen Sie vor ihm niederknien und sagen: Herr, ich habe gesündigt. Ich bin es nicht wert.

Aber sprich nur ein Wort, so wird mein Knecht gesund. Denn auch ich bin ein Mann mit Befehlsgewalt. Ich habe unter mir Soldaten, und sage ich zu diesem: »Geh«, so geht er, und zu einem anderen: »Komm«, so kommt er, und zu meinem Knecht: »Tu das«, so tut er's. *Matth. 8,8b.9*

Der Glaube des Hauptmanns in Kapernaum war getragen von der Gewißheit: wenn Jesus etwas sagt, dann wird das Gesagte sofort auch Tat. Wenn er – so ist der Hauptmann überzeugt – sagt: »Junge, sei gesund«, dann ist der Junge gesund. Der Offizier sagt damit: Jesus, Du bist Gottes Sohn. Mit Deinem Wort ist es genauso wie mit dem Schöpfungswort Gottes. Als Gott damals sprach, da war das, was er sagte, auch schon geschehen. Wenn Du, Jesus, sprichst, dann ist es so. Deshalb sprich nur ein Wort, so wird mein Junge gesund.
Unsere Väter im Glauben haben dieses Wort aus der Begegnung des Hauptmanns mit Jesus vor jedem Gang zum Abendmahl gesprochen, und zwar so, daß es für sie zu einem persönlichen Bekenntnis wurde. Bevor sie zum Tisch des Herrn gingen, sagten sie in der Beichte dreimal: »Ich bin nicht wert, daß Du unter mein Dach gehst. Aber sprich nur ein Wort, so wird meine Seele gesund.«
In der Haltung des Hauptmanns von Kapernaum, »ein Wort« im Namen Jesu zu hören, nahmen sie dann die ihnen zugesagte Vergebung der Sünden auf. Sie hörten das Wort:

> Dir ist die Schuld, die du vor Gott bekannt und bereut hast, vergeben. Im Namen des Vaters und des Sohnes und des Heiligen Geistes, Amen.

Nun wußten sie, die Schuld ist weg. Sie dürfen vor Gott treten, als hätten sie nie gesündigt. Und dann stimmten sie ein in den Chor der Engel »Heilig, heilig ist der Herr Zebaoth« (Jes. 6,3).
Die fünfte Erfahrung auf dem Weg zum Glauben ist die Gewißheit, wo Jesus nur ein Wort sagt, da geschieht es. Wenn er sagt: »Dir sind deine Sünden vergeben, du bist mein«, dann haben Sie keine Schuld mehr, dann gehören Sie Jesus.

Als aber Jesus das hörte, wunderte er sich und sprach zu denen, die ihm nachfolgten: »Amen, ich sage euch: Bei niemandem in Israel habe ich solchen Glauben gefunden.«

Matth. 8, 10

Als Jesus diese Worte aus dem Mund eines Sünders, eines Heiden, hörte, da – so heißt es im Text – verwunderte er sich und sprach: »Amen. Ich sage euch, bei niemandem in Israel habe ich solchen Glauben gefunden.«
Nur zweimal wird im Neuen Testament davon berichtet, daß Jesus erstaunt, verwundert war: einmal über den Unglauben seiner Mitbürger in Nazareth (Mark. 6, 6), zum anderen über den Glauben des heidnischen Offiziers in Kapernaum.
Vom Weg und der Haltung des Hauptmanns sagt Jesus: »Das ist Glauben.« Er begann mit dem Bekenntnis: »Du, Jesus, bist Gott von Gott«, dann betete der Hauptmann: »Hilf mir.« Sein Gebet war zugleich ein Bekenntnis vor allen, die in Kapernaum und Umgebung lebten. Das nächste war das Sehen der ungeheuren Kluft zwischen ihm und Jesus, dem folgte die Gewißheit, Jesus kann sie überbrücken. Er braucht nur ein Wort zu sagen.
So kam der erste Heide zum Glauben. Gleichzeitig begann der Hauptmann den Glauben zu leben als grenzenloses Vertrauen und schlichten Gehorsam.
Um sein Vertrauen in Jesus zu erklären, nimmt er ein einfaches Beispiel aus seiner Erfahrung: »Sieh, wenn ich zu meinen Soldaten etwas sage, dann tun sie es. Wieviel mehr ist es bei Dir, der Du von Gott bist.« Der Hauptmann verläßt sich ganz fest darauf, daß das, was Jesus sagt, geschieht, auch wenn er noch gar nichts sieht. Glaube heißt Vertrauen, in der festen Zuversicht damit rechnen: es wird geschehen, was Jesus sagt. Deshalb kann er einfach Jesus gehorchen, als dieser ihm sagt: »Geh, dein Junge ist gesund.«

Viele werden kommen vom Aufgang und Niedergang und werden zu Tisch liegen mit Abraham, Isaak und Jakob im Reich der Himmel. *Matth. 8,11*

Jesus spricht von einem großen Umsturz in der Weltgeschichte. Das Himmelreich wird nicht mehr allein den Nachkommen Abrahams, den Juden, vorbehalten sein. Alle Heiden vom Osten bis zum Westen haben die Möglichkeit, im Reich Gottes einen Platz neben den Erzvätern zu bekommen.
Gewiß, Jesus war, das gab er auch dem Hauptmann zu verstehen (vgl. Vers 7), zuerst zu den Juden gesandt. Er wollte, daß auch seine Jünger das Heil zuerst den »verlorenen Schafen des Hauses Israel« verkündigen und nicht sofort den »Weg zu den Heidenvölkern« einschlagen (vgl. Matth. 10,5.6). Und doch war dieser Weg vorbereitet durch die Predigt des Propheten Jona in Ninive, und am Ende des Wirkens Jesu, unmittelbar vor der Himmelfahrt, gibt er seinen Jüngern den Befehl: »Gehet in alle Welt und macht zu Jüngern alle Völker« (Matth. 28,19).
Gott handelt nicht sprunghaft. Das erste Angebot des Heils gilt den Juden, den »Kindern Abrahams«. Doch schon zu Lebzeiten Jesu begann die Gemeinde aus Juden und Heiden. Der Hauptmann war der erste Heide, der zum Glauben an Jesus kam. Mit der Aufnahme der Heiden in sein Reich verbindet Jesus die Lehre: Es wird kein Mensch gerettet werden, es kommt keiner in den Himmel, nur weil er von Abraham abstammt, nur weil er zu einer Kirche oder einer Gemeinde gehört. Gerettet werden die, die an Jesus Christus glauben. In der Ewigkeit werden die bei Jesus in der Herrlichkeit sein, die wie jener Hauptmann in Kapernaum den Weg zum Glauben an Jesus fanden.

Die Söhne des Reiches aber werden hinausgewiesen werden in die äußerste Finsternis. Dort wird sein Geheul und Zähneknirschen. *Matth. 8,12*

Alle, die nicht glauben, auch wenn sie einmal »eingesetzte Erben« waren, kommen nicht in das Himmelreich. Die werden enterbt. Ihr Teil wird in der Ewigkeit der Ort der Finsternis und Qual sein. Dies gilt besonders von den jüdischen Brüdern in Kapernaum. Sie hätten Jesus eher als alle anderen Israeliten als den Sohn Gottes erkennen können, denn nachdem die Nazarener Jesus, ihren Mitbürger, ausgestoßen hatten, wurde Kapernaum »seine Stadt« (Matth. 9,1). Die Evangelisten, die bestimmt nicht alle Wunder, die Jesus tat, aufschrieben, berichten von 9 Wundern Jesu in Kapernaum, z.B. von der Heilung des Besessenen im Synagogengottesdienst, von der der Schwiegermutter des Petrus (Mark. 1,21–32), von der Heilung des Gelähmten und der der blutflüssigen Frau, ebenso von der Auferweckung der Tochter des Synagogenvorstehers (Matth. 9,1–8.18–26). Doch die Bewohner Kapernaums glaubten nicht. Vielmehr setzte sich bald ein Wunschtraum durch, daß Kapernaum, weil es eben die Stadt Jesu war, als ganze Stadt in den Himmel entrückt würde. Zu dieser Wahnvorstellung des Menschen, gerettet zu werden, ohne persönlich zu glauben, sagt Jesus: Kapernaum, die du meinst, in den Himmel emporgehoben zu werden, du wirst in die Hölle hinabstürzen (vgl. Matth. 11,23).

Wenn man das heutige Kapernaum besucht – es wurde im 3. Jahrhundert zerstört und nie wieder aufgebaut –, kann man sich des Eindrucks nicht erwehren, daß das Gerichtswort über diese Stadt bereits Wirklichkeit wurde. Nicht nur die Worte des Heils, auch die Gerichtsworte aus dem Munde Jesu werden Wirklichkeit.

Denn Dein ist das Reich und die Macht und die Herrlichkeit.
1. Chr. 29, 11

Mit dem im Alten Testament überlieferten Lobpreis Gottes schloß die erste Gemeinde das Gebet, das Jesus seine Jünger lehrte. Der Lobpreis ist in beiden Originalfassungen des »Vaterunsers« nicht überliefert (vgl. Matth. 6, 9–13; Luk. 11, 2–4).

Im Judentum gab es kein Gebet, das nicht in einen Lobpreis einmündete, so daß zweifellos bereits Jesus sein Gebet mit einem alttestamentlichen Lobpreis schloß. Daß die ersten Christen die Doxologie aus dem ersten Buch der Chronik am Ende des »Vaterunsers« beteten, ist schon 70 Jahre nach Jesu Tod bezeugt (Didache 8, 3). Sie sprachen damit die Gewißheit aus, daß der Vater im Himmel nicht ein Gott auf Zeit ist, sondern daß ihm Reich, Macht und Herrlichkeit in Ewigkeit gehören. Das Gebet Jesu erinnert in sechs Formulierungen an das Hauptgebet des Judentums, an das Achtzehnbittengebet, in dem jede Bitte mit einem Gotteslob schließt. Jesu Gebet unterscheidet sich von dem jüdischen Gebet nicht nur durch die Kürze, sondern dadurch, daß alle Bitten sich auf Jesu Predigt und Wunder beziehen und damit bezeugen, daß mit Jesu Kommen die Erfüllung dessen, was die Jünger vom Vater erbitten, bereits begonnen hat. Alle Bitten, die ersten drei, die sich auf Gott und sein Reich beziehen, die vierte, die unser Leben umfaßt, und die fünfte bis siebte Bitte, die das Heil des Menschen erflehen, haben ihre Voraussetzung und ihren Grund in Gottes Reich, Macht und Herrlichkeit.

Da das Gebet Jesu alle je möglichen Bitten des Menschen enthält, schlagen die alten Kirchenväter vor, es zu einem Wochengebet zu machen und an jedem Tag der Reihe nach nur eine einzige Bitte daraus vorzunehmen. Wer so betet, erlebt, daß es ihn nach jeder Bitte zu dem Lob Gottes drängt: Dein ist das Reich und die Macht und die Herrlichkeit.

Als Mose nach Gottes Namen fragte, bekam er die Antwort: »Ich werde für euch dasein« (2.Mose 3,14). Gottes Name, der nichts anderes beinhaltet als die Verheißung »ich werde für euch dasein«, heißt *Vater.* In Jesu Botschaft ist Vater die einzige Anrede Gottes. Die Tiefe des Bekenntnisses »Gott ist unser Vater« erklärt Jesus im Gleichnis vom Vater und seinen beiden Söhnen (Luk. 15,11ff.).

Der eine Sohn, der jüngere, entzieht sich dem Willen des Vaters. Er unterwirft sich dem natürlichen Begehren, greift nach dem ihm zustehenden irdischen Gut, wird beherrscht vom Geld und der Lust. Seine Trennung vom Vater kommt zum Ausdruck in der ruhelosen Wanderschaft. Der Vater wartet auf ihn. Als er zurückkommt, eilt ihm der Vater entgegen, nimmt ihn in seine Arme und bringt ihn zurück ins Haus. Der Sohn ist heimgekehrt zum Vater. Der andere Sohn, der ältere, entzieht sich der Liebe des Vaters. Seine letzten Bindungen heißen Redlichkeit, Pflichtbewußtsein, Nicht-Beugbarkeit des Rechtes. Er streikt. Sein Empfinden für Gerechtigkeit verbietet ihm mitzufeiern. Er kann nicht mehr Vater sagen. Er spricht nur noch von diesem da, von diesem, deinem Sohn (V. 30). Der Älteste war dem Vater entfremdet; er hadert mit seinem Vater. Sein Herz schlägt einen anderen Takt als das des Vaters. Der Vater kommt zu ihm heraus. Als der Vater im Begriff ist, seinen älteren Sohn zu verlieren, hält er es nicht mehr aus beim Fest. Er kommt erneut aus dem Haus heraus und bittet ihn einzutreten und mitzufeiern. Er sagt zu ihm: »Mein Junge« (V. 31). Gott, der Vater im Himmel, hat zwei Söhne, zwei Gruppen von Menschen: die Gebundenen und die Selbstgerechten. Der eine, der jüngere, kommt zurück. Von dem älteren wissen wir nicht, ob er es noch einmal geschafft hat, Vater zu sagen: »Unser Vater«; denn er konnte den Vater nicht ohne seinen Bruder haben. Der Kontakt mit Gott, das Leben mit ihm, beginnt bis heute mit der Anrede »Unser Vater«.

In den ersten drei Bitten des Herrengebets lehrt Jesus seine Jünger, für Gottes Sache einzutreten. Der Name Gottes soll geheiligt werden, sein Reich soll kommen, und sein Wille soll geschehen. Hinter der Bitte, daß Gottes Name geheiligt werde, liegt der sehnlichste Wunsch, daß einmal der ganze Erdenkreis Gott anbete. Beginnen muß diese Heiligung im Herzen der Beter.

Vier Dinge werden in der Bibel allein Gott zugesprochen: das Schaffen aus dem Nichts, das Gerechtmachen des Menschen, die Vergebung der Schuld und die Heiligung des Menschen. Wo ein Mensch geheiligt wird, wo er gerechtgesprochen wird und wo ihm seine Schuld vergeben wird, da behält Gott recht – da wird Gottes Name geheiligt.

Den Weg dieser Heiligung zeigt Jesus in dem Gleichnis von den beiden Männern, die im Tempel beten (Luk. 18,9–14). Der Pharisäer gehörte zu der damals herrschenden religiösen Partei, deren Führungsanspruch im ganzen Volk anerkannt war. Er war nicht ein heuchlerischer Lügner oder gar eine fromme Karikatur, sondern ein nach dem Gesetz Gerechter. Geprüft am Gesetz und gemessen an den anderen, konnte er beten: »Ich danke dir, daß ich nicht bin wie die übrigen Menschen –« (V. 11). Im Schein der Dankbarkeit und der Demut bedient er sich des für ihn so vorteilhaften Vergleiches mit dem Zöllner und macht damit seinen Ruhm, seinen Namen groß. Der Zöllner gehörte nach der Lehre des Talmuds zu den Ausgestoßenen, zu den Räubern, Dirnen und Betrügern. Ihm waren alle bürgerlichen Ehrenrechte abgesprochen; er arbeitete für die römische Fremdherrschaft und beutete an seinen Zollstellen das eigene Volk aus. Wie die Dirne ihren Leib für Geld verkauft, so zieht der Zöllner das Geld der Zugehörigkeit zum Gottesvolk vor. Er steht im Tempel und betet: »Sei mir gnädig, obwohl ich so sündig bin« (Psalm 51,13). Er bittet um die Vergebung seiner Schuld. Er wird heil und heiligt damit den Namen Gottes.

Das Königreich Gottes ist nicht ein begrenztes Gebiet, das Gott beherrscht. Unter Königsherrschaft Gottes versteht das Alte Testament Gottes uneingeschränktes Königsein, sein Königtum, seine Würde, seine Gewalt. Es ist die Herrschaft, die von den Himmeln kommt und die sich über den gesamten Kosmos und diese Welt erstreckt.

Als die Jünger Jesu Zeugen seiner Himmelfahrt wurden, »schauten sie ihm unverwandt nach« (Apg. 1,10). Sie standen in der Gefahr, zu meinen, das Reich Gottes, das mit diesen Personen in diese Welt eingebrochen war, ist nun wieder völlig und ganz in die Himmel eingegangen. Deshalb hörten sie die Botschaft: »Was steht ihr da und blickt zum Himmel empor? Dieser Jesus, der aus eurer Mitte in den Himmel emporgehoben worden ist, wird in derselben Weise kommen, wie ihr ihn habt auffahren sehen« (Apg. 1,11). Viele Künstler stellen die Boten Gottes so dar, daß sie mit einer Hand zum Himmel weisen, mit der anderen aber auf die Erde, auf der die Geschichte Gottes mit seiner Gemeinde weitergehen wird, bis er wiederkommt.

St. Helena (gest. 326), die Mutter des Kaisers Konstantin, ließ auf dem Ölberg eine Gedächtniskirche bauen. In die Mitte des durch die achteckige Basilika überbauten Felsens ließ sie die Fußspuren Jesu einhauen. Sie wollte damit zeigen, das Himmelreich nimmt seinen Fortgang auf der Welt. Jesu Fußspuren sind in dieser Welt eingegraben. Zu diesem Reich, zur Königsherrschaft Gottes gehören die, die Jesus durch sein Blut erlöst hat (Offb. 1,6). Mit der Bitte »Dein Reich komme« beten die Jünger darum, daß viele noch hier auf Erden die durch Jesus erworbene Erlösung annehmen.

Himmelfahrt

11. Mai

Dein Wille geschehe wie im Himmel so auf Erden.

Matth. 6, 10b

Viele sind gerade an der dritten Bitte des Vaterunsers irre geworden. Sie können aufgrund der Bitte »Dein Wille geschehe« das Vaterunser nicht mehr beten, weil sie meinen, daß diese Bitte von ihnen ein blindes Sich-Ergeben verlangt. Sie haben Angst vor der Unfreiheit, die dann eintritt, wenn nur noch Gottes Wille geschehen soll. Jesus gibt den Menschen nicht nur Einblick in Gottes Willen, sondern er zeigt auch deutlich das Verhältnis zwischen der Freiheit des Menschen und der Bindung an den Willen Gottes auf.

Im Gleichnis von den verantwortungslosen Pächtern (Mark. 12, 1–11) geht es zunächst um einen großen Freiheitsraum der Pächter. Fünf Jahre – so war es noch Sitte zur Zeit Jesu – mußten Pächter keine Abgaben leisten. Sie konnten nach eigenem Gutdünken urbar machen, säen, jäten und ernten. Den gesamten Ertrag konnten sie in eigener Verantwortung verplanen und für neue Investitionen einsetzen.

Als dann nach fünf Jahren ein Bote nach dem anderen kam, um das Recht des Besitzers, wie's im Pachtvertrag festgesetzt war, zu fordern, da mißbrauchten sie ihre Freiheit. Sie wollten nicht mehr wahrhaben, daß sie nur Pächter waren, Stellvertreter, die an Stelle des Besitzers handelten. Die Grenze der Freiheit des Menschen liegt in der ihm von Gott übertragenen Verantwortung. Gott hat den Menschen hineingebunden in das Amt der Stellvertretung. Der Mensch kann über andere Menschen gesetzt werden; er kann frei über die Welt und ihren Reichtum entscheiden, solange er weiß, ich bin Stellvertreter, ich bin verantwortlich, ich bin gebunden an Gott, der mir alles anvertraut hat. Wo der Mensch vergißt, daß er nur Pächter, nur Stellvertreter ist, da kann er sich sogar gegen Gott entscheiden. Er verfällt dann wie die Weingärtner dem Gericht Gottes. Der Mensch ist nicht frei, er hat keinen freien Willen. Der Mensch ist verantwortlich. Als Verantwortlicher weiß er: ich bin bei allen Freiheiten nur Stellvertreter und bete deshalb: »Dein Wille geschehe.«

Mit der vierten Bitte des Herrengebets beginnt eine Reihe der Bitten, mit denen die Beter für ihre eigenen Angelegenheiten vor Gott treten.

Wenn Jesus seine Jünger lehrt, um das tägliche Brot zu bitten, so umschließt diese Bitte alles, was zum Dasein des Menschen gehört. Martin Luther zählt in seiner Erklärung der Bitte 22 Lebensangelegenheiten auf. Darunter nennt er das große Ziel: Fromme Kinder haben das Verlangen nach einem Ehepartner, der glauben kann, den Wunsch nach Freude, die Bitte um Gesundheit, das Ringen um Anerkennung und Ehre sowie die Sehnsucht nach einem Freund.

Dieses Bitten um die Lebensnotwendigkeiten grenzt Jesus ein auf den Tagesbedarf. Die vierte Bitte des Vaterunsers hat nur das Brot für den anbrechenden Tag zum Inhalt. Dies erklärt Jesus in seinem Gleichnis von dem in der Nacht um Hilfe gebetenen Freund (Luk. 11,5–8). Da bekommt ein Mann Besuch und hat kein Brot mehr. Das von der Hausfrau am frühen Morgen gebackene Brot war aufgezehrt. Aber er hatte einen Freund, von dem er wußte, daß dieser abends noch Brot hatte. Er geht zu ihm mitten in der Nacht und bittet ihn um drei Brote. Drei Brotfladen gelten bis heute noch in der orientalischen Welt als Mahlzeit für eine Person. Der Freund bittet für seinen Gast um die Wegzehrung, um den nächsten Schritt. Trotz der aufgezählten Schwierigkeiten war es für den damaligen Hörer undenkbar, daß ein Freund seinen Freund im Stich läßt (vgl. V. 8).

Der Mensch darf Gott um alles bitten, was zu seinem Dasein gehört. Er soll jedoch nur für den Tagesbedarf bitten. Jesus lehrt uns bitten um das Brot, um den Freund, die Freude, die Ehre für den anbrechenden Tag. Da Gott dem Menschen durch seinen Sohn Jesus seine Freundschaft angeboten hat (Joh. 15,15), ist dieses Bitten kein unverschämtes Betteln, sondern das vertrauende Inanspruchnehmen der angebotenen Freundschaft.

In der Bitte »Erlasse uns unsere Schulden« wählt Jesus für Schuld ein aramäisches Wort, das im Griechischen übersetzt ist mit »geschuldeter Summe«.
Im Gleichnis vom Schalksknecht (Matth. 18,23–35) erzählt Jesus in phantastischen Zahlen von dem möglichen Ausmaß der Verschuldungen des Menschen gegen Gott. Er spricht davon, daß der Verwalter seinem Herrn 10000 Talente schuldet. 10000 Talente sind 100 Millionen Denare. Ein Arbeiter verdiente als Tageslohn einen Denar. Der Kaufpreis eines Sklaven war 500 bis 2000 Denare, d.h., der Verkauf der Familie hätte 5000–7000 Denare erbracht. Der Verwalter war hoffnungslos verschuldet. Nicht einmal Herodes, der mit all seinen verschiedenen Hofhaltungen ein Jahreseinkommen von 900 Talenten hatte, wäre imstande gewesen, 10000 Talente aufzubringen. Mit diesen Zahlen will Jesus sagen: Es wird nie einen Menschen geben, der Gott seine Schulden zurückbezahlen kann. Den Grund der Schuld nennt Jesus in Vers 27, dort heißt es: Bei der Verschuldung des Verwalters handelt es sich um ein Daneien. Daneien ist im Deutschen das Wort Darlehen. Gott hat dem Menschen ein Stück seines Eigentums anvertraut. Er gab dem Menschen das Leben mit der Vielfalt seiner körperlichen, geistigen und seelischen Gaben. Nun fragt er: Was hast du damit gemacht?
Gott gab dem Menschen die Welt mit all ihren Gütern. Einmal fragt er den Menschen: Was hast du aus allem gemacht? Der Verwalter erkannte das Ausmaß seiner Schulden. Er warf sich auf sein Angesicht. Er bekannte sich schuldig. Er flehte um Erbarmen.
Wo ein Mensch vor Gott liegt, gerät in Gott alles in Bewegung, da erbarmt er sich. Barmherzigkeit und Erbarmen sind die innerste Bewegung Gottes, mit der er allen begegnet, die vor ihm liegen.
Der Verwalter darf frei ausgehen. Er kann wieder leben.

Wie auch wir vergeben unseren Schuldigern. *Matth. 6,12b*

Wie die Bitte um den Erlaß der Schulden, so hat auch das Gleichnis vom Schalksknecht seine Fortsetzung. Die empfangene Vergebung soll den Menschen dazu befähigen, auch denen zu vergeben, die gegen ihn schuldig wurden.

Das Erbarmen Gottes bewirkt auch im Herzen des Menschen eine tiefe innere Bewegung, die zu dem anderen sagt: Es gibt keine Schulden mehr zwischen dir und mir; du kannst frei gehen; du kannst wieder leben. Wir kennen eine solche Geschichte aus dem Alten Testament: Als die Brüder Josephs in Angst und Zittern ihn auf ihre Verschuldung ansprechen, da sie Angst hatten, daß Joseph für sie – so heißt es wörtlich übersetzt – zum Satan werde, sagt Joseph: »Fürchtet euch nicht! Bin ich denn an Gottes Statt?« (1.Mose 50,15–19). Im Gleichnis vom Schalksknecht sagt Jesus, daß das Erbarmen Gottes nicht in jedem Fall das Herz des Menschen erobert. Jesus erzählt, wie jener Verwalter für seinen Untergebenen zum Satan wurde. Um hundert Denare willen – ein Verkauf, der nicht einmal die Verhaftung des Schuldners zuläßt – fällt er den anderen an. Jesus sagt, er würgt ihn in leidenschaftlicher Erregung; er fällt ihn an wie ein wildes Tier (Matth. 18,28). Nun wird der Verwalter zurückgerufen; die einmal erlassene Vergebung wird zurückgenommen, an ihm beginnt das Gericht gemäß seiner unvorstellbar großen Verschuldung.

Die von Gott geschenkte Vergebung will ihre Fortsetzung finden im Umgang der Menschen untereinander. Wo ein Mensch trotz der empfangenen Vergebung für den anderen, der mit ihm auf dem Wege ist, zum Satan wird, nimmt Gott sein Geschenk zurück.

Im Anschluß an das Vaterunser sagt Jesus:

Wenn ihr den Menschen ihre Schulden nicht vergebt, wird euch euer himmlischer Vater eure Schulden auch nicht vergeben (Matth. 6,15).

15. Mai

Und führe uns nicht in Versuchung. *Matth. 6,13a*

Versuchung ist nicht die Erprobung meiner Kraft, da sich in der Versuchung alle meine Kräfte, gerade auch meine guten und frommen Kräfte, gegen mich selbst wenden. Darum klagt der Psalmbeter in einer Stunde tiefer Versuchung: »Meine Kraft hat mich verlassen« (Psalm 38,1).

In der Versuchung ist der Mensch verlassen, verlassen von all seinen Kräften, verlassen von allen Menschen. Allein Jesus hat die schlimmste Versuchung durchstanden; er war »für einen Augenblick verlassen« von Gott (Jes. 54,7). Jesus wußte um die ganze Breite der Versuchung. Er selbst hat seinen Jüngern erzählt von den Stunden seiner Versuchung in der Wüste (Matth. 4,1–11). Der Versucher kannte genau die menschlichen Grundbedürfnisse, die Jesus durch seine Menschwerdung mit allen Menschen teilte.

Der Versucher versprach, die Einsamkeit in der Wüste aufzulösen und seinen Hunger zu stillen. Der Entschluß, in jenem Augenblick Brot zu machen, hätte Jesus aus der Abhängigkeit von Gott gelöst. Der Versucher wollte Jesus zu öffentlicher Anerkennung verhelfen. Den Sprung von der Eckmauer des Tempels hätten Millionen Festpilger gesehen.

Der Versucher bietet Jesus Besitz und uneingeschränkte Herrschaft an. Der kleine Kompromiß, ein heimlicher Kniefall, hätte ihn ganz von seinem Vater getrennt. Jesus weiß, daß der Versucher, solange die Welt steht, immer wieder mit seinen Angeboten an die Menschen herantritt. Jesus weiß, daß der Versucher die menschlichen Grundbedürfnisse genau kennt und da anknüpft, wo Menschen am empfänglichsten sind.

Jesus lehrt deshalb Sie und mich beten: Führe uns nicht in Versuchung. Gib dem Teufel auch nicht einen Augenblick Raum über mich.

Hinter der Versuchung steht der Böse, der Teufel. Im Gegensatz zu unserer modernen Hemmung, vom Teufel zu reden, spricht die Bibel offen und unumwunden von der Macht des Bösen. Der Teufel und das Heer seiner Engel, die Dämonen, versuchen die Menschen, die Jesus nicht als ihren Herrn haben, zu bestimmen und zu besetzen (= Besessenheit). Wer Jesus nicht als persönlichen Herrn hat, ist ständig von den Urkräften und -mächten des Teufels (Röm. 8,38) bedroht. Dabei berichten alle biblischen Zeugnisse übereinstimmend: Der Teufel kann nur wirken, wo Jesus als der Herr bewußt ausgeschlossen ist. Wo ein Mensch den Namen Jesu anruft, muß der Teufel weichen. Jesus sagt: »Ich sah den Teufel vom Himmel fallen wie einen Blitz« (Luk. 10,18). Das heißt, der Teufel ist gestürzt. Er ist kein Gegengott mit eigener Macht. Endgültig überwunden und besiegt ist der Teufel durch den Tod Jesu am Kreuz von Golgatha.

Während seines Erdenlebens hat Jesus immer wieder mit Wort und Tat seinen Jüngern den Sieg über den Teufel bezeugt. Für das Judentum ist das Meer – in Israel sichtbar durch das Galiläische Meer – der Sitz und die Wohnung des Teufels. Noch die Offenbarung bezeugt: der Antichrist kommt aus dem Meer (Offb. 13,1). Am Ende dieser Welt heißt es dann: das Meer wird nicht mehr sein (Offb. 21,1).

Jesus wandelt auf dem Meer (Matth. 14,22–27). Er zeigt damit: die Macht des Satans ist unter meinen Füßen.

Jesus lehrt die Jünger beten: erlöse uns von dem Bösen. Dieser Teil des Vaterunsers ist das kürzeste Absagegebet an den Teufel. Wann immer ein Mensch in der Alten Kirche zum Glauben kam, sprach er das Gebet:

> »Ich entsage dem Teufel und allen seinen Werken
> und übergebe mich dir, Herr Jesu, zum Leben
> und zum Dienst für Zeit und Ewigkeit.«

Ich danke meinem Gott allezeit, daß ihr da seid.

1. Kor. 1,4a

Den Brief an seine in Korinth gegründete Gemeinde beginnt Paulus mit einem Dankgebet. Der Dank des Paulus gilt Gott. Er ist die Antwort auf das, was Gott in Korinth gewirkt hat. Danken können nur Menschen. Der Dank ist ein Kennzeichen des wirklichen Menschseins. Wer nicht mehr danken kann, hat aufgehört, Mensch zu sein. Er reagiert nicht mehr auf das, was ihm Gutes widerfahren ist. Der Dank ist die Reaktion auf ein Geschenk. Indem der Mensch »danke« sagt, redet er ein Gegenüber an, d. h., er nimmt Kontakt mit einem Gegenüber auf und schließt damit Gemeinschaft. Dank kann man nicht befehlen. Ein Dank, der nicht aus freier Reaktion geboren, sondern abgefordert ist, ist unecht und hohl. Auch wenn man Dank nicht befehlen kann, so ist Dank dennoch erlernbar. Danken kommt aus dem Nach-denken. Schon im deutschen Wortstamm gehören danken und denken zusammen. Das Zusammenordnen der Worte danklos, gedankenlos, undankbar zeigt, daß Undankbarkeit im Grunde nichts anderes ist als Gedankenlosigkeit. Wo Sie und ich bereit sind nachzudenken, was Ihnen und mir im Leben Gutes widerfuhr, da beginnen wir zu danken. Im Nach-denken über Bewahrungen und Führungen in unserm Leben stoßen wir auf unendlich vieles, was wir nicht verdient haben, was wir nicht bezahlen oder zurückerstatten können. Wir können nur sagen »danke«. Der Christ weiß, daß es keine Zufälle gibt, sondern daß jede Gabe von Gott kommt. Er kann deshalb sagen: »Ich danke Dir, Gott.«

Euch ist die Gnade Gottes gegeben. Ihr seid reich geworden in allen Stücken, im Wort und in der Erkenntnis. 1. Kor. 1,4b. 5

Das Geschenk, wofür Paulus im Blick auf seine Gemeinde Gott dankt, ist die ihnen zuteil gewordene Gnade.
Das deutsche Wort »Gnade« hängt zusammen mit dem Begriff »Nahen«. Gott war den Christen in Korinth gnädig, d.h., er hat sich zu ihnen herabgeneigt. Er wurde für sie der »Nahe«.
Das Wort »Gnade«, das in der Umgangssprache heute nur noch im Bereich der Rechtsprechung vorkommt (vgl. Gnadengesuch, Begnadigung u.a.), wird für den Glaubenden verständlicher, wenn er es in den Urtext, in die Sprache der ersten Gemeinde zurückgibt. Im Griechischen heißt Gnade »charis« und ist wortverwandt mit dem ich danke = »eu *charis* teo«, d.h., Dank und Gnade gehören zusammen. Der Mensch, der danken kann, ist ein Beschenkter. Sie können auch sagen: ein Begnadeter. Gott hat ihn reich gemacht. Zwei Gnadenerweise hebt Paulus besonders hervor, die Geschenke des Wortes und der Erkenntnis. Die Gemeindeglieder in Korinth haben das Gottesgeschenk des Wortes. Sie finden jedesmal das Wort, das geredet werden muß. Sie haben ferner die Erkenntnis, die ihr Handeln ermöglicht. Erkenntnis bedeutet tiefste Gemeinschaft (vgl. Adam erkannte sein Weib – 1. Mose 4, 1). Erkenntnis hat ihren Grund in der engsten Verbindung mit Jesus. Das Wort Gnade wird nur für den Menschen ein Fremdwort, der den geheimen Zusammenhang von Dankgebet und Gnadengeschenk vergißt. Wo Sie und ich täglich Gott danken, erkennen wir die Spuren seiner Gnade, die zahllosen Gnadengeschenke. Im Danken erleben wir: Gott ist der Nahe. Er neigt sich zu uns herab.

Das Zeugnis wurde in euch befestigt. Nun habt ihr keinen Mangel an irgendeiner Gnadengabe. *1. Kor. 1,6.7a*

Zu der mit »ich danke« (eu*charis* teo) beginnenden Wortfamilie gehört nicht nur Gnade (charis), sondern auch Gnadengabe *(charisma).* Das in der Regel mit Geistesgabe übersetzte Wort heißt ursprünglich nichts anderes als Gnadengeschenk! Die Geistesgaben, die charismen, sind besondere Geschenke Gottes. Sie sind die sichtbaren Äußerungen der Gnade. In der weltlichen Umwelt der griechischen Gemeinde in Korinth gibt es eine interessante Verwendung des Wortes charisma. Dort bedeutet es soviel wie: »die rechtlich gültige Bestätigung eines Kaufes, die Garantie für die Fehlerlosigkeit einer verkauften Sache« (Deißmann). So waren die ersten Christen davon überzeugt, daß da, wo Gott einem Menschen eine Geistesgabe, ein charisma, gibt, er damit die Annahme dieses Menschen zu seinem Kind bestätigt. Er sichert mit der Gnadengabe dem Menschen seine Treue zu, mit der er seinen Bund halten wird. Die charismen sind demnach keine Spezialbegabungen, sondern von Gott aufgerufene, erweckte und geschaffene Möglichkeiten, mit denen ein Gemeindeglied dem anderen dienen kann. »Jeder Christ ein Charismatiker . . . jeder hat sein Charisma zum Dienst am Ganzen« (Eichholz).
Von der Gemeinde in Korinth heißt es, daß sie durch die verschiedenen Begabungen der einzelnen Gemeindeglieder keinen »Mangel an irgendeiner Geistesgabe« haben, das heißt nicht, daß in Korinth alle überhaupt denkbaren Gnadengaben vertreten sind, sondern es heißt: Sie haben alle Gaben, die sie brauchen. Auch Ihnen und mir gab Gott eine Gabe. Es kommt darauf an, daß wir die Gabe, die Ihnen und mir zuteil geworden ist, »zu heller Flamme entfachen« (2. Tim. 1,6).

Dem einen wird durch den Geist Weisheitsrede gegeben, einem anderen Erkenntnisrede gemäß demselben Geist, einem anderen Glauben in demselben Geist . . . Die einen hat Gott in der Gemeinde eingesetzt erstens zu Aposteln, zweitens zu Propheten und drittens zu Lehrern. *1. Kor. 12,8.9a.28a*

Das Pfingstfest und die durch die Lesung des Tages bedingte Zurückerinnerung an die Ausgießung des Heiligen Geistes in Jerusalem (Apg. 2) läßt angesichts unserer heutigen Gemeindesituation leicht eine wehmütige Stimmung aufkommen.
Die Jünger, die in Jerusalem allen auf dem Fest anwesenden Völkern das Heil verkündigen wollten, erlebten ein Sprachenwunder. Ungelehrte Galiläer konnten die Botschaft von Jesus so verkündigen, daß es jeder in seiner Sprache verstand.
Die Gemeinde in Korinth hatte unter ihren Gemeindegliedern Menschen, die die Gaben des Missionierens hatten, und solche, die die Gaben für den Gemeindeaufbau besaßen.
Die Gaben der Mission sind erstens die Gabe des Glaubens, d.h. die Möglichkeit, den Glauben so zu bekennen, daß Nichtchristen sich entschließen, Christen zu werden; zweitens die Gabe der Erkenntnisrede, d.h. die Fähigkeit, die innigste Gemeinschaft mit Gott zu vermitteln; und drittens die Weisheitsrede, d.h. die Fähigkeit, das Geheimnis des Christseins so zu erklären, daß das Denkvermögen des Hörers mit beteiligt ist.
Die mittels dieser Gaben für die christliche Gemeinde Gewonnenen erlebten in der Gemeinde drei Ämter. Da war der Apostelkreis, die Zeugen, denen Jesus als Auferstandener erschienen war, dann gab es Propheten. Propheten waren diejenigen, unter deren Verkündigung die Masken fielen und die Hörer sich ins Gericht genommen und überführt wußten (vgl. 1.Kor. 14,24). Außerdem traten in der Gemeinde Lehrer auf, deren Auslegung dem Aufbau der Gemeinde diente. Außer den Aposteln, den Zeugen der Auferstehung, sind heute in jeder Gemeinde die genannten Ämter vertreten. Unseren Gemeinden fehlen nicht Ämter, sondern die mangelnde Bereitschaft zum Hören und zum Handeln.

Pfingstsonntag
21. Mai

Einem anderen wird durch den Geist gegeben die Unterscheidung der Geister, wieder einem anderen verschiedene Arten von Zungenreden, einem anderen die Übersetzung von Zungenreden ... andere hat Gott eingesetzt, Wunder zu tun, andere, zu heilen, andere zu Hilfeleistungen und wieder andere zur Verwaltungsarbeit. *1. Kor. 12, 10b. 28b*

Außer den Gaben der Mission und den Gaben der Ämter gab es in Korinth noch Gaben der Tat und nicht nachvollziehbare Gaben. Zu den Gaben der Tat zählt Paulus die Wundertaten und versteht darunter in erster Linie die Macht über dämonische Mächte. Die Gabe der Heilung kann Gott dem einen für eine einzige, anderen für wiederholte Heilungen verleihen. Unter der Gabe der Hilfeleistung verstand man in der Urgemeinde die alltägliche Arbeit, die es ermöglicht, Schwachen und Armen zu helfen (vgl. Apg. 20, 35). Die Verwaltungsarbeit war die Gabe des Ordnens, des Leitens und der Menschenführung.

Zu den von anderen nicht überprüfbaren, d.h. nicht nachvollziehbaren, Gaben gehört zunächst die Gabe der Unterscheidung der Geister. In der Gemeinde wirkt nicht nur der Heilige Geist, sondern daneben der Geist der Menschen und der Welt, aber auch der Geist Satans. Wie viele menschliche Wünsche und widergöttliche Gedanken wurden schon im Namen des Heiligen Geistes verkündigt?! – Die Zungenrede ist das unartikulierte Sich-Äußern eines Beters. Sie hat nichts zu tun mit dem Sprachenwunder, sondern muß in der geordneten Gemeinde übersetzt werden.

Alle diese Gaben waren für das Gemeindeleben in Korinth notwendig. Es sind noch längst nicht alle Gaben, die es gibt. Vielleicht brauchen wir heute mehr Gaben oder andere, damit die Gemeinde Jesu gebaut wird. Viele Gemeinden brauchen Menschen mit der Gabe des Hörens, des Schweigenkönnens, des Betens, des unkomplizierten Glaubenkönnens, der Freude, des Singens, das andere ansteckt, oder des seelsorgerlichen Mitgehens. Gott hat Ihnen eine Gabe gegeben, vielleicht haben Sie Ihre Gabe während dieser Betrachtung entdeckt.

Pfinstmontag
22. Mai

Was die Geistesgaben angeht, Brüder, will ich euch nicht in Unkenntnis lassen ... Ich teile euch mit, daß niemand im Geist redet, der sagt: »Verflucht ist Jesus!«, und daß niemand sagen kann: »Herr ist Jesus!« außer im Geist. 1. Kor. 12, 1.3

Das Vorhandensein von Geistesgaben ist noch kein Kennzeichen dafür, daß der Heilige Geist in einer Gemeinde wirkt. Zu allen Zeiten gab es Zeichen und Wunder, die nicht von Gott und seinen Boten gewirkt waren. So taten die Weisen am Hofe Pharaos Wunder und Zeichen (2. Mose 7, 11 ff.; 8, 3), und Simon, dem Magier, gelang es, durch seine Zeichen Samaria in Staunen zu versetzen, so daß groß und klein für ihn eingenommen waren (vgl. Apg. 8, 9–12), und am Ende der Zeiten wird der Antichristus auftreten mit allen möglichen »Machttaten, Zeichen und Wundern der Lüge« (2. Thess. 2, 9). Geistesgaben sind noch kein Kriterium für das Walten des Geistes. Die Gaben bedürfen vielmehr eines Kennzeichens, eines Unterscheidungsmales. Sie müssen beurteilt werden und einer Prüfung standhalten.

Paulus nennt in seinem Brief an die Korinther, in dem er von der Fülle der Geistesgaben spricht, fünf Merkmale, an denen echte Geistesgaben zu erkennen sind. Das erste Kriterium für das Walten des Geistes ist die Christusakklamation, d. h. der Ausruf »Jesus Christus ist der Herr«. Wer sich um den Namen Jesu drückt und nur noch vom Geist spricht, oder wer gar behauptet, daß das Christusgeschehen hinter den Geistesgaben zurückzutreten habe, da Jesus ja am Fluchholz starb, dessen Gaben sind nicht von Gott. Gottes Gaben haben nur die, die den Namen Jesu mit dem klaren Bekenntnis verbinden: »Du bist der Herr! Du bist mein Herr und Heiland!« Diese Christusakklamation ist nichts anderes als ein regelmäßig wiederholtes Hingabegebet: Jesus Christus, sei Du mein Herr. Nichts und niemand soll mich bestimmen außer Dir allein, Jesus Christus.

Sooft ihr von diesem Brot esset und von diesem Kelch trinket, verkündigt ihr den Tod des Herrn, bis er wiederkommt.

1. Kor. 11, 26

Sechsmal stellt Paulus in den Eingangsversen zu seinem ersten Korintherbrief alles, was in der Gemeinde Jesu geschieht, was in ihr gilt und was einmal zur Vollendung kommen wird, unter die Formulierung »in Jesus Christus«. Dieses »in Jesus Christus« wird an keinem anderen Ort so verwirklicht wie im Empfang des Leibes und Blutes Jesu. Es gibt keine größere Nähe zu Jesus als die Feier des Mahles. Es gibt keine innigere Gemeinschaft mit Jesus Christus als das Abendmahl. Auf die Gaben, nach denen die einzelnen Gemeindeglieder streben sollen (1. Kor. 12–14, 1), geht Paulus erst ein nach seiner Ermahnung zur würdigen Feier des Heiligen Abendmahles (1. Kor. 11, 17–34). Dabei war der Gemeinde in Korinth der Zusammenhang zwischen Geistesgaben (*charis*mata) und Abendmahl (eu*charis* tia) schon von den beiden zu einer Wortfamilie gehörenden Begriffen selbstverständlich. Geistesgaben, die der einzelne von Gott bekommt, gehören zu der großen einen Gabe, zu dem von Jesus gestifteten Heiligen Abendmahl.

Die regelmäßige Feier des Mahles Jesu und die Zuordnung der Gaben zur würdigen Feier des Abendmahles sind das zweite Merkmal, an dem zu erkennen ist, ob die Gaben in der Gemeinde durch Gottes Geist gewirkt sind.

Würdig feiert der das Abendmahl, der durch die Gaben von Brot und Wein die Heilsmacht des getöteten Leibes Jesu empfängt und die sühnende Kraft des vergossenen Blutes Jesu erfährt. Der Würdige weiß, das Abendmahl und seine Wirkung hat zu tun mit dem Tode des Herrn Jesu. Ihn verkündigt er bis zu der Zeit, in der Jesus wieder auf diese Erde zurückkommt. Wo das Abendmahl und die Bedeutung des Todes durch aufflammende Geistesgaben verdrängt werden, sind die Gaben nicht von Gott.

Das alles wirkt ein und derselbe Geist, der jedem besonders zuteilt, was er will. Denn wie der Leib einer ist, aber viele Glieder hat, alle Glieder des Leibes aber, obwohl es viele sind, ein Leib sind, so ist auch Christus ... Ihr seid der Leib Christi und einzeln genommen Glieder. *1. Kor. 12,11.12.17*

Das dritte Kennzeichen der von Gott gewirkten Geistesgaben ist das Zusammenwirken der Gaben zum Bau der Gemeinde. Mit dem Bild des Körpers als eines Organismus zeigt Paulus, daß es sich nur da um von Gott geschenkte Gnadengaben handelt, wo die einzelnen Charismatiker ihre Gaben so einbringen, daß die Gemeinde wächst und lebt. Wo dies nicht geschieht, sind die Gaben nicht von Gott. Gaben, die ihren Ursprung nicht aus Gott haben, führen zu Minderwertigkeitsgefühlen bei denen, die eine unscheinbare Gabe haben. Es kommt zu einer falschen Selbsteinschätzung der »Geringeren«. Paulus spricht deshalb in deutlicher Anlehnung an den griechischen Philosophen Menenius Agrippa und seines Beispieles von der Verachtung des Magens, »der nicht arbeitet, sondern nur genießt«, von der Gleichwertigkeit der Glieder. Ein Leib braucht verschiedene Glieder, um als Organismus lebensfähig zu sein. Gaben, die ihren Ursprung nicht aus Gott haben, führen zu Hochmut und Herrschaft der »bevorzugten Glieder«. Sie bergen in sich die Gefahr der Abspaltung einzelner und das Einzelgängertum.

Alle Gaben, die nicht Gemeinde bauen, sondern die letztlich der Anlaß sind zu Minderwertigkeitskomplexen, zu Hochmut oder zu enthusiastischen Abspaltungen, sind keine von Gott verliehenen Gaben.

Gottes Gaben führen nicht zu Gemeindetrennungen und zu Splittergruppen, Gottes Gnadengaben bauen die Gemeinde. Die verschiedenen Glieder erkennen je ihre Gabe und bringen sie ein zum Wachstum und Segen der ganzen Gemeinde.

25. Mai

Strebet nach den höheren Gaben, ich zeige euch einen unvergleichlichen Weg . . . Die Liebe fällt niemals. Prophetengaben, sie werden vernichtet werden, Zungenreden, sie werden aufhören, Erkenntnis, sie wird zunichte werden. Jetzt aber bleiben Glaube, Hoffnung, Liebe, diese drei, aber am größten von ihnen ist die Liebe. *1. Kor. 12,31; 13,8.13*

Paulus »zeigt« (so wörtlich) den Gemeindegliedern in Korinth nicht den Weg zu den Geistesgaben, auch nicht den Weg zur Liebe, sondern den unvergleichlichen Weg, den Weg, der weit über all das Gesagte hinausführt. Das Bild des Weges ist in der Bibel weit verbreitet, der Weg, den Gott geht, der Weg, auf dem er sein Volk und den einzelnen führt. Der unvergleichliche Weg der alttestamentlichen Welt ist der »Königsweg« (4. Mose 20,17; 21,22). Es ist die Straße, die Gott sein Volk durch die Berge und Schluchten des Ostjordanlandes führt, um ihnen das Land Kanaan zu geben. Dieses Bild des Königsweges nimmt Paulus auf, wenn er vom »unvergleichlichen Weg« spricht. Er bezeichnet diesen Weg mit dem Dreiklang, der in alle Ewigkeit bleibenden Heilsgüter Glaube, Hoffnung, Liebe.
Alle Geistesgaben abseits des Königsweges Glaube, Hoffnung, Liebe sind nicht von Gott. Gaben, die nicht geboren sind aus dem Vertrauensgehorsam zu Gott, die nicht ausgerichtet sind auf das Wiederkommen Jesu, die nicht ein Abglanz sind der Liebe Gottes, die Menschen retten will, haben mit Gottes Geist nichts zu tun. Sie sind Abwege, Irrwege und Sackgassen, die in Schluchten der Wildnis enden. Paulus lädt die erste Gemeinde ein: Gehet nicht die selbstgewählten kleinen Pfade durch das Gebirge. Sie enden im Tod. Bleibet auf dem Königsweg und prüft, ob die in der Gemeinde aufbrechenden Gaben in Einklang stehen mit dem großen göttlichen Dreiklang Glaube, Hoffnung, Liebe. Die Liebe Gottes, die die Rettung des Menschen will, ist unter allen genannten Gaben die größte.

Es gibt Zuteilungen der Gnadengaben, aber es ist ein und derselbe Geist. Es gibt Zuteilungen von Dienstleistungen, aber es ist ein und derselbe Herr. Es gibt auch Zuteilungen von Kraftwirkungen, aber es ist ein und derselbe Gott, der alles in allen wirkt. *1. Kor. 12,4–6*

Das fünfte Merkmal für die Echtheit der in Korinth und in den gegenwärtigen Gemeinden vertretenen Geistesgaben ist die Zuordnung der Gaben zu der heiligen Dreieinigkeit Gottes. Das Wirken Gottes in dieser Welt ist ein dreifaches.

Der Geist teilt die einzelnen Gaben zu. Die Geistesgabe (*charis*ma) ist Gnade (*charis*). Keiner hat Anspruch auf eine bestimmte Gabe. Jeder Christ ist ein vom Geist Beschenkter (*Charis*matiker). Er entdeckt seine Gaben in dem Gebet: Ich danke dir (eu *charis* teo), daß du mich so, wie ich bin, gemacht hast.

Jesus der Herr beauftragt die, die seinen Namen tragen, zu den alltäglichen Dienstleistungen (diakoniai). Er ist der Herr der Diakonie. Vor seinem Richterstuhl ergehen an jeden die Fragen: Wen hast du gespeist, getränkt, beherbergt, bekleidet? Hast du Kranke und Gefangene besucht und Tote begraben? (Matth. 25,35; Luk. 9,60).

Gott der Vater bleibt wie bei der Schöpfung der Herr der Kraft und Wunderwirkungen. Alle Taten und Wunder gehen zurück auf das von ihm ausgehende Wort.

Kennzeichen echter Geistesgaben ist die trinitarische Einordnung der Gaben in die Wirkungsweisen des Vaters und des Sohnes und des Heiligen Geistes. In der ersten Gemeinde führte das Pfingstfest zum Fest der Heiligen Dreieinigkeit. Es gab und gibt keine Kirche des Geistes. Sie ist immer Kirche und Gemeinde des Vaters, des Sohnes und des Geistes. Das Gebet um Belebung und Erhaltung der Gemeinde wendet sich an den dreieinigen Gott; auch da, wo nur der Vater allein oder der Sohn oder der Heilige Geist angeredet wird, kommt das Gebet immer zu dem dreieinigen Gott, denn Vater, Sohn und Geist sind eins.

27. Mai

Heilig, heilig, heilig ist der Herr der Heere! *Jes. 6,3a*

Am Sonntag nach Pfingsten begeht die Christenheit das Fest der Dreieinigkeit Gottes. Es ist ein Fest, dem kein besonderes Ereignis des Handelns Gottes in dieser Welt zugrunde liegt. Die Einheit von Vater, Sohn und Geist geht aller Offenbarung in der Welt und für die Welt voraus. Die Heilige Dreieinigkeit kann deshalb auch nur von himmlischen Wesen begriffen und angebetet werden.
In seiner kaum beschreibbaren Vision sieht Jesaja Seraphen, Engel des himmlischen Reiches. Der Grundstamm von Seraphim heißt »verbrennen«. Die Erscheinung der Seraphen ist demnach vergleichbar mit Blitzen. Jesaja sieht ein einziges Feuer blitzen.
In diesem Feuerschein der himmlischen Engel erkennt er, daß auch den Engeln, die Gott ganz nahe sind, ein letztes Sehen Gottes verwehrt ist; mit zwei Flügeln bedecken sie ihr Angesicht. Auch eigene Entscheidungen und eigenes Gehen steht den himmlischen Engeln nicht zu; mit zwei Flügeln verhüllen sie die Füße. Was ihnen bleibt, sind die zwei ausgebreiteten Flügel, die die Bereitschaft darstellen, jederzeit Gottes Willen auszurichten.
In der Vision des Jesaja bezeugen die Seraphen die dreimalige Heiligkeit Gottes. Überall, wo in der Bibel die Heiligkeit Gottes gepriesen ist, wird sowohl der Abstand Gottes von Menschen und Engeln festgehalten, als auch die Nähe Gottes zu den Menschen angebetet.
Gott ist heilig, heißt: Er ist abgesondert, aber nicht abgetrennt. Keiner kann Gott je begreifen, und doch ist er dem Menschen nahe. Gott ist heilig, heißt: Er ist abgesondert und doch mitten im Volk. Keiner kann über Gott verfügen, und doch ist er jederzeit für den Menschen da. Gott ist heilig, heißt: Er ist abgesondert und doch ausstrahlend. Keiner kann Gott sehen, und doch kann jeder Gott erfahren. Gott ist mein Vater, Jesus mein Erlöser. Der Heilige Geist gibt mir die tiefe Gewißheit: ich gehöre zu dem großen Kreis seiner Kinder. Wer dies erfahren hat, kann einstimmen in den Jubel der Seraphen: Heilig, heilig, heilig ist der Herr der Heere.

Alle Lande sind seiner Ehre voll. *Jes. 6,3b*

Dieses himmlische Bekenntnis der Seraphen bleibt bestehen, auch wenn die Erde dem Augenschein nach von ganz anderem erfüllt ist: vom Seufzen der Kreatur, von Genuß und Lebensstandard, von Menschenehre und Menschenverachtung, von Disharmonien und Streit.

Jesaja hörte die Anbetung der Engel nicht in der Hetze und in den Aufregungen des Alltags, sondern in der Abgeschiedenheit im Tempel.

Gott gab in die Welt und in die Zeit einen Raum, an dem er sich offenbaren will. Das Volk Israel wußte darum, daß kein Haus, kein Tempel Gott fassen kann. Und doch baute es einen leeren Thron, den Gnadenstuhl. Die Bundeslade mit den beiden Seraphen stellt einen leeren Thron dar. Israel ist das einzige Volk mit einem Tempel ohne Götterbild. Sie haben nur einen leeren Thron, und sie haben erfahren, daß Gott sich auf diesem leeren Thron offenbart.

Jesaja erlebt diese Offenbarung in einem gewaltigen Erdbeben. Die in die Steinschwellen eingelassenen Türzapfen – das Massivste und Festeste im Tempel fängt an zu beben. Der Rauch hüllt Gott ein in eine Wolke. Niemand kann sein Handeln sehen (vgl. 2. Mose 19,18 und Apg. 1,9). Und doch kann der Mensch Gottes Ehre, seine Herrlichkeit wahrnehmen. In der Abgeschiedenheit des Tempels erkennt Jesaja, daß es letztlich Gottes Ehre ist, die in all den Wirren der Welt zum Zuge kommen will. Im Alten Testament sind Ehre und Herrlichkeit ein und dasselbe Wort. Herrlichkeit und Ehre gehören zur Heiligkeit Gottes. Herrlichkeit und Ehre sind der Abglanz der Heiligkeit Gottes, den der Mensch in der Schöpfung und in der Geschichte stückweise erkennen kann. Da unser menschliches Auge fast immer befangen bleibt voll all dem, was dem Augenschein nach die Erde füllt, müssen es die Engel bekennen: Alle Lande sind seiner Ehre voll.

Weh mir, ich muß schweigen. *Jes. 6,5a*

Es bestand lange Ratlosigkeit darüber, wie man das im Urtext stehende Wort ›nidmethi‹ übersetzen sollte. In der Lutherbibel hieß es »Weh mir, ich vergehe«, in der Züricher »Weh mir, ich bin verloren«, und die Griechische Bibel überträgt den Vers mit »Weh mir, ich bin betäubt«. Letzte Klarheit darüber, daß es heißen muß »Weh mir, ich muß schweigen«, gaben erst die 1948 in den Höhlen von Qumran gefundenen alten Handschriften mit Bibelteilen und Kommentaren. Der Habakukkommentar der Sekte von Qumran zeigt eindeutig, daß es ähnlich wie in Jesaja 15,1; Jeremia 47,5 und Obadja 5 heißen muß: »Ich muß schweigen« oder noch genauer »Ich werde geschweigt« (Martin Buber). Jesaja muß angesichts der Herrlichkeit Gottes und der Anbetung der Engel erkennen, daß er in den großen Lobpreis, in das dreimalige »Heilig« nicht einstimmen darf. Jesaja war zum Schweigen gebracht worden. Er hat erkannt, daß er nicht mehr reden darf, ja daß es seinen Lippen verwehrt ist, Gott anzubeten.
Die rabbinischen Ausleger sehen den Grund dafür, daß Jesaja angesichts der Heiligkeit Gottes nicht mehr reden kann, begründet in dem Schweigen Jesajas zur Freveltat des Königs Usia.
Im Todesjahr des Usia (vgl. Jes. 6,1) zeigt Gott seinem Propheten, wie er zu Lebzeiten Usias durch sein feiges Schweigen schuldig wurde. Usia hatte in das Priesteramt eingegriffen. Er hatte getan, was nur dem Priester Gottes zustand, als er das Feuer an den Altar legte (vgl. 2.Chr. 26,16). Jesaja hatte nicht den Mut, im Namen Gottes gegen seinen König aufzutreten. Er schwieg. Jesaja wurde damit mitschuldig. Nun kann er Gott nicht mehr anbeten!
Es gibt bis heute Schuld vor Gott, die nicht nur begründet ist durch zu schnelles zerstörendes oder unwahres Reden. Auch Schweigen, wo es gilt, im Namen Gottes zu reden, kann eine tiefe Kluft zwischen Gott und Mensch aufreißen.

Ich bin ein Mensch unreiner Lippen und wohne inmitten eines Volkes, das unreine Lippen hat. *Jes. 6, 5b*

Die Klage Jesajas »Ich muß schweigen« findet ihre Begründung und ihren Fortgang in dem Bekenntnis »Ich bin ein Mensch mit unreinen Lippen«. Die einzige Antwort, die Jesaja geben kann, ist das Bekenntnis seines Versagens. Jesaja bekennt: »Ich habe versagt. Ich habe mich in einem Volk eingerichtet, das unrein ist. Ich wollte nicht auffallen. Ich habe geschwiegen, damit ich unter ihm wohnen bleiben darf.«
Für das hebräische Ohr ist dieses Bekenntnis zugleich ein Lobpreis Gottes. Das Wort für »bekennen« heißt im Urtext »jadah« und bedeutet immer zwei Dinge zugleich: »Sich schuldig bekennen, seine Sünden beim Namen nennen« und »Gott preisen«. Wer seine Schuld bekennt, gibt Gott recht. Wer seine Schuld bekennt, sagt damit: »Du, Gott, lebendiger und heiliger Herr, sollst auch über mich recht behalten und siegen.«
Nach diesem Bekenntnis läßt Gott an seinem Propheten die Reinigung vollziehen. Das tödliche Feuer, das Feuer des Gerichtes (vgl. 3. Mose 10, 2; Jes. 10, 17), wird zum Element der Reinigung (vgl. 4. Mose 31, 23 ff.). Einer der Seraphen nimmt mit einer Greifzange eine Glühkohle vom Altar und berührt damit die Lippen Jesajas. Dabei hört Jesaja die Worte: Nun weicht deine Schuld, und deine Sünde ist bedeckt (Jes. 6, 7. 8). Danach kann Jesaja wieder Gottes Stimme hören. Jetzt gehört er wieder zu denen, die Gottes Namen anrufen können.
Der Prophet Zephanja weiß noch um dies Geschehen; er weiß, daß nur die Jahwes Namen anrufen können, die reiner Lippen sind. Er bekommt den bis heute geltenden Auftrag Gottes, den Menschen zuzusagen: »Ich will den Völkern reine Lippen geben, damit sie den Namen Gottes anrufen können« (Zeph. 3, 9).

Nach dem Empfang der Vergebung aus Gottes Hand konnte Jesaja die werbende Frage Gottes hören: »Wen soll ich senden? Wer will für mich gehen?« (Jes. 6,8a). Jetzt kann Jesaja in ergebener Haltung anbetend Gott antworten: »Hier bin ich, sende mich!«
Jesaja war lange Jahre vor der großen Gottesschau im Tempel Prophet Gottes gewesen. Er wirkte während der Königsherrschaft des Usia. In diese Zeit fiel auch sein Versagen. Jesaja war untreu geworden, aber Gott hat ihn neu beauftragt. Er durfte noch einmal Prophet werden. Auch ein einmal berufener Prophet kann seinem Auftrag untreu werden. Er kann sein Ziel und seinen Auftrag verfehlen. Gott aber läßt seine Berufenen nicht im Stich. Gott geht ihnen nach. Gott begegnete dem Jesaja in der Stille und Abgeschiedenheit des Tempels. Jesaja erlebte eine neue Versöhnung mit Gott. Er erfuhr eine Wiederberufung und eine neue Sendung. Seine Antwort lautete kurz, klar, entschlossen und ohne jede Einschränkung: »Hier bin ich, sende mich!«
Die Wiederberufung und neue Sendung des Jesaja sind für jeden Berufenen und Gesandten, der Gott untreu wurde, Trost und Chance.
Gott kann jeden Versager in seinem Dienst noch einmal neu beauftragen. Gott gibt keinen, den er einmal in Dienst genommen hat, auf. Gott will Ihnen und mir neu begegnen. Nun bleibt es bei uns, ob wir Gottes Erscheinen in der Stille auf dem leeren Thron unseres Herzens erwarten, ob wir bereit sind zum Bekenntnis und zur Neuhingabe mit den Worten:
»Herr, ich bin es nicht mehr wert, dein Bote zu sein. Reinige mich und vergib mir, sende mich neu. Dir übergebe ich erneut mein Leben. Verfüge du über meinen Mund. Hier bin ich, sende mich!«

Als Jesaja ohne jede Einschränkung seine Bereitschaft erklärt hatte, Gottes Bote zu sein, nimmt ihn Gott in schonungsloser Härte in seinen Dienst. Jesaja soll die von Gott beschlossene Verstockung des Volkes vollziehen. Gott beschreibt Jesaja, wie er das Volk in den Tagen Usias erlebt hat. Dem Volk fehlte in den guten Tagen jede Bereitschaft zum Hören. Es war ein Volk, das immerzu hörte und doch keine Einsicht gewonnen hatte (Jes. 6,9). Jetzt muß Jesaja die Verstockung bestätigen und festmachen. Das Herz soll unempfindsam (= fett) werden, die Ohren schwer und die Augen verklebt (V. 10).
Dieser ungeheuerliche Auftrag läßt Jesaja in einen Klageschrei ausbrechen: »Wie lange, Herr? Herr, das kann doch nicht dein letztes Wort sein; sag mir doch zumindest dein letztes, wenn auch fernes Ziel!«
Gott läßt auch in diesem Gebetsschrei Jesaja nicht im Stich. Gott gibt Jesaja einen Blick in die ferne Zukunft. Der Baum, das Volk Israel, wird geschlagen. Doch es bleibt der Wurzelstock, das Symbol der unveränderten Lebenskraft. Die Triebe, der Heilige Same, sind noch im abgehauenen Stumpf enthalten (V. 13). Die Verstockung ist ein Gericht auf Zeit. Das Leben – der Heilige Same – wird nicht völlig vernichtet.
Alexander Solschenizyn greift das Bild auf und sagt in einem seiner Werke von einem gefällten Baum:
»Wir sägten Holz, griffen dabei nach einem Ulmenbalken und schrieen auf. Seit im vorigen Jahr der Stamm gefällt wurde, war er vom Traktor geschleppt und in Teile zersägt worden, man hatte ihn auf Schlepper und Lastwagen geworfen, zu Stapeln gerollt, auf die Erde geworfen – aber der Ulmenbalken hatte sich nicht ergeben! Er hatte einen frischen grünen Trieb hervorgebracht – eine ganze künftige Ulme oder einen dichten, rauschenden Zweig. Wir hatten den Stamm bereits auf den Bock gelegt, wie auf einen Richtblock; doch wir wagten nicht, mit der Säge in seinen Hals zu schneiden. Wie hätte man ihn zersägen können? Wie sehr er doch leben will – stärker als wir!«

Ruben lebe, er sterbe nicht, doch bleiben seine Mannen gezählt. *5. Mose 33,6*

Ruben war der erste Sohn Jakobs. Seinen Namen bekam er durch seine Mutter Lea, die voll Freude bei der Geburt ausrief: »Ruben! Seht, ein Sohn!« (1. Mose 29,32). Nachdem Jakob seine Frau Rahel in der Nähe Bethlehems bei der Geburt Benjamins verloren und vor den Toren Bethlehems begraben hatte, verging sich Ruben an Bilha, der Magd Rahels, der Nebenfrau seines Vaters. Dieses Vergehen brachte Ruben um sein Erstgeburtsrecht (vgl. 1. Chr. 5,1.2).

Der Segen, den Mose unmittelbar vor der Landnahme bei seinem Abschied den einzelnen Stämmen zusagte, knüpft noch einmal an an das Leben der Stammväter. Ruben, dem sein Erstlingsrecht mit dem damit verbundenen Führungsanspruch genommen wurde, wird ein kleiner Stamm bleiben. Dennoch aber steht er unter dem Zeichen des Lebens. Ruben hatte eine besondere Anhänglichkeit an seine Mutter Lea. Als er eines Tages bei der Weizenernte auf Granatäpfel stieß, brachte er sie seiner Mutter als Liebesäpfel. Der Handel, in den Lea mit Rahel aufgrund des von Ruben gepflückten Straußes von Granatäpfel geriet, zeigt, welche Bedeutung die Frauen dieser Geste der Liebe zumaßen (vgl. 1. Mose 30,14ff.). Ruben war es auch, der es nicht zuließ, daß Joseph trotz seiner Unbeliebtheit im Brüderkreis getötet wurde. Er schlägt seinen Brüdern vor, ihn lebendig in einen ausgetrockneten Brunnen zu werfen. Schließlich wollte Ruben Joseph seinem Vater zurückbringen. Er kam jedoch zu spät, die anderen hatten Joseph nach Ägypten verkauft (vgl. 1. Mose 37). Nachdem er erlebte, wie schwer sein Vater Jakob am vermeintlichen Tode Josephs trug, versicherte er ihm, Benjamin in jedem Falle aus Ägypten zurückzubringen, und bot als Bürgen seine beiden eigenen Söhne an (vgl. 1. Mose 42).

Ruben hat sein Erstgeburtsrecht verloren. Gott aber, für dessen Dienst sich Ruben entschlossen hatte – er baute für Jahwe einen Altar (Josua 22,11) –, gab ihm einen neuen Lebensraum. Ruben durfte leben.

Du, Ruben, bist mein erstgeborener Sohn, meine Kraft, der Erstling meiner Stärke, bevorzugt an Würde und bevorzugt an Macht. Doch überwallend wie Wasser, sollst du keinen Vorzug genießen, denn du hast deines Vaters Lager bestiegen, dadurch bist du entweiht: mein Bett hast du bestiegen.

1. Mose 49, 3.4

Jakob segnet auf dem Sterbebett alle seine 12 Söhne. Ruben ließ sich, was sein Vergehen an Bilha betraf, hinreißen wie ein überwallendes Wasser. Sein Umgang aber mit seinen Eltern und Geschwistern war ausgezeichnet durch Anhänglichkeit, Liebe und Treue.
Marc Chagall hält diesen Wesenszug Rubens in seinem berühmt gewordenen Fenster in der Synagoge in Hadassah fest, indem er in die wallenden ineinandergreifenden Wassermassen einen Granatapfelbaum einzeichnet (vgl. 1. Mose 30, 14 ff.) und darüber eine kleine grüne Fläche, in der winzige Schafe weiden. Ruben bekam sein Land östlich des Jordans. Er leistete Waffenhilfe im Westjordanland (4. Mose 32) und blieb nicht nur seinen Brüdern, sondern auch Jahwe, dem einen und alleinigen Gott, treu.
Die Reihenfolge, in der die Söhne ans Bett des sterbenden Vaters traten, richtet sich nicht nach dem Geburtsjahr, sondern nach der Ordnung, wie die 12 Stämme, die jeweils den Namen ihres Stammvaters tragen, sich einmal um das Heiligtum in der Wüste lagern werden. Jakobs Segen ist damit ein vorausweisendes Wort der Ankündigung all dessen, was dem aus seinem Sohn hervorgehenden Stamm in der Geschichte widerfahren wird. Zugleich aber greift Jakob in seinen Segensworten zurück auf einzelne Geschehnisse im Leben seiner Söhne. Auch dieses rückweisende Wort zieht Konsequenzen aus dem vergangenen Leben des einzelnen Sohnes und wird so zur Wegweisung für die Zukunft. Die Geschichte der einzelnen Stämme ist geprägt und gezeichnet durch die Segensworte Jakobs. Für die, die Christus angehören und von Paulus »Nachkommen Abrahams« und »Erben der Verheißung« (Gal. 3, 29) genannt werden, sind die Segensworte nicht nur Bewältigung der Vergangenheit, sondern auch Wegweisung für die Zukunft.

Simeon und Levi sind Brüder; Werkzeuge der Gewalttat sind ihre Schwerter. Ich will nichts zu schaffen haben mit ihren Ratschlägen, will keine Gemeinschaft haben mit ihren Entschlüssen. Denn in ihrem Zorn haben sie Männer erschlagen und in ihrem Übermut Stiere verstümmelt. *1. Mose 49, 5.6*

Simeon und Levi haben unter den Hewitern ein grausames Massaker angerichtet. Sichem, der Sohn des Landesfürsten der Hewiter, hatte ihre Schwester Dina vergewaltigt. Als Hemor, der Vater Sichems, Jakob bat, seine Tochter Dina seinem Sohn zur Frau zu geben, und ein friedliches Zusammenleben beider Völker vorschlug, gaben die Brüder Dinas Simeon und Levi die arglistige Antwort: »Unter den Bedingungen wollen wir euch zu Willen sein, wenn ihr so werden wollt, wie wir sind, nämlich wenn alles, was männlichen Geschlechtes bei euch ist, sich beschneiden läßt« (1. Mose 34,15). Als am dritten Tage die Männer infolge der Beschneidung im Wundfieber lagen, drangen Simeon und Levi mit dem Schwert in die Stadt ein und erschlugen alle Männer. Jakob, ihr Vater, war über diesen Gewaltakt empört und setzte sich in aller Form von dem Vorgehen Simeons und Levis ab.
Simeons und Levis Racheakt hat sich in der Geschichte immer wieder ereignet. Am 9. April 1948 überfielen zwei jüdische Terroristen-Verbände – die Irgun und die Sterngruppe – das in der Nähe Jerusalems gelegene arabische Dorf Deir Jassin und ermordeten in unfaßbarer Brutalität nahezu alle Bewohner. Augenzeugen berichteten, daß sie eine Frau, die im neunten Monat schwanger war, mit einem Fleischmesser aufschlitzten, und eine andere, beim Versuch das Ungeborene zu bergen, töteten. Die überwältigende Mehrheit der Juden Palästinas reagierte ähnlich wie Jakob mit Entsetzen und Abscheu.
Levi und Simeon und die unzähligen nach ihnen nahmen Rache, von der es im Alten und Neuen Testament heißt, daß sie keinem Menschen zusteht (5. Mose 32,35; Röm. 12,19). Wo immer im großen – aber auch im kleinen – unrecht getan wird, erlaubt Gott keine Rache, sondern behält sich allein das eingreifende Handeln vor.

5. Juni

Verflucht sei ihr Zorn, daß er so gewalttätig ist, und ihre Wut, daß sie sich so grausam zeigt. Ich will sie zerteilen in Jakob und sie zerstreuen in Israel. 1. Mose 49,7

Im Abschiedssegen des Mose findet sich kein Wort des Segens über Simeon. Auch Jakob segnet die Brüder Simeon und Levi nicht, sondern verflucht ihren Zorn. Dabei fällt auf, daß er nicht in Gottes Handeln eingreift und die beiden Brüder und ihre Nachkommen verflucht, er flucht ihrem Zorn, aus dem das Massaker geboren wurde. Die Geschichte Simeons aber zeigt, daß Gott auf diesen Stamm keinen Segen legte. Auf der ersten Reise nach Ägypten ließ Joseph Simeon als Geisel gefangensetzen (vgl. 1. Mose 42,24). Der Anteil Simeons im Land Kanaan lag mitten im Gebiet Judas (Jos. 19,1–9). Sie hatten keine klaren Grenzen. Beerscheba wird von Amos zu Simeon gerechnet (Am. 5,5; 8,14), von anderen aber zu Juda (1. Kön. 19,3). Simeon ist der einzige Stamm, von dem man seit der Zeit Hiskias nichts mehr weiß. Er war plötzlich aus der Geschichte Gottes verschwunden. Gott hat sich von Simeon zurückgezogen. Simeon stand nicht unter dem Segen, sondern im Bereich des Fluches. Marc Chagall stellt dies in seinem Fenster Simeon so dar: Aus einem leuchtend roten Planeten mit der Inschrift »Simeon« entfernt sich ein roter Vogel mit gelbem Schnabel. Der feurige Vogel mit seinem gelben Schnabel versinnbildlicht die Macht, die Stärke, den Segen, Simeon flieht der Segen.

Gottes Segen ist gebunden an den Gehorsam (vgl. 5. Mose 7,12). Bei Ungehorsam verflüchtigt sich der Segen nicht einfach, sondern verwandelt sich in Fluch. Der Fluch ist die schreckliche Möglichkeit unmittelbar neben dem Segen. Wie der Segen Teilhaben an Gottes Geschichte und seiner Herrlichkeit ist, so ist der Fluch das Dahingegebensein in die Gottferne, in die Machtsphäre Satans. Mit dem Entzug des Segens leitet Gott selbst das Gericht ein.

Dein Recht-Orakel und dein Licht-Orakel gehört den Männern deines Getreuen, den du bei Massa versucht hast, für den du bei Meriba gestritten hast, jenen Männern, die von Vater und Mutter sagten: »Ich kenne sie nicht!« und die ihre Brüder nicht ansahen, von ihren Kindern nichts wissen wollten, denn sie bewahrten dein Gebot und hielten an deinem Bunde fest.

5. Mose 33,8.9

Gott kann das bereits begonnene Gericht zum Heil wenden. Die Nachkommen Levis, für den Jakob wie für Simeon keine Segensworte fand, wurden zum Stamm des Segens. Am Fuße des Horebs, dem Ort, den Mose Massa = Versuchung und Meriba = Hader nannte, weil das Volk Gott versuchte, indem sie sagten: »Ist Gott in unserer Mitte oder nicht?« (vgl. 2. Mose 17,7), geschah die wohl weiteste Entfernung des Gottesvolkes von ihrem Herrn. Mose war auf dem Berg Horeb. Das Volk fühlte sich von Gott verlassen und wollte die Spannung der Ungewißheit nicht mehr aushalten. Sie bestürmten Aaron: »Auf, mache uns einen Gott, der vor uns herziehen soll!« (2. Mose 32,1). So baute Aaron aus dem Gold der Israeliten ein für alle sichtbares Gottesbild. Als die Israeliten den Stier, ein Bild der Macht und Fruchtbarkeit, sahen, tanzten sie vor Freude, opferten Brandopfer und brachten Heilsopfer dar. Gott aber schickte Mose vom Sinai hinab ins Lager. Dort angekommen, rief Mose zur Entscheidung für den lebendigen Gott auf: »Her zu mir, wer es mit dem Herrn hält!« (2. Mose 32,26). Nun waren es die Nachkommen Levis, die sich um Mose scharten. Sie bekamen den ungeheuren Auftrag, alle, die an dem selbstgemachten Bild der Götzen festhielten, umzubringen. »So fielen an diesem Tag vom Volk gegen 3000 Mann.« Zu den Leviten aber sprach Mose: »Weiht euch heute dem Herrn zu Priestern« (2. Mose 32,28.29). Die bewußte Abkehr von allem Ungehorsam und die entschlossene Hinkehr zu dem lebendigen Gott mit dem persönlichen Bekenntnis: »Du allein bist mein Herr! Dir werde ich gehorchen!« verwandelte den Fluch, unter dem Levi stand, in Geschichte des Segens. Wie beim Ungehorsam der Segen in Fluch umschlägt, so verwandelt sich bei neuem, bedingungslosem Gehorsam Fluch in Segen.

Ich, der Herr, bin dein Gott, ich, der Heilige, bin dein Retter.
Jes. 43,3

In ihrem bedingungslosen Gehorsam, mit dem die Nachkommen Levis auf die Seite des alleinigen Gottes traten, begegneten sie Gott, dem Heiligen, dem Retter seines Volkes. Ihm, dem Heiligen, sollten sie sich weihen (2. Mose 32,29). Die Weihe bestand darin, daß sie sich ihre Hände füllen ließen. Das hebräische Wort für Priesterweihe heißt wörtlich übersetzt: Füllen der Hände (vgl. 2. Mose 28,41; 3. Mose 8,28 nach Menge). Gott legt in die ausgestreckten leeren Hände der Leviten sein Licht- und Recht-Orakel Urim und Thummim. Das vollkommene Licht und der unumstößliche Rechtspruch sind ihnen zur Weitergabe an ihr Volk anvertraut. Die Entscheidungen über Licht und Heil, die ursprünglich in der Hand eines jeden levitischen Priesters waren (5. Mose 33,8), wurden später dem Hohenpriester vorbehalten (2. Mose 28,30; 3. Mose 8,8; 4. Mose 27,21). Er trug auf seiner Brust, in der Tasche der Entscheidung, zwei verschiedenfarbige Lossteine, durch die er Gottes Weisung erfahren und weitergeben konnte.
Alle Priester in Israel sind Nachfahren Aarons, der wie Mose und Miriam aus dem Geschlecht Levis stammt. Die Leviten hatten in Kanaan kein Erbteil. Das fehlende Land und das Zerstreutsein unter andere Stämme – es gehörten ihnen 48 Städte, verteilt in allen Stammesgebieten – war nicht ein Zeichen des mangelnden Segens wie bei Simeon, sondern ein Zeichen dafür, daß ihr Teil allein Jahwe, der Lebendige und Heilige, war (4. Mose 18,20). Gott hatte die Leviten durch Sündenvergebung geheiligt. Er allein will über sie verfügen. Sie sind seine Diener.
Es gibt bis heute Menschen, die Gott in besonderer Weise beansprucht, die er herausruft in eine Lebensweise, die unter anderen Gesetzen steht als die, die er für sein Volk im ganzen bestimmte. Dieses Amt kann keiner erlernen oder erwerben. Gott muß rufen und die leeren Hände füllen.

Sie sollen Jakob deine Verordnungen lehren und Israel dein Gesetz. Sie sollen Weihrauchduft zum Einatmen vor dich bringen und Ganzopfer auf deinen Altar. Segne, Herr, seinen Wohlstand und laß dir das Tun seiner Hände gefallen.

5. Mose 33,10.11a

Priester in Israel waren nur die Nachkommen Aarons. Ihnen, den sogenannten »Kohanim«, kam die Aufgabe zu, die Opfer darzubringen. Die übrigen Nachkommen Levis, ganz allgemein Leviten genannt, hatten nach einer fünfjährigen Ausbildung vom 25. bis 30. Lebensjahr unter der Aufsicht der Priester folgende Ämter zu versehen: die Bewachung des Heiligtums und das Tragen des Heiligtums in der Wüstenzeit. Sie waren Sänger und Musiker, Verwaltungsbeamte und Richter. Außerdem unterstützten sie die Priester bei der Unterweisung des Volkes (4. Mose 3.4.18; 1. Chr. 16.23).
Das Hauptsymbol des Fensters Levi von Marc Chagall sind die beiden Gesetzestafeln. Sie sind umgeben von vielen Sabbatkerzen, deren Schein dem Fenster die leuchtend goldgelbe Farbe gibt. Auf den Gesetzestafeln aber stehen nicht die Gebote, sondern die Segensworte des Mose (5. Mose 33,8–11). Damit weist Chagall darauf hin: Levi wurde aufgrund seines Gehorsams zum Stamm des Segens. Als solche, die Gott Gehorsam erwiesen, sind sie nun die Wahrer des Gesetzes und die Lehrer des Volkes. Über den Tafeln schweben zwei Tiere wie eine Wache über den Gesetzestafeln. In ihren Klauen halten sie einen Korb mit Erstlingsfrüchten, die am Altar niedergelegt wurden und aus dem Zehnten des Ertrages des Landes stammten. Dieser Zehnte des Ertrages des Landes und des Viehs, die Erstlinge und die Erstgeburt, außerdem ein Teil der bei besonderen Gelegenheiten Gott dargebrachten Opfergaben, dienten dem Lebensunterhalt der Leviten. Das Auskommen der Leviten – des Stammes ohne Land – war damit nicht nur gesichert, sondern der ihnen daraus erwachsene Wohlstand stand unter dem Segen Gottes. Wo Gott Menschen zu einem besonderen Dienst aussondert, sorgt er in seiner göttlichen Weise für Auskommen und Fülle.

Zerschmettre seinen Gegnern die Hüften und seinen Widersachern, daß sie nicht mehr aufstehn! *5. Mose 33,11b*

Dem Stamm Levi, der Gott am Horeb treu blieb, wird noch in besonders herausgehobener Weise Gottes Schutz und Bewahrung vor seinen Gegnern und Widersachern zugesagt. Zur Darstellung dieser Verheißung wählt Marc Chagall den sogenannten Davidsstern, den er in roten, weißen und blauen Farbtönen in der oberen Hälfte seines Fensters aufstrahlen läßt. Über dem Stern steht der Name Levi. Der Davidsstern hat in der jüdischen Geschichte eine junge Tradition. Er ist nirgends im Zusammenhang mit David und seinem Reich genannt, sondern taucht in der jüdischen Geschichte zum ersten Mal auf in einer mystisch theosophischen Geheimlehre Spaniens, in der sogenannten Kabbala. Erst im 19. Jahrhundert gewinnt der Stern Bedeutung im allgemeinen Judentum, und zwar als Zeichen der Verfolgung. Mußten im 13. Jahrhundert die Juden als Zeichen ihres Ausgestoßenseins in England ein Abzeichen mit einer Nachbildung der beiden Gesetzestafeln tragen, in Frankreich und Deutschland ein gelbes O, so wurden sie im 19. Jahrhundert mit dem Judenstern gekennzeichnet, der unter Adolf Hitler zum Zwangs- und Todeszeichen wurde.
Das Volk Gottes aber lebt weiter. Ihr Todesstempel ist heute ihr Nationalzeichen. Mit der Aufnahme des Davidssterns in das Levi-Fenster gibt Chagall die entscheidende Deutung: Gott stand zu seinem Volk, und er wird es behüten. Die linke Seite des Davidssterns wird in Chagalls Darstellung bewacht von einer kleinen Taube mit einer zierlichen Krone, die rechte von einem Vogel mit zwei winzigen Hörnern, dem Zeichen der Weisheit.
Nach altorientalischer Tradition sind die Hüften der Sitz der Weisheit. Als Jakob am Jabbok mit jenem Mann bis zur Morgenröte kämpfte, wurden seine Hüften ausgerenkt. Jakob bekommt dann den Namen »Streiter Gottes, Israel«, »denn du hast mit Gott und Menschen gekämpft und bist Sieger geblieben« (1. Mose 32,25–28). Gott hat ihn durch die Verletzung der Hüfte in seinem Verstand besiegt und ihn so zum Sieger werden lassen und ihm einen neuen Auftrag gegeben.

10. Juni

Du bist's, den deine Brüder preisen werden! Deine Hand wird deinen Feinden auf dem Nacken liegen. Vor dir werden sich beugen die Söhne deines Vaters. Ein junger Löwe ist Juda: vom Rauch bist du emporgestiegen, mein Sohn. Er kauert nieder, er streckt sich wie ein Löwe und wie eine Löwin. Wer darf ihn aufstören? *1. Mose 49, 8. 9*

Juda war schon früh in seinem Bruderkreis tonangebend. Von ihm kommt der Vorschlag, Joseph zu verkaufen. Als beim zweiten Zug nach Ägypten Benjamin zurückbleiben soll, macht sich Juda zum Sprecher der Brüder und bietet sich an Benjamins Stelle Joseph als Sklave an (vgl. 1. Mose 37; 43; 44). Die herausragende Rolle des Stammes Juda zeichnet sich bereits unter Mose ab. Bei der Volkszählung ist der Stamm der stärkste (4. Mose 1, 27; 26, 22). Aus dem Stamm Juda gingen David und damit das gesamte davidische Königshaus hervor. Der Prophet Jesaja und der Statthalter Nehemia waren Abkömmlinge Judas. In Marc Chagalls brennend rotem Juda-Fenster trägt ein großer, friedlich mit geringeltem Schwanz dargestellter Löwe auf seinem purpurfarbenen Kopf die Dachfirste Jerusalems, der Stadt Davids. Der oberste Teil des Fensters ist bestimmt von einer Königskrone mit der Inschrift »Juda«, darunter zwei Hände zueinander geordnet zum Segnen. Einmal im Jahr steht dem König die sonst nur dem Priester vorbehaltene Handlung des Segnens zu. Zum ersten Mal segnete David das Volk, nachdem er die Lade nach Jerusalem überführt hatte (2. Sam. 6, 18); und im Vollzug der Tempelweihe segnete König Salomo die ganze Volksgemeinde, die vor ihm stand (1. Kön. 8, 14).
Wie der sterbende Vater Jakob seine Lebenskraft im Segen seinen Söhnen weitergab und die Priester das Volk im Segen entlassen, so segnet der von Gott eingesetzte König das Volk. Er übernimmt damit dem Volk gegenüber die Funktion eines Vaters und stellt als oberster Herr und König die Glieder seines Volkes unter das Segenswirken Gottes. Der einmal ausgesprochene Segen wirkt stetig fort. Er begleitet den Gesegneten und wird seinem Inhalt nach einmal in Erfüllung gehen.

Nicht wird das Zepter von Juda weichen, noch der Herrscherstab zwischen seinen Füßen hinweg, bis der kommt, dem der Herrscherstab gebührt, und die Völker werden ihm Gehorsam leisten. *1. Mose 49, 10–12*

Aus Davids Haus wird der Messias, der Gesalbte Gottes, hervorkommen, der den Herrscherstab mit Recht führt und dem alle Völker gehorchen werden. Mit ihm bricht die Fülle der Güter der messianischen Zeit ein. Er, der wahre Löwe aus Juda, wird es sein, der allein würdig ist, am Ende der Zeit das Buch und seine sieben Siegel zu öffnen (Offb. 5, 5).
Um den Weg dieses seines Messias zu bereiten, führt Gott Juda, den Stammesvater, einen besonderen, schwer verständlichen Weg. Juda hatte drei Söhne, alle jedoch waren ihm geboren von einer Frau, die nicht zum Volke Gottes gehörte, von der Kanaaniterin Sua: Ger, Onan und Sela. Ger, verheiratet mit Thamar, starb. Auch Onan, der sich geweigert hatte, an seines Bruders Statt in der Ehe mit Thamar die Nachkommenschaft Judas zu sichern, mußte sein Leben lassen. Da Juda um das Leben seines letzten Sohnes bangte und die Ehe mit Thamar hinauszögerte, überlistete Thamar ihren Schwiegervater. Unerkannt, verkleidet als Dirne, gewann sie ihn und gebar ihm die Söhne Perez und Sera. Bevor Juda wußte, daß er selbst der Vater der beiden Söhne war, wollte er seine Schwiegertochter verbrennen lassen. Als sie ihn aber überführte, sagte er: »Sie ist gerechter als ich, denn ich habe sie meinem Sohn Sela nicht gegeben« (vgl. 1. Mose 38, 26).
Thamar tat, was vor dem Gesetz unrecht war. Sie ging einen Weg, der in der Todesstrafe enden mußte. Sie wurde gerechtgesprochen, weil sie alles einsetzte, um den Stamm Juda zu erhalten. Perez wurde der Stammvater Davids (Ruth 4, 18–22; Luk. 3, 33). Thamar gehört zu den Stammüttern Jesu (Matth. 1, 3). Gott ging einen einmaligen und in seiner letzten Konsequenz menschlich nicht zu verstehenden Weg. Er aber sorgte dafür, daß seine Verheißung erfüllt wurde. Das Geheimnis, wie Gott Verheißungen erfüllt, wird nie ein Mensch ergründen können. Eines aber bleibt, Gott ist treu und erfüllt, was er verspricht.

Sebulon wird bis zum Meeresstrand wohnen, und zwar am Gestade der Schiffe, und mit dem Rücken wird er sich an Sidon lehnen. *1. Mose 49, 13*

Sebulon war der sechste Sohn, den Lea Jakob gebar (1. Mose 30, 19f.). In den Vätergeschichten wird von ihm nur erzählt, daß er mit seinen drei Söhnen Jakob nach Ägypten begleitete (1. Mose 46, 14). Das Stammesgebiet, das bei der Landverteilung Sebulon zugewiesen wurde, lag im Norden in Galiläa und reichte bis zur Mittelmeerküste. Im Segen des Mose wird Sebulon zusammen mit Issaschar genannt. Nach einer alten Tradition wollte Jakob, daß Sebulon Handel treibt, um aus seinen Einkünften Issaschar, den künftigen Gelehrtenstamm, unterstützen zu können. Neben dem Handel erschloß sich Sebulon eine weitere Einnahmequelle. »Sie saugen den Reichtum der Meere und die verborgenen Schätze des Sandes« (5. Mose 33, 19b). Aus dem weißen, reinen Sand aus Akkos Küste gelang es ihnen, Glas herzustellen. Sie erlangten Berühmtheit durch das »Verwahrte im Sand«. Da Marc Chagall die Glasmalerei unter allen Techniken seiner Kunst bevorzugte, wandte er Sebulon, dem Erfinder der Glasherstellung, in seinem Fenster besondere Aufmerksamkeit zu. Neben dem Königsfenster Juda ist nur das Fenster Sebulon in rotem Glas ausgeführt. Zwei große blaßlila- und blaugetönte Fische, die hoch am Himmel aufeinander zuschwimmen, stellen die Fruchtbarkeit des Meeres dar. Ein kleines, purpur- und grünschimmerndes Boot beginnt aus dem unteren Teil des Bildes eine Fahrt durch die rote See einer untergehenden Sonne entgegen. Das kleine Boot segelt in die Zukunft des Friedens und stellt Chagalls Vertrauen in das Weiterleben des neuen Staates Israel dar, dem er seine Fenster widmete mit den Worten: »Ich schöpfe Hoffnung und Mut bei dem Gedanken, daß mein bescheidenes Werk im Land Israel bleiben wird.«
Das heutige Israel lebt von den alten Verheißungen Jakobs an seine Söhne. Die Standesorganisation der Seeleute im neuen Staat Israel heißt Sebulongesellschaft.

Das Volk, das im Finstern wandelt, wird ein großes Licht erblicken, und über denen, die im umnachteten Land wohnen, wird Licht aufstrahlen. *Jes. 9,1*

Die ersten Adressaten der großen Verheißung des Propheten Jesaja sind die Stämme Sebulon und Naphtali. In seinen Palästinafeldzügen trennte Tiglathpileser III. (734 u. 732 v.Chr.) diese beiden nördlichsten Stammesgebiete vom Reich Israel ab und verwandelte sie in assyrische Provinzen. Die Stämme waren losgerissen vom Gottesvolk, sie waren hinausgestoßen in die Geschichtslosigkeit, d.h., sie wandelten im Finstern. Durch den Propheten Jesaja läßt Gott seinem im Finstern wohnenden Volk die Verheißung zurufen: »Das Gericht ist nicht das Ende des Weges. Es wird ein Licht aufglänzen, ein geschichtswendendes Ereignis wird eintreten.« Die Verheißung wurde in alttestamentlicher Zeit nicht erfüllt. Die Provinzen wurden nicht befreit. Es dauerte 700 Jahre, bis Matthäus, als Jesu Wirken in Galiläa begann, sagen konnte: »Nun ist die Verheißung erfüllt« (Matth. 4,16). Die Verheißungen Gottes sind vorausweisende Worte. Wo Gott ein Volk, einen Stamm, aber auch einen einzelnen herausruft und rettet, ist diese Begegnung auf Fortsetzung angelegt. Aus der Begegnung mit Gott – der Erfahrung des Heils – wird ein Weg mit Gott, eine Heilsgeschichte. Diese Heilsgeschichte ist in jeder Phase bestimmt von Gottes Verheißung. Der Mensch ist hineingestellt in das Spannungsfeld von Verheißung und Erfüllung. Sebulon bekam dies ihm bereits von Jakob im Segen versprochene Land. Es wurde ein erfolgreiches Volk von Seeleuten und erfand, wie es Mose voraussagte, die Glasherstellung. Die Erfüllung der durch Jesaja ergangenen Verheißung jedoch dauerte 700 Jahre. Auch die Zusage der zahlreichen Nachkommenschaften blieb für Abraham lange unerfüllte Verheißung (vgl. 1.Mose 15,5). Er hielt aber daran fest, als ob sie schon eingetroffen wäre. Im Spannungsfeld der Verheißung leben heißt, sich fest darauf verlassen: das versprochene Wort wird eintreffen. Die Ihnen von Gott gegebenen Verheißungen sind Worte für den Weg. Sie können fest damit rechnen: Gott steht zu seinem Wort.

Issaschar ist ein starkknochiger Esel, der zwischen den Hürden lagert. Als er sah, daß die Ruhe etwas Schönes und das Land gar lieblich sei, da beugte er seinen Nacken zum Lasttragen und wurde ein dienstbarer Fronknecht. 1. Mose 49, 14. 15

Issaschar war der 5. Sohn Leas. Das Land, das der Stamm Issaschar bekam, umfaßte einen großen Teil der fruchtbaren Jesreelebene und den Berg Thabor. Issaschar liebte sein Land so sehr, daß er es eher vorzog, doppelte Steuern und Abgaben zu zahlen, als je in den Krieg zu ziehen. Marc Chagalls Fenster Issaschar in der Synagoge in Hadassah wird von zwei segnenden Händen beherrscht. Die linke trägt die Farbe eines Smaragds, die rechte ist scharlachrot. Der Segen ist dargestellt als friedliche Weide, auf der zunächst der lagernde Esel auffällt. Er ruht mit seinem blauen Kopf zufrieden auf dem grünen Feld. Ein kleiner Vogel läßt sich auf dem Rücken des lagernden Esels nieder. Über dem Kopf weiden Schafe, dahinter ragt ein Hirtenstab auf. Das ganze Fenster ist angefüllt mit Schätzen des Feldes, Blumen und Weinreben, Weizen und Gerste.
Segen und Friede liegt über dem Stamm Issaschar. Man kann die alttestamentliche Vorstellung von Segen und Frieden nicht besser darstellen als in der Fülle der Gaben, wie sie Marc Chagall in seinem Fenster aufhäuft. Friede heißt unversehrtes, intaktes Verhältnis mit Gott. Die Gaben des Friedens sind die Segensgaben, die zeitlich sichtbare materielle Fülle: Landbesitz, Vieh und gute Ernte, ferner Glück als Lebenserfüllung, eine gute Frau, Söhne, Schönheit, Gesundheit, Ehre und Weisheit. Nach alttestamentlichem Glauben hat der, der im intakten Verhältnis mit Gott lebt, ein Anrecht auf diese sichtbaren Auswirkungen des Friedens. Als Hiob alle Lebenserfüllung genommen wurde, suchte er seine Erfüllung nicht in einer Verinnerlichung der materiellen Fülle, sondern er rechtete mit Gott wegen des Verlustes.
Erst Jesu Weg auf dieser Erde zeigt, daß für Nachfolger Christi das Segenswirken Gottes nicht mehr an äußeren Gaben ablesbar ist. Der Friede, das stetige Heilsein des intakten Verhältnisses mit Gott ist Kreuzesnachfolge. Die Segensgaben sind verdeckt und verborgen durch das Kreuz.

15. Juni

Und du, Issaschar, freue dich deiner Zelte! Sie laden Völker ein auf den Berg, und dort opfern sie Opfer der Gerechtigkeit.
5. Mose 33, 18. 19a

Der Segen Issaschars war nicht nur Reichtum, Fruchtbarkeit und Lebensglück, Issaschar war der Stamm der Gelehrten. Die Nachkommen Issaschars waren berühmt wegen ihres eifrigen Studiums der Thora. Ihre Erkenntnis behielten sie nicht für sich. Sie lehrten die Völker und luden sie ein zu Opfern der Gerechtigkeit.
Marc Chagall umrahmt das Issaschar-Fenster mit einem großen Ornament von sich windenden Schlangen, den Symbolen der Weisheit. Das in der oberen Hälfte seines Fensters eingezeichnete Zelt Issaschars ist gehalten von den zwei Tafeln der Gebote Gottes.
Weisheit, Lehre, Gesetzesunterweisung, Sammeln des Volkes zum Opfer brauchen Zeit der Ruhe und Reife. Bevor Mose Führer und Lehrer des Volkes wurde, genoß er eine 40jährige Erziehung und Ausbildung am Hofe Pharaos fernab von der Bedrückung und dem Frondienst seines Volkes. Diesen 40 Jahren der Ruhe und der Reifung folgten weitere 40 Jahre in der Abgeschiedenheit im Stamm Jethros, des Priesters von Midian. Bevor Jesus auftrat, war er 30 Jahre ein namenloser Bürger Nazareths, und während der drei Jahre seines Wirkens kannte er regelmäßige Zeiten des Fastens und des Betens in der Einsamkeit.
Zur Stille, zum Lernen und zum richtigen Weitergeben der Geheimnisse Gottes gehören Zeiten der Ruhe. Unruhe bringt Weisheit zum Schweigen. Issaschar hat sich diese Ruhe teuer erkauft. »Ein Beutel voll Weisheit war ihnen mehr wert als ein Beutel voll Perlen« (vgl. Hi. 28, 18 nach der wörtlichen Übersetzung von Köhler). Was Israel im großen erlebte, erfährt der Nachfolger Jesu in seiner persönlichen Stille. Dag Hammerskjöld formulierte dies so: »Jeden Morgen soll die Schale unseres Lebens hingehalten werden, um aufzunehmen, zu tragen und zurückzugeben.«

Dan wird seinem Volk Recht schaffen wie irgend einer von den Stämmen Israels; Dan wird wie eine Schlange am Weg sein, eine Hornotter am Pfad, die das Roß in die Fersen sticht.

1. Mose 49, 16–18

Vor der Landnahme und der besonderen Geschichte des Stammes Dans berichtet das Alte Testament von zwei Nachkommen Dans. Der eine war Oholiab, einer der beiden von Gott berufenen Werkmeister. Zusammen mit Bezaleel baute er das Offenbarungszelt, die Gesetzeslade mit der Deckplatte und den anderen Geräten der Stiftshütte (2. Mose 31, 1–11), der zweite war eine Frau, die einen Ägypter geheiratet hatte. Ihr Sohn lästerte im Streit mit einem Israeliten den Namen Jahwes und fluchte. Nach einer Weisung, die Mose von Jahwe bekam, wurde er aus dem Lager geführt. Alle, die die Lästerungen und den Fluch gehört hatten, legten ihm die Hände auf den Kopf, danach wurde er gesteinigt (3. Mose 24, 10–14). Ein Nachkomme Dans, des Stammes der Richter und Rechtsprecher, wurde nach dem Gesetz zum Tode verurteilt. Die von den Daniten verwaltete Gerichtsbarkeit hält Chagall in seinem Fenster in folgenden Symbolen fest: An einem Schwert gehalten, von einer langfingerigen menschlichen Hand, die zu einem roten Tier gehörte, ist die Waage der Gerechtigkeit ausbalanciert. Zwei Vögel, eine Taube in rot und blau, mit einem weißen Kopf und ein nachtschwarzer Rabe, symbolisieren Licht und Dunkelheit, Recht und Unrecht.

Das Volk, das das Gottesrecht zu verwalten hatte, machte sich zur Zeit der Landnahme des herausstechendsten Götzendienstes schuldig. Auf seinem Zug in den Norden raubten sie einen Götzen, der im Hause eines Mannes Micha in Ephraim stand. Micha hatte für sein goldenes Götzenbild einen jungen Leviten aus Bethlehem bestochen, sein Privatpriester zu sein. Als die Daniten ihm größere Ehre und Geld boten, zog er mit ihnen in den Norden und wurde Götzenpriester in Dan, dem ehemaligen Lais. Das geschnitzte Bild blieb in Dan aufgestellt, solange sich die Stiftshütte in Silo befand (Ri. 17.18).

Der Daniter, der Gott fluchte, mußte sterben. Der Stamm Dan mit seinen Privatgötzen wurde als erster bereits 732/33 in die assyrische Gefangenschaft geschleppt.

17. Juni

Dan ist ein junger Löwe, der aus Basan hervorkommt.

5. Mose 33,22

Der Stamm Dan konnte sich in dem ihm bei der Landnahme zugewiesenen Gebiet nicht behaupten. Die Philister und Amoriter behielten die Vorherrschaft (vgl. Ri. 1,34 ff.). Gott berief aus Dan einen mit besonderen Gaben ausgestatteten Führer, Simson, den Mose in seinem Segen vorhersah und mit einem jungen Löwen vergleicht. Simson, der Sohn Manoahs, wurde schon im Mutterleib zu seinem besonderen Befreiungsdienst geweiht. (Ri. 13).

Es gab im Alten Testament eine Reihe von Ämtern, die verbunden waren mit vorgeschriebenen Enthaltungen. Die heiligen Handlungen des Festopfers und der Blutrache wurden begleitet von Abstinenzen (Wein und sexuelle Enthaltung) und dem Symbol des Wachsenlassens der Haare. Das ungeschorene Haar war Ausdruck dafür, daß der Geweihte ausschließlich Eigentum Gottes ist. Diese ganze Gotteshingabe wird berichtet von den großen Richtern (1. Sam. 1,11), von Priestern (Hes. 44,20), von Königen und Prinzen (2. Sam. 14,26). Die Abstinenzen galten auch für Priester und Leviten, ebenso für den Stand der Krieger, doch nur für die Periode ihres Dienstes bzw. ihres Einsatzes im Krieg. Außer diesen Weihen für besondere Aufgaben gab es die Nasiräer, die sich aus freiem Entschluß für das ganze Leben Gott weihten, langes Haar trugen und keinen Wein tranken.

Simson, der 20 Jahre Richter in Israel war, wurde in einen lebenslangen Kriegsweihestand hineingeboren. Er bekam für seinen Auftrag – die Befreiung Israels von den Philistern – besondere Gaben, unter anderem auch Körperstärke, Witz und Schlagfertigkeit. Seine Gaben, die ihm von Gott verliehenen Charismen, setzte er nicht immer im Gehorsam gegen Gott ein. In ihm tobte der »Kampf zwischen Eros und Charisma« (Gerhard v. Rad). Schließlich wurde er als kraftloser Geweihter von seinen eigenen Landsleuten ausgeliefert und drehte die Mühle im Gefängnis. Seine Gotteskraft war vertan. Die nicht gelöste Spannung zwischen Eros und Charisma wurde seit jener Zeit vielen im Reiche Gottes zum Verhängnis.

18. Juni

Gad wird gedrängt werden von Kriegshaufen, er aber drängte ihnen nach auf der Ferse. *1. Mose 49, 19*

Aus dem Leben Gads, den Silpa, die Magd Leas, Jakob gebar, sind keine Einzelheiten bekannt. Bei der Landnahme bekam Gad das Gebiet Basan im Ostjordanland (4. Mose 32, 33). Im Laufe seiner Geschichte wurde es immer wieder in kriegerische Auseinandersetzungen gedrängt. Die Männer Gads verstanden es wie die anderen im Ostjordanland ansässigen Stämme Ruben und Halbmanasse, den Bogen zu spannen, Schild und Schwert zu führen. Sie waren ein kriegskundiger Stamm (1. Chr. 5, 18 ff.). Auf der Flucht Davids vor Saul wurde David von einer Reihe Männer aus Gad begleitet und beschützt (1. Chr. 12, 8–15). Zugleich war das Gebiet Gads Zufluchtsort und Versteck für Verfolgte. Eine der Städte im Gebiet Gads war Mahanaim. In Mahanaim war Jakob bei seiner Rückkehr ins verheißene Land kurz vor der Begegnung mit Esau Gottes Engel erschienen (1. Mose 32, 2). In Mahanaim setzte Abner, der Feldhauptmann Sauls, dessen letzten Sohn Isboseth zum König ein (2. Sam. 2, 8). In Mahanaim findet David Zuflucht vor Absalom (2. Sam. 17, 24. 27–29). In der Abgeschiedenheit des Stammes Gad wird Jehu von Elisa zum König gesalbt (2. Kön. 9, 1–6). Der kriegskundige Stamm Gad war für die umliegenden Völker der bedrohlichste Feind, für die Verfolgten Israels bedeutete er letzte Zuflucht.

Die den Kampf gegen Israel führenden Gruppen stellt Marc Chagall in seinem Fenster Gad dar als geflügelte Ungeheuer, Drachen und andere Höllenwesen mit gespalteten Zungen. Die Zuflucht-Suchenden sind abgebildet in einem königlichen Vogel, der hinter einem großen Schild versteckt ist. Das entscheidende Symbol ist eine menschliche Hand mit einem Schwert der Gerechtigkeit.

Der Krieg und seine Opfer sind Folgen des Einbruchs der Hölle in diese Welt. Krieg ist nicht nach dem Willen des Schöpfers. Er ist eine Folge des Sündenfalls, durch den der Mensch den chaotischen Mächten eine Schleuse in diese Welt öffnete.

Gepriesen sei der Herr, der Gad weiten Raum schafft. Wie ein Löwe hat er sich gelagert und zerreißt Arm und Schädel. Er vollstreckte die Gerechtigkeit Jahwes und seine Strafgerichte gemeinsam mit Israel. *5. Mose 33,20.21*

Der in immer neue Kriege verwickelte Stamm Gad und der Beschützer der Verfolgten wird von Mose gekennzeichnet als der, der die Gerechtigkeit Jahwes vollstreckt. Er ist der Vollstrekker des Zornes Jahwes. Für den alttestamentlichen Menschen ist der Gotteszorn keine Eigenschaft Gottes, sondern eine Wirklichkeit. Er ist so real wie ausströmende Lava. Der Zorn Gottes richtet sich gegen alle, die sich den höllischen Mächten, dem Chaos, das durch die Sünde in die Welt einbrach, öffnen. In seinem Zorn schützt Gott die Welt und seine Menschen vor dem völligen Untergehen im Chaos. »In dem Moment, in dem die Zornesmacht von Gott abgelöst wird und er nur noch der gnädige Gott oder der Gott der Liebe ist, muß unsere Welt in das Chaos zurücksinken« (Claus Westermann). So gesehen, hat der Zorn Gottes eine bewahrende Kraft. Er bringt eine Macht zur Wirkung, die den chaotischen Kräften wehrt. Der Zorn Gottes ist für das Bestehen der Welt und für die Bewahrung der Menschen, die Gott retten will, unentbehrlich. Da, wo Gottes Volk sich von ihm abwendete, traf es Vernichtung und Zorn. Wann immer es aber zu dem lebendigen Gott umkehrte und um Abwendung des Zornes bat, wurde es gerettet. Da für Israel der Zorn Gottes eine reale Macht ist, die sich nicht verflüchtigen kann, betet das Volk gleichzeitig in den sogenannten Rachegebeten: Laß Deinen Zorn auf die strömen, für die er ursprünglich gedacht ist, für die, die sich entschieden haben für das Chaos, die Hölle und seine Mächte. Im Kampf gegen die Feinde Israels gießt dann Gott seinen Zorn aus.
Auch für die neutestamentliche Gemeinde gilt, daß der Zorn Gottes, das Gericht Gottes, sich ausgießt. Zorn und Gericht aber trafen den einen, den Knecht Gottes, den Gekreuzigten. Auf ihm liegt der Zorn für alle. Seit Golgatha gibt es überhaupt keinen gottgewollten Krieg mehr, denn die Hölle ist besiegt, der Zorn ist auf einen ausgegossen. Alle sind eingeladen, unter Gottes bewahrender Liebe zu leben.

Asser hat Brot im Überfluß, auch Königsleckerbissen wird er liefern. *1. Mose 49,20*

Der Name Asser, den Lea dem von ihrer Magd Silpa dem Jakob geborenen Sohn gab, bedeutet Glücksbringer (vgl. 1. Mose 30,12.13). Glück, Wohlstand und Überfluß gründen im Alten Testament in Gottes Heil. Das Heil ist Gottes immer erneutes, bewahrendes Erhalten seines Volkes.

Nach jüdischer Tradition war Esther, die Pflegetochter Mardochais – ihre Eltern waren früh gestorben –, eine Tochter Phanuels aus dem Stamm Asser. Sie wurde in der von König Xerxes veranstalteten Brautschau als die Schönste ausgewählt und zur Königin erhoben. Als Haman, der zweite Mann am persischen Hof, eine Judenverfolgung plante und Mardochai, Esthers Pflegevater, als ersten hängen lassen wollte, da er ihm die befohlene Verehrung verweigerte, wurde Esther zur Retterin ihres Volkes. Ungerufen, d.h. unter Einsatz ihres Lebens, trat sie vor den König und lud Xerxes und Haman zweimal zu einem Mahle ein. Der König, der Esther nicht verurteilte, sondern ihr seine Gunst schenkte, stellte ihr eine Bitte frei, die er erfüllen würde, und wenn es sein halbes Königreich koste. Beim zweiten festlichen Königsmahl berichtete Esther dem König von dem grausamen Vorhaben Hamans und sprach die Bitte aus: »Wenn ich Gnade vor dir gefunden habe, o König, und wenn es dem König genehm ist, so möge mir geschenkt werden mein Leben: – das ist meine Bitte! und mein Volk: – das ist mein Wunsch!« (Esther 7,3).

Der König ließ Haman umbringen. Mardochai, der Pflegevater Esthers, wurde der zweite Mann am Hof. Das Volk war gerettet.

Die Geschichte vom Königsmahl in seinem Überfluß und die Errettung des Volkes Gottes sind in Marc Chagalls Fenster dargestellt in einem königlichen Vogel, in einer Fülle von Nahrungsmitteln, in einer Taube mit einem Ölzweig und in einem brennenden siebenarmigen Leuchter.

Gott hat sein Volk in keiner Not verlassen: »Er kennt viel tausend Weisen, zu retten aus der Not!« Seine Arme sind nicht zu kurz, auch heute noch zu helfen.

Von den anderen Söhnen sei Asser gesegnet. Er sei beliebt bei seinen Brüdern, und er tauche seinen Fuß in Öl. Eisen und Erz seien seine Schlösser, und wie deine Tage, daure deine Kraft. Keiner ist wie der Gott Jeschuruns, der über den Himmel fährt zu deiner Hilfe und in seiner Hoheit auf den Wolken. Eine Zuflucht ist der uralte Gott, und drunten sind ewige Arme.

5. Mose 33, 24–27

Der Stamm Asser brachte keinen Mann hervor, der in der Bibel erwähnt wurde, weder einen Richter noch einen Propheten. Als die Stammesfürsten über die Stämme Israels aufgezählt werden, wird aus Asser keiner genannt (vgl. 1. Chr. 27, 16–22). Außer Esther, die die rabbinische Theologie neben Sarah, Mirjam, Debora, Hanna (1. Sam. 1), Abigail und Hulda zu den sieben Prophetinnen zählt, steht am Anfang der neutestamentlichen Gemeinde die Prophetin Hanna. Hanna, der Name heißt »Gottbegnadete«, erlebt in ihrem hohen Alter Gottes Rettungstat. Hanna, eine Tochter Phanuels aus dem Stamm Asser, sieht Jesus, erkennt in ihm den Heiland der Welt und wird zur Zeugin, indem sie die Botschaft allen sagt, die auf die Erlösung Jerusalems warteten (Luk. 2, 36–38). Sie hat es erlebt, wie Gott seinem Volk Israel, Jeschurun ist ein Ehrenname des erwählten Volkes, Hilfe und Rettung auf die Erde sandte. In ihren langen Tagen der Witwenschaft hatte sie es erfahren: »Wie deine Tage, daure deine Kraft.« Sie hat ihre Tage durchgehalten und durfte das verheißene Heil sehen. Martin Luther King, der in seinem Leben die von ihm erbetene Rettung nicht sehen konnte, schreibt:

»Gott ist mächtig. Ist jemand unter uns, der seinem Lebensabend entgegengeht und den Tod fürchtet? Warum diese Furcht? Gott kann Kraft schenken, das Leid zu tragen. Sorgt sich jemand um seine Gesundheit? Warum sich sorgen? Komme, was mag, Gott ist mächtig. Gott kann Wege aus der Aussichtslosigkeit weisen. Er will das dunkle Gestern in ein helles Morgen verwandeln, zuletzt in den leuchtenden Morgen der Ewigkeit.«

Naphtali ist eine losgelassene Hindin, von ihm kommen schöne Reden. *1. Mose 49,21*

Naphtali, ein Sohn Bilhas, der Magd Rahels, brachte nach jüdischer Tradition seinem Vater Jakob die frohe Kunde: Joseph lebt. Wie eine Hindin eilte er zu Jakob und erzählte: »Joseph ist ein Fürst in Ägypten.« Aufgrund dieser Überlieferung kam der Stamm Naphtali in den Ruf, die Kunst der Rede zu beherrschen und die Unterweisung im rechten Reden zu betreiben. Marc Chagall geht bei der Gestaltung seines Fensters von dieser bekannten jüdischen Tradition aus. Das Fenster zeigt nur zwei Tiere. Im unteren Teil des Bildes ruht eine Hindin unter einem mit Edelsteinen übersäten Baum. Ihre rote Farbe wirkt so gedämpft, daß sie eine ruhevolle Stimmung ausstrahlt. Der Vogel in kräftigen Blau- und Rottönen mit gelbem Kopf und prächtig gefärbten, ausgebreiteten Schwingen symbolisiert den Inhalt der »schönen Rede«. Joseph ist ein Fürst. Das Fenster ist einfach wie eine einzige Stimme. Es ist durchglüht von dem Verlangen, zu schweigen. Es stellt die Grundlage der Kunst der Rede dar, Schweigen und Einfachheit. Echtem, wahrem und helfendem Reden geht eine lange Zeit des Schweigens voraus. Reden, dem kein Schweigen vorangeht, ist Geschwätzigkeit. Vor der Inflation der Worte bewahrt allein das Schweigen. Reden, das nicht durchsichtig, transparent und einfach ist, birgt in sich die Gefahr des Betruges und der Täuschung. Wer die Kunst der Rede beherrscht, kann auch schwierige Sachverhalte einfach ausdrücken. Helfendes Reden ist eine Gabe, geboren aus der Ruhe und Geborgenheit in Gott. Der Afrikaner John Mbiti bittet um diese Gabe: »Herr, ich habe es satt, den Hals zu verdrehen und jedem Trugbild nachzugaffen. Ich drehe mich nicht mehr um, geradeaus sehe ich und schweige. Mache mich zu einem Menschen, der geradeaus geht, daß ich hier auf Deine Wege schaue, den Weg, den Du zeigst.«

Naphtali ist satt vom Wohlgefallen und voll des Segens Jahwes. Meer und Südland nimmt er in Besitz. *5. Mose 33, 23*

Während Sebulons Stammesgebiet in Galiläa im Süden an den See Genezareth heranreicht, liegt das Gebiet Naphtali am nördlichen Ufer. Im Land Naphtali lag die Stadt Kedesch, eine der sechs Freistädte, in die Totschläger fliehen konnten, um vor ihren Verfolgern Zuflucht zu suchen. Die Freistädte wurden gegründet, weil bereits im Alten Testament die menschliche Rechtsprechung des Schutzes Gottes bedurfte. Nach dem geltenden Recht der Gottesgemeinde hieß es: »Wer Menschenblut vergießt, dessen Blut soll auch vergossen werden« (1. Mose 9, 6). Für den Vollzug des Gesetzes sorgte die Sippe. Da die erhitzten Rechtsverfolger in Gefahr standen, nicht mehr zwischen Mord und unvorsätzlicher Tötung zu unterscheiden, schützt Gott den zu Unrecht mit dem Tode Bedrohten. Der, der unvorsätzlich am Tode eines Menschen schuldig wurde (vgl. 5. Mose 19, 8. 9), fand Asyl im Heiligtum in Jerusalem oder in einer der sechs Freistädte. Wurde ihm jedoch nachgewiesen, daß der Mord vorsätzlich und geplant war, durfte er nicht aus Mitleid geschont, sondern mußte ausgeliefert werden (5. Mose 19, 11–13).

In neutestamentlicher Zeit gibt es im Gebiet Naphtali eine Stadt mit Namen »Stadt des Trostes«, Kapharnaum. Es ist der Ort, an den Jesus zu Beginn seines Wirkens seinen Wohnsitz verlegte (Matth. 4, 13). Zu ihm kamen große Volksmengen, darunter viele, die ihre Schuld bekannten, vielleicht mit den Worten der Asylsuchenden aus Psalm 16. 62: »Behüte mich, Gott, denn bei Dir suche ich Zuflucht. Nur im Aufblick zu Gott ist meine Seele still, und von ihm kommt meine Hilfe.« Wer so zu Jesus kam, hörte seine Worte: »Dir sind deine Sünden vergeben.« Jesus brauchte keinen auszuliefern und dem Zorn Gottes zu übergeben, weil er sich bereit erklärte, für alle den Zorn zu tragen und sein Leben an der Sünder Statt in den Tod zu geben. Er konnte jedem den Schutz Gottes zusagen. Deshalb sagte er: »Kommt her zu mir alle.«

Gott ließ eine Teuerung ins Land kommen und entzog allen Vorrat des Brotes. Er sandte aber einen Mann vor ihnen her, Joseph. Er war zum Knecht verkauft. Sie zwangen seine Füße in einen Stock, sein Leib mußte in Eisen liegen bis zu der Zeit, wo seine Weissagung eintraf und der Ausspruch des Herrn ihn als echt erwies. *Psalm 105,16–19*

Der alttestamentliche Beter bettet die Not des Augenblickes, aber auch den Lobpreis für ein erhörtes Gebet, ein in die große Heilsgeschichte Gottes. In Psalm 105, in dem es um den Lobpreis Jahwes geht und um die Aufforderung, allezeit sein Angesicht zu suchen (V. 4), betet der Psalmist mit einem Rückblick auf die Geschichte Josephs und kommt am Ende seines Betens zu der Schlußfolgerung: Gott führt sein Volk, »auf daß sie seine Gebote halten möchten und seine Gesetze bewahren« (V. 45). In Josephs Weg sind für den Beter die typischen Züge der Führungen Gottes ablesbar. Gott gebraucht einen Menschen, um seinen Plan mit einem ganzen Volk zu verwirklichen. Er führte Joseph nach Ägypten »zu einer Lebenserhaltung« und zu einem »großen Entrinnen« für sein erwähltes Volk (vgl. 1. Mose 45,4–8). Für Joseph selbst und die ersten Beobachter war dieses Ziel nicht sichtbar. Sie sahen nur die Tragik eines Lebensschicksales. Joseph, der Liebling seines Vaters Jakob, hatte den Neid seiner Brüder auf sich gezogen. Sie verkauften ihn an eine ägyptische Handelskarawane und täuschten dem untröstlichen Vater Josephs Tod vor. In Ägypten hatte Joseph anfänglich ein gutes Leben, kam dann aber durch Verleumdungen und falsche Beschuldigungen ins Gefängnis. Es verging eine lange Zeit, bis einer seiner Mitgefangenen, dem Joseph Träume gedeutet hatte, die eintrafen, sich seiner erinnerte. Er dachte nicht mehr an Joseph (1. Mose 40,23). Erst als keiner Pharaos Träume deuten konnte, wurde Joseph geholt. Seine Weissagungen trafen ein, der Herr hatte Josephs Frömmigkeit als echt bestätigt.

Führungen Gottes sind erst im Rückblick deutlich zu erkennen. Für die Betroffenen kann die Zeit des Dunkels und der Verzweiflung lange dauern, bis sie einmal sagen können: »Es war der Herr.«

Ein junger Fruchtbaum ist Joseph, ein Fruchtbaum am Quell. Seine Schosse ranken über die Mauer. Es reizten, schossen und befeindeten ihn Pfeilspitzen, aber sein Bogen blieb.

1. Mose 49, 22–24a

Gott hatte Joseph, durch dessen Lebensführung er sein Volk retten wollte, mit besonderen Gaben ausgestattet. Er redete schon in Josephs Jugend zu ihm in Träumen und verlieh ihm die Kunst der Deutung (vgl. 1. Mose 37, 5 ff.). Joseph war erzogen in Gottesfurcht und im Gehorsam gegen die Gebote. Auch im fremden Land, mit einer anderen Ethik, hielt er an der Auslegung der Gebote, wie sie ihn sein Vater lehrte, fest. In Ägypten, in dem zu jener Zeit noch Reste aus dem Mutterrecht galten, hieß die Frau »Hausherrin«. Das Verlangen von Potiphars Frau, mit Joseph eine intime Beziehung einzugehen, stand nicht im Gegensatz zur ägyptischen Moral. Joseph aber blieb seinem Gott treu. In Selbstbeherrschung und Gottesfurcht schlug er das Angebot der Verbindung mit jener ägyptischen Frau aus. Gott knüpft bei seinen Führungen an Josephs Kenntnis, Zucht und Gottesfurcht an. Diese Gaben kamen zur vollen Entfaltung, als Pharao ihn zum Großwesir in Ägypten ausrufen ließ. Joseph forderte in seiner Amtszeit von den Ägyptern in den reichen Jahren große Abgaben, schließlich ihr Vieh und das Land, um das Volk vor dem Hungertod in den mageren Jahren zu retten. Nur den Priestern blieb ihr Landbesitz erhalten (vgl. 1. Mose 47, 13–26).

In Marc Chagalls Joseph-Fenster ist der ganze Reichtum der Erde ausgebreitet: goldener Weizen, weidende Schafe und Reben, deren Zweige durch das ganze Glas laufen. Joseph selbst ist dargestellt in einem fürstlichen Vogel in blaßlila und blauen Farben, auf seinem Haupt eine Krone, vor ihm ein gespannter Bogen, dessen Pfeil alle erbitterten Angriffe, die ihn zu Fall bringen wollen, abwehrt.

Gott erwartet in der Führung eines Menschen, daß dieser die ihm von seinem Schöpfer verliehenen Gaben einsetzt und zum Guten gebraucht. Gott bereitet von Geburt eines Menschen an die Führung vor und erwartet von dem einzelnen das immer erneute »Prüfen und Erfahren«, welches sei der gute, wohlgefällige und vollkommene Gotteswille (Röm. 12, 2).

Joseph sprach: »Fürchtet euch nicht. Bin ich denn an Gottes Stelle? Ihr gedachtet, mir Böses zu tun, aber Gott gedachte, es zum Guten zu wenden. *1. Mose 50,19.20*

Bei den Führungen Gottes geht es um ein geheimnisvolles Ineinander von Handlungen des Menschen und dem Handeln Gottes. In der Josephsgeschichte bemächtigt sich Gott der verbrecherischen Taten der Brüder. Er wandte das von ihnen beabsichtigte Böse zum Guten. Die Schuld der Brüder aber wird durch die Übermacht der Führungen Gottes nicht zur Belanglosigkeit herabgedrückt. Die Schuld des menschlichen Handelns wird nicht bagatellisiert. Die Brüder kommen und bitten Joseph um Vergebung. Sie rechnen damit, daß Joseph »feindselig« gegen sie auftrete und ihnen all das Böse vergelte, das sie ihm getan haben (1. Mose 50, 15). Das Wort »feindselig« kann man übersetzen: »ihnen gegenüber zum Satan werden«. Joseph hatte die Macht und Befugnis, so an ihnen zu handeln. Seine Antwort zeigt die Tiefe und den Grund aller echten Vergebung: »Bin ich denn an Gottes Stelle? Ich habe kein Recht zur Vergeltung. Wo Gott gehandelt hat und euer Böses zum Guten kehrt, steht es mir nicht zu, Vergebung zu verweigern.« Als die Brüder sagten: »Ach bitte, vergib doch deinen Brüdern ihre Vergehen und ihre Verschuldungen, daß sie so übel an dir gehandelt haben . . . wir sind ja doch Knechte des Gottes deines Vaters«, da weinte Joseph (1. Mose 50, 17). Joseph hatte erkannt, daß Gott die Wirrnisse menschlicher Schuld zu einem geraden Ende geführt hatte. Er konnte und wollte der Vergebung Gottes nicht nachstehen. Die Vergebung Gottes und das menschliche Vergeben Josephs bringen die Geschichte der Führungen zu dem von Gott gesetzten Ende. Joseph starb noch in Ägypten. Zuvor hatte Jakob Josephs Söhne Manasse und Ephraim wie seine eigenen Söhne gesegnet (1. Mose 48, 1–20). Sie bekamen ihr Land in Israel. Auf ihrem Zug nach Kanaan nahmen sie Josephs Gebeine mit und begruben sie bei Sichem (2. Mose 13, 19). Eine von Menschen vorenthaltene Vergebung kann Gottes Führung im Wege stehen. Wo Ihnen und mir Unrecht geschieht, können wir nur sagen: Stehen wir an Gottes Statt, so daß wir vergelten dürfen?

Der Liebling Jahwes wohnt sicher. Der Höchste schirmt ihn allezeit, und er wohnt zwischen seinen Berghängen.

5. Mose 33, 12

Benjamin war, wie die besondere Rolle zeigt, die er auf den beiden Reisen nach Ägypten einnahm, der Liebling seines Vaters, aber auch seiner Brüder. Bei seiner Geburt stirbt seine Mutter Rahel und nennt ihn »Sohn meines Schmerzes«, Ben Oni. Jakob ändert seinen Namen in »Sohn meiner rechten Hand«, d.h. Sohn meines Glücks (1. Mose 35, 16–20). Das Land Benjamin ist klein, gewinnt aber Bedeutung durch die bekannten Städte seines Gebietes, Jericho, Bethel, Rama, Mizpa und die Jebusiterstadt Jerusalem. Der Stamm ist berühmt durch seine Bogenschützen und Schleuderer, die zum Teil links oder auch mit beiden Händen werfen konnten (vgl. Ri. 20, 16; 1. Chr. 8, 40). Aus Benjamin kommt der Richter Ehud und der König Saul.

Mittelpunkt des Fensters Benjamin von Marc Chagall in der Synagoge von Hadassah ist ein riesiger Schild, der den Benjamin im Mosesegen zugesagten Schutz des Höchsten darstellt. Der Name Benjamin ist auf dem Fenster so verteilt, daß links und rechts des Schildes je drei Buchstaben stehen. Der Stamm war durch die Abgrenzung an Juda und die besondere Geschichte Jerusalems zerrissen. Nach dem Tode Sauls krönten sie zusammen mit anderen Stämmen dessen Sohn Isboseth zum König (2. Sam. 2, 9; 1. Chr. 12, 29). Auch als David König von ganz Israel geworden war, brach die alte Feindschaft noch einmal auf (2. Sam. 16, 5–13; 20, 1–22; Psalm 7, 1). Nach der Reichsteilung blieb nur ein Teil Benjamins dem Hause Davids treu. Dieser Teil kehrte nach der babylonischen Gefangenschaft zusammen mit den Judäern zurück in das Land (vgl. Esra 4, 1; 10, 9) und blieb so zusammen mit Juda Träger der Verheißung. Er steht für alle Zeiten unter der Zusage des von Jahwe geschlossenen Bundes. Benjamin ist ein Zeugnis dafür, daß die Linie zwischen Geretteten und Verlorenen mitten durch einen Stamm, mitten durch eine Familie gehen kann.

Benjamin ist ein reißender Wolf. Am Morgen frißt er Beute, und am Abend verteilt er Raub. *1. Mose 49, 27*

Das Wahrzeichen in Marc Chagalls Fenster Benjamin ist ein dicker, lavendelfarbener Wolf mit einem blaurosa Katzengesicht. Ihm zu Füßen liegt seine Beute, ein totes, wollenes Lamm. Die Szene erinnert an eine grausame Begebenheit zur Richterzeit, aufgrund deren Benjamin beinahe völlig ausgerottet wurde. In Gibea war ein Levit zusammen mit seiner Nebenfrau Gast bei einem Ephraimiten, der als Fremdling in Gibea wohnte. Die Benjaminiten verlangten in der Nacht die Herausgabe der Leviten mit der Aufforderung: »Wir wollen uns an ihn machen.« Der Levit gab seine Nebenfrau heraus, diese mißbrauchten sie bis zum Morgen, wo man sie tot vor dem Hause liegen fand. Der Levit nahm seine ermordete Frau, zerlegte sie in 12 Teile und schickte je einen Teil in jeden Stamm mit der Bitte, diese Schandtat zu rächen. Die in Mizpa zusammengekommenen Stämme entschlossen sich zum Bruderkrieg und legten den Eid ab, daß keiner jemals seine Tochter einem Benjaminiten zur Frau geben wolle. Nach drei Schlachten waren die Benjaminiten geschlagen, ihre Dörfer niedergebrannt und die Bewohner umgebracht. Nur 600 Krieger konnten sich im Gebirge Rimmon retten.
Die Bundeslade stand zu jener Zeit in Bethel. Die Sieger weinten vor Jahwe, da nun einer der 12 Stämme ausgerottet war. Sie brachten Brandopfer dar und stellten fest, daß aus Jabes in Gilead niemand kam, um Waffenhilfe im Krieg gegen Benjamin zu leisten, obwohl sie die Ausrottung aller geschworen hatten, die nicht mit in den Bruderkrieg zogen. Jabes wurde zerstört, die Bewohner umgebracht. Die 400 Jungfrauen aber von Jabes brachten sie als Kriegsbeute nach Bethel und entschlossen sich, diese den übriggebliebenen Kriegern Benjamins zu Frauen zu geben. Ferner sollte es den Benjaminiten erlaubt sein, beim Fest in Silo Mädchen ohne Wissen ihrer Väter zu »erhaschen« und zu heiraten (Ri. 19–21). So lebte der Stamm Benjamin weiter. Er bekam am Abgrund des Untergangs, als schon keine Hoffnung mehr war, eine neue Lebenschance. Gott wußte und zeigte einen Weg, seine Verheißung zu erfüllen.

29. Juni

Wenn ein anderer sich dünken läßt, er könne sich auf Fleisch verlassen, so könnte ich es viel mehr, der ich am achten Tage beschnitten bin, einer aus dem Geschlecht Israels, vom Stamm Benjamins, ein Hebräer von Hebräern, nach dem Gesetz ein Pharisäer, nach dem Eifer ein Verfolger der Gemeinde, nach der Gerechtigkeit im Gesetz gewesen unsträflich. Aber was mir Gewinn war, das habe ich um Christi willen für Schaden geachtet. *Phil. 3,4–7*

Paulus war ein Nachkomme Benjamins. Nach den Quellen des Kirchenvaters Hieronymus ist er in Gischala in Obergaliläa, 10 km südlich von Hazor, geboren. Auch als die Stämme als geschichtlich und kulturell bestimmbare Größen aufhörten zu existieren, blieben die Zeichen des Bundes erhalten.
Paulus konnte sich aller sieben Zeichen des Bundes rühmen. Am achten Tag wurde er beschnitten. Er gehörte zum Geschlecht, d.h. zur religiösen Gemeinschaft, Israels. Als Nachkomme Benjamins hatte er eine besondere Ehrenstellung, denn Benjamin war als einziger Sohn Jakobs im Heiligen Land geboren. Er war Hebräer, d.h., seine Muttersprache war hebräisch. Er gehörte zu der herrschenden Partei der Pharisäer, er zeichnete sich aus als Vollstrecker des Willens Gottes, indem er die Gemeinden verfolgte, und schließlich konnte er von sich wie jener junge Schriftgelehrte sagen: »Das Gesetz habe ich gehalten von meiner Jugend auf.«
Als Paulus jedoch Jesus, dem Auferstandenen, begegnet war, erkannte er, daß die sieben Zeichen des Alten Bundes keine Garantie für sein Heil waren, sondern er vielmehr in falscher Sicherheit Gefahr lief, verlorenzugehen. Er übergab sein Leben Jesus und stand nun unter den fünf Zeichen des Neuen Bundes: Erkenntnis Christi, Erfundenwerden in Christus, Gerechtigkeit durch den Christusglauben, Gemeinschaft seiner Leiden und Teilhaben an seiner Auferstehung (Phil. 3,7–11).
Aus den Nachkommen Benjamins war ein Nachfolger Jesu Christi geworden. An die Stelle falscher Sicherheiten trat die Gewißheit: Ich bin gerettet um Christi willen. Ich werde teilhaben an seinem Leiden, aber auch an seiner Auferstehung.

30. Juni

Sinnet unter euch auf das, worauf man in Jesus Christus sinnt.
Phil. 2, 5

In Philipper 2, 5–11 überliefert der Apostel Paulus ein Gebet, wie es in den urchristlichen Gottesdiensten regelmäßig gesungen wurde. Es ist ein Hymnus, ein Anbetungslied, das wie andere uns im Neuen Testament erhaltene Christuslieder (Kol. 1, 13–20; Hebr. 1, 3.4; 1. Petr. 2, 22–24 u. a.) staunend den Weg Jesu betrachtet. In Ehrfurcht und Dankbarkeit erinnern sich die ersten Christen immer wieder gegenseitig an Jesu Herrlichkeit, seine Menschwerdung und seine Erhöhung.
Das Anbetungslied im Philipperbrief beginnt mit einem Wort an alle die, die in Lebensgemeinschaft mit Jesus Christus leben. Die Übersetzung »Ein jeglicher sei gesinnt, *wie* Jesus Christus auch war« ist nicht nur falsch, sondern auch verhängnisvoll. Im Urtext heißt es: »Es wohne in euch eine solche Gesinnung, wie sie die haben, die *in* Jesus Christus sind.« Es geht nicht um eine Nachahmung Jesu Christi. Wer Jesus nachahmen will, wer sein oder werden will *wie* Jesus, der scheitert nicht nur, sondern sein Bemühen grenzt an gotteslästerliche Vermessenheit. Wie kann und darf je ein Mensch annehmen, Jesus, der – auch solange er auf dieser Welt war – zugleich Gott von Gott war, ähnlich oder sogar gleich zu werden. Der Beginn des Christusliedes will nicht zu einer Nachahmung Jesu aufrufen, sondern er will jedem Christen sagen: Du bist in Jesus Christus. In Jesus bist du eine neue Kreatur. In Jesus ist dir Befreiung und neues Leben geschenkt. Nun kommt es darauf an, daß du lebst, wie solche leben, die in einer Lebensgemeinschaft mit Jesus Christus stehen. In Jesus Christus ist allen Christen eine neue Wirklichkeit beschlossen und eröffnet. Richte nun deinen Sinn auf das, was dieser Wirklichkeit gemäß ist.

Jesus Christus »ist der Abglanz seiner Herrlichkeit«.

Hebr. 1,3a

Abglanz ist nicht ein unvollkommenes Gegenstück, sondern soviel wie ein unbefleckter Spiegel. Jesus ist ein ungetrübter Spiegel, in dem die Menschen, Sie und ich, Gottes Herrlichkeit erkennen können.
Die erste Gemeinde verstand unter Abglanz der Herrlichkeit noch soviel wie abgebildeter Glanz. Sie dachte ohne Zweifel an Mose, der auf seinem Angesicht ein Stück der Herrlichkeit Gottes trug.
Nach rabbinischer Lehre bekam Mose Funken des Glanzes der Herrlichkeit, weil er lange auf dem Berg Sinai mit Gott alleine war.
Jesus war immer bei Gott. Die Herrlichkeit Jesu war mehr als die zwei Strahlen, bei Mose sichtbar durch die beiden Hörner. Jesus trägt nicht zwei strahlende Hörner, die auf die Herrlichkeit Gottes rückschließen lassen. Er ist selbst ein Abbild der Herrlichkeit Gottes.
Dennoch hat die erste Gemeinde Jesus gerne mit Mose verglichen. Gott legte den Abglanz seiner Herrlichkeit auf das Angesicht des Mose, weil Mose den Vertrag zwischen Gott und seinem Volk aufgeschrieben hatte. Mose war der Mittler zwischen Gott und Israel, und deshalb gab ihm Gott zwei Strahlen vom Glanz seiner Herrlichkeit.
Wenn die Christen der ersten Zeit anbetend in ihren Gottesdiensten singen »Du, Jesus, bist der Abglanz seiner Herrlichkeit«, dann sprechen sie staunend und lobend, dankend und preisend aus: »Du, Jesus, bist unser Mittler. Du hast die Kluft zwischen Gott und uns überbrückt.«
Bis heute bleibt es ein Wunder, daß Sie und ich in Jesus Christus zu Gott kommen können. Wenn wir vor Jesus knien, stehen wir an der Schwelle zu Gott und sehen wie durch einen unbefleckten Spiegel Gottes Herrlichkeit.

Jesus Christus ist das Ebenbild seines Wesens. *Hebr. 1,3b*

Wörtlich übersetzt heißt der Lobpreis im ersten Kapitel des Hebräerbriefes: »Jesus ist das Prägbild seines Wesens.« Jesus trägt Gottes Angesicht, er hat Gottes Gesichtszüge, Gottes Gepräge.
Damit ist die Gottebenbildlichkeit Jesu etwas anderes als die Gottebenbildlichkeit des Menschen.
Im Entschluß Gottes, Menschen zu schaffen, heißt es: »Laßt uns Menschen machen nach unserem Bild, das uns gleich sei« (1.Mose 1,26). Die beiden hebräischen Worte, die Luther mit Bild und Gleichsein übersetzt, bedeuten soviel wie Abbild und Entsprechen. Gott schuf den Menschen als Gegenüber, als einen, der ihm entsprechen, d.h. antworten und gehorchen konnte. Gott schuf im Menschen ein Gegenüber, mit dem er Umgang haben wollte.
Jesus Christus ist nicht Abbild, nicht ein geschaffenes Gegenüber wie der Mensch. Jesus ist das Prägbild Gottes. In ihm wird für den Menschen das wahre Wesen Gottes sichtbar. In seinem Antlitz steht Gottes liebendes Werben um den Menschen. In seinen Gesichtszügen liegt tief eingeprägt die Trauer um die Entfernung des Menschen von Gott. Jesu Kommen in diese Welt, sein Wirken und sein Leiden sind bis heute eine in diese Welt eingeprägte Spur Gottes. Jesus, das Prägbild Gottes, will dem nach Gottes Abbild geschaffenen Menschen seine wahre Bestimmung zeigen.
Gott gibt den Menschen, den er dazu geschaffen hat, nicht auf. Er liebt ihn. Er weint um ihn. Er bittet ihn, d.h. Sie und mich: Komm und werde mein Mensch, wie ich ihn wollte, mein Mensch, der mir entspricht, antwortet und gehorcht.

Jesus Christus »ist der Erstgeborene vor allen Kreaturen«.
Kol. 1,15

Erstgeborener drückt die besondere Liebe und Wertschätzung aus, die dem so Bezeichneten entgegengebracht werden. Es bedeutet soviel wie Geliebtester, Wertvollster, Angesehenster.
Den hohen Ehrentitel Erstgeborener legt das Judentum bei: Adam, dem Erstgeborenen der Welt; Jakob, dem Erstgeborenen der Erwählten; Israel, dem Erstgeborenen der Völker; ferner werden mit Erstgeborener bezeichnet die Thora und der Messias.
Das Gesetz, die Thora, ist für den alttestamentlichen Beter der Gipfelpunkt der Weisheit, von der es heißt, daß sie der Erstling von Gottes Schöpfungstätigkeit war, das früheste Werk in der Urzeit (Spr. 8,22). Schon im Judentum wird in einzelnen Werken die Weissagung »Ich will den König aus Davids Haus zum Erstgeborenen machen« (Psalm 89,28) auf den Messias bezogen. Für die ersten Christen gab es daran keinen Zweifel mehr: Der Messias Jesus Christus ist der Erstgeborene. Er war da, bevor überhaupt etwas geschaffen wurde. Sein Dasein reicht weit hinter das zurück, was Menschen als Sein, als Existenz erkennen können. Jesus Christus ist im Vollsinn des Wortes der *Erste.*
Jeder, der bis heute betet: »Jesus, du Erstgeborener unter allen Kreaturen«, betet Jesus an als den Messias Gottes.
Noch bevor überhaupt etwas geschaffen wurde, war Jesus da. Er ist der Erste und gehört nicht zu den Geschaffenen, nicht zu den Kreaturen. Deshalb nur kann er auch für die, die Gott geschaffen hat, für Sie und mich, zum Erlöser werden.

Durch ihn (Jesus Christus) ist alles geschaffen, was im Himmel und auf Erden ist, das Sichtbare und Unsichtbare, es seien Throne oder Herrschaften oder Fürstentümer oder Obrigkeiten. Es ist alles durch ihn und zu ihm geschaffen. Kol. 1,16

Gott hat die Welt durch Jesus Christus geschaffen. Jesus ist der Schöpfungsmittler. Er war es, durch den Gott die Welt geschaffen hat.
Dieses anbetende Lob Jesu »Du Schöpfer der Welt« ist dem Alten Testament und dem Judentum gegenüber *neu.* Nach dem Alten Testament schuf Gott die Welt durch sein Wort. Die Tatsache, daß Gott die Welt durch zehn Worte geschaffen hat, und die Offenbarung der 10 Gebote, mit denen Gott den Menschen zeigte, wie sie vor ihm leben können, brachten die jüdischen Ausleger zu dem Schluß, daß die Welt mit Hilfe der Gebote, der Thora, geschaffen wurde. Die Worte, die den Menschen lehren, was es heißt, vor Gott zu leben, sind zugleich die Schöpfungsworte der Welt.
Das Kommen Jesu, sein Wort, sein Wirken und die Offenbarung des Wesens durch seine Apostel machten allen Menschen unwiderruflich deutlich: Es gibt keinen Menschen, der die Gebote Gottes halten kann. Es gibt keinen, den Gott für gerecht erklären kann aufgrund seiner Werke. Gerecht vor Gott ist nur, wer durch Jesu Tod erlöst ist. Damit war auch deutlich: das Wort Gottes, die Worte, mit denen Gott die Welt erschaffen hat, waren nicht die 10 Gebote, sondern das Wort Gottes war Jesus, der, der als einziger die Gebote erfüllen konnte. So wurde die Welt durch ihn, durch Jesus Christus geschaffen.
Das Ziel der Schöpfung ist und bleibt, daß der Mensch in der Welt vor Gott leben kann. Vor Gott leben und bestehen aber kann er nicht aufgrund der Gebote, sondern allein durch das ihm in Jesus erworbene Heil.

Jesus Christus »ist vor allem, und das ganze Weltall hat in ihm seinen Bestand«. *Kol. 1,17*

Jesus Christus überläßt das Weltall, das durch ihn geschaffen wurde, nicht sich selbst. Er steht diesem Weltall vor und verleiht ihm Bestand.
Die Schöpfung geht weiter!
In der Schöpfungsgeschichte gibt es ein Wort, das nur bei dem direkten Schaffen Gottes gebraucht wird: das Wort »bara«. Es findet sich wieder im Bußgebet Davids. Nach seinem Abfall von Gott durch den Mord an Uria und den Ehebruch mit Bathseba betet David: Schaffe (bara) in mir, Gott, ein reines Herz, und gib mir einen neuen, gewissen Geist (Psalm 51,12). David bittet darum, eine neue Kreatur zu werden; er bittet um eine Neuschöpfung.
Im Neuen Testament, das in griechischer Sprache geschrieben ist, wird das Schöpfungswort Gottes »bara« übersetzt mit dem Begriff »wiedergeboren werden«. Die Wiedergeburt ist eine Fortsetzung der Schöpfung. Durch die Wiedergeburt wird der Mensch eine neue Kreatur (2.Kor. 5,17).
Eine neue Kreatur kann der Mensch nur werden in Jesus Christus. Jesus Christus führt durch das Angebot, neu zu werden, die Schöpfung fort. Er verleiht damit der Schöpfung Bestand. Die Welt und die Menschen in ihr bestehen nur deshalb, weil es in Jesus Christus die Möglichkeit gibt, eine neue Kreatur zu werden. Dieser neue Mensch, der Mensch, geboren aus Wasser und Geist, der allein wird in das Reich Gottes eingehen und das ewige Leben ererben (vgl. Joh. 3,2–8).
Angesichts dieser Botschaft sind Sie heute gefragt, ob Sie wiedergeboren sind und damit zu denen gehören, die Bestand haben und das ewige Leben ererben.

Jesus Christus »trägt das Weltall durch sein Allmachtswort«.
Hebr. 1,3c

Das All wird getragen durch das Allmachtswort Jesu. Es ist das Wort des Allmächtigen, des Allherrschers. In der griechischen Übersetzung des Alten Testaments wird Gott der Vater 187mal Allherrscher (pantokrator) genannt. Gott unterscheidet sich von jeder Art der Ohnmacht; er ist allen anderen Mächten überlegen. Er ist die All-Macht. Am Ende der Zeit wird die Allmacht Gottes noch einmal besonders sichtbar. Neunmal spricht die Offenbarung des Johannes von dem Allherrscher (vgl. z.B. Offb. 1,8; 4,8; 11,17 u.a.). Am Anfang der Zeiten steht Gott in seiner Allmacht; am Ende der Welt wird Gottes Allmacht allen sichtbar. Die Spanne zwischen Anfang und Ende wird überbrückt durch das allestragende und bewahrende Allmachtswort Jesu.
Jesu Wort ist deshalb Allmachtswort, weil es all das, was es beinhaltet, zugleich auch bewirkt. Wo Jesu göttliches Wort, solange er auf Erden war, an einen Kranken erging, wurde er gesund; der Besessene wurde frei; der Belastete erfuhr die befreiende Vergebung. Jesu Wort ist wie das Wort des Vaters immer zugleich Tat. Bei Jesus sind Wort und Tat unlösbare Einheit. Die Welt und alles Leben in der Welt werden ausschließlich und allein getragen durch Jesu Wort.
Es gibt für jeden Menschen besondere Worte Jesu, die nur ihm allein gelten und die Sie und mich durch unser Leben tragen wollen. Vielleicht erinnern Sie sich heute in Ihrem Beten an Ihren Konfirmationsspruch. Es ist ein Wort Jesu, das Sie durch Ihr Leben tragen will. Sie bekommen dieses Wort für Ihr ganzes Leben. Es ist Jesu Wort, Jesu Allmachtswort, das Sie durch den heutigen Tag tragen will.

Jesus Christus – »ob er wohl in göttlicher Gestalt war, hielt er es nicht für einen Raub, Gott gleich zu sein«. *Phil. 2,6*

Für Jesus Christus war die Gottgleichheit kein Raub. Er war von göttlicher Gestalt.
Aus der großen Universal- und Heilsgeschichte sind zwei Raubzüge bekannt, die zum Ziel hatten, Gottes Gottheit zu rauben. Sowohl der Engel des Lichtes, Luzifer, und sein Heer als auch Adam, der erste Mensch, und seine Frau wollten sein wie Gott.
Nach jüdischer Tradition wurden Satan und sein Heer bei der Verfluchung der Schlange (1. Mose 3, 14) endgültig aus der heiligen Stätte vom Himmel gestürzt. Jesus »sah den Satan vom Himmel fallen wie einen Blitz« (Luk. 10, 18). Der Grund des Sturzes wird im Zusammenhang der Geschichte vom Sündenfall so beschrieben: Satan will den Menschen dazu bewegen, Gottes Gottheit zu rauben: Nimm! iß! – Gott weiß: Ihr werdet sein wie Gott selbst (vgl. 1. Mose 3, 1–7). Da will der Mensch klug werden, wörtlich übersetzt heißt diese Stelle: Er will sein Dasein steigern, seinen Lebensraum erweitern, seine Grenzen sprengen. Er will sich selbst in allem bestimmen. Dann greift der Mensch nach Gottes Gottheit. Nun wurde auch der Mensch aus Gottes Paradies gestürzt. In Urzeiten wollte Satan sein wie Gott, am Anfang der Welt wollte der Mensch sein wie Gott, beide wollten Gottes Gottheit rauben. Gott setzte eine Kluft zwischen sich und allen, die nach seiner Gottheit griffen. Allein für Jesus war es kein Raub, Gott gleich zu sein. Er allein war und ist Gott von Gott.
Bis heute versucht der Satan Menschen dazu zu bewegen, nach Gottes Gottheit zu greifen. Er will den Menschen in seinen dunklen okkulten Bereich ziehen und verspricht ihm einen erweiterten Lebensraum. Der Sündenfall geht weiter, solange die Welt besteht. Wir sind gefragt, auf welcher Seite wir stehen.

Jesus Christus »entäußerte sich selbst und nahm Knechtsgestalt an«. *Phil. 2,7a*

Jesus mußte Gottes Gottheit nicht rauben. Die Gottgleichheit war für ihn kein Raub. Sie war nicht wie für Satan und Adam eine ersehnte Beute. Jesus war Gott von Gott. Doch er hält an seiner Gottheit nicht gierig fest. Gerade weil seine Gottheit kein Raub war, sondern zu seinem tiefsten Wesen gehörte, brauchte er an ihr nicht festzuhalten wie ein Räuber an seiner Beute.
Jesus war nicht darauf angewiesen, auf das Recht seiner Gottheit zu pochen. Er blieb auch Gott, als er hinabstieg in das Elend der Welt.
Diesen Entschluß Jesu nennt das Anbetungslied »Entäußerung«, Aufgabe seiner Herrlichkeit.
Jesus wurde Mensch. Gottes Ebenbild wird jetzt zum »zweiten Adam« (vgl. Röm. 5,12–19; 1.Kor. 15,45). Jesus wurde zum Ebenbild des Menschen. Er steht nun der Menschheit nicht mehr nur gegenüber. Er ist ganz in die Menschheit eingegangen. Er nahm »Knechtsgestalt« an. Knecht kann im Alten Testament parallel gebraucht werden mit dem Wort Geliebter. In Jesaja 41,8.9 wird Abraham einmal Gottes Geliebter genannt, dann Gottes Knecht. Derselbe Prophet spricht von dem Knecht Gottes, der die Erlösung bringen wird (vgl. besonders Jes. 53).
Als Jesu Heilswirken in dieser Welt begann, dort in der Taufe am Jordan, sagte Gott zu ihm: »Du bist mein Geliebter, mein Knecht«, und zu Beginn der Leidenszeit auf dem Tabor, wo Mose und Elia mit Jesus über die letzte Konsequenz des Leidensweges sprachen, sagte Gott: »Du bist mein Sohn – mein Geliebter.« Jesus konnte diesen Weg gehen, weil er wußte, wer er war.
Wenn Sie und ich wissen, daß wir Gottes Kinder sind, geliebt von Gott, dann können auch wir um anderer willen kleine Schritte der Erniedrigung gehen.

Jesus Christus »ward gleich wie ein anderer Mensch und an Gebärden als ein Mensch erfunden.« *Phil. 2,7b*

Der Eingang Jesu in die Menschheit ließ ihn das Ebenbild des Menschen annehmen, das Bild, die Gebärde, die Gestalt und das Wesen. Jesus war menschlich, Jesus wurde nicht scheinbar, sondern tatsächlich, nicht halb, sondern ganz Mensch. Jesus kannte Tränen, Enttäuschung und Einsamkeit. In den Tagen seines Erdenlebens brachte er seine Gebete »mit Tränen« vor Gott (vgl. Hebr. 5,7).

Als die Jünger jener Frau, die Jesus in Liebe und Verehrung salbte, Verschwendung vorwarfen, sagte Jesus zu seinen Jüngern nicht ohne den Unterton bitterer Enttäuschung: »Warum macht ihr der Frau Vorwürfe? Sie hat ein schönes Werk an mir getan. Denn Arme habt ihr allezeit bei euch, mich aber habt ihr nicht allezeit« (Matth. 26,10.11).

Die Einsamkeit Jesu kommt vor allem da zum Ausdruck, wo er nach jüdischen Vorschriften seine Jünger frei geben mußte, damit sie mit ihren Familien das Passahfest feiern konnten. Nach jüdischer Sitte darf das Passah nur im Familienkreis gefeiert werden. Fremde, die nicht zu ihrer Familie können, müssen in eine andere Familie eingeladen werden. Wir wissen nicht, wo Jesus während der Zeit seines Wirkens das Passah gefeiert hat. Das letzte Passah feierte er entgegen der jüdischen Vorschrift im Kreis seiner Jünger. Damit hatte Jesus seine Jünger zu einer neuen Familie zusammengeschlossen. Die erste christliche Familie – die Gemeinde Jesu – war gegründet. Die ersten Worte, die Jesus dazu sagte, sprechen von einer vorausgehenden tiefen Einsamkeit: Mich hat herzlich verlangt, dies Osterlamm mit euch zu essen.

Jesus kannte Tränen, Enttäuschung und Einsamkeit, deshalb kann er bis heute sagen: »Kommt her zu mir alle, die ihr mühselig und beladen seid« (Matth. 11,28).

Jesus Christus »hat keine Sünde getan, ist auch kein Betrug in seinem Munde erfunden«. 1. Petr. 2,22

Das Eingehen Jesu in Menschengestalt hatte nur an einer einzigen Stelle seine Grenze, Jesus blieb ohne Sünde.
Das Neue Testament berichtet, daß er versucht wurde, gleich wie ein anderer Mensch, daß er jedoch den Versuchungen widerstand und der Teufel keine Macht über ihn bekam. Satan versuchte Jesus an den drei Schlüsselstellen der Versuchlichkeit des Menschen. Der Versucher trat an Jesus heran, als dieser in der Einsamkeit war und vom Hunger geplagt wurde. Jesus fastete in der Wüste, um frei zu sein für das Gebet. Er gab sich ganz in die Abhängigkeit von Gott. Der Entschluß, Brot zu machen, hätte ihn aus der Abhängigkeit von Gott gelöst.
Der Versucher zeigte Jesus einen Weg, wie er am schnellsten zu öffentlicher Anerkennung hätte kommen können. Die am Hang des Ölberges und im Kidrontal lagernden eineinhalb Millionen Festpilger hätten seinen »Wundersprung« in die Tiefe gesehen und ihm, dem von Gott Bewahrten, zugejubelt.
Der Versucher bietet Jesus Herrschaft und Besitz an. Nur ein kleiner Kniefall, ein kleiner Kompromiß zum ersten Gebot, und Jesus wäre Herr gewesen des gesamten Landes, das er vom »Berg der Versuchung« überblicken konnte. Die Welt, in die er gesandt war, wäre sein gewesen.
Jesus widerstand den Urversuchungen der Menschheit. Zu allen, die bis heute versucht werden, in Einsamkeit und Hunger, die vor den Verlockungen stehen, endlich öffentliche Anerkennung zu erlangen, und zu all denen, denen der Versucher für einen kleinen Kompromiß Herrschaft und Besitz anbietet, sagt Jesus: Widerstehet! kommt her zu mir!

Jesus scheute nicht davor zurück, verachtet und verkannt zu werden.
Er sprach mit jener Frau am Jakobsbrunnen – einer Frau – einer Sünderin – einer Samariterin (Joh. 4, 1–26). Kein frommer Jude, schon gar nicht ein Gelehrter – ein Rabbi – durfte eine Frau ansprechen (vgl. Jesus Sirach 9,9). Jesus spricht mit ihr über Glauben und Beten. Der Kontakt mit Samaritern war Juden seit dem Jahre 500 v. Chr. verboten. Während der Lebenszeit Jesu war der Haß zwischen Juden und Samaritern zu seinem Höhepunkt gekommen. An einem Passahfest, zwischen den Jahren 6 und 9 n. Chr., zerstreuten Samariter Menschengebeine auf dem Tempelhof. Das Fest brach zusammen.
Jesus erwähnt die Samariter nicht nur in seiner Lehre und in seinen Predigten, er bittet eine Samariterin: Gib mir zu trinken. Jesus wußte um das Wort der Rabbinen: »Wer Brot der Samariter ißt, ist wie einer, der Hundefleisch ißt.« Jesus ging den Weg der Erniedrigung bis zum äußersten Verkanntwerden.
Jesus hatte nur ein Ziel: Er wollte, daß die Frau umkehrt, neu wird, errettet wird. Die Frau bekennt ihren Durst – getrieben vom Durst nach Leben, war sie in die Hände der Männer geraten. Jetzt bittet sie Jesus: Gib mir von dem Wasser des Lebens, damit ich nie mehr dürste. Dabei nennt sie Jesus »Herr – Kyrios«.
Um der Frau die letzten Zweifel zu nehmen, geht er ihr soweit entgegen, daß er ihr sein tiefstes Geheimnis anvertraut. Als die Frau vom Kommen des Messias spricht, sagt Jesus zu ihr: »Ich bin's, der mit dir redet« (Joh. 4,26).
Um *eine* Frau zu retten, erniedrigt sich Jesus bis zum Äußersten. Er kommt uns Menschen bis heute unbegreiflich weit entgegen.

Jesus Christus »hat, als er geschmäht wurde, nicht wieder geschmäht«. *1. Petr. 2,23a*

Das Zeichen höchster Schmach in der Skala der Entehrung waren zur Zeit Jesu die Backenstreiche.
Im Prozeß Jesu bekam Jesus einmal während der Verhandlung von einem Diener, der dabeistand, einen Schlag ins Gesicht (Joh. 18,22). Zum anderen wird berichtet, daß ihm die Soldaten bei der Verspottung Schläge ins Gesicht versetzten (Joh. 19,3).
Zunächst fällt auf, daß Jesus dem Diener, der ihn während der Verhandlung schlägt, entgegentritt und ihn zur Rede stellt. Aus der Antwort Jesu geht hervor, daß der Gerichtsdiener darüber empört war, daß Jesus sich vor dem Hohenpriester nicht unterwürfig genug erwiesen hatte. Jesus konnte sagen: »Sag mir, was ungehörig war, und wenn nichts ungehörig war, was schlägst du mich?« (Joh. 18,23).
Das Nicht-Wiederschmähen, die Demut, die Erniedrigung ist nicht Selbstwegwerfung. Demut ist durchaus vereinbar mit dem Zurückweisen von entehrender Unsachlichkeit. Jesus wahrt seine Würde.
In einem besonderen Fall aber, beim Streich auf die *rechte* Wange, verbietet Jesus jede Reaktion. Hier sagt er: »Haltet auch die linke dar« (Matth. 5,39).
Aus dem Züchtigungsrecht der Rabbiner wissen wir, daß der Schlag auf die rechte Wange nur in einem ganz bestimmten Fall gegeben werden darf. Der Schlag mit dem Handrücken auf die rechte Wange ist der Ketzerschlag. Der so Geschlagene ist ausgestoßen, abgeschoben und verurteilt. Zu seinen Jüngern sagt Jesus: »Wenn ihr den entehrenden Ketzerschlag bekommt, dann setzt euch nicht zur Wehr. Bleibt eurer Sache gewiß, laßt euch die Entehrung gefallen. Sie ereilt euch um meinetwillen.«
In keinem Fall hat Jesus, als er entehrt wurde, wiedergeschmäht. Unsachlichkeiten hat er richtiggestellt. Auf die Anklage »Ketzerei« hat er nicht geantwortet. An diesem Punkt will er bis heute, daß wir uns nicht verteidigen.

Jesus Christus hat, »als er litt, keine Drohung ausgestoßen, sondern es dem anheimgestellt, der gerecht richtet.«

1. Petr. 2,23b

Die Roheit und Stumpfheit der Kriegsknechte, die im Foltern und Geißeln von Gefangenen geübt waren, steigerte sich in der Behandlung Jesu zu einem Akt seelischer Grausamkeit. Die Anklage »Judenkönig« veranlaßte sie, Jesus zu einem lebendigen Spielkönig zu machen. Zu den Würfelspielen der Soldaten gehörte das Königsspiel »Basilinda«. Die Ausgrabungen des Hofpflasters der Burg Antonia, dem damaligen Sitz des Pontius Pilatus, hat ein solches Königsspiel zutage gefördert. Mit ungeschickter Hand ist in den harten Stein eine Strahlenkrone eingeritzt. Daneben findet sich der Buchstabe B (Basilicus, Basileus = König). Von hier geht eine Linie durch ein antikes rundes Mühlenspiel; dann teilt sich die Linie, und die eine wird von einem leicht gekrümmten Schwert abgeschnitten. Das in ausgelassener Freude gespielte Königsspiel endete damit, daß man eine Königspuppe in den Tod schickte.
Die Soldaten machten den durch die Geißelung entkräfteten Jesus zu ihrer Königspuppe, »sie flochten aus Dornen eine Krone, legten ihm einen Purpurmantel um und riefen: Heil dir, König der Juden!«
Nach den körperlichen Qualen war Jesus jetzt unvorstellbar seelischer Grausamkeit ausgeliefert. Der König des Himmels und der Erde saß auf dem Platz der Königspuppe.
Auch hier stieß Jesus keine Drohung aus. Sein Gebet am Kreuz: »Vater, vergib ihnen; denn sie wissen nicht, was sie tun« (Luk. 23,34) schloß auch jene Soldaten ein, die ihn in ihrem Spiel zur Puppe machten.

Jesus Christus »hat unsere Sünden selber mit seinem Leibe an das Marterholz hinaufgetragen, damit wir, von den Sünden frei gemacht, der Gerechtigkeit leben möchten«.

1. Petr. 2,24a

Das Kreuz wird zu Recht Marterholz genannt. Die Hinrichtung am Kreuz hatte Alexander der Große als »Errungenschaft« von seinen persischen Eroberungen nach Griechenland mitgebracht und sie in Syrien, Ägypten und andern Ländern eingeführt. Die Römer übernahmen die Hinrichtungsart der Kreuzigung von den Karthagern.
In Minutenschnelle nagelten die Henker die zu Kreuzigenden an das Marterholz. Sie trieben die Nägel durch die Füße und durch die Handwurzelknochen. Die Todesursache der Kreuzigung ist das Ersticken. Der am Kreuz Hängende ist mit erhobenen Armen in Einatmungsstellung befestigt. Er kann aber nur atmen, wenn er von Zeit zu Zeit seine angenagelten Füße als Stütze benutzt, was nur mit extremen Schmerzen und kurzfristig möglich ist. In diesem verzweifelten, automatisch ablaufenden Versuch, den Erstickungstod hinauszuschieben, martert sich der Angenagelte selbst zu Tode. Es ist ein Gnadenakt, wenn dem Gekreuzigten durch Keulenschläge die Beinknochen zerschlagen werden. Damit ist das Aufstützen unterbunden, und der Tod tritt ein.
Jesus, der ganzer Mensch geworden ist, hing mit seinem Leibe am Marterholz.
Er ging diesen Weg nicht als Verbrecher, sondern um unserer Sünde willen. Er wollte, daß wir, Sie und ich, von den Sünden frei gemacht, der Gerechtigkeit leben können.

Du großer Schmerzensmann, vom Vater so geschlagen,
Herr Jesu, dir sei Dank für alle deine Plagen:
für deine Seelenangst, für deine Band' und Not,
für deine Geißelung, für deinen bittern Tod.

Jesus Christus »hat trotz seiner Sohnesstellung an seinem Leiden den Gehorsam gelernt«. *Hebr. 5,8*

Der Weg ins Leiden war für Jesus Weg des Gehorsams. Gehorsam ist nur das, was aus Freiheit geschieht. Unfreier Gehorsam ist Zwang. Zu einem Gehorsam aus freien Stücken gehört Vertrauen. Letztlich kann nur der gehorchen, der einen Vater hat, dem er vertraut, d.h., eine Vater-Sohn-Verbindung auf der Basis des Vertrauens ist Voraussetzung für freien Gehorsam. Die Gottessohnschaft Jesu, seine Sohnesstellung zum Vater, war nie in Frage gestellt. Doch trotz seiner Sohnesstellung mußte Jesus den Gehorsam *lernen*. An dieser Stelle im Leben Jesu wird deutlich, was Gehorsam bis heute heißt: Gehorsam kann man nicht denken, man kann ihn nur vollziehen. Gehorsam ist wie eine abgeschlossene Sache. Kein Mensch hat je fertig gehorcht. Der Entschluß zum Gehorsam muß von Mal zu Mal, von Auftrag zu Auftrag, von Entscheidung zu Entscheidung immer neu gefaßt werden. Jesus mußte trotz seiner Sohnesstellung Gehorsam lernen. Jesus hat in seinem Weg des Gehorsams eine Spur gelegt, die zeigt, was es heißt, Gott gehorsam zu sein. Wo Sie und ich nicht bereit sind zum Gehorsam, treten wir in einen Kampf, der uns zu zerstören droht. Wo wir aber als Kinder Gottes, unseres Vaters, Gehorsam lernen, wird der Gehorsam ein stilles Geschehen, das sich so äußert, daß Sie und ich uns dem Willen Gottes vertrauend öffnen. In freiem Gehorsam können wir dann von Situation zu Situation sagen: Ja, Vater, mir geschehe nach deinem Willen.

Jesus Christus »war gehorsam bis zum Tode, ja zum Tode am Kreuz«. *Phil. 2,8b*

Der Gehorsam Jesu hatte keine Grenzen. Jesus kannte das Wort: »Ein an das Holz Gehenkter ist von Gott verflucht« (vgl. 5. Mose 21,22.23).
Fluch bedeutet: Untergang, Grauen, Vernichtung. Der Verfluchte steht in einem Raum, in dem ihn die Rettung Gottes nicht mehr erreicht. Der Fluch ist der Beginn und der Vollzug des Gerichtes Gottes. Gott läßt überall da den Fluch beginnen, wo Menschen aufhören, auf seine Gebote zu hören, wo sie abweichen von dem Weg, den er sie führen will, wo sie andern Göttern hinterherlaufen, wo sie ihm nicht mehr gehorchen. Den Segen, das Heil bindet Gott an den Gehorsam. So heißt es 5. Mose 11,26–28:

> »Seht, ich lege euch heute vor Segen und Fluch zur Wahl: den Segen, wenn ihr den Geboten des Herrn, eures Gottes, gehorcht, aber den Fluch, wenn ihr den Geboten des Herrn, eures Gottes, nicht gehorcht und von dem Weg, den ich euch heute gebiete, abweicht, um anderen Göttern anzuhangen.«

Der Gehorsam Jesu hatte keine Grenze, und sein Tod war der Tod eines von Gott Verfluchten.
Gott verlangte damals von seinem Sohn einen Schritt, den er zu jenem Zeitpunkt noch nicht verstehen konnte. Von keinem Menschen hat Gott je wieder im Gehorsam einen solchen schweren Schritt, voller unbegreiflicher Widersprüche, verlangt. Jesus ging diesen Schritt. Er legte damit eine Spur für jeden Menschen, der Schritte gehen muß, die er nicht ganz oder vielleicht gar nicht verstehen und nachvollziehen kann. Bis heute können Sie und ich im Aufblick auf Jesus im freien und vertrauenden Gehorsam Schritte gehen, die wir im Augenblick des Vollzuges noch nicht verstehen.

»Durch seine Wunden seid ihr heil geworden.« 1. Petr. 2,24b

Jesus ging den Weg ans Kreuz, in den Raum des Fluches, des absoluten Dunkels, des Gerichtes, um der verlorenen Menschen willen.

In dem Anbetungslied Jesu, wie es im 1. Petrusbrief überliefert ist, wird die prophetische Schau des Jesaja für erfüllt gesetzt, in der von dem Knecht, dem Geliebten Gottes, gesagt wird: »Durch seine Wunden ist uns Heilung zuteil geworden« (Jes. 53,5).

Durch Jesu Tod ist im Raum der Welt überhaupt erst bekannt, welche Tiefe das Wort »Stellvertretung« haben kann. Gewiß, ein irdischer Vater kann an Stelle seiner Kinder handeln. Stellvertretend arbeitet er für seine Kinder, tritt für sie ein, kämpft für sie und leidet um sie.

Es gab Mütter, die in Zeiten der Not an Stelle ihrer Kinder gehungert haben, ja, für ihre Kinder ihr Leben gaben. Dennoch ist diese Stellvertretung nicht vergleichbar mit Jesu Weg ans Kreuz.

Jesus starb als Gerechter. Er starb nicht nur als der, der ganzer Mensch war, sondern auch als der, der von Gott war und blieb. Gott selbst war in Christo und versöhnte die Welt mit ihm selber (2.Kor. 5,19). Nun hat Gott selbst die Kluft zwischen ihm und den Menschen überbrückt. Durch Jesu Tod ist der Mensch versöhnt mit Gott. Durch Jesu Wunden ist das zerbrochene Verhältnis zwischen Mensch und Gott wieder heil, wieder ganz geworden. Der Mensch kann wieder mit Gott reden. Christi Blut und Gerechtigkeit eröffnen bis heute den Weg zum Himmel.

Es war Gottes Ratschluß, in ihm (Jesus Christus) die ganze Fülle wohnen zu lassen und durch ihn die ganze Welt in ihn hinein zu versöhnen, nachdem er durch sein am Kreuz vergossenes Blut Frieden gestiftet hat, durch ihn zu versöhnen sowohl das, was auf Erden, als auch das, was im Himmel ist.
Kol. 1,19.20

Das Geheimnis der Gottheit und Menschheit Jesu ist unbegreiflich. Die Frage, warum in Jesus die Fülle all dessen, was Gott und Mensch bedeutet, wohnte, ist nur mit dem Hinweis zu beantworten: es war Gottes Ratschluß. Gottes Ratschluß war es auch, durch Jesu Blut, vergossen am Kreuz, die Versöhnung herbeizuführen. Keiner wird verstehen können, warum Jesus Mensch werden mußte. Keiner wird begreifen können, warum das Kreuz mit all seinen Martern und Qualen nötig war. Es war Gottes Ratschluß, und dieser ist nicht zu hinterfragen. An dem Wort Ratschluß Gottes kommt jedes Weiterfragen und Mehr-Wissen-Wollen zum Schweigen. Der Mensch wird Gottes Handeln in Jesus Christus nie begreifen, er kann nur die Folgen des Todes Jesu erleben. Gott stiftete Frieden!
Das hebräische und aramäische Wort »Friede« heißt in erster Bedeutung Ganzheit. Friede bedeutet soviel wie, da ist wieder etwas ganz geworden – eine zerbrochene Beziehung ist wieder hergestellt – ein tiefer Graben ist überbrückt, und eine klaffende Wunde ist heil geworden.
Ganzheit umschließt aber auch all das, was unter den Worten Vollständigkeit und Intaktheit zu verstehen ist. Wer Friede mit Gott hat, dessen Leben gehört vollständig und ausschließlich Gott. Friede mit Gott äußert sich in einem intakten Verhältnis zu Gott. Wo Ihr und mein Beten zu Gott nicht gelingen will, wo Glauben und Leben, Wollen und Vollbringen auseinanderklaffen, da dürfen wir beten: »Jesus, gib uns den Frieden, den du gestiftet hast!«

Gott hat uns errettet von den Obrigkeiten der Finsternis und hat uns versetzt in das Reich seines lieben Sohnes. *Kol. 1,13*

Seit Satan und sein Heer vom Himmel gestürzt sind und seit sich die Menschen gegen Gott und für den Bösen entschieden, haben auch die Christen mit überirdischen Mächten, mit teuflischen Gewalten zu kämpfen. Die teuflischen Mächte sind die Beherrscher dieser Welt (Eph. 6, 12). Der Mensch, der sich in ihre Abhängigkeit gegeben hat, hat Angst und kommt nicht mehr von ihnen los. Als mit Jesu Kommen das Reich Gottes in diese Welt einbrach, mußte die Macht des Teufels weichen. Nach dem Tod am Kreuz stieg Jesus hinab in die Hölle. Er hat die »Obrigkeiten der Finsternis« in Gefangenschaft geführt (Eph. 4, 8). Seine Herrschaft hatte keine Grenzen. Die Botschaft des Heils erreichte auch die Flutgeneration, die Zeitgenossen Noahs (1. Petr. 3, 19.20).
Für das Judentum galten diese Menschen als besonders Gottlos. Sie sind, so lehren es die Rabbiner, in die Hölle, in die Gott-losigkeit verbannt. Auch beim letzten Gericht gibt es für sie keine Auferstehung und keinen Anteil an der künftigen Welt.
Jesus predigte gerade ihnen das Heil. Die durch Jesus erwirkte Errettung wird allen angeboten. Seit Jesu Tod gibt es für Gott keine hoffnungslosen Fälle. Gott will alle erretten. – Die Rettung aber wird auch im Reich der Hölle nur angeboten, »nur« verkündigt. Die Gemeinde Jesu setzt sich zusammen aus solchen, die das Angebot, das verkündigte Heil, angenommen haben. Deshalb können sie Gott preisen und sagen: Er hat uns errettet. Die Obrigkeiten der Finsternis haben keine Macht mehr über uns. Wir sind versetzt in das Reich seines lieben Sohnes.

Jesus Christus »ist um unserer Sünde willen dahingegeben und um unserer Gerechtigkeit willen auferweckt«.

Röm. 4,25

Die Geschichtlichkeit der Auferweckung Jesu kann man nur als Wunder glauben oder man muß sie ablehnen. Das Wunder der leibhaften Auferstehung Jesu steht am Ende der Reihe des direkten Eingreifens Gottes in dieser Welt. Wo das Neue Testament von Gottes direktem Handeln spricht, da berichtet es, daß ein Engel, ein Bote aus der himmlischen Welt, auftrat. Der Engel sagt zu Maria: Du wirst schwanger werden. Der Engel verkündigt den Hirten: Der Heiland ist geboren. Der Engel sprach zu den Frauen: Er ist nicht hier! Er ist auferweckt worden!

Jesus wurde von Gott auferweckt. Das Gotteswunder der Auferstehung ist wie alle anderen Wunder Gottes nur vorstellbar durch das Wort: Gott rief Jesus aus dem Reich der Toten zurück. Gott sprach, und Jesus verließ das Grab. Damit hat Gott Jesus zum Herrn und zum Messias gesetzt (vgl. Apg. 2,36). Dieses Wunder geschah »um unserer Gerechtigkeit willen«, d.h., auf daß wir gerecht vor Gott werden.

Damit wird das Osterwunder die Vollendung des Geschehens auf Golgatha genannt. Die Auferweckung Jesu ist Gottes Antwort auf das Wort Jesu: »Es ist vollbracht.« Gott hat Jesu Werk bestätigt. Gott hat Jesus nicht dem Tod überlassen. Er rief ihn zurück in dieses Leben, um allen Menschen für immer zu zeigen: ihr seid gerecht gemacht!

Gerechtigkeit kann man auch übersetzen mit Rechtfertigung. Der Mensch, Sie und ich, sind vor Gott durch Jesu Tod und Auferstehung frei und gerecht gesprochen. Nun gilt es, in dieser Gerechtigkeit zu leben.

»Ich sag, es hilft dir nicht, daß Christus war erstanden, wo du noch liegen bleibst in Sünd und Todesbanden« (Angelius Silesius).

Jesus Christus »ist der Anfang der Erstgeborenen aus den Toten, er, der in aller Beziehung der erste sein sollte«.

Kol. 1,18

Der Tod bedeutete zur Zeit des Neuen Testamentes für viele jüdische Glaubensrichtungen noch das unwiderrufliche Ende. Die ersten Christen haben Jesus, den Auferstandenen, gesehen und erlebt. Sie haben die Botschaft der Auferstehung erfaßt und wußten: nun ist der Tod zu Ende, die neue Welt ist da, der jüngste Tag ist angebrochen. Von daher ist es verständlich, daß viele damals glaubten, es könne überhaupt keinen Tod mehr geben. Sie rechneten damit, daß sie am Leben bleiben würden, bis Jesus wiederkommt (vgl. Matth. 16,28). Gewiß, sie mußten erleben, daß der leibliche Tod immer noch in dieser Welt Einzug hält bis zur Zeit der letzten Vollendung. Erst vom Ende der Zeiten heißt es: »Der Tod wird nicht mehr sein« (Offb. 21,4). Dennoch war ihr Glaube im tiefsten richtig. Sie haben erkannt, Jesu Auferstehung leitet die Auferstehungszeit ein. Jesus ist der Erstgeborene aus den Toten oder, wie es noch heißen kann, das Unterpfand für die Auferstehung aller (vgl. 1. Kor. 15,20). Der Tod hat nun alle Macht verloren. Er ist nur noch eine Durchgangsstation – »ein Schlaf« (vgl. Joh. 11,11), an dessen Ende das ewige Leben steht.
Wo Jesus, der Erstgeborene aus den Toten, Herr eines Menschenlebens ist, da hat der Tod keine Macht mehr. Er, der vor Gott in aller Beziehung der Erste ist, eröffnet dem, der an ihn glaubt, den Weg zur Auferstehung, zum ewigen Leben.

Darum hat Gott ihn (Jesus Christus) erhöht. *Phil. 2,9a*

Die Erhöhung Jesu durch Gott, den Vater, ist die zweite Seite der Offenbarung Gottes.
Die Offenbarung Gottes in dieser Welt begann mit einer Bewegung von oben nach unten. Gott wurde Mensch. Luther nennt dieses Geheimnis der Menschwerdung das sacramentum incarnationis. Gott kam aus der Unsichtbarkeit in die Sichtbarkeit.
Die zweite Seite der Offenbarung ist die Bewegung von unten nach oben, die Erhöhung. Gott geht zurück aus der Sichtbarkeit in die Unsichtbarkeit. Jesus kehrt heim zum Vater. Dieses Geheimnis der Erhöhung heißt sacramentum exaltationis.
Jetzt wird Jesus von keinem leiblichen Auge mehr erreicht. Er ist in die Unsichtbarkeit der Herrlichkeit Gottes eingegangen. Er ist König geworden über die Erde und kann nun überall gleichzeitig sich als der Gegenwärtige erweisen.
Die Himmelfahrt Jesu, seine Erhöhung, ist das Werk Gottes. Im Himmelfahrtsbericht heißt es: Eine Wolke nahm Jesus auf und entzog ihn dem Blick der Jünger (Apg. 1,9).
Die Wolke hat im Alten und Neuen Testament zwei Bedeutungen. Sie zeigt einmal die Gegenwart Gottes an. Wo die Wolke erscheint, wissen alle, Gott ist da (vgl. 2.Mose 16,10; 34,5; 40,34 u.a.).
Zum andern verhüllt die Wolke Gott. Kein menschliches Auge hat Gott je gesehen. Gottes Wesen und sein auslösendes Wirken bleiben dem Menschen verborgen (vgl. Jes. 6,5; Matth. 17,5). Der Prophet und die Jünger sahen nur die Wolke.
Bis heute ist Gott immer nur wie in einer Wolke zu erleben. Er bleibt verhüllt. Bei allem Verhülltsein will die Wolke, die uns oft wie ein einziges Dunkel erscheint, sagen: Gott ist da!

Gott hat ihm (Jesus Christus) den Namen gegeben, der über alle Namen ist. *Phil. 2,9b*

Jesus ist durch seine Erhöhung nicht nur wieder der »alte« geworden, sondern Gott hat ihm den Namen gegeben, der über alle Namen ist.
Der Name, der, wie es wörtlich übersetzt heißt, »jedem anderen Namen überlegen ist«, ist der Name Gottes selbst.
Im Alten Testament durfte der Gottesname nur einmal im Jahr am großen Versöhnungstag vom Hohenpriester ausgesprochen werden. Sonst wurde der Name immer nur umschrieben, entweder mit Herr oder Gottheit oder mit einzelnen Gottesprädikaten wie Allmächtiger und Allherrscher. In vielen Fällen sagte man einfach nur *Name.*
Wo fromme Juden bis heute beim Lesen des Alten Testamentes oder beim Nachvollziehen der alten Gebete an die vier unaussprechlichen Schriftzeichen JHWH kommen, die für den heiligen Gottesnamen stehen, sagen sie in der Regel nur Name. Kein Jude spricht den Gottesnamen aus; spricht er aber ohne nähere Bezeichnung von dem Namen, dann weiß jeder, es ist der heilige Name Gottes.
Wenn die ersten Gemeinden in ihrem Anbetungslied singen und beten: Gott hat ihm »den Namen gegeben, der über alle Namen ist«, bekennen sie damit, Jesus Christus bekam den Gottesnamen. Sie wußten, es ist das Höchste, was je geschehen konnte. Nun sind Gott und Jesus wieder eine unzertrennliche Einheit.
Seit dieser Zeit ist jedes Gebet zu Jesus zugleich Gebet zu Gott, dem Vater. Jedes Anrufen des Vaters ist zugleich Gebet zu Jesus Christus.

Jesus Christus »ist um so viel größer geworden als die Engel, wie der Name, den er als Erbteil erhalten hat, den ihrigen überragt«. *Hebr. 1,4*

Die Vormachtsstellung Jesu vor allen Engeln des Himmels ist der ihm von Gott verliehene Name. Die Namen der Engel sind Botenbezeichnungen, wie der Hauptbegriff für Engel in der Bibel Bote heißt. Ein Bote bekommt einen bestimmten Auftrag. Diesen Auftrag hat der Bote im Namen seines Herrn zu erfüllen. Dann wartet er auf eine neue Beauftragung. Jesus ist mehr als jeder Bote. Er trägt den Namen Gottes. Er kann selbst Boten beauftragen.

Keiner weiß, wie der Name Gottes auszusprechen ist, und noch viel weniger wird je ein Mensch erfahren, was der Name Gottes in seiner Tiefe beinhaltet. Als Mose, der Prophet und Freund Gottes, verzweifelt bittet, sag mir doch deinen Namen, was soll ich denn sagen, wenn mich dies Volk fragt: Wer hat dich gesandt?, da antwortete Gott, sag ihnen: der »Ich werde für euch dasein« hat mich zu euch gesandt (2. Mose 3). »Ich werde für euch dasein«, so lautet die wörtliche Übersetzung des Gottesnamens, den Mose hören und begreifen konnte. Mehr hat nie ein Mensch erfahren, und doch ist es das Tiefste, was je über einen Namen gesagt wurde. Gottes Name, und seit der Erhöhung auch der Name Jesu, lautet: »Ich werde für euch dasein.« Ich verlasse dich nicht. Ich bin immer bei dir. Ich gehe mit, wie schwer und wie dunkel auch dein Weg ist. Ich bin da!

Jesus Christus »ist von Gott als Hoherpriester nach der Ordnung Melchisedeks begrüßt worden«. *Hebr. 5, 10*

Jesus bekommt den Namen Gottes. Außerdem wird er, so heißt es wörtlich übersetzt, von Gott begrüßt mit der Amtsbezeichnung »Hoherpriester nach der Ordnung Melchisedeks«. Melchisedek, übersetzt: König der Gerechtigkeit oder König des Friedens, kam Abraham entgegen, als dieser über die vier Könige des Ostens gesiegt hatte (vgl. 1. Mose 14). Melchisedek segnete Abraham, und Abraham gab ihm den Zehnten von allen seinen Gütern.

Das wenigste, was das Alte Testament von jedem Menschen, den es erwähnt, berichtet, ist seine Herkunft und sein Ende. Von Melchisedek wird weder Anfang noch Ende, weder Vater noch Mutter genannt. Für die neutestamentliche Gemeinde ist Melchisedek deshalb das Urbild des ewigen Priesters. Melchisedek war seit Urzeiten Priester und ist es für immer geblieben (vgl. Hebr. 7, 3).

Jesus bekommt nicht nur den Namen des Urpriesters, sondern er übernimmt als erhöhter Herr die Priesterfunktion für die auf Erden zurückgebliebene Herde. Die Gemeinde auf Erden, wie groß oder klein, zerstritten oder geeint, satt oder verfolgt sie auch ist, ist nicht verwaist. Sie hat einen Hohenpriester. Zu ihm kann sie kommen in jeder Lage.

Er ist für sie Priester in Ewigkeit.

Jesus Christus »ist das Haupt seines Leibes, nämlich der Gemeinde«. *Kol. 1,18a*

Seit Jesu Erhöhung heißt sein Name: »Ich werde für euch dasein.« Jesus ist für alle, die auf dieser Welt seinen Messiasnamen, den Namen Christ, tragen, da.
Die Gemeinde, deren Priester er ist, für die er da ist, ist nicht ein willkürlicher Zusammenschluß von Menschen. Die Gemeinde ist von Jesus Christus selbst gegründet.
Als der Seher Johannes von der Insel Patmos an die sieben Gemeinden in der Provinz Asia schreibt, sagt er vor allem andern: »Er, der uns liebt und uns erlöst hat, hat uns zu einer Königsherrschaft gemacht, zu Priestern für seinen Gott und Vater« (Offb. 1,5.6).
Die Gemeinden (griechisch: die Ekklesiai), die Kirchen, sind die sichtbare Gestalt der Königsherrschaft Gottes auf dieser Erde. Jesus selbst hat sie gegründet, deshalb ist und bleibt er ihr Haupt. Daß die Kirche Jesus gehört und daß er ihr Haupt ist, kommt in dem aus dem Griechischen entliehenen Wort »Kirche« noch zum Ausdruck. Kyriake bedeutet »Haus des Herrn«. Jesus hat in dieser Welt ein Haus, in ihm ist er der Herr, das Haupt. Für dieses Haus ist er da. Wie weit auch »die Kirche«, d.h. wir, Sie und ich, von unserem Herrn entfernt sind: Er ist da! Jesu Name ist Wirklichkeit. Sein Name bedeutet: Ich werde für euch dasein.

In ihm (Jesus Christus) haben wir die Erlösung durch sein Blut und die Vergebung der Sünden. *Kol. 1,14*

Die Vergebung der Sünden ist die Voraussetzung für jede Gemeinschaft. Erst da, wo Sie und ich durch die Erlösungstat Jesu Vergebung empfangen haben, können wir Gott nahen. Gemeinschaft mit Gott ist nur da möglich, wo unsere Schuld vergeben ist.

Aber auch Gemeinschaft unter den Menschen gibt es nicht ohne Vergebung der Schuld. Wo zwei Menschen bereit sind, einander zu vergeben, beginnt ihre Gemeinschaft miteinander. Die Vergebung ist der Durchbruch zur Gemeinschaft. Vergeben kann aber wiederum nur der, der die Vergebung seiner Schuld erlebt hat.

Auf dem Weg zur Gemeinschaft gibt es drei Dinge, die einander bedingen, d.h., keines kann ohne das andere gedacht werden.

Nur der Mensch, der rein geworden ist durch das Blut Jesu, kann dem, der an ihm schuldig wurde, vergeben. Die Vergebung eröffnet dann die Gemeinschaft miteinander (vgl. 1. Joh. 1,7).

Bei allem Nachdenken über die Gemeinde Jesu auf Erden, in allem Leiden in und an seiner Kirche sollten Sie und ich uns immer neu darauf besinnen: Gemeinde gibt es nur da, wo Vergebung empfangen und weitergegeben wird. Wenn Sie darunter leiden, daß Sie keine Gemeinschaft finden, daß Sie innerhalb der Kirche keine Gemeinde erleben, dann treten Sie an die Durchbruchstelle zur Gemeinschaft und fragen sich: Wo brauche ich Vergebung; wem kann ich Vergebung weitergeben? Unvergebene Schuld blockiert die Gemeinschaft. Mangelnde Vergebungsbereitschaft macht Gemeinschaft unmöglich. In Jesus Christus haben wir Vergebung der Sünden. Wer ihm seine Schuld bekennt, erfährt seine Treue. Jesus macht rein von aller Ungerechtigkeit (vgl. 1. Joh. 1,9).

In dem Namen Jesu sollen sich beugen alle Knie, die im Himmel und auf Erden und unter der Erde sind. *Phil. 2,10*

In den Worten des Anbetungsliedes »Alle Knie werden sich vor Jesus beugen« bekennen die Glieder der ersten Gemeinde staunend und lobend: Du, Jesus, bist der Richter. In den Gebeten des Alten Testaments geschieht das Niederfallen aller Großen der Erde und das »Beugen der Knie aller, die in den Erdenstaub sinken« vor Gott, dem Allmächtigen (vgl. Psalm 22,30). Der Prophet Jesaja muß das gewaltige Wort des heiligen Gottes in seine Welt hineinrufen: »Vor mir soll jedes Knie sich beugen, mir soll jede Zunge huldigen« (Jes. 45,23).
Die Gemeinde Jesu weiß und bekennt: der Richter am Ende der Zeiten, vor dem alle Knie sich beugen werden, ist Jesus.
Dieses Bekenntnis ist zugleich ein Dank- und Trostgebet. Der Richter trägt den Namen Jesus. Er hat den irdischen Namen: Helfer, Heiland, Retter. Der Richter ist kein Unbekannter, sondern der, der die Welt und die Menschheit kennt, der ganz Mensch wurde und an Gebärden als ein Mensch erfunden war. Er weiß um alle Not und Anfechtung der Menschen. Er weiß um die Schwachheit des Menschen und um seine Schuldverflechtungen. Mehr noch, er hat für seine Schuld gebüßt und für den Menschen, der jetzt im Himmel vor ihm kniet, das Heil erworben. Wer Jesus kennt, wer hier auf Erden Heil und Rettung erfahren hat, der darf getrost in die Zukunft sehen. Sein Richter wird sein Heiland sein!
Wer Jesus hier in dieser Welt als seinen persönlichen Heiland angenommen hat, dessen Knien wird im Himmel ein dankendes Anbeten werden. Ob Sie so im Himmel Jesus begegnen können, hängt davon ab, ob Sie hier auf Erden vor Jesus Ihre Knie beugten und ihn baten: Jesus, sei Du mein Herr.

Alle Zungen sollen bekennen, daß Jesus Christus der Herr sei zur Ehre Gottes, des Vaters. *Phil. 2,11*

Auf Erden bleibt es eine kleine Herde, die im Angesicht Gottes vor aller Welt bekennt: Jesus Christus ist der Herr. Solange diese Welt besteht, werden immer neue Volks- und Hausgötter, die ihren Namen und ihre Ansprüche den Gegebenheiten der Zeit anpassen, auftreten und den Herrschaftsanspruch über den Menschen erheben. Es wird in dieser Welt und den vielen undurchsichtigen Situationen schwer sein, den Herrschaftsanspruch der fremden Götter zu entlarven, und es gehört unendlich viel Mut dazu, immer neu zu bekennen: Jesus, Du bist allein Herr!
Einmal wird dies für alle sichtbar werden. Am Ende der Welt wird es kein Wenn und Aber, kein Ausweichen und Diskutieren geben, sondern nur ein einziges Bekenntnis: Jesus Christus, Du bist Herr!
In diesem Bekenntnis steckt nicht nur der irdische Name Jesus, sondern auch der himmlische Name Messias. Außerdem kann das von allen Zungen abgelegte Bekenntnis »Herr« nicht nur Anbetung, sondern auch Erwachen und Erschrecken enthalten.
Für alle die, die Jesus nicht Herr sein ließen, solange sie auf Erden lebten, wird das Bekenntnis im Himmel ein Stammeln nach einem Erwachen voller Schrecken sein. Er, Jesus, der Messias, ist doch der Herr! Aber auch diese Erkenntnis gereicht im Letzten zur Ehre des Vaters; denn sie besagt: Du, Gott, hast recht. Du hast recht behalten. Dein Messias war dieser Jesus. Er ist der Herr.
Es entscheidet sich hier in dieser Welt, zu welcher Gruppe Sie im Himmel einmal gehören werden – zu denen, die lobend und anbetend riefen: Er ist Herr, oder zu denen, die in schrecklichem Erwachen stammeln: Jesus Christus ist doch der Herr!

Jesus Christus »hat sich, nachdem er die Reinigung von den Sünden vollbracht hatte, zur Rechten der Majestät Gottes in den Himmelshöhen gesetzt«. *Hebr. 1,3b*

Die letzte Station des Weges Jesu – hinab in diese Welt, hinauf nach Golgatha, zurück zum Vater – ist das Sitzen zur Rechten der Majestät Gottes. Es ist der Platz, der nach jüdischer Auslegung des Alten Testaments nur dem Messias vorbehalten ist. Für die Christen ist es der Platz des Richters und des wiederkommenden Herrn.
Jesus wird, ausgehend von der Rechten Gottes, zurückkommen auf diese Erde, um Gericht zu halten über die Lebendigen und die Toten.
In dem Kapitel der Offenbarung, in dem Johannes bezeugt, wie er in seiner Schau in den Himmel den wiederkommenden Herrn gesehen hat, beschreibt er ihn als Sieger, der zum Gericht reitet. Er trägt ein Gewand, das in Blut getaucht ist. Er hat einen Namen, den niemand kennt außer ihm selbst. Sein Name ist – Wort Gottes! Seine Augen sind wie Feuerflammen, aus seinem Mund geht ein Schwert, in seiner Hand trägt er ein eisernes Zepter. Er heißt Treu und Wahrhaftigkeit (Offb. 19,11–13).
Dieses Ausgehen Jesu von der Rechten Gottes zurück auf die Erde ist und bleibt für den Verstehenshorizont des Menschen etwas Fremdes. Die Wiederkunft Jesu ist weder mit dem Verstand noch mit dem Gefühl nachvollziehbar. Aber gerade in diesem Fremdsein erfährt der Mensch Ewigkeit. Angesichts der Gewißheit – Jesus kommt wieder – erkennt der Mensch, daß die Welt und sein Werk endlich sind. Lebendige Gemeinden aller Zeiten wußten: Das Sitzen zur Rechten Gottes ist für Jesus kein Abschluß seines Wirkens, sondern der Ausgangspunkt seiner Wiederkunft. Bis heute gehört es deshalb zum Gebet eines jeden Christen: Komme bald, Herr Jesu!

Jesus richtete seine Augen zum Himmel empor und betete.
Joh. 17,1a

Das Hohepriesterliche Gebet spricht Jesus mit erhobenen Augen. Er blickt zum Himmel hinauf und bringt schon durch diese Gebetshaltung zum Ausdruck, daß nun sein ganzes Sehnen darauf gerichtet ist, zum Vater zurückzukehren.
Aus dem Gebetsleben Jesu sind nur drei große Gebetskomplexe bekannt geworden: Das Vaterunser, die Gebete der Anfechtung in Gethsemane und am Kreuz und drittens das Hohepriesterliche Gebet.
Dieses Hohepriesterliche Gebet, über das der Vater des Pietismus, Philipp Jakob Spener, nicht zu predigen wagte, weil das Gebet recht zu verstehen das gewöhnliche Maß des Glaubens übersteige, spricht Jesus unmittelbar vor Gethsemane und Golgatha. Es ist das Gebet Jesu, in dem er Abschied nimmt von seinen Jüngern. »Jesus betet in diesem Gebet, als hinge er schon am Kreuz« (M. Luther). Dabei richtet er seine Augen zum Himmel empor.
Wir kennen diese Gebetshaltung Jesu mit erhobenem Blick aus anderen Gebeten (vgl. Joh. 11,41; Mark. 6,41; Psalm 123,1). Die Augen Jesu sind unverwandt zum Himmel gewandt, weil er jetzt nach dem Himmel trachtete. Viele unserer Väter im Glauben ließen sich dieses Gebet auf dem Sterbebett vorlesen, weil sie darin angesichts des Todes große Erquickung fanden. Dabei blickten sie unverwandt zum Himmel.
Die Gebärde gehört bereits zum Gebet. Die Seele, die betet, umfaßt auch den Leib und seinen Ausdruck. Vielleicht würde Ihr und mein Beten wieder reicher und konzentrierter, wenn wir dem jeweiligen Anliegen unseres Betens den entsprechenden äußeren Ausdruck gäben, indem wir stehen oder knien, unsere Hände falten oder an unsere Brust schlagen. Da, wo wir uns nach Gott und seinem Reich sehnen, dürfen auch Sie und ich unsere Augen zum Himmel erheben.

Vater, die Stunde ist gekommen. *Joh. 17,1b*

Die Anrede »Vater«, die Jesus im Hohenpriesterlichen Gebet noch viermal wiederholt (Vers 11, 21, 24, 25), zeigt die einzigartige Gottesbeziehung Jesu. In dem Gebet zu seinem Vater gibt Jesus seinen Jüngern unmittelbar vor der Vollendung des Erlösungswerkes Einblick in das Geheimnis der Gemeinschaft des Vaters mit dem Sohn.

Für Jesus gab es keine eigene Stunde. Für ihn bestimmt in jedem Fall die Stunde des Handelns der Vater (vgl. Joh. 7,6; 12,23; 13,1).

Jesus weiß, daß die Stunde der Finsternis und des schändlichen Todes sowie die Stunde der Verherrlichung gekommen ist. Jesus erkennt die Stunde; bestimmt hat sie der Vater. Es lag nicht bei Jesus, die Stunde herbeizuführen.

Menschen, Sie und ich, können grundsätzlich nach eigenem Belieben und Entschluß unsere Zeit füllen. Wir machen unser Programm und legen den Terminkalender fest. Andere Stunden scheinen uns aufgedrängt durch irdische Ereignisse, die sich so kreuzen und verknoten, daß sie unser Handeln fordern. Bei Jesus war dies anders. Er fragte bei allen Entscheidungen nach Gottes Stunde. Er fragte, ob die Zeit reif sei, ob es Gottes Entschluß ist, daß er nun handelt oder leidet. Er fragte nach Gottes Willen und erkannte ihn, indem er sagte: Vater.

Jesus lehrte seine Jünger beten: Vater unser . . . Er ermächtigte die Jünger, auch Sie und mich, Gott »Vater« zu nennen. Damit aber verbindet Jesus die Erwartung, daß wir unser eigenes Planen und Entschließen aufgeben. »Vater« sagen heißt zugleich, Gott fragen: Ist Deine Stunde gekommen, ist die Zeit reif, was willst Du, das ich tun soll?

Verherrliche Deinen Sohn, damit der Sohn Dich verherrliche.
Joh. 17,1c

Das griechische Wort für Verherrlichung, »doxa«, erinnert an das alttestamentliche Wort »Kabod« und damit an die Erscheinung Gottes in der Stiftshütte und im Tempel. Die Offenbarungsform Gottes ist der Lichtglanz. Oft wird berichtet, daß es zugeht wie bei einem Gewitter, und dann ertönt das Gloria, und allen wird der Ruhm, die Macht, die Ehre und die Herrlichkeit Gottes sichtbar. Hinter diesen Begriffen, mit denen man das hebräische Wort für Herrlichkeit »Kabod« übersetzen kann, steht die unbegrenzte Liebe und Barmherzigkeit Gottes zu all denen, die er geschaffen hat (vgl. 2. Mose 33,18 ff.; 34,5 ff.).
So bedeutet Verherrlichung für Jesus einerseits göttliche Ehre, Ruhm und Macht, andererseits aber auch Vollendung der Liebe und Barmherzigkeit Gottes im Erlösungswerk. Jesus bittet in diesem Gebet für sich, daß Gott an ihm und durch ihn das Erlösungswerk vollendet. Er bittet um das Sichtbarwerden der Herrlichkeit des Erlösungswerkes in der Auferstehung und Erhöhung (vgl. Phil. 2,9–11; Hebr. 1,1–4; 1. Kor. 2,8; 1. Petr. 1,11).
Diese Verherrlichung des Sohnes hat letztlich die Verherrlichung des Vaters zum Ziel.
Wer mit dem Auge des Glaubens das Geheimnis der leibhaften Auferstehung sieht und der, der sich danach sehnt, daß der erhöhte Jesus wiederkommt, der hat ein Stück der Herrlichkeit Gottes geschaut und beginnt staunend zu beten:

> Ich will von Deiner Güte singen,
> solange sich die Zunge regt;
> ich will Dir Freudenopfer bringen,
> solange sich mein Herz bewegt.
> Ja, wenn der Mund wird kraftlos sein,
> so stimm ich noch mit Seufzen ein.

Du hast ihm Macht über alles Fleisch verliehen. Joh. 17,2a

Die Machtvollkommenheit, die Jesus in seinem Gebet anspricht, ist die königliche Macht, die Gott dem Messias verleiht (Jes. 11,4; Psalm 2,8; 8,7). Jesus weiß: er ist der Messias und hat deshalb königliche Macht über alle Menschen.
Ein Ausleger des letzten Jahrhunderts nennt nicht zuletzt aufgrund dieser Stelle das Hohepriesterliche Gebet das Königsgebet. Jesus ist der König der Welt. Er weiß: ihm ist von Gott königliche Gewalt über *alle* Menschen gegeben. Das Kommen Jesu in die Welt gilt allen Menschen. Sein Erlösungswerk ist allen angeboten und reicht für alle aus; seine Heilandsmacht steht über allen anderen Mächten. Er ist der Sieger, und neben ihm gibt es keinen Stärkeren. Mit diesem Wort nimmt Jesus alle Schrecken, alle Angst und alle Anfechtung, die durch den Gedanken, als gäbe es eine ewige Vorherbestimmung, entsteht, weg. Die Erlösung gilt nicht wenigen Vorherbestimmten; sie wird ausnahmslos allen angeboten. Martin Luther nennt dies »überschwenglich tröstlich ... Wer Christus annimmt, ist gewiß, daß der Vater ihn angenommen hat ... Glaubst du das, so bist du Christi eigen und ein Kind Gottes«. In Jesu Person ist die Vorherbestimmung zur Verdammnis und die Vorherbestimmung zum ewigen Leben in einem Punkt zusammengeflossen. Jesus ist – so durchlitt er es am Kreuz – der Verdammte. Er trug die Schuld der Verdammten. Jesus ist – so zeigt es seine Auferstehung und Erhöhung – der seit Ewigkeit zum Heil Erwählte. Wer zu ihm kommt, wird leben. Sein Kreuz ist das Unterpfand dafür, daß Gott will, daß allen Menschen geholfen werde und sie zur Erkenntnis der Wahrheit kommen (2. Tim. 2,4).

Er wird allen, die Du ihm gegeben hast, ewiges Leben geben.
Joh. 17,2b

Gott gab Jesus Macht über alles Fleisch, d.h. über alle Menschen. – Das ewige Leben bekommen jedoch nur die, die Gott Jesus gegeben hat. – Wird mit diesem Satz nicht nun doch das Angebot an alle eingeschränkt auf einige wenige Erwählte? – Auch in Vers 6 spricht Jesus von denen, »die Du mir aus der Welt gegeben hast«, und in Vers 9 sagt Jesus ausdrücklich: »Ich bitte nicht für die Welt, sondern für die, die Du mir gegeben hast; denn sie sind *Dein Eigentum*.«
Hinter diesen Worten steht die erdrückende Tatsache, daß Menschen trotz des Angebots der Erlösung von Gott getrennt bleiben. Sie entscheiden sich gegen Gott für die Welt und den Fürsten dieser Welt (vgl. Joh. 12,31). Damit leben sie in Eigentumsbestreitung. Eigentumsbestreitung (päscha[c]) ist im Alten Testament das härteste Wort für Sünde. Es bezeichnet Menschen, die in Trennung von Gott leben. Der, der sich von Gott rufen läßt, der, der die in Jesu angebotene Erlösung annimmt, hört auf zu sündigen, d.h., er beendet die ewige Eigentumsbestreitung und sagt: Gott, mein Schöpfer, dir allein gehört mein Leben, Denken, Planen und all mein Tun. Der Mensch ist damit wieder aus freiem Willen Eigentum Gottes.
Diese Menschen, die Eigentum Gottes geworden sind, übergibt Gott Jesus, damit er ihnen das ewige Leben gebe.
Das Leben, das Jesus gibt, ist nicht Lebendigkeit, sondern das eigentliche Leben, das Leben, das über die Spanne der Zeit, in der der Mensch lebendig ist, hinausreicht. Es ist das ewige Leben, das hier in der Zeit beginnt und nie mehr aufhört, sondern in alle Ewigkeit dauert.
Wer aufhört mit der Eigentumsbestreitung, wer Eigentum Gottes wird, der gehört zu denen, die Gott Jesus übergibt, damit dieser ihnen ewiges Leben schenke.

Darin aber besteht das ewige Leben, daß sie Dich, den allein wahren Gott, erkennen und auch den, den Du gesandt hast, Jesus Christus. *Joh. 17,3*

Das ewige Leben empfängt der Mensch im Vollzug des Erkennens des allein wahren Gottes und seines Gesandten, Jesus. Dabei muß betont werden, daß das Erkennen weder im Alten noch im Neuen Testament ein intellektueller Vorgang ist, sondern eine tiefe Existenzgemeinschaft. Im Alten Testament wird mit dem Wort »erkennen« der innigste Bezug, den Menschen untereinander haben können, ausgedrückt: »Adam erkannte sein Weib ...« (1. Mose 4,1). Das Erkennen ist soviel wie tiefes Vertraut- und Verbundensein. Erkennen ist rückhaltlose Existenzgemeinschaft.
Der Beginn des Erkennens ist das *Anerkennen*. Der Mensch erkennt Gott an, d.h., er gibt Gott recht. Er betet das Anerkennungsgebet: »Du bist allein Gott; neben Dir ist kein anderer; Du bist wahrer Gott. Ich habe Deine Offenbarung verstanden. Ich komme zurück von allen meinen Abgöttern zu Dir, meinem Schöpfer. Sei Du allein mein Herr. Ich erkenne Dich, Gott, weil Du Dich in Jesus offenbart hast. Ich weiß, daß Jesus der Christus, der Messias ist. Du hast ihn gesandt.«
Ein solches Gebet der Anerkennung Gottes ist der Beginn einer tiefen Gemeinschaft zwischen Gott und Mensch. Der Mensch, Sie und ich, können, wenn wir Gott so erkannt haben, wieder frei beten. Wir erleben, wie in uns ein tiefes Vertrauen zu Gott heranwächst und festes Verbundensein entsteht.
Gott erkennen heißt, mit ihm in einer rückhaltlosen Existenzgemeinschaft stehen, die geprägt ist von tiefem Vertrauen und echtem Verbundensein. Dieses Erkennen beginnt mit einem Anerkennungsgebet. Vielleicht sollten Sie heute ein solches Anerkennungsgebet niederschreiben und vor Gott ausbreiten.

Ich habe Dich hier auf Erden verherrlicht und habe das Werk vollendet, dessen Vollführung Du mir aufgetragen hast, und jetzt verherrliche Du mich, Vater, bei Dir selbst mit der Herrlichkeit, die ich bei Dir besaß, ehe die Welt war. Joh. 17,4.5

Mit der Anrede »Vater« bittet Jesus zum zweiten Mal um Verherrlichung. Er erfleht jetzt die ganze Offenbarung der Herrlichkeit, wie er sie vor und über aller Zeit hatte. Was vor der Zeit ist, ist ewig, hat nie ein Ende und geht nie verloren. Jesus bittet nicht um etwas Neues, sondern nur um die Enthüllung dessen, was er in Wirklichkeit war und für immer sein wird. Die Herrlichkeit Jesu war auch während seines Erdenlebens nicht verschwunden. Sie war nur bedeckt. Sie war versteckt unter dem Schleier der Endlichkeit. Diese Hülle war notwendig, damit Jesus während seines Erdenlebens die wahre Absicht und die im Vergleich zur menschlichen Herrlichkeit so ganz andersartige Herrlichkeit Gottes offenbaren konnte.

Das Volk erwartete von Jesus bis zum Schluß einen Messiaskönig. So jubelten sie ihm beim Einzug in Jerusalem zu wie einem triumphierenden König. Sie begrüßten ihn wie einen siegreichen Feldherrn des alten Orients. Doch Jesus zog nicht mit Kampfwagen und Rossen ein, er ritt auf einem Esel, dem Tier des Friedens und der täglichen treuen Arbeit.

Jesus verzichtete auf menschliche Herrlichkeit, um Gottes Werk, die Erlösung der Menschen, zu vollenden. Er verglich diesen Weg mit einem Weizenkorn, das erst nach seinem Sterben Frucht bringen kann.

Auch für die Menschen, die Gott gehören, können die herrlichen Wege Gottes verborgen sein unter dem Schleier der Endlichkeit. Vielleicht verstehen Sie und ich manchen Weg des Leidens, ja auch des Sterbens, erst in der Ewigkeit. Für uns heißt es noch aushalten, bis wir auch sagen können: Nun ist es vollendet. Gib mir, Vater, Einblick in Deine Wege und führe mich zu Deiner Herrlichkeit.

Ich habe Deinen Namen den Menschen geoffenbart, die Du mir aus der Welt gegeben hast. Dir gehörten sie an, und mir hast Du sie gegeben, und sie haben Dein Wort festgehalten.
Joh. 17,6

Die große schwere Stunde, in der Jesus das Hohepriesterliche Gebet spricht, ist nicht nur die Stunde, in der Jesus um seine Verherrlichung bittet, sondern auch die Stunde, in der er die Jünger als die aus der Welt herausgerettete Gemeinde bestätigt.
Diese Gemeinde entstand dadurch, daß Jesus ihnen den Namen Gottes offenbarte.
Wie einschneidend diese Offenbarung war, ist bis heute nachvollziehbar, wenn Sie an das jüdische Schweigen denken, das Gott nicht zu nennen wagt. Der heilige Name Gottes wird im Judentum bis heute wie ein mit Angst umringtes Geheimnis versteckt.
Jesus nennt den Namen Gottes. Fünfmal sagt er in seinem Gebet »Vater«, und als er seine Jünger beten lehrte, sagte er, sprecht: »Vater unser«. Seit dieser Lehre Jesu ist Gott kein Fremder mehr. Da der Name zugleich das Wesen umschließt, ist Gott nun für den Menschen erschlossen. Der Mensch weiß nun um das Wesen Gottes; es ist Vaterhandeln, Liebe, Barmherzigkeit, Sorge und Treue.
Auf diese Offenbarung antworteten die ersten Hörer mit »Festhalten«. Wörtlich übersetzt heißt es, »sie hüteten dieses geoffenbarte Wort wie eine Kostbarkeit«. Sie ließen es nicht mehr aus den Augen, sie beobachteten es und bewahrten es vor aller Verweltlichung. Dadurch wurden sie zur Gemeinde, die Jesus in seinem Abschiedsgebet bestätigen kann. Bis heute ist es Kennzeichen echter Gemeinde, Gottes Namen zu wissen und ihn festzuhalten. Wer zur Gemeinde gehört, weiß: Gott ist mein Vater. Er ist kein Fremder, er kennt mich. Ich darf ihn Vater nennen. Wenn Sie dieses Wort hüten wie eine Kostbarkeit, wenn Sie sich die Gewißheit »Ich habe einen Vater im Himmel« nicht nehmen lassen, dann dürfen Sie wissen: Sie gehören zur Gemeinde Jesu.

Jetzt haben sie erkannt, daß alles, was Du mir gegeben hast, von Dir stammt. Denn die Worte, die Du mir gegeben hast, habe ich ihnen gegeben, und sie haben sie angenommen.

Joh. 17,7.8a

Die Gemeinde Jesu auf Erden wurde gegründet erstens dadurch, daß Jesus ihnen den Namen Gottes offenbarte, zweitens, daß er ihnen die Worte, die Gott ihm gegeben hatte, weitergab.

Jesus redete nicht über Gott, sondern er gab Gottes Wort weiter. Er gab seinen Jüngern Worte, die er selbst vom Vater empfangen hatte. Jesus hatte sich keine Gedanken über Gott gemacht und seine diesbezüglichen Gedanken zur Diskussion gestellt oder lehrhaft verbreitet, sondern Jesus war Kanal für Gottes Wort. Dieses Wort hatte wie jedes Gotteswort seine Wirkung. Es stellte die Gemeinschaft zwischen Gott und Menschen her; es gründete Gemeinde.

Die Reaktion der ersten Hörer war das *An*nehmen. Annehmen ist mehr als bloßes *Ver*nehmen. Wer *an*nimmt, der hat gemerkt, daß er gemeint ist.

Mit diesen kurzen Sätzen sagt Jesus wie in einem Vermächtnis Wesentliches aus über den Fortbestand seiner Gemeinde auf Erden. – Gemeinde wird es nur immer da geben, wo Gottes Wort vermittelt und weitergegeben wird. Jeder, der berufen ist, Gottes Wort zu sagen, muß sich immer neu prüfen, ob er über Gott redet oder Gottes Wort sagt, ob er seine Ansichten zur Diskussion stellt oder Gottes Wort vermittelt, ob er Gottes Wort zum Sprungbrett seiner eigenen Gedanken macht oder selbst nur Kanal für Gottes Botschaft ist.

Damit ist jeder Hörer gefragt, ob es bei ihm über das bloße Vernehmen zum *An*nehmen kommt. Wer Gottes Wort *an*nimmt, der weiß: Gott hat es in seiner Liebe auf mich abgesehen. Gott ist an mir interessiert. Mir galt sein Ruf. Wer Gottes Wort *an*nimmt, gehört zur Gemeinde Jesu.

Sie haben die Wahrheit erkannt, daß ich von Dir ausgegangen bin, und haben den Glauben gewonnen, daß Du es bist, der mich gesandt hat. *Joh. 17,8b*

Zu Jüngern Jesu, zu Gliedern seiner Gemeinde auf Erden wurden Menschen erstens dadurch, daß sie den geoffenbarten Gottesnamen hüteten wie eine Kostbarkeit, zweitens dadurch, daß sie Gottes Wort *an*nahmen. Das dritte Kennzeichen eines Jüngers Jesu ist das Erkennen Jesu und das Glauben, daß Gott ihn gesandt hat.
Wer Gottes Wort annimmt und festhält, der begreift auch das Woher Jesu. Er kommt zu der festen Gewißheit, Jesu Sache ist nicht sein eigenes Unternehmen, sondern Jesus lebte, handelte und litt, weil Gott ihn dazu in die Welt gesandt hatte.
Jesus starb am Karfreitag nicht, weil Gott seine Hand von ihm abzog und ihn fallen ließ, sondern im Gegenteil, weil Gott in ihm die Welt und sich selbst versöhnte (2.Kor. 5,19).
Dieses Wissen steht gegen alles, was das menschliche Auge sieht und beobachten kann. Es ist Glaube im Vollsinn des Wortes.
Das griechische Wort Glaube, das Jesus auch in diesem Gebet ausspricht, »pistis«, heißt wörtlich übersetzt: Vertrauensgehorsam.
Glauben ist Vertrauen, tiefes Vertrauen, das keiner Begründung und keiner Beweisführung bedarf. Glauben ist Gehorsam, der auch da noch an Gott festhält, wo das Vertrauen angefochten und bedroht ist.
Der Weg Jesu auf dieser Welt ist bis heute verhüllt, so verdeckt unter dem Schleier der Endlichkeit, daß er von seinen Jüngern nur verstanden werden kann im immer neuen Vertrauen und Gehorsam.
Ich vertraue Dir, Herr Jesu, ich vertraue Dir allein; in Dir wohnt der Gnaden Fülle, in der kann ich selig sein!

Ich bitte für sie; nicht für die Welt bitte ich, sondern für die, welche Du mir gegeben hast; denn sie sind Dein Eigentum, und was mein ist, ist ja alles Dein, und was Dein ist, das ist mein.

Joh. 17,9.10a

Nach der Bitte Jesu für sich selbst, der Bitte um Verherrlichung, und nach der Bestätigung der Jünger als aus der Welt herausgerettete Gemeinde beginnt Jesu Fürbitte für die Jünger. Die Fürbitte Jesu für seine Jünger, die er auf der Erde zurückläßt, veranlaßte unsere geistlichen Väter, dieses Gebet Jesu »Hohepriesterliches Gebet« zu nennen. Auf das priesterliche Eintreten Jesu weist als erster der Kirchenvater Cyrill von Alexandrien hin (gest. 444). Der Name Hohepriesterliches Gebet für Johannes 17 geht nachweislich zurück auf David Chyträus (1531–1600), einen der letzten Väter des Luthertums.
Die Fürbitte gilt nur den aus der Welt herausgeretteten Jüngern. Die erste Zelle der christlichen Gemeinde gehörte nicht zur Welt. Die Welt ist die von Gott abgefallene Schöpfung, die vom Satan, dem »Fürsten dieser Welt« (Joh. 12,31), beherrscht wird. Der ganzen Welt wird zwar die Botschaft vom Heil der Erlösung angeboten. Doch es sind nur wenige, die sie annehmen, die die Haltung der Eigentumsbestreitung aufgeben und wieder Gottes Eigentum werden. Sie übergibt Gott seinem Sohn als dessen Jünger. Für sie tritt Jesus vor dem Vater ein. Die sich vor Gott verschließende, in der Eigentumsbestreitung verharrende Welt bleibt im Dunkeln. Für sie – sagt Jesus ausdrücklich – bitte ich nicht!
Hinter dieser Eingrenzung der Fürbitte Jesu auf die, die Gottes Eigentum und damit seine Jünger wurden, steht ein letztes Werben Jesu: Gebt die Eigentumsbestreitung auf; verlaßt die Herrschaft des Fürsten dieser Welt; werdet Gottes Eigentum und meine Jünger; werdet solche, für die ich beten und eintreten werde, damit ihr Glaube nicht aufhöre.

Ich bin in ihnen verherrlicht worden. *Joh. 17,10b*

Weil Jesus weiß, daß die Seinen Gottes Eigentum sind, kann er bekennen: ich bin in ihnen verklärt. Ich bin in ihnen verherrlicht. Diese kleine Schar, für die er Gott dankt, ist keine großartige Manifestation seiner Majestät. Die Gruppe der Jünger, von denen die treuesten in Gethsemane schliefen und auf Golgatha davonliefen, ist kein imposantes Denkmal seiner Macht. Und doch sind sie es allein, die die Herrlichkeit Jesu darstellen. Kein Tempel, kein Allerheiligstes, kein Prachtbau und kein Kunstwerk können seine Herrlichkeit fassen. Die Herrlichkeit Jesu wohnt in seinen Jüngern, in jenem Häuflein Menschen voller Fragwürdigkeit und Unansehnlichkeit. »In jeden Jünger hat Jesus sein eigenes Bild hineingelegt, aus jedem will er sich herausgestalten lassen« (Hermann Bezzel). Die Herrlichkeit Jesu wohnt in einem Haus, dessen Bausteine lebendige Menschen sind.
Schon das Judentum ältester Zeit kannte die Vorstellung eines Tempels, erbaut aus lebendigen Menschen. An jenem großen Trauertag, dem 9. Av, an dem die Juden die Zerstörung zweier Tempel beklagen, den Untergang des Salomonischen und des Herodianischen Tempels, gedenken nicht wenige Juden auch der Ausrottung der Juden durch das Naziregime. Nach jüdischem Kalender brach der 1. Weltkrieg am 9. Av aus. Nach dem verlorenen Krieg begann in Deutschland die Verachtung und dann die Ausrottung der Juden, die Zerstörung des 3. Tempels des Volkes Israel, des Tempels aus lebendigen Menschen. Schon Paulus war diese Vorstellung vom Tempel aus lebendigen Bausteinen bekannt. Er schreibt: »Wißt ihr nicht, daß euer Leib ein Tempel des Heiligen Geistes ist« (1. Kor. 6, 19)? Auch Petrus spricht von dem Bau aus lebendigen Steinen (1. Petr. 2, 5).
Jesus will auch durch Sie und durch mich, durch unseren Leib und durch unser Leben verherrlicht werden.

Ich bin nicht mehr in der Welt, doch sie verbleiben noch in der Welt, während ich zu Dir gehe. *Joh. 17,11a*

So wie Jesus während seines Erdenlebens in der Welt blieb und sich nicht in die Abgeschiedenheit eines Klosters zurückzog, so verbleiben auch die Jünger nach Jesu Erhöhung in der Welt. Sie bleiben mitten in der Welt, ohne zur Welt zu gehören.

Wenn Jesus in dieser absoluten Weise von der Welt spricht, so meint er damit nicht die Personen, die Menschen, die außer den Jüngern noch in der Welt leben, sondern die Wesenszüge, die die Welt durch den bekommen hat, der der »Fürst dieser Welt« heißt (Joh. 12,31).

Die Jünger leben inmitten einer Welt, die nach den Gesetzen abläuft, die der Fürst festgesetzt und bestimmt hat. Da ist das Gesetz der Selbstbehauptung, da ist das Bestreben, die eigene Existenz zu sichern, da bricht die Feindschaft gegen Gottes Wort verdeckt und offen immer wieder durch, da herrscht Verschlossenheit gegen das Angebot der Erlösung und Auflehnung gegen die Botschaft vom Kreuz.

Wo sich eine Gemeinde versammelt, sucht der Böse, sie in ihrem Glauben irrezumachen. Er impft ihnen den Bazillus der Mutlosigkeit, der Angst und der Verzweiflung ein. Er versucht die, die Jesus gehören, die der Vater ihm, seinem Messias, gegeben hat, dazu zu bewegen, ihr Ziel aufzugeben, ihren Plan zurückzugeben. Aufgeben des Ziels, Zurückgeben des Plans sind die deutschen Worte für das lateinische Wort »Resignation«.

Die Jünger haben in der Welt nicht mit Fleisch und Blut zu kämpfen, sondern mit den Herren der Welt, die in der Finsternis dieser Welt herrschen (Eph. 6,12). Jesus weiß um die Bedrohung durch die Welt. Er bittet Sie und mich: Nimm die Anläufe, die aus den Gesetzen dieser Welt kommen, ernst! Erkennet, daß der Teufel immer versuchen wird, zwischen euch und mich einen Keil zu treiben.

13. August

Heiliger Vater, erhalte sie bei Deinem Namen, den Du mir kundzutun verliehen hast, damit sie eins seien, so wie wir es sind. *Joh. 17,11b*

Jesus bittet den Vater nicht darum, daß er die ständigen Bedrohungen, die auf die Jünger einstürmen, beendet, sondern daß die Jünger erhalten und bewahrt werden bei Gottes heiligem Vaternamen.

Das Erhalten und Bewahren kann wörtlich so übersetzt werden: Vater, halte meine Jünger für eine solche Kostbarkeit, daß du sie mit einer Schutzmauer umlegst, mit einem Panzer ausrüstest, an dem alle Pfeile des Bösen abprallen müssen. Diese Schutzmauer, dieser Panzer ist der heilige Vatername Gottes, d.h. die Gemeinschaft, die die Jünger dann mit Gott haben, wenn sie sprechen: Unser Vater ... Diesen Namen hatte Jesus seinen Jüngern offenbart, diesen Namen lehrt Jesus seine Jünger in Einigkeit anzurufen, indem er sagt: Wenn ihr betet, so sprecht: »Unser Vater im Himmel ...«

Die Bedrohung durch die Welt und ihre Fürsten bleibt bestehen, solange diese Welt steht. Man kann diese Bedrohung »Umsessenheit« nennen. Solange der Teufel Macht und Spielraum hat, geht er den Menschen, Sie und mich, von allen möglichen Seiten an. Er schafft einen Angriffsring rings um den Menschen herum. Er will Sie und mich mutlos machen. Er jagt uns Angst ein, etwas zu versäumen; er wirbt darum, mit der Welt und den in ihr herrschenden Gesetzen Kompromisse einzugehen, kleine Kompromisse. Er will uns einflüstern, nicht so hart, nicht so stur, nicht so rücksichtslos zu sein. Er will nur eine kleine winzige Einbruchstelle in den von Gott um uns gelegten Panzer. Jesus weiß um diese Anläufe, und deshalb betet er: »Vater, erhalte sie, schütze sie, bewahre sie.«

»Auch wenn es manchmal so aussieht, als ob Gott ganz schweigt, wissen wir: die Fürbitte Jesu arbeitet ruhig weiter« (Hermann Bezzel).

Solange ich in ihrer Mitte gewesen bin, habe ich sie, die Du mir gegeben hast, bei Deinem Namen erhalten und habe sie behütet. *Joh. 17,12a*

Das Werk der Bewahrung und Erhaltung der Jünger, das Jesus bei seinem Abschied seinem Vater anvertraut, war sein vornehmlichstes Werk, solange er mit den Jüngern auf Erden lebte.
Der Evangelist Lukas berichtet, daß Jesus zu Petrus unmittelbar, bevor er die selbstherrliche Erklärung abgab: »Ich bin bereit, mit Dir in den Tod zu gehen«, sagte: »Simon, Simon, wisse wohl, Satan hat sich von Gott ausgebeten, Gewalt über euch zu erhalten, um euch im Siebe zu schütteln, wie man Weizen siebt. Ich aber habe für dich gebeten, daß dein Glaube nicht ausgehe!« (Luk. 22,31–32). Keiner, auch nicht Petrus, der Felsenmann, wäre bei Jesus geblieben, wenn die priesterliche Fürbitte Jesu ihn nicht durchgetragen hätte. Jesus betet für seine Jünger.
Der Bericht, daß Jesus dies schon zu seinen Erdentagen tat, als er nicht nur Gott von Gott, sondern auch total Mensch war, will zeigen, daß es auch Fürbitte in dieser Welt gibt und geben soll. Wenn Johannes den ersten Gemeinden in Kleinasien schreibt: »Jesus hat euch zu Priestern für seinen Gott und Vater gemacht« (Offb. 1,6), dann verbindet er damit die Erwartung: »Tretet vor Gott füreinander fürbittend ein.«
Seit dieser Zeit gehört zum Jünger- und Christsein der Priesterdienst der Fürbitte. Jeder Christ, auch Sie und ich, haben priesterliche Aufgaben. Zum Gebet der Christen gehört eine Fürbittenliste, eine Reihe Namen von Menschen, die Gott uns anvertraute, daß wir vor ihm fürbittend für sie eintreten.
Gott läßt sich diesen Priesterdienst auch von uns Menschen gefallen. Er nimmt ihn an und hört auf unsere Bitten, unsere Lieben zu bewahren, die Verfolgten zu erhalten und auch unsere Feinde zu behüten.

Keiner von ihnen ist verlorengegangen außer dem Sohn des Verderbens, damit die Schrift erfüllt würde. *Joh. 17,12b*

»Die Unmöglichkeit, den stürzenden Jünger zu retten, ist das Schwerste am Leiden Jesu« (Adolf Schlatter). Judas war nicht mehr zu retten. Er hat die ausgestreckte Hand Jesu nicht ergriffen. Noch in Gethsemane, wohin Judas mit der Gruppe der Soldaten kam, wirbt Jesus um seinen Jünger mit den Worten: »Mein Freund, wozu bist du gekommen . . .?« (Matth. 26,50). Judas ging verloren. In seinem Hohepriesterlichen Gebet nennt Jesus zwei Gründe. Es geschah, damit die Schrift erfüllt würde, und Judas war ein Sohn des Verderbens. Das Alte Testament kennt manche Züge des Verräters Jesu, zu dem Judas Ischarioth wurde: Die 30 Silberlinge, der Kaufpreis für einen nichthebräischen minderwertigen Sklaven (2.Mose 21,32; Sach. 11,12.13), der Verräter Ahitophel, der sich erhängte (2.Sam. 17,23), und das Wort von dem Freund, dem ich fest vertraute, der mein Tischgenosse war und der sich dann gegen mich erhob (Psalm 41,10). Es war nicht festgelegt, daß es gerade Judas Ischarioth sein mußte. Einer mußte ihn verraten, und bevor es feststand, wer zum Verräter würde, fragte jeder der Jünger ängstlich: »Herr, bin ich's?« (Matth. 26,22).
Judas wurde zum Verräter, weil er Sohn des Verderbens wurde. Sohn des Verderbens wird in 2.Thessalonicher 2,3 der Antichrist genannt.
Judas hatte sich für den Antichrist geöffnet. Aus Umsessenheit, aus der Bedrohung durch Satan wurde Besessenheit. Judas wurde sein Werkzeug. Zweimal sagen die Evangelisten, der Teufel habe sein Herz besessen (Joh. 13,2; Luk. 22,3).
Nun waren der Wille und das Entscheidungszentrum des Judas lahmgelegt. Er vollbrachte die Tat bis zum Ende. Er blieb in der Gewalt Satans. Er war sein Sohn. Um so erstaunlicher ist es, daß Jesus bis zuletzt um ihn wirbt: »Mein Freund, warum bist du gekommen?«

Jetzt aber gehe ich zu Dir und rede dies noch in der Welt, damit sie die Freude, wie ich sie habe, vollkommen in sich tragen. Ich habe ihnen Dein Wort gegeben, und die Welt hat sie gehaßt, weil sie nicht zur Welt gehören, wie auch ich nicht der Welt angehöre. Ich bitte Dich nicht, daß Du sie aus der Welt hinwegnimmst, sondern daß Du sie vor dem Bösen behütest. Sie gehören nicht zur Welt, wie auch ich nicht zur Welt gehöre.
Joh. 17,13–16

Mitten in der Stunde der Trennung und angesichts des unbegreiflichen Wortes über Judas spricht Jesus von der *Freude.* Als Grund der Freude gibt er an anderer Stelle das Wiedersehen am Ende der Zeiten an und bezeichnet diese Freude als Gut von ewigem Wert, als himmlische Gabe, die niemand seinen Jüngern rauben kann (Joh. 16,22). Es ist seine eigene Freude, die Jesus seinen Jüngern gibt; er will, daß sie die Freude vollkommen in sich tragen. *Diese Freude* bleibt trotz des Hasses der Welt. Der Christ weiß, er gehört nicht zur Welt und wird nie zu ihr gehören. Die Welt wird ihn hassen. Das bewahrt den Jünger Jesu bis heute vor aller Weltverklärung. Dem Jünger sagt Jesus, wie er die Welt zu beurteilen hat und welchen Weg sie geht, solange sie unter den Gesetzen des »Fürsten dieser Welt« steht. Das bewahrt den Jünger Jesu bis heute vor allen Weltschmerzgefühlen.

Der Jünger braucht die Freude der Welt nicht. Er weiß, daß jede Schau der Weltverklärung hohl ist. Er hat teil an der Freude, die aus der Ewigkeit kommt und die ihn nicht in Weltschmerzgefühlen versinken läßt. Die Freude des Christen bleibt auch da, wo er gehaßt, angefochten und bedroht ist; denn Jesus ist bei ihm. Er tritt fürbittend für ihn ein. Er läßt ihn nicht allein. Er gibt ihm seine Freude.

Heilige sie in Deiner Wahrheit; Dein Wort ist die Wahrheit.
Joh. 17,17

Das Geheiligte gehört Gott, sei es ein Mensch, den Gott herausgerufen, abgesondert nun zum Priester geweiht hat, oder eine Opfergabe, die zum Opfer geheiligt ist (vgl. 2. Mose 28,41; 13,2; 5. Mose 15,19). Dabei steht im Alten Testament über allem Heiligen der Ausspruch Gottes: »Ich, der Herr, bin es, der euch heiligt« (2. Mose 31,12; Hes. 20,12). Daß Gott es ist, der die Menschen heiligt, und zwar durch sein Wort, ist bis heute im Judentum lebendig. Bei jedem einzelnen noch so kleinen Gebot, das der fromme Jude vor Gott erwähnt, spricht er: »Herr, ich preise Dich, daß Du mich durch dieses Gebot heiligst.«
Jesus bittet den Vater um die Heiligung seiner Jünger. Die Heiligung soll sich vollziehen in der Wahrheit Gottes, die Jesus umfaßt und umschlossen sieht in dem von Gott ausgehenden Wort. Gottes Wort schafft die Heiligung; das an den Menschen ergehende Wort macht den Menschen heilig, macht ihn neu, macht ihn zu einem Menschen, der ganz und ausschließlich Gott gehört. Der Apostel Barnabas formuliert dies in seinem Brief, der in das Neue Testament keinen Eingang fand, aber viele Worte Gottes treffend erklärt: »Heiligen heißt durch Sündenvergebung rein werden« (Barn. 5,1). Derjenige ist heilig, von Gott geheiligt, der Gottes Wort vernommen und an sich erfahren hat: Dir sind deine Sünden vergeben.
Sie und ich können die Bitte Jesu »Heilige sie« aufnehmen, indem wir vor Gott niederknien und bitten: »Vergib mir meine Schuld! Mach mich rein! Heilige mich, Herr! Gib mir Dein Wort ›Dir sind deine Sünden vergeben‹.«

Wie Du mich in die Welt gesandt hast, so habe auch ich sie in die Welt gesandt. *Joh. 17,18*

»Das Heilig ist« – nach Martin Buber – »ein Begriff, den man nicht begreifen kann, wenn man der Sinnbestimmung nicht alsbald eine Einschränkung beifügt. Heilig heißt abgesondert, aber nicht abgetrennt, abgesondert und doch mitten im Volk, abgesondert und doch ausstrahlend.«

Wer von Gott geheiligt ist, hat einen Auftrag: er ist gesandt in die Welt. Jesus hat die Seinen schon deshalb nicht aus der Welt herausgenommen, weil er für sie einen Auftrag in der Welt hat, den Auftrag der Mission. Es ist entscheidend, daß er diesen Auftrag erst ausspricht, nachdem er den Vater um die Heiligung der Jünger gebeten hat. Jesus macht die Heiligung zum Fundament der Mission. Nur wer geheiligt ist, nur wer weiß: mir sind meine Sünden vergeben, kann missionieren. Nur der Geheiligte ist gesandt.

Vielleicht ist unser Missionieren in unserem Haus, in unserer Gemeinde und in der Welt deshalb so kraftlos, weil es nicht mehr auf dem Fundament der Heiligung steht. Jeder Neubeginn in der Mission, jede neue Sendung beginnt mit der Heiligung.

Bevor Jesus zurückgeht zum Vater, setzt er seine Jünger ein als Gesandte, so wie er ein Gesandter war. Nun haben seine Jünger die Angriffe auf die Welt zu übernehmen, die zugleich Liebeswerben um die Welt sind. Sie haben im Auftrage ihres Herrn der Welt die Möglichkeit des Glaubens zu eröffnen. Als Geheiligte tragen sie den Umkehrruf Jesu weiter und bitten an seiner Statt: Laßt euch versöhnen mit Gott!

Für sie heilige ich mich, damit auch sie wahrhaftig geheiligt seien. *Joh. 17,19*

Das Wort »heiligen« hat im Abschiedsgebet Jesu unmittelbar vor Beginn des Leidens und Sterbens einen ganz besonderen Akzent. Wie Jesus bald nach diesem Gebet bei der Einsetzung des Heiligen Abendmahls sagt »Dies ist mein Leib, für euch gegeben«, so sagt er im Hohenpriesterlichen Gebet: »Ich heilige mich *für euch*.« Der Inhalt dieser Aussage wird noch deutlicher, wenn wir – was sprachlich durchaus möglich ist – das Heiligen mit Weihen übersetzen. Jesus sagt dann: »Ich weihe mich für euch zum Opfer!«
Jesus macht aus seinem Leben und Sterben ein Opfer, das er Gott darbringt in ganzem Gehorsam und in ganzer Liebe. Jesus ist damit nicht nur der Hohepriester, sondern zugleich auch das Opfer, das der Hohepriester darbringt. Er weiht sich selbst zum Opfer. Der englische Schriftausleger Westcott nennt deshalb das Hohepriesterliche Gebet das Weihgebet Jesu (The Consecrations Prayer). Jesus weiht sich selbst vor den Augen seiner Jünger zum Opfer. Der Schreiber des Hebräerbriefes nimmt die Worte Jesu, mit denen er sich zum Opfer weihte, auf und sagt: »Er hat sich als Hoherpriester mittels seines eigenen Blutes ein für allemal Gott zum Opfer dargebracht« (Hebr. 9,11–14).
Diese Art der Heiligung und Darbringung Jesu ist einmalig, unwiederholbar und für alle Zeiten gültig. Mit Jesu Selbstopfer sind alle priesterlichen Opfer abgelöst und erfüllt. Sie sind vollgültig ersetzt. Mit seinem Selbstopfer hat Jesus die Heiligung erwirkt, an der jeder Mensch Anteil haben kann. Wer, gewaschen im Blute Jesu, vor Gott tritt, wer sich darauf beruft »Jesus ist für mich gestorben«, der ist rein, der ist geheiligt vor Gott, weil Jesus sich für ihn geheiligt hat.

Für sie heilige ich mich, damit auch sie wahrhaftig geheiligt seien. *Joh. 17,19*

Kein Mensch kann wie Jesus zum Opfer werden. Jesu Opfer als Erlösungstat ist einmalig. Dennoch gibt es ein Opfer von Menschen, das mit dem Begriff »Heiligen« erklärt wird.
In einem Apokryphen-Buch des Alten Testamentes wird von den Märtyrern gesprochen als von solchen, »die sich geheiligt haben« (4.Makk. 17,20). Paulus schreibt im Römerbrief: Bringt eure Leiber als ein lebendiges, heiliges und Gott wohlgefälliges Opfer dar, und Johannes rechnet damit, daß die Liebe, die wir einander schuldig sind, bis zum »Geben des Lebens« reichen kann (1.Joh. 3,16).
Es gibt Menschen, die nicht nur gewürdigt werden, selber Opfer zu bringen, sondern auch selbst zum Opfer zu werden. Wo dieses Letzte von Jüngern Jesu, ja von ganzen Gemeinden – etwa in der Verfolgung – gefordert wird, dürfen wir wissen: Es ist mit der Gemeinde nicht zu Ende. Ihr Ende ist kein Ende, sondern Opfer, eine letzte Konsequenz des Geheiligtseins durch Jesus. Wie schwer und groß auch die Opfer derer sind, die Jesus angehören, sie können nie mit dem Opfertod Jesu verglichen werden. Jesu Opfer war stellvertretendes Opfer für uns und unsere Sünden. Das Opfer, das auf Jünger zukommt, ist immer nur ein Gewürdigtwerden, mit Jesus zu leiden.
Die Heiligung der Jünger führt in die Sendung und kann in der Wahrnehmung des Auftrages Jesu auf dieser Erde Leiden bis hin zur Hingabe des Lebens einschließen. An Timotheus, »seinen lieben Sohn«, schreibt Paulus: »Leide mit als ein guter Streiter Jesu Christi« (2.Tim. 2,3).

Ich bitte aber nicht für diese allein, sondern auch für die, welche durch ihr Wort zum Glauben an mich kommen werden.
Joh. 17,20

Jesus bittet in seinem königlichen und hohenpriesterlichen Weihegebet nicht nur für seine Jünger, sondern er schließt in sein Gebet die ganze künftige Gemeinde aller Generationen ein. Wie in einer prophetischen Schau sieht er sie alle vor seinen Augen stehen. Das Wort »die Gemeinde« kommt weder im Hohenpriesterlichen Gebet vor, noch ist es im ganzen Johannes-Evangelium zu finden. Die Gemeinde ist der Zusammenschluß derer, die an Jesus glauben.

Die Ursache, die den Glauben bewirkt, ist das Wort. Solange Jesus auf Erden war, sorgte er dafür, daß keine seiner Wunder und Zeichen das Wort überdecken durften. Wo ein Wunder in den Vordergrund treten wollte, gebot er zu schweigen. Er, das lebendige Wort Gottes, hat mit dem Wort eingeladen und durch das Wort gerettet. Dies wußten alle, die ihn kannten. Deshalb sagte jener Hauptmann: ». . . sprich nur ein Wort . . .« (Matth. 8,8).

Jesus spricht prophetisch bei seinem Abschied von den Jüngern wie später Paulus bei der Gründung der ersten Gemeinden: »Der Glaube kommt aus der Predigt, die Predigt aber durch das Wort« (Röm. 10,17).

Die prophetische Schau Jesu bei seinem Abschied gab dem Hohenpriesterlichen Gebet auch den Namen »prophetisches Gebet«. In dem prophetischen Umfassen der Glaubenden aller Zeiten liegt bis heute für jeden Beter ein tiefer Trost. Jeder von uns darf wissen: Schon damals, als Jesus noch auf Erden war, hat er an Sie und mich gedacht. Er will bis heute unser König, Priester und Prophet sein. Johannes Scriver, einer der Väter des Pietismus, formuliert dies so:

Sind von Freunden wir verlassen
und wir gehen ins Gebet,
o, so ist uns Jesus alles,
König, Priester und Prophet.

Ich bitte, daß sie alle eins seien. *Joh. 17,21a*

Jesus bittet um die Einheit der Gemeinde, die Einheit seiner Kirche auf Erden.

Jesus gibt den Jüngern nicht den Befehl, Einheit herzustellen, etwa durch das Bemühen um eine einheitliche Gesinnung. Jesus gibt keine Lebensordnung, deren Einhalten eine Einheit gewährt. Jesus ermahnt nicht zu einem Zusammenhalten durch gleichartiges Gestimmtsein der Gemüter. Jesus gibt nicht den Auftrag, Einheit zu machen durch Verhandlungen, Verständigungen, Absprachen, Konferenzen und einheitliche Organisationen. Jesus setzt keine Einheit durch eine Gleichschaltung von oben her. Jesus betet um Einheit.

Damit sagt Jesus: Einheit kann nicht von Menschen gemacht, beschlossen oder organisiert werden. Um Einheit kann man nur bitten, und wo sie entsteht, ist sie Geschenk, d.h., Einheit ist die Frucht von etwas anderem. Sie ist Antwort auf Gebet. Wahres Streben nach Einheit ist deshalb nicht organisierendes und planendes Wenden nach außen, sondern das Sehnen nach Einheit beginnt mit der Wendung nach innen und dem Gebet zum Vater. Das Bestreben, Einheit darzustellen in Ökumene, gemeinsamen Gottesdienstformen, Lehre, Institutionen, in Überwindung von Zwietracht und Zersplitterung, kann immer nur beginnen und aufhören mit der Bitte an den Vater um Einheit. Alles andere Streben nach Einheit ist ein leeres, menschliches, ja unchristliches Trachten und Unternehmen. Jesus hat um Einheit gebetet, um uns zu zeigen, daß wir nichts anderes tun können, als täglich um die Einheit der Christen zu bitten.

Wer in Treue täglich um Einheit betet, wird erleben, daß das, worum er ernsthaft bittet, immer mehr mit dem in Einklang kommt, was er in der Gemeinschaft, in der er steht, tut.

Wie Du, Vater, in mir bist und ich in Dir bin, so laß auch sie in uns eins sein. *Joh. 17,21b*

Wie Jesus, so ist auch sein Gebet einzigartig. Es ist unvergleichlich mit menschlichem Beten. Da Jesus mit dem Vater eins ist, ist sein Gebet immer zugleich erhörtes Gebet. Die Bitte um das Einssein ist bereits im Augenblick des Betens Jesu Realität. Jesus gibt damit der Gemeinde die Einheit nicht als ein zu erstrebendes Ziel, sondern als geglaubte Wirklichkeit. Sie entspricht, so sagt er, dem Einssein zwischen dem Vater und ihm, dem Sohn. In diesem Einssein bleibt der Vater Vater und der Sohn Sohn. Die Einheit vollzieht sich im Gehorsam, der dadurch offenbar wird, daß jeder für den anderen da ist.
Weil Vater und Sohn eine völlige Einheit sind, können sie sich für die Menschen öffnen und den Menschen die Möglichkeit einer Einheit erschließen. Die Einheit besteht darin, daß Jünger in dem Vater und Sohn eins werden. Damit ist jede Einheit, die Menschen direkt zwischen sich und untereinander machen wollen, ausgeschlossen. Es gibt nur die Einheit über das Einswerden mit Vater und Sohn.
Praktisch sieht dies so aus: Wo zwei zerstritten sind, beginnt die Einheit damit, daß jeder sein Verhältnis mit Gott in Ordnung bringt. Vor dem Thron Gottes, wo jeder auf Gnade angewiesen ist, stehen sie auf einer Stufe; da treffen sie beide zusammen, da werden sie *eins*.
Es führt kein Weg in die Einheit ohne den »Umweg« über Gott. Dieser »Umweg« aber ist der direkte Weg; denn jeder andere Versuch, es nur unter Menschen auszuhandeln, wird früher oder später scheitern.
Jeder Weg zueinander, jeder Weg zur Einheit führt über Gott. Wo Sie von einem Menschen oder einer Gruppe getrennt sind, ist der erste Schritt zurück der Weg vor Gottes Thron.

Laß sie in uns eins sein, damit die Welt glaube, daß Du mich gesandt hast. *Joh. 17,21c*

Die »Welt« ist einerseits die Macht, die dauernd die Jünger und die Gemeinde bedroht. Sie haßt »die Jünger«, zugleich aber ist sie Empfänger der Botschaft. Die Gemeinde steht nicht nur in Abwehr und Trennung von der Welt, sondern sie hat auch die Aufgabe, die Welt zu gewinnen.

Damit umfaßt das Gebet Jesu drei Dimensionen:

erstens die Jünger, die Apostel, von denen er im Augenblick Abschied nimmt,

zweitens die Gemeinde aller Zeiten

und

drittens die Welt, in die hinein er die Jünger aller Zeiten sendet.

Jesus bittet zwar nicht für die Welt in ihrer Verschlossenheit und Gottfeindlichkeit (vgl. V. 9), aber er hat die Welt, solange es noch Gemeinde in der Welt gibt, nicht aufgegeben.

Das Mittel, durch das die Welt die Sendung des Sohnes erkennen kann, ist die Einheit der Jünger untereinander, und das heißt: die Einheit mit ihrem Herrn.

Wo Menschen eins werden mit ihrem Herrn, wo sie Vergebung ihrer Schuld empfangen und als neue Kreatur leben, da fragen die Kinder dieser Welt nach der Kraft dessen, der einen solchen Neuanfang schenken kann. Wo Menschen erleben, daß Grenzen abgebaut werden, weil zwei Menschen sich in Jesus getroffen haben, da werden sie an ihren eigenen Gesetzen irre.

Bei der Einheit der Gemeinde geht es nicht nur um die Frage der Selbsterhaltung der Kirche, sondern auch um ihren Auftrag an der Welt. Die Einheit ist ein Anstoß zum Leben für die Welt.

Wo Sie und ich im Kleinen und im Großen in selbstverschuldeter Zerrissenheit bleiben, werden wir dem Missionsauftrag Jesu untreu.

Ich habe auch die Herrlichkeit, die Du mir gegeben hast, ihnen gegeben, damit sie eins seien, wie wir eins sind, ich in ihnen und Du in mir, auf daß sie zur vollkommenen Einheit gelangen, damit die Welt erkenne, daß Du mich gesandt und sie geliebt hast, wie Du mich geliebt hast. *Joh. 17,22.23*

Die Einheit der Gemeinde verwirklicht sich dadurch, daß uns Jesus die vom Vater empfangene Herrlichkeit gibt. Dies tut Jesus so, daß er selber »in« uns kommt und uns so in das Reich Gottes versetzt.
Mit diesem Teilhabenlassen der Jünger an Gottes Welt versetzt Jesus seine Gemeinde nicht in eine ungeschichtliche Überwelt, sondern kommt auch noch als Erhöhter in unsere Welt, lebt mit uns, stiftet die Einheit und stellt sie selbst dar. So gilt für jede kleinste Versammlung, »wo zwei eins werden, worum sie bitten«, da ist Jesus mitten unter ihnen (Matth. 18,19). Und wo immer in der Gemeinde von ihrer Einheit gesprochen wird, da ist sie eins, weil Jesus ihr Haupt ist. Die Einheit des Leibes beruht auf der Einheit des Hauptes (vgl. Eph. 1,22; 4,15; 5,23). Jesus hat sich als der Erhöhte nicht in einen himmlischen Raum eingesperrt, sondern er ist wie der Vater allgegenwärtig. Er kommt in uns hinein, indem er sich uns gibt im Wort und im Sakrament. Im Hören seines Wortes und im Nehmen von Brot und Wein, die Jesu Leib und Blut sind, geht Jesus so in uns ein, daß wir aufs engste mit ihm verbunden sind. Hier werden wir tatsächlich und konkret in sein himmlisches Sein einbezogen, eingegliedert, ja eingeleibt. Luther drückt dies in seiner massiven Sprache so aus: Wir werden mit Christus »ein Ding, Kuchen, Leib, wie Vater und Sohn ein Ding sind«.
Jesus will sich immer neu mit uns vereinigen. Wir sollten keine Gelegenheit verpassen, wo wir sein Wort hören und seinen Leib und sein Blut empfangen können.

Vater, ich will, daß da, wo ich bin, auch die bei mir seien, die Du mir gegeben hast. *Joh. 17,24a*

Jesu Beten ist nicht nur immer zugleich erhörtes Gebet, sondern sein Bitten ist zuweilen auch herrscherliche Willensäußerung. Trotz der Anrede »Vater« ist die Haltung des Gebets damit verlassen. Als Bittender ist Jesus zugleich der durch seinen Willen Bestimmende. Das »Ich will« ist Ausdruck seiner Entschlossenheit und seiner majestätischen Macht.

Mit der in königlicher Würde gesprochenen Bitte kündigt Jesus die Vollendung an. War es in der bisherigen Absicht des Bittenden so, daß die Seinen in der Welt bleiben sollen, um der Welt die Möglichkeit zum Glauben zu eröffnen, so geht das Ende des Königsgebets Jesu von einer neuen Situation aus: Jesus kommt jetzt nicht mehr zu den Seinen, sondern er holt sie zu sich. Er will, daß am Ende der Welt die Seinen bei ihm sind, dort, wo er ist.

In der Gewißheit, einmal ewig bei Jesus zu sein, haben viele Zeugen Jesu auf Erden zum Teil in unsagbarem Leid und harten Anfeindungen durchgehalten. Ihr Trost und ihr Ziel war das ewige Sein und Bleiben bei Jesus. Die Gewißheit, eine Heimat im Himmel zu haben, machte ihnen die Schwere des Diesseits erträglich.

Luther legt dies »letzte Stück« des großen Trostwortes unseres treuen Heilands, Bischofs und Meisters so aus: »Wo er selbst sein wird, da werden die sein, die an ihn glauben, sie sterben, wie sie wollen. Aber wo werden wir denn sein? Wo ich bin. Aber wo ist er? Du brauchst es nicht zu wissen, ich kann's dir nicht benennen. Er liegt dem Vater im Schoß.«

Damit sie meine Herrlichkeit sehen, die Du mir verliehen hast; denn Du hast mich schon vor Grundlegung der Welt geliebt. *Joh. 17,24b*

Als Ziel und Inhalt des Heimholens der Seinen nennt Jesus: Sie sollen meine Herrlichkeit sehen. Schon auf dieser Welt hatten die Jünger eine Schau der Herrlichkeit (vgl. Joh. 1,14). Jesus hatte ihnen seine Herrlichkeit gegeben (Joh. 17,22); doch sie war und blieb verdeckte Herrlichkeit, verhüllt durch den Schleier der Endlichkeit. Das Sehen der Herrlichkeit auf Erden war Erkenntnis durch das Wort, Erleben im Glauben, Sehen wie durch einen Spiegel.

Am Ende bei der Vollendung aber werden alle seine Jünger seine Herrlichkeit hell und klar mit eigenen Augen sehen.

Dieses Schauen eröffnet den Glaubenden die Ewigkeit. In seinem ersten Brief schreibt Johannes: »Wir wissen noch nicht, was wir dereinst sein werden. Wir wissen jedoch, daß, wenn er erscheinen wird, dann werden wir ihm gleich sein; denn wir werden ihn sehen, wie er ist« (1.Joh. 3,2).

Das Sehen der Herrlichkeit wird die Jünger umgestalten in das Gleichbild Jesu. Alle Glaubenden werden ihm gleich sein, werden in sein Ebenbild verwandelt werden.

Hier kommt die göttliche Schöpferabsicht zu ihrer Vollendung. Gott machte den Menschen nach seinem Bilde, zu einem Gegenüber, das ihm entsprechen konnte. Wenn Jesus die Seinen in sein Reich holt und wir seine Herrlichkeit sehen, dann werden wir, verwandelt in sein Bild, ihm wahrhaft entsprechen können. Jesus, den Gott vor Grundlegung der Welt geliebt hat, wird den von Gott geschaffenen Menschen vollenden.

Gerechter Vater, die Welt hat Dich nicht erkannt.

Joh. 17,25a

Das letzte Wort über die sich Gott verschließende Welt leitet Jesus ein mit der Anrede »Gerechter Vater«. Den Titel, den die Juden ihren Frommen beilegen, beschränkt Jesus auf Gott: Gott, du bist der Gerechte. In der Offenbarung berichtet Johannes über die Stimme eines Engels, die vor Gottes Thron sagt: »Gerecht bist Du, der Du bist und der Du warst, Du Heiliger, daß Du solche Gerichte vollzogen hast« (Offb. 16,5). Jesus nennt Gott im Zusammenhang mit dem letzten Wort über die Welt nicht nur »Gerechter«, sondern zugleich auch »Vater«. Zwischen der Gerechtigkeit Gottes und seinem Vatersein gibt es in Gott keine Spannung. Gott erwies sich der Welt gegenüber wie ein Vater. »Er hat ihnen seinen Sohn nicht gesandt, damit er die Welt richte, sondern daß die Welt durch ihn gerettet werde« (Joh. 3,17). Jeder, der die liebende Zuwendung Gottes annahm, d.h. ihn erkannte und mit ihm in eine Existenzgemeinschaft eintrat, der wird nie gerichtet. Der aber, der seine Entscheidungsfähigkeit so nützte, daß er Gottes Angebot abwies, d.h. Gott nicht erkannte, der ist schon gerichtet (vgl. Joh. 3,18).

Das Nicht-Erkennen Gottes, das Nicht-Gerettetsein ist Gericht.

In dem kurzen harten Satz seines Gebets »Gerechter Vater, die Welt hat dich nicht erkannt« stellt Jesus das unwiderrufliche Gericht fest über die, die nicht für den Glauben gewonnen werden konnten.

Es wird eine Zeit kommen, wo es keine Möglichkeit mehr geben wird, Entscheidungen für Jesus zu treffen. Noch ist die Zeit der Gnade, auf die liebende Zuwendung Gottes einzugehen.

Ich habe Dich erkannt, und diese haben erkannt, daß Du mich gesandt hast, und ich habe ihnen Deinen Namen kundgetan und werde ihn auch weiterhin kundtun, damit die Liebe, mit der Du mich geliebt hast, in ihnen sei und ich in ihnen.

Joh. 17,25b.26

Am Ende der Zeiten wird Jesus vor Gott stehen mit einer großen Schar aus allen Völkern und Nationen, von denen er sagen kann: Diese haben erkannt, daß Du mich gesandt hast. Sie sind eine enge Existenzgemeinschaft mit Dir eingegangen. Sie haben Deinen Vaternamen. Nun sollen sie auch hineingezogen werden in die Liebe, mit der Du mich geliebt hast.
Hier geht Jesus den weitesten Schritt, der überhaupt denkbar ist. Die Liebe des Vaters, die nur dem Sohn gehört, soll nun in Ewigkeit denen verliehen werden, die an ihn glauben und die er nun in der Vollendung in die Herrlichkeit einführt.
In diesen Schlußworten des Abschiedsgebetes Jesu steht Jesus noch einmal vor uns als König, Hoherpriester und Prophet und sagt das Unbegreifliche. Es gibt keine Herrlichkeit, keinen Vorzug, kein Privileg, das ich nicht an euch, die ihr meine Jünger seid, weitergeben will. Ich will euch alles geben. Ich bitte den Vater, daß er euch mit der Liebe liebt, wie sie nur für seinen Sohn gedacht war.
Wer dies nur stückweise begreifen kann, kann sich wieder auf den Himmel freuen und mit den Vätern im Glauben beten:

Himmelan! Mein Glaube zeigt
mir das schöne Los von ferne,
daß mein Herz schon aufwärts steigt
über Sonne, Mond und Sterne;
denn ihr Licht ist viel zu klein
gegen jenen Glanz und Schein.

Wahrlich, wahrlich, ich sage euch: Wenn ihr den Vater etwas bitten werdet, so wird er es euch geben in meinem Namen. Bisher habt ihr nichts gebeten in meinem Namen. Bittet, so werdet ihr nehmen, daß eure Freude vollkommen sei.

Joh. 16,23.24

Am Schluß der Abschiedsreden gibt Jesus seinen Jüngern die Anleitung zu einer neuen Weise des Betens. Nachdem Jesus wieder beim Vater sein wird, stehen die Jünger in einer größeren Unmittelbarkeit. Beides, Beten der Jünger und das Geben des Vaters, geschieht dann in Jesu Namen. Jesu Jünger beten so, daß sie sich auf Jesus, ihren Herrn, berufen. Er ist der Fürsprecher (1.Joh. 2,1), er wird bei Gott vorstellig (Röm. 8,34), und zwar unablässig (Hebr. 7,25). Er bürgt für uns. Das Beten geschieht nun nicht mehr aus eigenem Antrieb im Alleingang oder auf eigenes Risiko, sondern unter Berufung auf Jesus. Aber nicht nur das Beten, sondern auch die Erhörung, das Geben des Vaters, steht unter dem »Im Namen Jesu«. »Im Namen Jesu geschieht nur das, was nach seinem Gebot geschieht. Wer in seinem Namen handelt und bittet, will seinen Willen tun, und diesen sagt Jesus den Jüngern in seinen Geboten« (A. Schlatter). Diese Eingrenzung ist keine Zurücknahme oder Minderung der Erhörungszusagen, denn eine Gabe, die nicht nach Jesu Willen ist, hilft den Jüngern nicht und führt sie nicht zur »erfüllten Freude«. Die Gewißheit des Betens und Gebens im Namen Jesu gibt den Jüngern Geborgenheit in Jesus.

Nein, Gott vergißt die Seinen nicht,
er ist uns viel zu treue,
sein Herz ist stets dahin gericht,
daß er uns letzt erfreue.
Geht's gleich bisweilen etwas schlecht,
ist er doch heilig und gerecht
in allen seinen Wegen. Paul Gerhardt

Offenbarung Jesu Christi, die ihm Gott gegeben hat, um seinen Knechten zu zeigen, was in Kürze geschehen muß. Durch die Sendung seines Engels hat er es seinem Knecht Johannes gedeutet. *Offb. 1,1*

Offenbarung heißt Schleierabnahme. Mehr als andere biblische Bücher bedarf die Offenbarung der Auslegung, denn »solange sie ungedeutet bleibt, ist sie eine verborgene, stumme Weissagung und noch nicht zu Nutz gekommen« (Martin Luther). Für den Ausleger aber gilt es, gerade mit dem Buch, das überschrieben ist mit »Offenbarung Jesu Christi«, behutsam und fragend umzugehen. Viele Einzelheiten müssen in ihrem Geheimnis belassen werden, denn so schreibt der 830 geborene und in St. Gallen erzogene Bischof Ulrich von Augsburg: »Wenn man die Heilige Schrift preßt, kommt statt Milch Blut heraus.«

Der Vorgang der Schleierabnahme ist in den ersten Versen der Offenbarung selbst vorgezeichnet.

Gott selbst macht die Geheimnisse der Zukunft offenbar. Er bleibt kein in sich ruhender, jenseitiger, verborgener Gott, sondern er enthüllt seine Geschichte und deckt sie auf.

In Jesus Christus, seinem Sohn, geschieht das Offenbarwerden Gottes. Er ist der zuverlässige Zeuge, der Erstgeborene der Toten, der Beherrscher der Königreiche der Welt.

Die Knechte sind es, denen Jesus Christus die Geschichte Gottes zeigt. Der für die alttestamentlichen Propheten vorbehaltene Begriff »Knecht« ist jetzt auf Jesu Jünger, auf seine Apostel, übertragen.

Ein Auslegungsbote, von Gott gesandt, deutet das Unverständliche. Wie der Deuteengel Sacharja die Geheimnisse erklärt (vgl. Sach. 1,9), führt ein besonderer Bote Gottes Johannes in die letzten Geheimnisse ein.

Johannes hört und sieht wie ehemals Amos das Wort (vgl. Amos 1,1) und gibt das Zeugnis weiter.

Die sieben Gemeinden in Kleinasien sind die ersten Empfänger der Botschaft.

Erst an siebter Stelle im Vorgang der Offenbarung steht der heutige Ausleger mit seinen Hörern und Lesern. Wir stehen in einer langen Kette von Zeugen.

Johannes, den sieben Kirchen in Kleinasien: Gnade sei mit euch und Friede von dem, der da ist und der da war und der da kommt. *Offb. 1,4a*

Die Gemeinden in Kleinasien werden Kirchen genannt, Gemeinden der von Jesus Christus aus der Welt und ihrem alten Leben Herausgerufenen. Die Gesamtheit der Gemeinden nennt Johannes: Reich Gottes, Königsherrschaft Gottes auf der Welt. Offenbarung 1,6 heißt es wörtlich: »Er hat uns zum Königreich (basileia) Gottes gemacht.« Das Reich Gottes, das Jesus in vielen Gleichnissen beschreibt und deutet, hat eine sichtbare Gestalt in der Kirche Gottes auf Erden. Seine Kirche ist überall da verwirklicht, aber auch nur da, wo die vier in Offenbarung 1,5 genannten Kennzeichen der Kirche sichtbar sind. Dabei ist keine der Grundlagen der Kirchen abhängig von Menschen und ihren Fähigkeiten. »Die Kirche Jesu erbaut sich über dem *Offenen Grabe*« (L. Ihmels). Sie ist gegründet auf Jesus, den »Erstgeborenen von den Toten«. In der Kirche Jesu gilt allein *Jesu Wille und Gebot.* Er ist der »Herr über die Herrschaften der Erde«. In Jesu Kirche ist das erste und größte Gesetz die *Liebe.* »Er hat uns geliebt«, und es gibt keine größere Liebe als die Liebe dessen, der sein Leben gab für seine Freunde (vgl. Joh. 15,13).
Zur Kirche Jesu gehören alle, die *durch Jesu Tod freigekauft* wurden von der Macht der Sünde. »Er hat uns erlöst von unserer Sünde durch den Tod.«
Das deutsche Wort Kirche kann auf zwei Weisen erklärt werden. Die Kirche ist ein Kreis (circa) von Menschen, die sich sammeln um eine Mitte, um Jesus, den lebendigen Heiland und Erlöser, oder sie ist das Haus des Herrn (Kyria oikia), das der Auferstandene gebaut hat, in dem er wohnt und regiert. In sein Haus kommen, heißt: von ihm Weisung und Hilfe erwarten und empfangen. So verstanden, bekommt das belastete Wort wieder eine neue Bedeutung und einen neuen Inhalt.

Ich war des Heiligen Geistes voll. Es war am Herrentag. Plötzlich hörte ich eine Stimme hinter mir wie eine Posaune, die rief mir zu: »Was du nun schauen wirst, das schreibe auf Pergament und sende es den sieben Gemeinden.«

Offb. 1,10.11a

Die Enthüllung der Geheimnisse der Zukunft erlebte Johannes am »Herrentag«. Der alttestamentliche Begriff »Tag des Herrn«, von den Propheten für den großen Gerichtstag Gottes gebraucht, ist der urchristliche Name für den Sonntag, dem Versammlungstag der Gemeinden Jesu. Schon am ersten Sonntag nach der Auferstehung Jesu waren die Jünger versammelt. Jesus erschien denen aus Angst Eingeschlossenen am 8. Tag nach Ostern, wobei nach jüdischer Zählung der erste und letzte Tag beim Aufzählen mitgerechnet werden (vgl. Joh. 20,26). In den Evangelien und bei Paulus hatte der Sonntag noch keinen besonderen Namen. Sie sprechen vom ersten Tag nach dem Sabbat (vgl. Mark. 16,2; Matth. 28,1; Apg. 20,7; 1.Kor. 16,2). Erst Johannes nennt den Feiertag der Christen »Herrentag«. Es ist der Tag, der einzig und allein Jesus, dem Herrn, gewidmet ist. Der Sabbat ist als Feiertag abgelöst. Im Neuen Bund geht es nicht mehr um das Gebot und seine Vorschriften, sondern allein um Jesus, den Herrn. Mit dem Ablösen des Sabbats ist aber nicht das Einhalten eines Feiertages aufgehoben, sondern dem Feiern ist ein neuer Inhalt gegeben. An diesem Tag geht es um das Wort und Zeugnis Jesu. Johannes muß es auf ein Pergament, d.h. in ein die Zeiten überdauerndes Buch, schreiben, und er preist selig den, der die Worte vorliest, und die, die sie hören und behalten (Offb. 1,3). Ziel und Höhepunkt des Herrentages sind die Verlesung des Heiligen Gotteswortes, das angespannte Hören und das behutsame Behalten, das in den folgenden sechs Arbeitstagen verwandelt wird in ein Handeln nach seinem Wort.

Dem Engel der Gemeinde in Ephesus schreibe: Ich habe wider dich, daß du deine erste Liebe verlassen hast. Gedenke, wovon du gefallen bist, und kehre um und tue die ersten Werke.
Offb. 2, 1.4.5a

Die kleinasiatische Küstenstadt Ephesus liegt gegenüber der Insel Patmos, auf der der Seher Johannes in der Verbannung lebte. Da Rom und Alexandria erst später in den Blickpunkt rückten, kam Ephesus in ihrer Bedeutung gleich nach Jerusalem. Ephesus war Hauptstadt der römischen Provinz, Mittelpunkt des Weltverkehrs zwischen Ost und West und der Sitz des römischen Statthalters. Am Ende seiner zweiten Missionsreise war Paulus in Ephesus und ließ dort Aquila und Priscilla zurück. Auf der dritten Missionsreise blieb Paulus zwei Jahre in Ephesus, schrieb von dort den Galater- und den ersten Korintherbrief.
Die Engel sind in den Sendschreiben keine himmlischen Boten oder Erzengel, denn beide könnten weder gelobt noch getadelt werden. Die als Engel angeredeten Personen sind Gottes irdische Hilfskräfte, die Vorsteher der Gemeinden.
Vorsteher und Adressat des ersten Sendschreibens des Erhöhten ist Johannes selbst. Er war durch Jahrzehnte hindurch »der Mann in Ephesus«. Sein Einsatz wird in fünffacher Weise gelobt. Jesus hebt das korrekte zivile Handeln des Johannes hervor. Er erwähnt lobend seine anstrengende Arbeit und die darin erwiesene Geduld. Er weiß, daß Johannes keine sträfliche Langmut walten ließ, daß er die, die dem Erhöhten verhaßt waren, haßte und daß er bereit war, Lasten und Leiden zu tragen. Dennoch trifft ihn, den Seher, der gewürdigt war, die Enthüllung der Zukunft niederzuschreiben, das erste Gerichtswort Jesu. Der Treue, der Hingabe, der Geduld fehlte das »Höchste«, die erste Liebe. Seine Arbeit und sein Dienst waren fromme Gewohnheit geworden. Die Leidenschaft, Menschen zu Jesus zu führen, war erloschen. In der ersten Liebe stehen, heißt: wie Johannes zu Beginn seiner Jüngerschaft spontan und anstekkend auf Jesus zu weisen und andere zum Heiland zu führen (vgl. Joh. 1, 39 ff.).

4. September

Dem Sieger werde ich zu essen geben vom Baum des Lebens, der im Paradies steht. *Offb. 2,7*

Das Gericht Jesu, das Johannes über sich, über seine Kollegen an den anderen Orten und über die Glieder der Gemeinde aussprechen mußte, ist in keinem der sieben Sendschreiben ohne Hoffnung und Verheißung. Jesus, der Mächtige und Heilige – Johannes sieht ihn als den, der die sieben Sterne in seiner Rechten hält und inmitten unter den sieben Leuchtern wandelt –, verheißt allen Siegern in Ephesus ewiges Leben im Reich Gottes. Die Sieger werden essen vom Baum des Lebens. Sieger sind in der besonderen Situation in der Gemeinde in Ephesus die, die sich nicht von der Lehre und der Lebensform der Nikolaiten mitreißen ließen.

Die Nikolaiten waren eine Sekte, die sich zurückführte auf einen der sieben Armenpfleger, auf Nikolaus (vgl. Apg. 6,5). Nikolaus wird von dem Kirchenvater Clemens von Alexandria bescheinigt, daß er ein sittenstrenger Mensch war, der zusammen mit seiner Familie in einem harten Heiligungskampf stand. Die Zucht und Mißhandlung seines Fleisches waren nicht mehr geistlich, sondern schwärmerisch. So soll er z.B., um seine Eifersucht zu besiegen, seine Frau in die Mitte der Gemeindeversammlung gestellt und angeboten haben, daß jeder, der Lust dazu habe, sie heiraten könne.

Die Jünger des Nikolaus erlebten dann ein sich immer wiederholendes Gesetz im Reiche Gottes. Das Übergeistliche ging über ins Fleischliche. Aus dem Mißhandeln des Fleisches wurde Mißbrauch des Fleisches. Sie propagierten: das Fleisch ist frei, der Christ ist der Herr aller Dinge. Unzucht beeinträchtigt das Leben der Seele nicht. An einer der ersten Sekten wurde eine geistliche Regel deutlich, die Hermann Bezzel so formuliert: »Alles Übergeistliche geht immer ins Fleischliche.«

Die Sieger sind die, die bewahrt bleiben vor übergeistlichem Reden, Handeln und Tun sowie vor einem Mißbrauch des Leibes und einer frommen Rechtfertigung.

Dem Engel der Gemeinde in Smyrna schreibe: Der Sieger soll kein Unrecht erleiden von dem zweiten Tod. *Offb. 2,8.11*

Smyrna war eine kleine Stadt 10 km nördlich von Ephesus. Die Stadt hatte keine bedeutende Vorgeschichte. Die christliche Gemeinde war zur Zeit des Johannes noch sehr jung. Der Vorsteher von Smyrna, Polykarp, verweist darauf, daß er und die Ältesten zwar die Predigten des Paulus gehört haben, aber nicht bekehrt wurden. Polykarp von Smyrna – so ist aus alten Quellen zu erfahren – war ein geistlicher Sohn des Johannes. Er wurde von Johannes in sein Amt eingesetzt und in Smyrna von Heiden und von Juden der Synagogen bald angegriffen und verleumdet. Man warf ihm vor, er spiele sich als Lehrer Asiens auf, behaupte, er sei der Vater der Christen, in Wirklichkeit aber »ist er der Zerstörer der Götter und lehrt, nicht zu opfern und anzubeten«. Über Polykarp und seine Gemeinde brach eine große, wenn auch auf 10 Tage begrenzte (Offb. 2, 10) Trübsal herein. Scheiterhaufen wurden errichtet, wobei die Mitglieder der Synagogen halfen, Holz und Reisig herbeizuschaffen, und Christen wurden in die Arena getrieben. In den Verfolgungsberichten heißt es: »Viele Kunstgriffe ersann der Teufel gegen sie. Aber Gott sei Dank, denn alle überwältigte er nicht.«
Zu denen, die Satan nicht überwältigte, die aber in der Verfolgungstrübsal umkamen, gehörte Polykarp. Als ihn, wobei er schon auf dem Scheiterhaufen stand, der Prokonsul aufforderte, bei der Fortuna des Kaisers zu schwören und das Christentum zu beschimpfen, sagte er: »86 Jahre diene ich ihm, und er hat mir nichts zuleide getan, und wie kann ich meinen König lästern, der mich erlöst hat.«
Polykarp, der Vorsteher in Smyrna, gehörte zu den Siegern. Für ihn war der erste Tod der Eingang zum Leben. Der zweite Tod konnte ihn nicht im geringsten versehren.

Dem Engel der Gemeinde in Pergamon schreibe: Ich habe wider dich ein Geringes, daß du dortselbst solche hast, die an der Lehre Bileams halten, und solche, die an der Lehre der Nikolaiten halten. *Offb. 2,12.14.15*

Pergamon war eine um 300 v. Chr. von dem Herrscher Lysimachos ausgebaute Stadt, die nach dem Bericht Strabos »lange Zeit das Glück der attalischen Könige teilte«. In Pergamon gab es eine alte Bibliothek mit 200000 Bänden, einen berühmten Gerichtshof und das medizinische Zentrum des Arztes und Wundertäters Asklepios. Zur Zeit des Johannes hatte Pergamon ungefähr 120000 Einwohner.
Der Vorsteher der Gemeinde wird in dem Sendschreiben selbst namentlich erwähnt. Es war Antipas, der in einer Verfolgungszeit der Gemeinde umkam. Aus den Quellen ist nur soviel zu schließen, daß er durch eine aufgebrachte Volksmenge ermordet wurde. Jesus, der auferstandene und erhöhte Herr, weiß um die Standhaftigkeit und den Bekennermut der Gemeinde. Doch neben den Nikolaiten war eine andere Sekte in die Gemeinde eingebrochen: der Bileamskult. Die Gruppe wird genannt nach dem vom Moabiterkönig Balak aus dem Osten gerufenen Seher Bileam. Balak bat ihn, Israel zu verfluchen. Bileam aber, der das Geheimnis Israels und seines Gottes Jahwe erkannte, konnte nicht fluchen. Er gab aber Balak einen vernichtenden Rat: »Lade Israel zu deinen Opferfesten ein, verführe die Israeliten, mit den schönen Frauen Moabs Unzucht zu treiben, und die Unantastbarkeit des Volkes wird gebrochen sein« (vgl. 4. Mose 22–24).
Die Sekte mit dem Namen Bileam macht ein weiteres geistliches Gesetz der Gemeinde Jesu deutlich. Die Gemeinde kann von außen nicht zerstört werden, genausowenig wie die von außen kommende Verfolgung und Anfechtung einen Christen dazu bringen, die Nachfolge Christi zu verlassen. Erst wo eine Gemeinde und einzelne in die Schuld einwilligen, wo sie selbst Gottes Gebot verlassen und gegen seinen Willen handeln, beginnen Verfall der Gemeinde und Abfall von Jesus. Als Israel Balaks Angebot annahm, fiel es in Schuld und Elend.

Dem Sieger werde ich von dem verborgenen Manna geben und werde ihm einen glänzenden Stein geben und auf den Stein einen neuen Namen geschrieben, den niemand kennt als der, der ihn empfängt. *Offb. 2,17*

Die Sieger in Pergamon sind die, die weder dem Bileams- noch dem Asklepioskult zum Opfer fielen. Dem Asklepios, nach der griechischen Sage ein Halbgott, war ein Heiligtum in Pergamon geweiht. Am Eingang des Heiligtums lebte eine Schlange, Symbol der Heilung und des Todes, der geopfert wurde. Sie wurde in Form des Äskulap, der um einen Stab gewundenen Schlange, zum Symbol der Medizin. Asklepios war zur Zeit des Johannes Gegenbild des Christus. Neben seiner göttlichen Abkunft wurden ihm Krankenheilungen, Totenerweckungen und eine Seestillung zugeschrieben. Sein Heiligtum war ein Wallfahrtsort, der von allen Schichten des Volkes, selbst vom Kaiser, in Krankheit aufgesucht wurde.
Für die Gemeinde in Pergamon war das zum Teil wissenschaftlich ausgerichtete Zentrum eine größere Anfechtung als der Bileamskult. Es war ein Kampf, vergleichbar mit einem Wettkampf in der Arena, dem falschen Gott nicht mehr zuzutrauen als Jesus, dem Erhöhten. Wie einem Sieger im Wettkampf verspricht Jesus denen, die ihm treu blieben, »den weißen Stein mit dem neuen Namen«. Jeder kannte damals die Sitte, daß Sieger bei den Olympischen oder Isthmischen Spielen nach Rückkehr in ihre Heimatgemeinde reiche Geldgeschenke bekamen. Um sich als Sieger ausweisen zu können, hatten sie von dem Veranstalter der Spiele, dem Agonotheten, eine aus weißem Stein hergestellte Tafel erhalten, in die ihr Name eingemeißelt war. Beim Vorzeigen dieser Tafel bekamen sie ihren Siegerlohn.
Den Beständigen und Überwindern verspricht Jesus die weiße Steintafel. In ihr eingraviert ist der neue Name, der Name, den niemand kennt, d.h., Jesus gibt die Zusage: Über diese Sieger hat keiner Gewalt außer dem, der ihnen die weiße Tafel mit dem neuen Namen gab. Mit ihm, dem Erhöhten, werden sie das himmlische Manna der Ewigkeit, die Gabe des Abendmahles, genießen.

Und dem Engel der Gemeinde in Thyatira schreibe: Ich habe wider dich, daß du zuläßt deine Frau Isebel, die da sagt, sie sei eine Prophetin, und lehrt und irreführt meine Diener, zu huren und Götzenopferfleisch zu essen. *Offb. 2,18.20*

Thyatira – 60km südöstlich von Pergamon – gehörte bis zur Eroberung durch den Perserkönig Kyros (um 540 v.Chr.) zu dem Königreich Lydien. Die Stadt war eine militärische Grenzfestung, bekannt durch ihre industrielle Herstellung der Purpurfarbe und den Handel mit gefärbten Stoffen. In Thyatira gab es viele ausländische Händler, u.a. eine ganze makedonische Kolonie. Thyatira war die Heimatstadt der Purpurkrämerin Lydia aus Philippi in Makedonien. Lydia, ihr Name heißt soviel wie Frau aus Lydien, kam als erste Europäerin durch Paulus zum Glauben (vgl. Apg. 16,14f.).
Der Bischof der Gemeinde war, den alten Quellen folgend, Karpus. Er erhält vom Erhöhten ein umfassendes Lob. Seine Werke haben an Tiefe, Weite und Höhe zugenommen. Er leistet in seiner Amtsführung mehr als in früheren Jahren, und vor allem: er steht noch in der ersten Liebe. Der Skandal in der Gemeinde Thyatira ist seine eigene Frau Isebel. Erst spätere Handschriften haben das persönliche Fürwort *seine* Frau getilgt und daraus irgendeine Frau gemacht. Für die Abschreiber der Offenbarung war es undenkbar, daß die Frau des Vorstehers einer Sekte angehört, die behauptet, sie hätte tiefere Erkenntnis, wisse genau um das Verhalten Satans Bescheid, so daß der Leib, ohne daß der Mensch Gefahr laufe, seinen Glauben zu verlieren, in Unzucht willigen kann.
Karpus, der sonst untadelige Vorsteher, brachte es nicht fertig, seiner Frau entgegenzutreten. Er ist der Eli des Neuen Testamentes. In seiner eigenen Familie konnte Karpus genausowenig wie Eli als heiliger Priester Gottes entscheiden und handeln.
Bis heute ist es für Kinder Gottes und Priester der Gemeinde das Schwerste, Schuld und Sünde in der eigenen Familie entgegenzutreten.

Der da siegt und der da bewahrt bis zum Ende meine Werke, dem werde ich Macht geben über die Völker, und er wird sie weiden mit eisernem Stabe, und ich werde ihm den Morgenstern geben. *Offb. 2,26–28*

Auch in Thyatira stehen die Sieger unter einer besonderen Verheißung. Präsentierte sich in Smyrna Jesus als der »Erste und der Letzte« (Offb. 2,8), in Pergamon als »der, der das zweischneidige Schwert, das scharfe, hat« (Offb. 2,12), so tritt er nun vor die Gemeinde als der Sohn Gottes, der Augen hat wie Feuerflammen und Füße wie goldenes Erz« (Offb. 2,18). Er sagt, der Sohn des Lebendigen und allmächtigen Gottes, der Gemeinde zu, daß sie keine weiteren unnötigen Lasten auferlegt bekomme, ermahnt sie aber zugleich, das, was sie hat, zu »halten« (Offb. 2,25). Es gilt, an der alten Lehre von Jesu Umkehrruf festzuhalten. Außerdem gibt es ein gutes christliches Brauchtum, das den Glauben und die Lehre schützt. Wo das gewachsene Brauchtum, die schützende Tradition unbedacht abgeschüttelt werden, zerfallen auch die Inhalte. Darum ermahnt Jesus, der Herr, bis heute: »Halte, was du hast!« Bei seiner Wiederkunft gilt dann der treuen Gemeinde, die – geschützt durch ihr geformtes gottesdienstliches Leben – festgehalten hat an Jesu Botschaft: Ihr werdet als Könige herrschen, wie Hirten die Völker weiden, als Richter zu Gericht sitzen und teilhaben am Morgenstern. Die verheißene Zukunft und das Herrschen in der Ewigkeit werden beschrieben als Anteilhaben an der Herrlichkeit Jesu. Er ist der »helle Morgenstern« (Offb. 22,16).

»Ach, so gib dich denn mir! So begehre ich keiner Sonne, du seist denn auch die Sonne. Wem dieser Stern leuchtet, bei dem ist immer Morgen und niemals Abend« (J. A. Bengel).

Dem Engel der Gemeinde in Sardes schreibe: Ich kenne deine Werke, daß du einen Namen hast, daß du lebst, und bist tot.
Offb. 3,1

Sardes, die frühere Hauptstadt des Königreiches Lydien, hatte zur Zeit des Johannes eine erstorbene Vergangenheit. Die Stadt selbst war nur noch ein Umschlagplatz für Wollwaren aus dem Osten. Der Name des Vorstehers ist abzuleiten aus dem Hinweis: Du hast einen Namen, der heißt »du lebst«, Zotikos. Zotikos war in der damaligen Zeit ein beliebter Name. Aus Inschriften sind in Kleinasien 50 Personen mit diesem Namen bekannt. Auch der spätere Bischof von Kumana hieß Zotikos. Von Sardes wissen wir deshalb so wenig, weil alle Quellen vernichtet sind. Selbst die Werke des Bischofs Melito von Sardes (150–180) sind nur ihrem Titel nach erhalten. Er schrieb als erster einen Kommentar zur Offenbarung Johannes.
Das Gerichtswort über Sardes »du bist tot« ist nur »dadurch noch erträglich, weil es noch in diesem Leben gesagt wird« (H. Bezzel). Die Gemeinde in Sardes mit ihrem Vorsteher liegt in einem schlafähnlichen Todeszustand. Doch der Erhöhte hat sie nicht aufgegeben. Er hat für die Gemeindeglieder in Sardes sechs aufrüttelnde Befehle:
»Werde wach! Kräftige! Erinnere dich!
Empfange! Bewahre! Kehre um!«
In diesen Befehlen liegt die Hoffnung für die Gemeinde. Aufrüttelnde Appelle, Befehle, Aufrufe zur Tat sind für Menschen bis heute nicht angenehm, sondern beunruhigend. Oft führen sie nicht zum Gehorsam, sondern eher zur Empörung, zur Auflehnung und zur Verstockung. Wo Jesus Befehle gibt, wo er ruft, da hat er mit Ihnen und mir noch etwas vor. »Wo etwas aufgegeben ist, ist der Mensch nicht aufgegeben« (Sören Kierkegaard).

Der Sieger wird sich bekleiden mit weißen Kleidern, und nimmermehr werde ich auslöschen seinen Namen aus dem Buch des Lebens und werde seinen Namen bekennen vor meinem Vater und vor seinen Engeln. *Offb. 3,5*

Für die Gemeinde in Sardes hat Jesus, der Erhöhte, kein Lob. Dennoch weiß er, »der die 7 Geister Gottes hat und die 7 Sterne« (Offb. 3,1), es wird auch in Sardes Sieger geben. Angelehnt an die für die Kleiderhändler in Sardes so vertraute Sprache, verheißt Jesus den Überwindern weiße Kleider. Ein weißes Kleid war im Orient das Gewand des Feiernden bei großen Festen oder die Auszeichnung für einen Sieger bei den Wettspielen. Weiße Kleider sind die Bekleidung der Engel und der Vollendeten. Die Sieger werden weiße Kleider tragen. Ihr Name bleibt. Er kann nicht wie Namen auf einer Wachstafel ausgesalbt werden, sondern er ist eingemeißelt in unvergänglichen Marmorstein, und dieser bleibende Name wird vor allen laut vorgelesen.
Solange Menschen leben, sieht Jesus in ihnen mögliche Sieger. Er hat noch nie einen Menschen – und hätte er auch nichts an ihm zu loben wie an den Gemeindegliedern in Sardes – aufgegeben, solange er sein Leben auf Erden noch ändern konnte. Jesus lädt ein zur Umkehr, indem er die Herrlichkeit im Himmel verheißt. Von den Erlösten dichtet Paul Gerhardt:

Sie trugen Palmen in der Hand.
Ihr Ort und Stand
war vor des Lammes Throne.
Ihr Mund war voller Lob und Preis,
die Kleider weiß.
Das Lied im höhern Tone
klang süß und sang
des Höchsten Dank,
und dieser Stimm
half um und um
der Engel heilge Krone.

Dem Engel der Gemeinde in Philadelphia schreibe: Den Sieger werde ich zu einer Säule im Tempel meines Gottes machen, und ich werde auf ihn den Namen meines Gottes schreiben und den Namen der Stadt meines Gottes, des neuen Jerusalem ..., und meinen Namen, den neuen. Offb. 3,7.12

Philadelphia wurde gegründet von König Attalus II., der den Beinamen Philadelphus trug. Sie war die jüngste und ärmste der Städte und lag 45 km südöstlich von Sardes. Strabo erzählt von dieser dünn besiedelten Stadt, daß sie häufig von Erdbeben heimgesucht und zerstört wurde. Aufgrund ihrer Armut und Katastrophen wurden im Römischen Reich den Bürgern die Steuern erlassen und Geldunterstützungen zuteil.
Nach altkirchlicher Tradition war ihr Bischof Demetrius, von dem Johannes in seinem 3. Brief schreibt: »Dem Demetrius ist vor allem und vor der Wahrheit selber ein rühmliches Zeugnis erteilt worden. Auch wir erteilen es ihm, und du weißt, daß unser Zeugnis der Wahrheit entspricht« (3. Joh. 12). Demetrius und seiner Gemeinde wird vom erhöhten Herrn nur Lob zuteil. 11 Gemeindeglieder aus Philadelphia starben mit Polykarp aus Smyrna den Märtyrertod. Die Verheißungen für Philadelphia, wörtlich übersetzt »Stadt der Bruderliebe«, gliedern sich in drei Teile. Ihnen wird die Macht der Schlüssel übertragen. Durch die Seelsorge, durch Beichte und Absolution finden Heiden zur Gemeinde. Philadelphia erlebt eine Erweckung. Neben den Schlüsseln erhalten sie ein weiteres Zeichen des königlichen Generalbevollmächtigten: die besondere Stirnbinde, den Kranz. Die zweite und dritte Verheißung bezieht sich auf die Zukunft. Die Sieger aus Philadelphia stehen wie Säulen im Tempel, und auf ihrer Stirn tragen sie einen drcifachen Namen: den heiligen Namen Gottes, den Namen Jesu und den Namen des himmlischen Jerusalems, in dem sie Bürgerrecht haben.
In der armen Gemeinde in Philadelphia herrscht Bruderliebe. Sie werden aber Bürger des Reiches Gottes nicht aufgrund ihres Verdienstes, sondern weil sie als Mit-Sieger Jesu mit seinem Namen ausgezeichnet sind.

13. September

Dem Engel der Gemeinde in Laodicea schreibe: Ich kenne deine Werke, daß du weder kalt noch heiß bist. O daß du doch kalt wärest oder heiß. So du aber lau bist und weder heiß noch kalt, will ich dich ausspeien aus meinem Munde.

Offb. 3,14.15

Laodicea liegt im Vergleich zu den anderen Städten der Sendschreiben am südöstlichsten Punkt in Kleinasien. Gegründet wurde Laodicea durch den syrischen König Antiochus II., der die Stadt zu Ehren seiner Gattin Laodika Laodicea nannte. Die Gemeinde geht zurück auf Epaphras, den Paulus in seinem Brief an die Kolosser erwähnt (Kol. 4, 13.16). Der Vorsteher der Gemeinde zur Zeit des Johannes war Archipus, ein neutraler Mann, ein Bischof zwischen den Fronten. Wie ihr Bischof, so war die Gemeinde ohne festen Stand. Der erhöhte Herr nennt sie lau. Im Urtext steht hier das Wort chliaros, wörtlich: mittelmäßig, bildlos, ohne Profil. Chliaros war ein Fachausdruck für eine Erscheinung in der Umgebung von Laodicea. Nach Strabos Erzählungen liegt Laodicea dem Kurort Hireapolis gegenüber. Hireapolis war bekannt durch seine kohlensäurehaltigen, heißen Quellen. Das Quellwasser fließt über Felsenterrassen herab, setzt dabei Mineralien ab und verliert an Wärme. Bis es am Fuße des Berges bei Laodicea ankommt, ist es lauwarm, ohne heilende Wirkung. Es hat seine Kraft verloren und schmeckt fade und abgestanden.

Lauwarme Christen sind Christen ohne Gehalt und Wirkung. Sie wirken nicht ansteckend, sondern abstoßend. Die Verbürgerlichung und Angleichung der Gemeinde an die Umwelt führte zur Weltförmigkeit und Gestaltlosigkeit. Jesus sagt, er wird die Gemeinde, jedes einzelne Glied ohne Profil, ausspukken wie lauwarmes, kraftlos gewordenes Wasser. Für ihn sind Heiden, die seiner Botschaft kalt gegenüberstehen, angenehmer als lauwarme Christen. Selbst für das Leben in der Gemeinde folgert der Kirchenvater Augustinus: »Es ist leichter, unter Heiden fromm zu sein als unter lauwarmen Christen.«

Dem Sieger werde ich geben, zu sitzen mit mir auf meinem Thron, wie auch ich gesiegt habe und sitze mit meinem Vater auf seinem Thron. *Offb. 3,21*

Auch in Laodicea rechnet Jesus mit Siegern. Er wirbt um die Gemeindeglieder in Laodicea als der »Amen, der Zeuge, der Treue und Wahrhaftige, der Anfang der Schöpfung« (Offb. 3, 14). Bei seinem Ringen geht Jesus ganz auf die Sprach- und Vorstellungswelt der Bürger von Laodicea ein. Laodicea lag am Schnittpunkt zahlreicher Handelsstraßen. Reiche Bürger wie der Rhetor Zeno trugen durch Schenkungen zur Verschönerung der Stadt bei. Laodicea war bekannt für seine Banken und die Herstellung von Medizin. Der Rat, den der erhöhte Herr den Gemeindegliedern gibt, knüpft ganz an die genannten Gegebenheiten an. Wie ein Händler sagt Jesus: »Ich rate dir, kauf reines Gold, damit du reich werdest.« Reines bzw. durchglühtes Gold ist nicht allein ein Ausdruck aus dem Bankgeschäft, sondern ein Bild für die Bereitschaft zu leiden. Bleib nicht deshalb profillos, weil du Angst vor dem Leiden und vor dem Verkanntwerden hast. Der zweite Rat Jesu lautet anknüpfend an den Textilhandel: »Nimm weiße Kleider, die Kleider der Gerechtigkeit, daß du sie anziehst.« Und der dritte Rat enthält eine Anspielung auf die pharmazeutischen Produkte von Ephesus: »Salbe mit Augensalbe deine Augen, damit du sehend werdest« (Offb. 3, 18). Dabei geht Jesus in seinem Werben nicht nur auf die Vorstellungswelt der Bürger von Laodicea ein, sondern er bleibt Bittender, er wird nicht aufdringlich oder zwingend, sondern er sagt: »Ich rate dir.« Sein Raten und Bitten hat das eine Ziel: Werde ein Christ mit Profil. Hab den Mut zur Einseitigkeit. Sei einer, der vergleichbar ist mit dem heißen mineralhaltigen Wasser. Sören Kierkegaard drückt diese Bitte Jesu einmal so aus: »Wer ein Korrektiv zu bieten hat, muß einseitig sein, kräftig einseitig.«

Ich sah eine offene Tür . . . und siehe, ein Thron stand im Himmel und auf dem Thron einer, der da saß . . . im Aussehen gleich dem Steine Jaspis und Karneol und ein Regenbogen rings um den Thron und vierundzwanzig Throne, auf ihnen saßen vierundzwanzig Älteste und um den Thron vier Wesen.
Offb. 4,1–6

Johannes sieht durch eine offene Tür hinein in das Reich der Himmel. Er wird – auch in der Vision – nicht in den himmlischen Palast hineingeführt, sondern bleibt an der Pforte stehen. Wie durch eine Tür kann er einen Blick auf den Thron werfen. Der auf dem Thron Sitzende – sitzen ist im Orient Zeichen höchster Würde – ist selbst vor lauter Licht nicht zu sehen, und sein Name wird nicht genannt. Gott bleibt für das menschliche Auge unsichtbar (vgl. Joh. 1,18). Aus der Lichtfülle heben sich drei Farbtöne heraus: Jaspis, Karneol und die Farben des Regenbogens. Die Farben finden sich alle unter den sechs Edelsteinen des Königs von Tyrus (Hes. 28,13).
Ringsherum um den Thron waren Throne. Es sind deutlich untergeordnete Herrschersitze, denen jede Zentralstellung fehlt. Auf den Thronen sitzen die vierundzwanzig Ältesten als Ratsversammlung Gottes (vgl. 1.Kön. 22,19; Psalm 89,6–8). Vor den Augen des Johannes ist erfüllt, was Jesaja verheißt: Die Herrlichkeit des Königs Jahwe wird vor seinen Ältesten sein (vgl. Jes. 24,23). Die Abhängigkeit der Ältesten kommt in ihrem Kniefall und in dem Abwurf ihrer Kronen zum Ausdruck. Gleichzeitig haben sie das Amt des Lobpreises, das im Alten Testament vierundzwanzig Priesterfamilien übertragen war (vgl. 1.Chr. 25,1–6.9–31).
Der Thron Gottes selbst ist vorgestellt wie der alttestamentliche Stufenthron (vgl. 1.Kön. 10,18–20). Auf der mittleren Stufe rings um den Thron herum, im Vergleich zu den anderen Gruppen sowohl erhöht als auch dem Throne viel näher, erkennt Johannes vier Wesen. Ihrer Gestalt nach sind sie die hauptsächlichen Vertreter der Schöpfung, ihre Funktion ist die des Gotteslobes, und damit gleichen sie den Seraphen in Jesaja 6. Gott wohnt in Herrlichkeit. Ein letztes Sehen und Begreifen aber bleibt auch Johannes auf dieser Erde verwehrt!

16. September

Und ich sah auf der Rechten dessen, der auf dem Throne saß, ein Buch, beschrieben innen und außen, versiegelt mit sieben Siegeln ... Und ich sah in der Mitte des Thrones und der vier Wesen und inmitten der Ältesten ein Lamm stehen, wie geschlachtet, das hatte sieben Hörner und sieben Augen.

Offb. 5,1.6

Noch immer sieht Johannes den Thronenden, doch in den Mittelpunkt des Interesses gerät seine vorgestreckte rechte Hand. Nach jüdischer Überlieferung hält Gott seit der Zerstörung Jerusalems seine rechte Hand untätig hinter dem Rücken. Nun ist das Psalmgebet »Nimm deine Rechte aus dem Gewand und mach ein Ende« (Psalm 74,11) erhört. Gott wird handeln, seine Rechte, die auch Christus erhöht hat (vgl. Apg. 2,33), »schafft den Sieg« (Psalm 118,15).

In der rechten Hand Gottes findet sich ein siebenfach versiegeltes Buch. Bei römischen Rechtsurkunden war es üblich, daß z.B. der Verfasser eines Testamentes das Schriftstück gemeinsam mit sechs Zeugen untersiegelte. Das Untersiegeln bedeutet, der Beschluß ist unabänderlich. Alle sieben versiegelten dann die zusammengerollte Urkunde von außen, d.h., sie entzogen den Inhalt der Kenntnis der Menschen und dem Mißbrauch bis zu der Zeit der Entsiegelung, d.h. bis zu dem Augenblick, wo das Verfügte in Kraft treten sollte. Von denen, die Johannes bisher im Himmel sah, war keiner würdig, die Rolle zu entsiegeln. Da tritt in den Mittelpunkt des Geschehens das Lamm. Im Aramäischen bedeutet Lamm nicht nur das Tier, sondern es kann auch mit Knecht sowie mit Sohn übersetzt werden. Johannes sieht das Gotteslamm, das auch im Judentum ein Bild für den Messias ist. Johannes sieht den erhöhten Herrn und Heiland Jesus Christus. Er trägt an sich die Zeichen des Leidens, aber auch die der Macht (vgl. zu den sieben Hörnern 4. Mose 23,22) und der Weisheit (zu den sieben Augen vgl. Sach. 4,10; Psalm 33,18; 34,16). Jesus Christus, der Erhöhte, ist nie zu denken ohne seinen Leidensweg auf Erden. Im Himmel ist er der Allmächtige, der seine Hörner richtet gegen die Feinde und seine Augen in Wachsamkeit und Fürsorge nicht von den Seinen wendet.

Und als das Lamm eines der Siegel öffnete, da sah ich ein weißes Pferd ... und als es das zweite Siegel öffnete, kam hervor ein zweites feuerrotes Pferd ... und als es das dritte öffnete, sah ich ein schwarzes Pferd, und als es das vierte Siegel öffnete, sah ich ein fahles Pferd. *Offb. 6,1–8*

Mit dem Öffnen der Siegel tritt das in der Rolle Verfügte in Kraft. Beim Brechen des ersten Siegels erscheint ein Reiter mit Bogen und Siegeskranz auf einem weißen Pferd. Es ist der Antichrist, der Gegenspieler Jesu, der als Sieger am Ende ebenfalls als weißer Reiter erscheint (Offb. 19,11–16). Der Antichrist tritt in der Offenbarung zum ersten Mal nach dem Herrschaftsantritt des Lammes auf. Er spielt sich auf als Ersatzchristus und wählt die Erscheinungsweisen und Farben Jesu, des Siegers. Das Auftreten des Antichristen in der Gestalt des weißen Reiters ist ein Irrlicht. Er will die Menschen auf Erden, auch die Glaubenden, verführen. Der zweite Reiter sitzt auf einem feuerroten Pferd. Er verkörpert die Friedelosigkeit. Wohin er reitet, brechen Bruder-, Welt- und Bürgerkriege aus. Vor seinem großen Schwert weicht der Friede. Es herrschen Haß und Neid der Nationen.

Die dritte Gestalt reitet auf einem schwarzen Roß. In seinen Händen hält er die Waage, das Symbol des Marktes. Mit ihm ziehen in der Welt Mißwuchs und Teuerung ein. Während das tägliche Brot fehlt, sind die festlichen Zugaben Wein und Öl in Fülle da, sie machen den Mangel der Grundnahrungsmittel nur noch deutlicher.

Auf einem fahlen Pferd sitzt der vierte Reiter. Sein Name heißt Tod. Das Wort für Tod hat im Urtext dieselbe Wurzel wie der Begriff Pest. Krankheiten und Epidemien sind die Söhne des Todes (vgl. Hi. 18,13).

Der Antichrist und die drei Reiter in seinem Gefolge haben aber nur einen gewissen Spielraum. Ihre Macht ist nicht Allmacht, sondern vorübergehend und eingegrenzt. Auch in den letzten und dunklen Stunden hält Jesus die Zügel des antichristlichen Reiters und seines Gefolges fest in Händen. Dieses Wissen bewahrt die Gemeinde vor dem Abfall von ihrem Herrn.

Und als er das fünfte Siegel öffnete, sah ich unter dem Altar die Seelen der Geschlachteten um des Wortes Gottes und um des Zeugnisses willen, das sie hatten. *Offb. 6,9*

Die Visionen der sieben Siegel stimmen überein mit den Reden vom Ende der Zeit in den Evangelien. Den falschen Christussen (Matth. 24,4.5) folgen Kriege, Hunger und Seuchen (Matth. 24,6.7; Luk. 21,11). Gleichzeitig bricht für die Gemeinde Jesu auf Erden die Zeit der Verfolgung an (Matth. 24,9–28). Nach dem öffnen des fünften Siegels sieht Johannes unten am Altar die Seelen derer, die geschlachtet worden waren. Johannes sieht einen Brandopferaltar, und er sieht die im Untersatz des Altars für das Opferblut der Tiere angebrachte Rinne (vgl. 3.Mose 4,7) voll von Märtyrerblut. Mit dem Ausgießen des Opferblutes wurde das Leben, anders übersetzt: die Seele der Opfertiere, Gott zurückgegeben. Als Johannes das Blut sah, konnte er sagen: »Ich sah die Seelen«, denn er dachte an die Tötung und das Sterben derer, die um Gottes willen unschuldig ihr Leben lassen mußten. Dieses Blut schrie zu Gott (vgl. 1.Mose 4,10; Hebr. 12,24), und Gott antwortete auf das Schreien der Gerechten. Die Märtyrer durchlebten in ihren Qualen Stunden der Gottverlassenheit und fragen nun: »Wie lange? Bis wann fällst du kein Urteil und ahndest nicht unser Blut?« Diese Klagen sind nicht persönliche Rachsucht und wildes Begehren nach Genugtuung, sondern wie in den Psalmen Klage um Gottes Ehre. Sie rufen Gott auf zum Handeln und beinhalten die Bitte, bleibe uns nicht mehr fern! Gott antwortet. Sie müssen noch eine kurze Zeit verharren. Aber sie bekommen jetzt schon ein weißes Kleid. Sie sind nicht mehr Angeklagte, die nach damaliger Sitte während des Prozesses in schwarze Gewänder gekleidet waren, sondern sie haben überwunden. Ihre Seelen sind wie das am Altar Gott dargebrachte Opferblut der Tiere. Der Altar hat nach der Lehre der Rabbiner seinen Ort unterhalb des himmlischen Gottesthrones. Auch wenn sie sich noch ferne von Gott vorkommen, sie sind Gott so nahe, wie keiner ihm näher sein kann.

Und als er das sechste Siegel öffnete, war ein großes Erdbeben. Und als er das siebte Siegel öffnete, war Schweigen im Himmel eine halbe Stunde. Und ich sah die sieben Engel, die sich vor Gott gestellt hatten, und es wurden ihnen sieben Posaunen gegeben. *Offb. 6,12; 8,1.2*

Beim Öffnen des sechsten Siegels gerät die ganze alte Schöpfung aus den Fugen. Das im Alten Testament prophezeite Weltbeben bricht über Erde, Himmel und Menschen herein (vgl. Jes. 13,13; Hes. 38,19; Joel 2,10 u.a.). Die Sonne wird wie ein schwarzer Sack, der Mond erscheint blutrot, Sturm schüttelt das Firmament, und Sterne stürzen herab, wie der Feigenbaum unreife Früchte abwirft. Das ganze Himmelszelt rollt sich auf, wie sich eine Pergamentrolle unter dem Feuer krümmt. Die Machthaber der Erde, Könige, Vornehme, Feldherren, Reiche, Starke, Knechte und Freie fliehen. Sie rennen um ihr Leben. Noch hoffen sie, sich in Höhlen und Felsengegenden – die jüdischen Ausleger denken an Petra, an die Felsenstadt mit ihren 800 in Felsen gehauenen Wohnungen – verbergen zu können. Dann aber betteln sie um den Tod. Sie wollen lieber unter den Felsen begraben werden, als vor dem lebendigen Gott zu erscheinen. Die Welt und die Menschheit steht unmittelbar an der Schwelle der Wiederkunft Jesu zum Endgericht. Das Öffnen aber des siebten Siegels gleicht einem siebenfachen Strahlenbündel. Im Himmel vor Gottes Thron erscheinen sieben Engel. Ihnen werden sieben Posaunen gegeben. Zuvor aber herrscht im Himmel für eine halbe Stunde Schweigen. Die Gebete und der Lobpreis der Ältesten und der vier Wesen verstummen. Der Grund ist das Aufsteigen der Gebete der Heiligen (vgl. Offb. 8,4). Die Gerichte Gottes laufen nicht ab, ohne daß er zuvor die Klagen und die Fürbitten seiner Heiligen gehört hat. Die Stille ist zugleich Antwortzeit auf die Fragen der Gemeinde auf Erden. Die Ereignisse der Endzeit gehen an der irdischen Gemeinde nicht vorüber, ohne daß ihr der Weg Gottes klargemacht wird. Die Gemeinde hat auch dann noch Zeit und Gelegenheit zur Bitte und Fürbitte.

Und der erste Engel posaunte; und es entstand ein Hagel und Feuer, gemischt mit Blut, und wurde auf die Erde geworfen. Und der zweite Engel posaunte, und wie ein großer Berg mit Feuer brennend wurde ins Meer geworfen ... Und der dritte Engel posaunte, und es fiel auf die Erde der große Stern auf das Drittel der Flüsse und die Wasserquellen ... Und der vierte Engel posaunte, und es wurde geschlagen das Drittel der Sonne und das Drittel des Mondes. *Offb. 8,7–12*

Die sieben Engel, die vor Gottes Thron erschienen, sind nicht irgendwelche Engel, sondern die dem Judentum und Urchristentum bekannten sieben Erzengel (vgl. 1. Thess. 4,16; Jud. 9). Ihre Namen werden in dem jüdisch-apokalyptischen Henochbuch aufgezählt. Die Erzengel, die vor anderen Engeln dadurch ausgezeichnet sind, daß sie wie Diener »vor Gott stehen« (Offb. 8,2), erhalten je eine Posaune. Posaunen werden im Alten Testament immer dann geblasen, wenn in der Zeit Gottes ein neuer Abschnitt, z.B. das Halljahr, das Jahr der Vergebung, beginnt oder aber wenn das Gericht Gottes hereinbricht. Der »Tag des Herrn« heißt deshalb im Alten Testament auch »Tag der Posaune« (vgl. Zeph. 1,16; Joel 2,1; Psalm 98,6–9). Die im Anschluß an die Posaunenstöße auf Erden tobenden Katastrophen erinnern in vielen Einzelheiten an die ägyptischen Plagen. Hagelschlag und Feuer vernichten ein Drittel der Vegetation. Ein Feuerklumpen von der Größe eines Berges, der sich ins Meer ergießt, führt zur Wasserverpestung und zum Fischsterben. Ein vom Himmel stürzender feuriger Körper verwandelt das Süßwasser in Wermut, d.h. in Bitterkeit, die Gestirne werden geschlagen, und es kommt wie bei der neunten ägyptischen Plage zu einer tiefen Finsternis.
Ähnlich wie bei den ägyptischen Plagen gibt es auch bei den durch die Posaunenstöße ausgelösten Katastrophen den Moment der Verschonung. Wie bei der Finsternis in Ägypten die Wohnungen der Israeliten hell blieben, so treffen die Posaunengerichte jeweils nur ein Drittel der Lebensbedingungen der Menschen. Die Posaunengerichte sind noch keine Total-, sondern immer noch Warngerichte. Die Menschen der Welt haben noch immer Zeit und Gelegenheit zur Umkehr zu Gott.

Und ich sah und hörte einen Adler, der in der Mitte des Himmels flog und mit lauter Stimme rief: »Wehe, wehe, wehe den Bewohnern der Erde wegen der noch übrigen Posaunenstöße der drei Engel, die noch blasen werden!« *Offb. 8,13*

Bevor Gottes Warngerichte sich von der Menschenumgebung abwenden und die Menschheit selbst treffen, sieht Johannes im Zenit des Himmels einen Adler. Der Adler, bekannt durch seine Flugkraft, kündet von der denkbar höchsten Kanzel mit seinen dreimaligen Weherufen Unheil an. Für das Judentum ist der Adler ein Bote Gottes besonderer Art. Er hat in der Endzeit dämonisches Unheil anzusagen. Seine Rufe »Wehe, wehe, wehe!« sind Gegenstück zu den Heilsrufen Jesu und erinnern zugleich an das dreimalige Heilig, das allein Gott gilt.
Die Inhalte der durch die Weherufe angekündigten weiteren Posaunengerichte sind, wie es bereits das Erscheinen des Adlers andeutete, dämonischer Natur.
Nach dem fünften Posaunenstoß stürzt ein Meteor zur Erde und öffnet den Schlund des Abgrundes. Die durch Gott gesetzte welterhaltende Abschirmung ist durchbrochen, und aus dem Reich Satans betreten höllische Krieger die Welt. Die aus dem Abgrund aufsteigenden Heuschrecken haben Gesichter wie Kämpfer, Haare wie Frauenhaare, Zähne wie Löwen. Sie tragen einen blanken Eisenpanzer und wie siegesgewohnte Krieger goldene Stirnreifen. Ihre Lebensdauer ist wie die der Heuschrecken fünf Monate. Auch das Freilassen der am Euphratstrom gebundenen Engel weist auf den Einbruch dämonischer Mächte hin. Der Euphrat ist der im Alten Testament stehende Ausdruck für die Urgrenze des Gottesvolkes (vgl. 1. Mose 15,18; 5. Mose 1,7 u.a.). Dementsprechend tragen die Kampftiere dämonische Züge (vgl. Offb. 9,17–19).
Trotz aller unheimlichen Macht handelt es sich noch nicht um das Endgericht. Gottes Zorn kommt noch nicht ganz zum Zuge. Gott wartet immer noch auf Buße. »Er plagt nicht von Herzen« (Klgl. 3,33), sondern seine Gerichte zielen auf Umkehr. Der Schmerz Gottes ist groß, als er feststellen muß: »Sie taten nicht Buße« (Offb. 9,20).

Ich hörte die Zahl derer, die versiegelt wurden: 144000, die versiegelt waren von allen Geschlechtern Israels. *Offb.* 7,4

Im Ablauf der Siegelvision und der durch die Posaunenstöße ausgelösten Warngerichte Gottes ist wenig gesagt über das Geschick der Gemeinde Jesu auf Erden. Die Gemeinde besteht nicht nur aus Märtyrern, deren Los die fünfte Siegelvision anspricht, sondern auch in der Endzeit, in der sie wie Schafe unter den Wölfen lebt, hat sie den guten Hirten, der sie leitet. Über ihre besondere Geschichte in der auf das Ende zugehenden Welt berichtet Johannes in sogenannten Zwischenstücken (vgl. Offb. 7,10.11.14). Die Glieder der Gemeinde Gottes tragen ein Siegel. Wie im Altertum Sklaven durch ihren Besitzer, Soldaten durch ihren Feldherrn oder Gläubige durch den Priester ein nichtaustilgbares Zeichen eingeritzt, eingeätzt oder eintätowiert bekamen, tragen die Versiegelten eine unwiderrufliche Eigentumserklärung an ihrem Leib. Sie gehören Gott, dem Herrn, und stehen damit unter seinem besonderen Schutz. Wer immer sie antastet, tastet ihren Herrn an. Johannes hörte die Zahl der Versiegelten: 144000. Die Zahl 144000 fehlt im Alten Testament. Sie erinnert aber an das Zwölfstämmevolk Israel. Mit 144, dem Quadrat von zwölf, ist die Vollständigkeit des Gottesvolkes des Alten Testamentes gemeint. Dazu wird das Quadrat vertausendfacht, d.h., es enthält die höchstmögliche Vervielfältigung durch die Auffüllung aus dem Heidenchristentum. Die ganze Gemeinde, das neue Israel, ist die Gemeinde aus Juden und Heiden.
Dabei fällt auf, daß bereits beim alttestamentlichen Grundstock der Gemeinde ein Stamm nicht genannt wird, der Stamm Dan. Nach jüdischer Überlieferung wurde Dan von Gott wegen seines beharrlichen Festhaltens am Götzendienst verworfen. Kein Nachkomme Dans erhält das Siegel. Aus dem verworfenen Stamm Dan soll nach alter Überlieferung der Antichrist hervorgehen. Versiegelt werden nur die, die Gott die Treue halten. Eine bloße Zugehörigkeit zu einem frommen Stamm reicht nicht aus.

Danach sah ich, und siehe, eine große Schar, welche niemand zählen konnte, aus den Nationen und Stämmen und Völkern und Sprachen vor dem Thron stehen . . . und der Herr sprach zu mir: Diese sind's, die gekommen sind aus der großen Trübsal und haben ihre Kleider gewaschen im Blut des Lammes.
Offb. 7,9.14

Die 144000 sind keine nach ihrer Kopfzahl abzählbare Gruppe, sondern, wie das Vertausendfachen (vgl. Hi. 9,3; Psalm 84,11 u.a.) der vollständig erfaßten alttestamentlichen Gottesgemeinde zeigt, eine für den Menschen unzählbare Schar. Sie sind das neue Israel, die Kinder Abrahams (vgl. Gal. 3,29). Die einmal an Abraham ergangene Verheißung, daß seine Nachkommenschaft unzählbar sein wird, ist erfüllt (vgl. 1.Mose 15,5; Hebr. 11,12). Nun kommen sie, wie es Abraham verheißen war, aus allen Nationen, Stämmen und Völkern (vgl. 1.Mose 22,18; 18,18).
Die unzählbare Schar aus Juden und Heiden kommt aus der großen Drangsal. Sie haben ihren Herrn nicht verleugnet, sondern sind erst, was ihre Vollständigkeit angeht, in der großen Trübsal entstanden. In der Drangsal aber war es nicht ihre zähe Standhaftigkeit, sondern Jesu Sühnetod, der sie bewahrte und der sie siegen ließ. Sie haben ihre »Kleider gewaschen im Blut des Lammes« (vgl. 1.Joh. 1,7–10), heißt: sie haben eine Lebenshingabe an ihren Herrn und Heiland vollzogen. Nun sind sie als Sieger bestätigt, ihr Gewand ist weiß, und in der Hand tragen sie als Zeichen des Sieges den Palmenzweig.
Jesus, ihr Herr, hat sie nicht bewahrt *vor* der großen Drangsal, sondern *in* der großen Trübsal blieb er ihr Herr und Retter. Die fühlbaren Leiden konnten Jesu Sühnekraft nicht überdecken und den Mitsieg der Erwählten nicht aufhalten. Jesus, ihr Herr, hat sie nicht bewahrt *vor* allem Schweren, aber er hat sie geschützt vor dem Abfall. Nun dürfen und können sie, die aus der großen Trübsal kommen, vor ihrem Herrn und Heiland stehen.

Und es wurde mir ein Rohr gegeben, gleich einem Stab, und er sprach: »Erhebe dich und miß den Tempel Gottes und den Altar und die, die ihn anbeten.« *Offb. 11,1*

In der Offenbarung lassen sich deutlich drei Tempelvorstellungen unterscheiden: der Tempel auf der neuen Erde (Offb. 21,22), der in den Visionen geschaute Himmelstempel (Offb. 7,15; 11,19 u.a.) und der Tempel in der Heiligen Stadt (Offb. 11,1.2), den Johannes ausmessen soll. Der herodianische Tempel in Jerusalem war zur Zeit der Offenbarung bereits zerstört, so daß »Jerusalem« oder »Heilige Stadt« als bildlicher Ausdruck für das alttestamentliche Gottesvolk zu verstehen sind.
Johannes wurde ein Meßrohr gegeben, um das alttestamentliche Israel, den Tempel Gottes, auszumessen. Die Meßrute, die Johannes aus der Hand des Engels erhält, ist vergleichbar mit der über drei Meter langen Meßlatte, die Hesekiel zur Tempelmessung bekam (vgl. Hes. 40,5). Vom Meßvorgang ist der äußere Vorhof, der Hof der Heiden, ausgenommen. Zu messen ist nur der Tempelkomplex ab dem inneren Vorhof, speziell erwähnt wird dabei der Brandopferaltar, der Ort der Sühne.
Das Messen ist ein Akt des Schützens und Bewahrens, der Gemessene ist wie der Versiegelte Gottes heiliges Eigentum. Der Nichtgemessene ist der von Gott Preisgegebene. Für das alttestamentliche Gottesvolk heißt dies: Es gibt eine Spaltung zwischen dem christusgläubigen Israel und dem Namens-Israel. Das Namens-Israel ist dem Hof der Heiden zuzurechnen. Sie brauchen keine Messung mehr, sie gehen wie die unbekehrten Heiden unbehelligt ihrem Ende entgegen. Sie haben ihre Grenzen immer weiter in Richtung des Vorhofes der Heiden hinausgeschoben. Nun sind sie von denen, die durch Jesu Blut Sühne und Heil empfingen, geschieden. Die Endzeit ist die Zeit der Scheidung zwischen der Gemeinde des christusgläubigen Israels und der Gemeinde, die nur einen Namen trägt. Alle aber, die sich um den Altar versammeln, die Jesus als ihren Herrn anbeten, sind bewahrt. Sie sind gemessen, d.h., es darf ihnen kein Schade geschehen.

Und ich werde geben meine beiden Zeugen, und sie werden weissagen 1260 Tage, bekleidet mit Säcken. *Offb. 11,3*

Vor dem Abschluß der Verwerfung des nichtchristusgläubigen Israels sendet Gott dem Volk des Alten Bundes für einen von ihm festgesetzten Zeitabschnitt seine beiden Zeugen. Ihre Namen werden nicht genannt, aber die Zeichen, die sie tun, lassen eindeutig auf die Wiederkunft des Mose und des Elia schließen.

Mose, der Mittler der Gebote am Sinai, der Führer des Volkes bis vor die Tore des verheißenen Landes, wird von den Juden bis heute vor dem Kommen des Messias erwartet. Er, der an unbekannter Stelle in der Umgebung des Berges Nebo begraben liegt, wird noch einmal vor dem Ende erscheinen und die in dem genannten Gebirgszug von Jeremia vergrabene Bundeslade mit den Tafeln der Gebote vor die Augen des Volkes stellen (vgl. 2.Makk. 2,7.8). Wer auf den Ruf des Mose hört, der wird umkehren und zur Gemeinde Jesu gerechnet. Mose ist deshalb für Satan der größte Widersacher, und der Teufel wird mit dem Erzengel Michael noch um den Leichnam des Mose streiten (Judas 9).

Elia wird von den Juden vor dem Kommen des Messias als Bote der Versöhnung erwartet (vgl. Mal. 3,23). Er, der Kämpfer seines Volkes und Rufer zur Alleinanbetung Jahwes, soll allem Streit in den Familien ein Ende machen. Beide Zeugen werden in Jerusalem, dem Ort des Leidens und Sterbens Jesu, umgebracht. Jerusalem tötet noch einmal die Propheten (vgl. Matth. 23,37). Satan, der Widersacher, triumphiert. Er läßt Jubellieder anstimmen, initiiert ein Fest, in dem die Bürger von Jerusalem einander beschenken. Doch der letzte Sieg gehört ihm auch in dieser Werbe- und Missionsepoche im alttestamentlichen Gottesvolk nicht. Wie die Totengebeine auf dem Feld, das Hesekiel sieht (vgl. Hes. 37), so werden Mose und Elia von Gott wiederbelebt und in den Himmel entrückt (Offb. 11,12).

Und ein großes Zeichen wurde im Himmel gesehen: ein Weib, bekleidet mit der Sonne, und der Mond unter ihren Füßen und auf ihrem Haupt ein Kranz von 12 Sternen, und sie ist schwanger und schreit in Geburtswehen. *Offb. 12,1*

Nach dem Tod und der Entrückung der beiden Zeugen erscheint für alle sichtbar der Messias Gottes. Noch einmal spielt das wartende Jerusalem im Sinne des alttestamentlichen Gottesvolkes eine Rolle. In der Antike war es allgemeiner Brauch, Städte als würdevolle weibliche Gestalten abzubilden. So kann Jesus auch zu Jerusalem sagen: »Du und deine Kinder« (vgl. Luk. 19,43). Die Frau, die am Himmel gesehen wird, ist nicht Maria, denn die Geburt Jesu geschah in der Verborgenheit des Stalles in Bethlehem, und vom Schreien in Geburtswehen ist nichts überliefert. Die Frau, die als Zeichen am Himmel erscheint, ist das auf den Messias wartende Jerusalem. Der alttestamentlichen Gemeinde ist Schleier und Decke weggenommen, die Nacht ist vergangen, der Tag ist angebrochen. Die Frau am Himmel ist bekleidet mit der Sonne, d.h., sie ist »in Licht gehüllt wie in ein Gewand« (Psalm 104,2). Die Lichtquelle der Nacht, der Mond, liegt zu ihren Füßen. Auf ihrem Haupt trägt sie eine Krone von 12 Sternen. Denkt man an Josephs Traum, in dem sich 12 Sterne, Bilder für seine Brüder, vor ihm neigten, so weisen die 12 Sterne in der Krone hin auf die Erzväter. Die Heilsgeschichte ist zu ihrem Ziel und Ende gekommen. Aus der alttestamentlichen Heilsgeschichte geht der Messias hervor, für Christen der wiederkommende Herr. »Das Weib, das mit der Sonne bekleidet ist, ist die alttestamentliche Gottesgemeinde mit ihrer Sehnsucht, dem reichen Glauben, umleuchtet von der Sonne der Gnade und umstrahlt von den alttestamentlichen Verheißungen« (Hermann Bezzel). Noch einmal wird sich das Wort erfüllen: »Das Heil kommt von den Juden« (Joh. 4,22). Gott handelt mit dem alten Israel bis an das Ende der Zeiten.

Und es entstand ein Krieg im Himmel: Michael und seine Engel kämpften mit dem Drachen . . . und der große Drache, die alte Schlange, die genannt wird Teufel und Satan . . . wurde geworfen auf die Erde. *Offb. 12,7–9*

Vor der gebärenden Frau hatte sich der »alte Drache« aufgestellt. Sein brutales Verlangen war es, das geborene Kind zu verschlingen. Das Kind wurde in den Himmel entrückt, die Frau in der Wüste versteckt, und gegen den Drachen und sein Heer trat Michael, der Erzengel, in den Kampf. Das Ende des Himmelskampfes war der Satanssturz vom Himmel. Der Teufel stürzte vom Himmel auf die Erde. Der Widersacher Gottes wird in dieser Kampfszene mit seinen drei Namen genannt, der alte Drache (Schlange), der Teufel und Satan.
Der schlangenähnliche Drache, im Alten Testament genannt Rahab oder Leviathan (Jes. 51,9; 27,1), ist die Verkörperung der unter die Erde und in das Meer verbannten chaotischen Mächte. Als Gegenbild zur Lichtgestalt erscheint er als feuerrotes Wesen mit sieben Häuptern, zehn Hörnern und einem gewaltigen Schweif.
Sein Name Teufel – diabolos – Durcheinanderbringer – ist verwandt mit dem in Politik und in den Prozessen gegen die Christen so bekannten Begriff Denunziant, Verkläger und Verleumder. Er bringt seine Anzeigen vor, wie er Unkraut unter den Weizen streute (Matth. 13,39), wobei der Unkrautsamen dem echten Samen verblüffend gleicht. Sein Ziel ist es, das Berechtigte, Wahre und Gute durch das Vorantreiben in ihre Extreme zum Bösen zu verwandeln. »Es gibt keine Tugend, der der Teufel nicht sein Extrem beilegt« (Hermann Bezzel).
Sein Name Satan kann aus dem Persischen erklärt werden und bedeutet dann »Aufhalten der Personen, die Gottes Reich bauen«, oder aus dem hebräischen Satam = »Zurückhalten der Vergebung«. In der jüdischen Zahlensymbolik, die davon ausgeht, daß jeder hebräische Buchstabe einen Zahlenwert besitzt, ist die Zahl Satans 364. Nur an einem Tag, so deuten rabbinische Ausleger, am großen Versöhnungstag, darf Satan nicht als Verkläger vor Gottes Thron erscheinen. 364 Tage tritt er als Ankläger gegen die Frommen auf.

Und ich sah aus dem Meer ein Tier aufsteigen, das hatte zehn Hörner und sieben Häupter und auf seinen Hörnern zehn Kronen und auf seinen Häuptern Namen der Lästerung.

Offb. 13, 1

Nach dem Himmelskampf und dem Sturz Satans auf Erden zieht sich dieser nicht geschlagen zurück, sondern holt aus zu dem vernichtenden Schlag gegen die bekennende und gehorsame Gemeinde. Er tritt ans Meer (Offb. 12, 18), im Judentum bekannt als Sitz des Teufels, und ruft den Antichristen. Dieser erscheint aus dem Meer als Kreatur des Drachens, um den antichristlichen Kampf zu übernehmen.
Sein Auftreten und seine Gestalt verraten seine Absicht, er will verführen. Seine Machtgestalt verkörpert Tempo (Panther), Grausamkeit (Bär) und Unersättlichkeit (Löwe). Die Namen auf seinen sieben Köpfen sind Lästerungen Gottes. Die todbringende Wunde will ihn erscheinen lassen wie das Lamm, doch er hatte sein Leben nicht hingegeben. Er reißt die Macht der Welt, die Jesus gegen den Versucher bestehend ablehnte, an sich und fordert Anbetung, die allein Gott gehört. In vielen dieser Züge ist er eine Karikatur des Messias, »der Affe Christi« (Augustinus). Sein Ziel ist die absolute Weltherrschaft, das politische Reich und die politische Religion.
Die Christen der damaligen Zeit konnten sich das Auftreten des Antichristen gut vorstellen. Hatte Kaiser Augustus den Titel Herr und Gott noch abgelehnt, so forderte Caligula (38–40) noch zu Lebzeiten Anbetung, Fußfall, Fußkuß, einen eigenen Tempel und eine eigene Priesterschaft, und Domitian (51–96) begann seine amtlichen Rundschreiben mit dem Satz: »Unser Herr und Gott befiehlt« (Sueton).
Der Antichrist fand in der Geschichte überall da schon Eingang, wo weltliche Herrscher und Führer religiöse Verehrung erwarteten. Er war am Werk in der Führungsfinsternis von Caligula bis Hitler und Mao, und er wird einmal mit großem letztem Absolutheitsanspruch auftreten und viele verführen.

Und ich sah ein anderes Tier aufsteigen aus der Erde, das hatte zwei Hörner gleich wie ein Lamm und redete wie der Drache.
Offb. 13,11

Das andere Tier steht rangmäßig nicht neben dem ersten, denn es ist ihm dienstbar. Man sieht in ihm gern den Propheten des Antichristen. Er kommt nicht aus dem Meer, sondern aus der Erdentiefe, die ebenfalls als Sitz des Satans bekannt ist. Wie Saul den »Geist aus der Erde heraufsteigen sieht« (1. Sam. 28,13), sieht Johannes das zweite Tier durch den »Schlund des Abgrundes« kommen.
Auch seine Führung ist nicht »Führungslicht«, d.h. Führung durch Vollmacht und Verantwortung, sondern »Führungsfinsternis«, Führung als Verführung. Sein Reden, Verkündigen, seine Lehre und großen Wunder dienen dem einen Ziel, Menschen zum Abfall von dem lebendigen Gott und seinem Christus zu bewegen. Wie Gott die Seinen versiegelte, so führte der Prophet des Antichristen ein Abzeichen ein, und wer es nicht trug, war Opfer wirtschaftlichen Boykotts und ging dem sicheren Tode entgegen. Um dem Antichristen zur Anbetung zu verhelfen, schuf der Prophet ein fahrbares Kultbild. Angesichts des Wirkens des zweiten Tieres wird die Gemeinde ermahnt, in Weisheit die Schliche Satans zu erkennen. Dazu wird ihr der Zahlenwert des Namens des Tieres genannt: 666. Diese Zahl steht für die Worte »Chaos der Urzeit« (Gunkel) und ermahnt, die Anfänge der Geschichte zu bekunden, es ist der Zahlenwert des Wortes »Tier« und des Bekenntnisses »Gott ist der Kaiser« (Deißmann). Wer die Geschichte Gottes kennt und die Zeichen des Antichristen zu deuten weiß, braucht seiner Verführung nicht zum Opfer zu fallen. Er wird auch dann bewahrt, wenn der Antichrist oder sein Prophet mitten in die Gemeinde einbrechen, und gehört als Bewahrter zu denen, die in Geduld, Glaube und Treue durchgehalten haben.

Und ich sah ein anderes Zeichen im Himmel, groß und wunderbar, sieben Engel, die hatten die letzten sieben Plagen, da in ihnen der Eifer Gottes vollendet wird. Und ich sah wie ein gläsernes Meer, gemischt mit Feuer, und die Sieger, und sie hatten Harfen Gottes, und sie singen das Lied des Mose, des Dieners Gottes, und das Lied des Lammes. *Offb. 15,1–3*

Im Mittelpunkt des Zeichens stehen noch einmal sieben Plageengel. Diese Engel bringen die letzten Plagen. Sie stehen am gläsernen Meer. Das himmlische Meer ist der Gegensatz zu dem weltlichen Bedrohungsmeer, dem Sitz des Drachens. Für den alttestamentlichen Frommen gab es eine irdische Entsprechung des gläsernen Meeres, das »eherne Meer« im Tempel. Es war ein aus Erz gegossenes Becken, unterhalb seines Randes versehen mit reichen Verzierungen von wilden Gurken. Zwölf Rinder bildeten das Postament (vgl. 1.Kön. 7,25). Das eherne Meer im Tempel war das Sinnbild für das gebändigte überwundene Chaos. Die Stiere, auf denen das Meer ruhte, sind Symbole der Fruchtbarkeit. Das gebändigte Urwasser befruchtet die Erde und ist für die Priester im Tempel das notwendige Reinigungswasser. Am gläsernen Meer im Himmel stehen mit den Engeln die Sieger, die durch den Antichristen weder geblendet noch verführt wurden. In ihren Händen haben sie Harfen, und sie singen das Lied des Mose. Harfen sind im Alten Testament die Instrumente für die Dankopfer. Wie das am Schilfmeer gerettete Volk Gottes stimmen sie den Lobpreis an, den damals Moses Schwester Miriam anführte: »Singen will ich dem Herrn, hocherhaben ist er, Rosse und Reiter hat er ins Meer gestürzt.« Das Triumphlied nach dem Auszug aus Ägypten ist nun Gemeingut aller Sieger. Sie preisen die Wege Gottes und die Gerechtigkeit seiner Führungen. Außer dem alttestamentlichen Siegeslied stimmen die Sieger jetzt ein in das himmlische Triumphlied des Lammes:

Das Lamm, das erwürgt ist,
ist würdig, zu nehmen
Kraft und Reichtum,
Weisheit und Stärke,
Ehre und Preis und Lob. (Offb. 5,12)

Und ich hörte eine große Stimme aus dem Tempel zu den sieben Engeln sagen: Gehet und schüttet aus die sieben Schalen des Eifers Gottes auf die Erde. Und der erste ging weg und schüttete seine Schale aus auf die Erde, und es entstand ein böses und schmerzhaftes Geschwür an den Menschen, die das Zeichen des Tieres hatten und sein Bild anbeteten.

Offb. 16,1.2

Die sieben Plageengel sind keine Henkersknechte des Gerichtes, sondern Diener des allmächtigen Gottes. Sie tragen das königliche weiße Gewand und sind wie die Priester im Tempel umgürtet um die Brust mit goldenen Gürteln (Offb. 15,6). Ihr Auftrag ist ein gottesdienstliches Geschehen. Gottes Gerichte sind nicht spontane Willkürakte, sondern sie kommen aus dem himmlischen Heiligtum, dem Ort der höchsten Offenbarung der Liebe des Vaters, der seinen Sohn für die Welt gab. Die Schalen des Zornes, die einzelne Engel ausschütten sollen, erhalten sie aus den Händen eines der vier Wesen, die dem Thron am nächsten stehen. Eine alte Überlieferung meint, daß die einem Löwen gleichende Gestalt es war, die den Auftrag der Weitergabe der Zornesschalen ausführte. Die vier Wesen um den Thron deutete bereits der Kirchenvater Irenäus auf die vier Evangelisten. Augustinus baute diesen Vergleich aus und sah Matthäus, der am häufigsten den Menschensohnbegriff gebraucht, abgebildet in der menschenähnlichen Gestalt; Lukas, bei dem vom Opfer des Zacharias an das Opfertier eine besondere Rolle spielt, im Stier; Johannes, das Bild der ewigen Jugend, im Adler und Markus, der vom Siegeslauf der Kirche berichtet, im Löwen. Wie immer diese altkirchlichen Deutungen zu werten sind, eines bringen sie zum Ausdruck: Zum Sieg und der Liebe Gottes gehört auch in neutestamentlicher Zeit Gottes Zorn. Die Liebe Gottes, die den Zorn nicht zu ihrem Gegensatz hat, wäre Weichlichkeit und Schwäche. Wie Gott in seiner Liebe ganz Gott ist, so wird er es auch in seinem Zorn sein. Der von den Engeln auf die Erde geschüttete Zorn trifft alle, die das Zeichen des Tieres annahmen und sein Bild anbeteten. Sie gehen nun am Zorn Gottes zugrunde.

Und der zweite Engel schüttete seine Schale aus in das Meer, und es wurde zu Blut. Und der dritte schüttete seine Schale in die Flüsse und die Wasserquellen, und es wurde zu Blut. Und der vierte schüttete seine Schale auf die Sonne, und es ward ihr gegeben, die Menschen im Feuer zu versengen. Und der fünfte schüttete seine Schale auf den Thron des Tieres, und sein Reich wurde verfinstert. *Offb. 16,3–11*

Der erste Engel goß seine Schale auf die Erde. Jeden, der das Malzeichen des Tieres trug, befiel ein bösartiges Pestgeschwür. Die Anbeter des Tieres, die alles getan hatten, um die Welt gesund zu machen, sterben an der jetzt auf Erden wütenden Pest.

Die Schalen des zweiten und dritten Engels vergiften den Ozean und das Trinkwasser. Das Salz- und Süßwasser wurde zu Blut. Die Plagen erinnern nicht nur an die Zeit in Ägypten, sondern auch an das Blut der Märtyrer, das die Anbeter des Tieres vergossen haben. Beim Anblick der Meere und Flüsse, die durch die Zornschalen verwandelt wurden in eine ekelerregende klumpige Blutmasse, bricht die Frage nach Gottes Gerechtigkeit durch. Die Antwort des Engels wie auch die des Altars, der die Stimmen der Märtyrer verkörpert, lautet: »Gerecht sind deine Gerichte« (Offb. 16,7).

Die vierte Schale wird gegen die Sonne geschleudert. Die Regenwolken werden ausgebrannt, für die Menschen auf Erden gibt es keinen Tropfen Wasser mehr, die Sonne bekommt Gewalt über die Menschen und verzehrt sie durch ihr Feuer. Aber die sengende Glut führt nicht zur Buße, sondern löst auf Erden einen gotteslästerlichen Aufschrei aus (Offb. 16,9).

Auch die fünfte Schale, die gegen den Sitz des Antichristen gerichtet war, beantwortete die Menschheit mit Gotteslästerungen. Sie zerbissen ihre Zungen vor Schmerzen, »aber sie taten nicht Buße« (Offb. 16,11).

Auch bei den letzten Gerichten, die »scharf und geschwind« (J. A. Bengel) die Erde heimsuchten, wartet Gott immer noch auf Umkehr. Er hat seine Menschen noch nicht aufgegeben. Hätte nur einer von ihnen in Reue und Buße um Vergebung gebeten, er hätte ihn, wie jenen Schächer, sofort in sein Reich aufgenommen.

3. Oktober

Und der sechste Engel schüttete seine Schale aus auf den großen Fluß Euphrat, und sein Wasser vertrocknete, und der siebente schüttete seine Schale aus über die Luft, und es ging aus eine große Stimme aus dem Tempel vom Thron, die sagte: Es ist vollbracht. *Offb. 16,12.17*

Nach der sechsten Zornesschale, die den Fluß Euphrat austrocknete, üben Drache, Antichrist und Lügenprophet noch einmal ihre Macht aus. Aus ihren Mäulern springen Frösche, d.h. dämonische Mächte, hervor, die die Könige der Welt zur letzten Schlacht rufen. Sie findet am ältesten Kriegsberg, dem strategischen Entscheidungsort unzähliger alttestamentlicher Schlachten, am Berg Magedon (= Megido), statt.
Die letzte Schale goß der Engel »über die Luft«. Die Vernichtung trifft nun die dämonischen Mächte und den »Herrscher des Machtbereiches der Luft« (Eph. 2,2). Nun erklingt vom Thron das gewaltige Wort »Es ist vollbracht«.
Der heilige Ruf, den Siegern am gläsernen Meer bekannt vom Kreuz ihres Erlösers, erhält die letzte Erklärung für die Realität des Zornes Gottes. Der Zorn ist auch für den in der Zeit des Neuen Testamentes Lebenden wie ausströmende Lava. Er kann sich ebensowenig wie zur Zeit des Alten Bundes verflüchtigen, sondern muß »einschlagen«. Er hat mit aller Gewalt Jesus, den Gekreuzigten, getroffen. Er, der Sohn, der Knecht (vgl. Jes. 53), war der Entladungspunkt der Zornesgewalt Gottes. Er trug den Zorn für alle. Deshalb konnte er am Kreuz sagen: »Es ist vollbracht.« Nun braucht keiner mehr an Gott zugrunde zu gehen, denn Gott schenkt Zornfreiheit durch Jesu Kreuz.
Völlig unverständlich bleibt es, daß Menschen das Zeichen des Kreuzes ablehnen und statt dessen das Zeichen des Tieres tragen. Sie entziehen sich bewußt dem in Jesus ergangenen Freispruch Gottes und ziehen den Zorn Gottes wieder auf sich. Als solche, die Jesu Erlösung ablehnen, gehen sie an Gott zugrunde und hören das zweite schreckliche »Es ist vollbracht«. Gottes Zorn trifft nur die, die ohne das Zeichen des Kreuzes leben, die Gott die in Jesu Erlösung angebotene Zornfreiheit abschlagen.

Und es kam einer von den sieben Engeln, die die sieben Schalen hatten, und redete mit mir, indem er sprach: Herbei, ich werde dir das Verdammungsurteil der großen Hure zeigen, die auf vielen Wassern sitzt, mit der gehurt haben die großen Könige der Erde. *Offb. 17,1.2*

Einer der sieben Schalenengel zeigt Johannes das Verdammungsurteil über die große Hure Babel. Das Verdammungsurteil über Babel hat folgende drei Gründe: Die Frau bildet eine Einheit mit dem Antichristen. Sie sitzt auf einem scharlachroten Tier, dessen weitere Beschreibung identisch ist mit dem Tier in Offenbarung 13, dem Antichristen. Die Haltung des Reitens drückt für die Orientalen die Zusammengehörigkeit zwischen Reiter und Reittier aus. Die Weltkultur des alten Babel hat sich mit der Macht des Antichristen verbündet.
Die Frau war eine Dirne. Die römischen Dirnen trugen lesbar auf der Stirn einen Namen. Für die Hure Babel war alles erlaubt und nichts bindend. Die Könige der Erden trieben mit ihr Unzucht. Der Hinweis auf die Könige erinnert an die damals sprichwörtliche Ungebundenheit des Kaisers Caligula. Er lebte in Unzucht mit zahllosen Frauen, in Blutschande mit seinen Schwestern und in homosexuellen Beziehungen. Für die Hure war jede Art von Bindung an die Gebote aufgehoben. Sie lebte ohne Gott! – Unter denen, die mit ihr in Unzucht lebten, war auch das jüdische Volk (vgl. Hes. 23,14–17).
Die Frau war gekleidet in Gewänder aus Purpur und Scharlach, die Farben des Reichtums (vgl. Luk. 16,19), trug wertvollen Steinschmuck und Perlen und hatte einen goldenen Kelch in ihrer Hand. Der Goldpokal war nicht gefüllt mit Wein, dem Symbol der Lebensfreude, sondern mit den Greueln und der Unreinigkeit ihrer Unzucht, er war voll vom Blut der Heiligen und der Zeugen Jesu! Die Frau, die Hure Babel, war nicht nur die Kultur ohne Gott und Bindung an seine Gebote, sondern sie stand auch gegen Christus. Weil sie Kultur ohne Gott war, mußte sie mit den Christen, die ständig Gott zur Sprache brachten, in Konflikt geraten.
Als Johannes die Hure gesehen hatte, brauchte es keine weitere Begründung mehr für das Verdammungsurteil Gottes.

Gefallen ist Babylon, die große, und zu einem Haus der Dämonen geworden und zu einem Gefängnis jeden unreinen Geistes. *Offb. 18,2*

Noch einmal wurde der Gewohnheit der Antike folgend eine Stadt abgebildet durch eine Frau (vgl. Offb. 12,1). Das historische Babel war zur Zeit des Johannes verwüstet und unter 24 m Schutt begraben. Nach alttestamentlicher Vorstellung herrschte das alte Babel wie eine Frau, die als »Zarte und Verwöhnte« Männer beherrscht als »Herrin über Königreiche« (Jes. 47,1.5). Die historische Stadt lag an den zahlreichen Wasserläufen des Euphrat (Psalm 137,1) und war, rechnet man verschiedene Kanäle hinzu, eine Art uneinnehmbare Wasserburg (vgl. Jer. 51,13). Bis zur Zeit Hammurapis (1728–1686 v. Chr.) war Babel eine unbedeutende Stadt. Erst durch ihn errang sie kulturelle Vorherrschaft. Doch ihre Weltmachtstellung war nur kurz. Sie blieb aber eine Stadt der Händler und Reeder. Der Charakter der Kaufmannsstadt ist zu erkennen an dem Aufzählen der Luxusartikel von Parfüm und Schmuck bis zum Goldwagen und Haussklaven, ja zum Handeln mit »Seelen von Menschen« (Offb. 18,13). Außerdem war sie die Stadt der Reeder. Sie war das Bindeglied zwischen den Welten.

Durch ihren Fall aber wurde die mächtige Prachtstadt zum Sitz und zur Behausung der Dämonen. Die von dem Tier, dem Antichristen und dem Propheten ausgehenden unreinen Geister beherrschten die Stadt.

Die Deutung des Falles Babels für die Weltgeschichte und die Gemeinde muß ansetzen bei der Beobachtung, daß das geschichtliche Babel zur Zeit des Johannes längst unter dem Sand der Wüste begraben war. Es wäre auch zu einfach, hinter dem Deckwort Babel allein das Römische Reich oder eine bestimmte Konfession bzw. Kirche zu vermuten. Babel ist überall da, in Weltreichen und in Kirchen, wo die Wesenszüge, die Johannes im Bild der Frau sieht, Fuß fassen und einziehen. Dann beginnt für diese Stadt, dieses Land oder die entsprechende Gemeinde das Verdammungsurteil Gottes sich zu verwirklichen. Jedes blühende Leben steht in der Gefahr, zum Ort der Versuchung, der Wüste, zu werden. »Wüste ist überall, wo Jesus nicht angebetet wird« (H. Bezzel).

6. Oktober

Und ich hörte eine andere Stimme aus dem Himmel sagen: Gehet heraus, mein Volk, von ihr, damit ihr nicht teil habt an ihren Sünden und damit ihr von ihren Plagen nicht empfanget, da ihre Sünden sich auftürmen bis zum Himmel und Gott ihrer Untaten gedacht hat. *Offb. 18,4.5*

Im Namen Gottes spricht die Stimme eines Engels, der nicht sichtbar ist: »Mein Volk, geh aus von ihr!« Der Ruf zum Auszug aus einer Stadt, die ohne Gott und gegen Gott lebte, traf zuerst Abraham in Haran (1. Mose 12,1). Lot wurde aus Sodom und Gomorrha herausbefohlen (1. Mose 19,14), und das Volk wurde aus Ägypten gerufen.
Wenn die Christen aufgefordert werden, aus dem gefallenen Babel auszuziehen, dann handelt es sich um die Trennung von Götzendienst, Unzucht und Üppigkeit. So schreibt Paulus seinen Gemeinden: »Fliehet den Götzendienst!« (1. Kor. 10,14) – »Fliehet die Unzucht!« (1. Kor. 6,18) – »Geht fort aus ihrer Mitte und trennt euch!« (2. Kor. 6,17). Und Petrus charakterisiert die Christen als solche, die der verderblichen Lust und der Befleckung der Welt entflohen sind (2. Petr. 1,4; 2,20).
Die ersten Gemeinden haben diese »Auszugsbefehle« Gottes wachsam gehört und befolgt. Der Gottesleugner und Christenankläger Celsus klagt um 177 die Christen an: Sie entziehen sich der allgemeinen Gottesverehrung, nehmen nicht teil an öffentlichen Festen und Opferschmäusen, wollen dem Kaiser den Eid nicht leisten und deshalb keine öffentlichen Ämter übernehmen. Er wirft ihnen weiter vor, daß sie die Götterbilder lästern, die Wissenschaft verachten und sich von den übrigen Menschen absperren und losreißen.
Der Auszugsbefehl für Christen gilt bis heute, wo Feste und Unternehmungen ohne Bindung an Gott und seine Gebote durchgeführt werden. Die Christen trennen sich, wo Gelübde und Versprechen gegen Gott und seinen Christus gerichtet sind. Der Auszugsbefehl aus Babel wird zweifach begründet: In Babel bleiben, heißt mitschuldig werden. In Babel bleiben, heißt mit Babel zugrunde gehen. Wer herausflieht, bleibt in Ewigkeit. »Das befremdet sie, daß ihr nicht mit ihnen laufet in dasselbe wüste, unordentliche Wesen« (1. Petr. 4,4).

Danach hörte ich wie eine große Stimme vielen Volkes im Himmel sagen: Halleluja! Halleluja! Halleluja! Halleluja!

Offb. 19,1–6

Nach dem Bericht über den Fall Babylons erklingt im Himmel das vierfache Halleluja. Das Halleluja, das »Preiset Jahwe!«, findet sich im Alten Testament ausnahmslos – und zwar ungefähr zwanzigmal – im letzten Drittel der Psalmen, in den sogenannten Halleluja-Psalmen. Dabei fällt auf, daß dort Halleluja zum ersten Mal vorkommt im Jubel über Gott, den Endsieger der Geschichte: »Die Sünder sollen ein Ende nehmen auf Erden und die Gottlosen nicht mehr sein. Lobe den Herrn, meine Seele! Halleluja!« (Psalm 104,35).

Das Halleluja im Himmel wird nach dem Fall Babels angestimmt von drei Gruppen, von den Engelscharen, von der Thronumgebung und von den Knechten Gottes.

Der Engelchor singt ein überschwengliches Lied vom Heil, das mit Halleluja beginnt und mit einem Halleluja schließt (Offb. 19,1–3). Noch einmal preisen die Engel die Geschichte Gottes als wahrhaftig und gerecht. Sie loben Gott, weil er das Blut seiner Knechte geahndet hat. Die vierundzwanzig Ältesten und die vier Wesen um den Thron setzen vor ihr Halleluja das Amen (Offb. 16,4). Bedingungslos stimmen sie damit Gott zu. Sie sind restlos überzeugt von der Rechtmäßigkeit der Taten Gottes.

An dritter Stelle stimmen in den Siegesruf alle Knechte Gottes ein, die ihm je dienten. Sie preisen ihn als den Allmächtigen. Schon das alte Israel nannte Gott »den Allmächtigen, den Herrn Zebaoth«, wenn es um die Niederwerfung der Gegengötter und den Endsieg Jahwes ging. Jetzt stimmen alle ein in den Lobpreis »Halleluja«: die Engel, der Hofstaat und die erlöste Gemeinde aus Juden und Heiden. Im Lobpreis des Allmächtigen ist die alttestamentliche und neutestamentliche Gemeinde zur letzten Einheit verschmolzen. Sie freuen sich nicht in menschlicher Schadenfreude über die Vernichtung der Heiden, sondern »vergelten auf heilige Weise« (J. A. Bengel). Sie stimmen in das Halleluja ein in der Gewißheit, daß Gott allein richten kann und darf.

Und ich sah den Himmel geöffnet; und siehe, ein weißes Pferd, und der darauf saß genannt Treu und Wahrhaftig, und in Gerechtigkeit richtet er und streitet er. *Offb. 19,11*

Während Johannes bisher das vom Himmel ausgehende Geschehen am Ende nur »wie durch eine Tür« (vgl. Offb. 4,1) erlebt, sieht er jetzt den Himmel aufgerissen, und vor ihm steht Jesus Christus, der Erhöhte, der Vollstrecker des Endes.
Der wiederkommende Herr sitzt auf einem weißen Pferd. Das Triumphalpferd des Endsiegers steht in deutlichem Gegensatz zu dem sanftmütigen Esel, auf dem Jesus in Jerusalem einritt (vgl. Sach. 9,9). Damals kam er, bereit, sich als Lamm auf die Schlachtbank zu legen. Nun kommt er zum Gericht.
Auf seinem Haupt trägt er viele Diademe, das Zeichen orientalischer Großkönige. Er ist der König aller Könige.
Seine Augen sind wie Feuerflammen. Der durchdringende Flammenblick (Offb. 1,14; 2,18) kennzeichnet ihn als Richter vor aller Welt. Aus seinem Mund geht ein scharfes Schwert hervor, daß er damit die Nationen schlage. Die »holdseligen Worte« (Luk. 4,22) sind abgelöst durch Worte, die töten wie ein Schwert (Psalm 57,5; Jes. 49,2). Er ist umhüllt mit einem in Blut getauchten Mantel, auf dem an einer besonders sichtbaren Stelle der Name »König der Könige« und »Herr der Herren« zu lesen ist.
Außer diesem Namen trägt der erscheinende Herr eine Fülle von Namen. Dabei ist der auf dem Stirnband geschriebene Name verhüllt. Ihn kennt nur er selbst. Seine bekannten Namen lauten: Wort Gottes (vgl. Joh. 1,1–16) und Treue und Wahrhaftigkeit. Die beiden letzten Namen sind die Umschreibung des hebräischen Amen. Das damit zusammenhängende Hauptwort ämät nennen die jüdischen Ausleger das Siegel Gottes. Ämät besteht im Hebräischen aus drei Konsonanten, diese sind der erste, der mittlere und der letzte Buchstabe des hebräischen Alphabets. Der Träger des Namens ist Anfang, Mitte und Ende der Zeiten und der Geschichte.

Und ich sah einen Engel stehen in der Sonne, und er schrie mit großer Stimme, indem er zu allen Vögeln im Zenit sagte: »Herbei, versammelt euch zum großen Mahle Gottes, daß ihr eßt das Fleisch der Könige.« *Offb. 19,17.18*

Nachdem sich die Könige der Erde versammelt hatten, um mit dem wiederkommenden Herrn Krieg zu führen, sieht Johannes einen Engel den höchstmöglichen Standort einnehmen, damit er von überall gesehen und gehört werden kann. Dieser Engel fordert die im Zenit fliegenden Vögel, die Adler und Aasgeier auf, das Fleisch der Könige zu fressen. Noch bevor der Krieg beginnt, steht das Ende fest: die Könige werden umkommen. Ihren Leibern wird die letzte Ehre nicht zuteil, sondern sie werden von Aasvögeln gefressen.

Schon die Propheten des Alten Bundes konnten den »Tag des Herrn« beschreiben als Schlachtfest mit anschließendem Schmaus (vgl. Jer. 46, 10; 50, 27; Hes. 39, 17). Der Engel nennt es das »Große Mahl Gottes«. Dieses Mahl der Aasgeier auf Erden ist das Gegenstück zu dem himmlischen Hochzeitsmahl. Beide sind genausowenig voneinander zu trennen wie die Liebe und der Zorn des Lammes. Das Geschehen auf Erden geht seinem Ende entgegen in der vom Tier auf die Welt gebrachten Bestialität. Im Himmel dagegen beginnt das Hochzeitsmahl des Lammes. Zu der Schlacht auf Erden führt der Antichrist an (Offb. 19, 19). Der Brautführer zum himmlischen Mahl ist nach jüdischer Auslegung der von den Toten erstandene Mose. Am Sinai, so lehrten die Rabbinen, führte Mose als Brautführer dem Bräutigam Jahwe die Braut Israel zu. Die Gebote sind der Ehevertrag Gottes mit Israel, das am Ende vom zweiten Mose zur wahren Hochzeit geführt wird.

Für Christen ist in dieser alten jüdischen Lehre eines wichtig und unaufgebbar: die Gebote Gottes bleiben auch für sie die Signale, an denen sie erkennen, von wem und wohin sie geführt werden. Der die Anbetung für sich fordernde Antichrist führt ohne, ja gegen die Gebote in die Schlacht, die in undenkbarer Grausamkeit endet.

Und ich sah einen Engel herabsteigen aus dem Himmel, der hatte den Schlüssel des Abgrundes und eine große Kette in seiner Hand. Und er ergriff den Drachen, die alte Schlange, die da ist der Teufel und Satan, und band ihn tausend Jahre.

Offb. 20,1.2

Da Jesus auf Golgatha Satan bereits besiegt hat, greift jetzt ein ganz gewöhnlicher Engel, wie Gott viele hat, den Teufel und bindet ihn. Mit dem Fesseln des Drachen beginnt das »Tausendjährige Reich«. Vom Tausendjährigen Reich oder vom Millenium, wie es in der lateinischen Sprache heißt, wird im Neuen Testament allein in der Offenbarung berichtet. Vielen Christen zu allen Zeiten gab diese Stelle Anlaß zu Mißdeutungen.

Sektierer und Schwärmer, Pazifisten und Kommunisten sehen in ihm das Zeitalter vollendeter Glückseligkeit auf Erden. Ihre Lehre, weithin bekannt unter dem Begriff »Chiliasmus«, – chilioi heißt im Griechischen tausend – übersieht, daß das Tausendjährige Reich keine innergeschichtliche Epoche sein kann, denn vorausgeht die Wiederkunft Christi und die erste Auferstehung (Offb. 19,11–16; 20,5). Wer dies übersieht, läuft wie der Täufer zur Zeit der Reformation Gefahr, ein grausam, wollüstiges »Königreich Zion« mit Vielweiberei und brutalem Niederhalten Andersgläubiger aufzurichten.

Für eine Reihe Lehrer der alten Kirche ist das Tausendjährige Reich nicht mehr von der Zukunft zu erwarten, sondern es begann mit der Geschichte der Kirche. Augustinus (354–430), der in seinem Werk »Der Gottesstaat« das Jahrtausend der Kirche ausrief, deutet die erste Auferstehung als die Wiedergeburt der Christen. Er folgt in seiner Auslegung der griechischen Philosophie mehr als dem Text der Bibel.

Von der Zeit der alten Kirche an gab es auch immer wieder Ausleger, die sich von dem jüdischen Gedanken der sieben Jahrtausendwochen beeinflussen ließen und viel Mühe daran wandten, den Beginn des Tausendjährigen Reiches als den großen Weltensabbat zu berechnen.

Das Zeugnis vom Tausendjährigen Reich ist eine der Stellen, die viele verführt, den Text der Offenbarung nicht auszulegen, sondern eigene Wünsche und Phantasien »einzutragen« (vgl. Offb. 22,18).

11. Oktober

Er warf ihn in den Abgrund und schloß ihn ein und versiegelte ihn oben auf, damit er nicht mehr verführe die Nationen, bis die tausend Jahre vollendet werden. Danach muß er gelöst werden kurze Zeit. *Offb. 20,3*

Der bei der Erhöhung des Messias auf Erden gestürzte Drache (vgl. Kap. 12) kann nun weder die Gemeinde auf Erden verführen noch die »Nationen«. Wer unter den vom Drachen verführbaren Nationen zu verstehen ist, wird deutlich und sichtbar am Ende des Tausendjährigen Reiches, wenn der Drache noch einmal für eine »kurze Zeit« seine Macht entfalten kann. Dann wird er die Völker an den vier Ecken der Erde, den Gog und Magog, sammeln zum Krieg (Offb. 20,8). Die in der kurzen Zeit nach dem Tausendjährigen Reich verführten Völker stammen von den vier Ecken der Erde. Die Ecken bzw. Enden der Erde sind im alttestamentlichen Weltbild die hinter dem Horizont liegenden Gebiete des Abgrundes, die im Gegensatz zu der von den Menschen bewohnten Erdfläche (vgl. die Breite der Erde Offb. 20,9) zum Chaosmeer, dem Wohnsitz des Drachens, gehören. Die Enden der Erde sind für den alten Beter die äußerste Gottferne (vgl. Psalm 61,3), und am »äußersten Meer« suchte man den Eingang ins Totenreich (vgl. Psalm 139,8.9). Die Völker, die 1000 Jahre vor ihrem Beherrscher, dem Drachen, Ruhe haben, dann aber noch einmal verführt werden, stammen aus der Unterwelt. Da die beiden Tiere vernichtet sind, wird Satan am Ende des Tausendjährigen Reiches alles, was er mobilisieren kann, die gesamte Verderbenswelt, an die Front werfen. Ihre Zahl wird sein wie der Sand am Meer und ihr Name Gog und Magog. Gog im Lande Magog ist im Alten Testament bekannt als mächtiger Fürst im Norden (vgl. Hes. 38,2.15; 39,1.6). Der Name des Barbarenhäuptlings aus dem Kaukasus und sein Land werden schon bei den Rabbinen Namen für die dämonischen gottfeindlichen Heere.
Tausend Jahre liegt Satan gebunden. In diesen tausend Jahren kann er selbst sein eigenes Reich nicht mobilisieren. Erst als Gott ihm noch einmal eine kleine Zeit einräumt, tritt er mit der von ihm verführten gesamten Völkerwelt in den Kampf gegen Gott.

Und ich sah Throne, und sie setzten sich auf sie, und das Gericht wurde ihnen gegeben, und die Seelen der Enthaupteten um des Zeugnisses Jesu willen und um des Wortes Gottes willen und alle, die nicht angebetet hatten das Tier noch sein Bild und nicht angenommen hatten das Zeichen an ihrer Stirn und an ihrer Hand, sie wurden lebendig und herrschten mit Christus tausend Jahre. Die übrigen Toten wurden nicht lebendig, bis vollendet werden die tausend Jahre. Dieses ist die erste Auferstehung. *Offb. 20,4.5*

Am Anfang des Tausendjährigen Reiches steht die erste Auferstehung. Die erste Auferstehung, die noch vor dem letzten Ende liegt (vgl. 1.Kor. 15,23), erleben die Märtyrer, »die mit dem Beil geköpft wurden« und die bei einem klaren Nein zu allen Verführungen des Antichristen blieben. Zur Gemeinde der ersten Auferstehung gehören die, die sich mit einem unzweideutigen Ja zu Jesus, ihrem Herrn, bekannten und die zugleich genauso deutlich nein sagen konnten zu allem widergöttlichen Treiben des Antichristen. Christen sind nicht nur zu erkennen an dem Ja zu Jesus, sondern auch an dem an richtiger Stelle von Herzen gesprochenem »heiligen Nein« (E. Schick). Die Teilhaber der ersten Auferstehung werden glückselig gepriesen und heiliggesprochen (Offb. 20,6). Ihre Glückseligkeit besteht in dem königlichen Mitherrschen mit dem Messias. Die richterlichen Entscheidungen, d.h. die hervorstechendsten Regierungsfunktionen, sind ihnen übertragen. Ihre Heiligkeit besteht darin, daß der zweite Tod keine Macht mehr über sie hat und daß sie Priester Gottes und des Messias sein können. Als Teilhaber der ersten Auferstehung kommen sie nicht mehr in das Gericht vor dem weißen Thron, in dem der zweite Tod verhängt werden kann (Offb. 20,14). Ihr Tod war nur eine Durchgangsstation zur Begegnung mit Jesus, dem Messias (vgl. Joh. 11,25; 8,51). Sie sind hindurchgedrungen zum vollkommenen Gottesdienst und zur ungebrochenen Gemeinschaft mit Jesus Christus. Jesus hat sie zu sich gerufen. Er gibt ihnen Anteil an seiner Herrschaft. Er läßt sie Throne im Himmel einnehmen und würdigt sie damit, indem er sie die denkbar höchsten Ehren- und Herrscherplätze einnehmen läßt.

Und der Teufel wurde in den Pfuhl von Feuer und Schwefel geworfen, wo selbst auch das Tier und der Lügenprophet waren, und sie wurden gequält Tag und Nacht bis in die Zeiten der Zeiten. *Offb. 20,10*

Nachdem der Antichrist und der Lügenprophet gleich zu Beginn der Wiederkunft Christi in den feurigen Pfuhl geworfen wurden, kommt nach dem Tausendjährigen Reich auch der Drache an den Ort der ewigen Qual. Zunächst wurden die von ihm mobilisierten Dämonenheere durch vom Himmel herabfallendes Feuer verzehrt. Seine Anhänger waren vernichtet, er selbst kam in den Pfuhl von Feuer und Schwefel. Die nun beginnende Qual erstreckt sich in alle Ewigkeiten, wörtlich »in die Äonen der Äonen«. Dieser festgefügte Ausdruck, die sogenannte »Äonenformel«, findet sich in der Offenbarung des Johannes zwölfmal. Zehnmal wird mit der Wendung »bis in die Äonen der Äonen« die Unbegrenztheit des Lebens Gottes und seines Christus, die immerwährende Verherrlichung des Vaters und des Lammes und die endlose Herrschaft Gottes und seiner Knechte gepriesen (vgl. Offb. 1,6.18; 4,9.10; 5,13; 7,12; 10,6; 11,15; 15,7; 22,5).

Es ist deshalb undenkbar, daß die beiden Äonenformeln, die die Dauer der Qual der satanischen Trinität beschreiben (vgl. Offb. 20,10), eine Befristung des Strafgerichtes an Satan beinhalten könnten. Die Lehre, daß es am Ende zu einer Versöhnung mit Satan kommt, da er, wenn auch als Letzter das Lamm anbeten wird, ist nicht aus der Offenbarung Gottes in seiner Schrift abzuleiten, sondern die sogenannte »Allversöhnung« ist das Ergebnis griechischer Philosophien. Ihr Vater ist Origenes (185–254). Von seinem Lehrer Ammonius Sakkas übernahm er die Theorie, daß sich alle Dinge wieder zu ihrem Ursprung, also zu Gott zurückentwickeln. Alle Anhänger der Allversöhnung von Schleiermacher (1768–1834) bis zur Gegenwart kommen auf die Formulierungen des Origenes zurück. Sie gründen sich nicht auf die Botschaft der Bibel, sondern auf eine Philosophie von Gott.

Wie die Herrlichkeit Gottes, des Lammes und die ewige Erlösung von endloser Dauer sein werden, so auch die Qual der satanischen Trinität im Pfuhl von Feuer und Schwefel.

Ich sah die Toten, die großen und die kleinen, stehen vor dem Thron, und Bücher wurden geöffnet. *Offb. 20,11.12*

Nach dem Gericht für den Antichristen und über Satan folgt das Gericht über die Menschen. In der zweiten Auferstehung werden alle Menschen, die nicht teilhatten an der ersten Auferstehung, vor den weißen triumphalen Richterthron Gottes gerufen. Unterschiedslos stehen gemeinsam die Großen und die Kleinen vor dem Richterthron, um nach ihren Werken gerichtet zu werden. Das Urteil über die vor dem Thron Stehenden wird allein nach dem objektiven Befund des gelebten Lebens gesprochen. Für sie gibt es keine Zwischenschaltung. Es sind die Menschen, für die die Zwischenschaltung des Kreuzes Jesu nicht möglich war. Zu denken ist hierbei zuerst an die, die nicht glauben konnten, da sie von Jesu Erlösung nichts gehört haben (vgl. Röm. 10,14). Es sind die Milliarden und Abermilliarden vor und nach Christi Geburt, die im Nichtglauben aus Unkenntnis lebten. Ihr Nichtglaube klagt sie nicht an, sondern entlastet sie. Gott gibt ihnen die Chance des Gerichtetwerdens, nach ihrem Leben. Zu ihnen gehören die, die entscheidungsunfähig gestorben sind, die geistig Behinderten und die psychisch Kranken. Über sie ergeht das Gericht im Zeichen der beiden Bücher. Gott, der allein imstande ist, alle Taten bis in die innersten Gewissensentscheidungen gerecht zu beurteilen (vgl. Röm. 2,1–16), entscheidet nun nach ihren Werken. Auch jetzt läßt Gott keine billige Gnade walten. Alle, deren Werke gezeichnet waren durch innerweltliche Unmenschlichkeit und Unbrüderlichkeit, gehen in die ewige Pein (vgl. Matth. 25,41 ff.). Ihr »ewiges Unleben« (R. Guardini) verbringen sie an dem Ort, an dem die satanische Trinität gequält wird. Die anderen, deren Namen im Lebensbuch Eingang fanden, gehen ein in die ewige Herrlichkeit. Es werden Namen zum Vorschein kommen, mit denen niemand rechnete. »Da aber Gottes Verheißung größer ist als der Kreis der Christenheit, so wird das Leben auch noch solchen zuteil werden, die das Wort Gottes nicht erreichte und denen der Zutritt zu seiner Gemeinde unmöglich blieb« (A. Schlatter).

Und ich sah den neuen Himmel und die neue Erde; denn der erste Himmel und die erste Erde sind vergangen, und das Meer ist nicht mehr. Und die heilige Stadt, das neue Jerusalem, sah ich herabkommen aus dem Himmel. *Offb. 21,1–2*

Dem Herausreiten des weißen Pferdes aus dem Himmel (Offb. 19,11) folgt das Herabkommen der uneingeschränkten Gegenwart Gottes auf die Erde. Zuvor jedoch war die alte Erde aufgelöst, und in göttlicher Radikalität war alles neu geworden. Die ewige Herrlichkeit, die die neugeschaffene Erde mit umfaßt, wird beschrieben in Form einer »Fehlanzeige«, der eine lange Reihe von Aussagen folgen, die aufzählen, »was nicht mehr sein wird«. Das Meer wird es nicht mehr geben, auch keine Tränen, keinen Tod, keine Klage, kein Geschrei und keinen Schmerz, keine Verleumder, keinen Teufel, keinen Bedarf an Licht und Gestirnen, keinen Verschluß der Tore, keine Nacht, keinen Zugang für Unreines, keine Krankheit und keinen Bann (vgl. Offb. 21,4.8.22.23.25.27; 22,2.3.5). Das Fehlen des Meeres besagt nicht, daß die neue Erde gekennzeichnet ist durch Wasserlosigkeit. Es wird nicht fehlen an Quellen und Gewässern. Verschwunden ist aber das Meer, der Ort, aus dem der Antichrist auftauchte, d.h., die neue Welt ist befreit von allen dämonischen Mächten. Sie wird nicht mehr bedroht durch Lästerung, Verführung, Verfolgung und Mord. Sie lebt befreit von aller Angst vor dem Bösen. Das Verschwinden des Meeres in der neuen Schöpfung sah bereits Sacharja in seinen sogenannten Nachtgesichten. Er sieht die Meerestiefen, den Urfeind der Schöpfung, ausgetrocknet, und auf dem Meeresgrund sieht er Myrten wachsen (Sach. 1,8). Das Meer war verwandelt in einen Paradiesgarten. In die zum Paradies verwandelte Erde herab sieht Johannes die heilige Stadt, das neue Jerusalem kommen. Das neue Jerusalem wird nicht wie der Turm von Babel von unten nach oben gebaut, sondern die Stadt kommt herab aus dem Himmel. Das menschliche Streben, in die Gottesstadt vorzudringen, mit menschlichen Kräften hinaufzusteigen, ist vorbei. Gott selbst kommt herab.

Es ist vollbracht! Ich bin das Alpha und das Omega, der Anfang und das Ende. Ich werde dem Durstigen aus dem Brunnen des Lebenswassers geben umsonst. Der Sieger wird dies erwerben, und ich werde ihm Gott sein, und er wird mir Sohn sein. *Offb. 21,6.7*

Ganz am Ende seines Einblicks in die Herrlichkeit und in die Zukunft erlebt Johannes das Ungeheuerliche und Einmalige. Er hört die Stimme Gottes. Ganz eindringlich redet er auf ihn, den kleinen Menschen auf der Insel Patmos, ein. Er läßt Johannes hören, daß er es ist, der Himmel und Erde neu macht, und gibt noch einmal den Schreibbefehl, der am Anfang des Auftrages für Johannes stand (vgl. Offb. 1,11). Gott will festgeschrieben haben, »worauf er sich einmal befragen lassen will« (A. Pohl). Danach spricht er das gewaltige »Es ist vollbracht«. – Das Wort Jesu am Kreuz (Joh. 19,30) und das Wort am Ende der Schalengerichte (Offb. 16,17) bekunden nun den endgültigen Abschluß des Siegeszuges des Lammes und damit das gesamte Wirken Gottes mit der Welt und mit seinen Menschen. Die in der Schöpfung begonnene Geschichte Gottes, über deren einzelnen Abschnitten das Wort steht »Gott sah, daß es gut war« (vgl. 1.Mose 1), ist jetzt zur Vollendung gekommen. Er selbst, Gott, ist, war und bleibt Alpha und Omega. Der erste und der letzte Buchstabe des griechischen Alphabetes war für die Umwelt des Johannes ein vertrautes Bild für Anfang und Ende eines Werkes.
Am Ende nennt Gott die Gaben, die er dem »Durstigen« und dem »Sieger« verleiht. Der Durstige ist der Mensch, der lebenslang im Verlangen und in Sehnsucht nach Gott lebte. Er soll jetzt »getränkt« werden. Zu den Siegern konnte jeder Mensch gehören. Jeder kann »weit überwinden durch den, der uns geliebt hat« (Röm. 8,37). Jede Gemeinde, unabhängig von ihrem Versagen und den Irrlehren, bekam einen Siegerspruch (vgl. Offb. 2,7.11.17.26; 3,5.12.21). Das unbezahlbare und unter keinen Umständen mit Geld käufliche »Wasser des Lebens« gibt Gott »umsonst«. Die Zusage »Ich werde dein Gott sein« ist ein Erbe, das dem Sieger aufgrund einer Verfügung Gottes zugeteilt wird. Es wird empfangen ohne Zutun und ohne Verdienst des Erben.

Den Feigen aber und Treulosen und Greuelvollen und Mördern und Hurern und Zauberern und Götzendienern und allen Lügnern, ihr Teil wird sein im Pfuhl, der mit Feuer und Schwefel brennt; das ist der zweite Tod. *Offb. 21,8*

Den »Dürstenden« und »Siegern« stellt Gott in seinen Worten vom Thron eine Gruppe von acht »Verlierern« gegenüber. Die Zahl acht steht in der Offenbarung im Zusammenhang mit der Verdammnis des Antichristen (Offb. 17,11). Das Tier, »der Sohn des Verderbens« (vgl. 2. Thess. 2,3), geht in das Verderben, doch zuvor verführt er Menschen. Die acht Gruppen der Verführten gehören an denselben Ort, an den das Tier bereits verbannt ist, in das ewige Verderben, den Pfuhl aus Feuer und Schwefel. Die Kolonne der Verführten wird angeführt durch die Feigen. Es sind die, die einmal im Glauben standen, dann aber abgefallen waren. Ihnen folgen die Treulosen. Versagten die Feigen im Glauben, so geschah der Abfall der Treulosen aufgrund der äußeren Verhältnisse. Die Veruntreuungen von »geringen Dingen« führte zu ihrer Treulosigkeit im Großen (vgl. Luk. 16,10–12). Die Feigen und Treulosen, die an der Spitze derer stehen, die ins Verderben gehen, sind die »Unentschiedenen« (H. Bezzel). Sie haben sich um eine klare Entscheidung und Haltung gedrückt, sie suchten einen Mittelweg. Sie übersahen, daß es angesichts der Heilsbotschaft Gottes nur ein Entweder-Oder, aber keinen dritten Weg gibt. Ins Verderben ziehen dann alle, die den offenen Übertritt auf die Seite des Antichristen vollzogen haben, die Greuelvollen (vgl. Offb. 17,4.5; 21,27), die, die an ihren sittlichen Früchten zu erkennen sind, »Mörder und Hurer«, und die, deren Abfall in religiösen Entartungen in Erscheinung trat, die Zauberer und Götzendiener. Am Ende der Aufzählung der Verdammten stehen die Lügner (vgl. Offb. 22,15). Die Lügner führten ihr Leben im Geist des Lügenpropheten. Sie liebten die Lüge nicht nur bei anderen, sondern sie hatten sich für die Lüge entschieden. Ihre Verworfenheit ist darin begründet, daß sie mit Christus, dem Licht der Welt, in Berührung gekommen waren, aber »die Finsternis mehr liebten als das Licht« (Joh. 3,19).

18. Oktober

Und es kam einer von den sieben Engeln, die die sieben Schalen hatten. Und er führte mich im Geist auf einen großen, hohen Berg. Er zeigte mir die heilige Stadt Jerusalem, wie sie herabkam aus dem Himmel von Gott und hatte die Herrlichkeit.

Offb. 21,9a–11a

Noch einmal tritt einer der Schalenengel auf. Er führt Johannes auf einen hohen Berg. Wie Mose vom Horeb das Urbild der Stiftshütte (vgl. 2. Mose 25,40) und vom Berg Nebo das Gelobte Land sieht (vgl. 5. Mose 32,41), so sehen Hesekiel und Johannes von einem »sehr hohen Berg« herab das künftige Jerusalem (vgl. Hes. 40,2). Die vom Himmel herabkommende Herrlichkeit Gottes sieht Johannes beheimatet in der Stadt Jerusalem. Die Stadt mit ihren bergenden Mauern ist für das alttestamentliche Israel Inbegriff von Geborgenheit und Friede sowie die Garantie von Kultur, Frohsinn und Leben. »Die Stadt ist der dem Chaos abgewonnene Kosmos« (A. Pohl). Die neue Menschheit lebt nicht als formloser Menschenhaufen in der unberührten Natur oder in der Wüste, sondern innerhalb der Mauern einer Stadt. Trotz der Struktur und der Unruhen einer Stadt ist in ihr gottgewolltes, menschenwürdiges und gesegnetes Dasein möglich. Gott kann das Bild der Stadt für das neue Jerusalem verwenden. Dennoch ist das neue Jerusalem keine irdische Stadt, vergleichbar mit einer von Menschen erbauten Anlage. Sie hat wie das Allerheiligste im salomonischen Tempel die Form eines Würfels (vgl. 1. Kön. 6,20; 2. Chr. 3,8). Die Kantenlänge beträgt 2200 km, so daß das höchste Gebirge der Erde, der Himalaja, der Höhe nach 240mal darin verschwindet. Die Stadt ist umgeben mit einer im Vergleich zur Höhe der Stadt sehr niedrigen Mauer. Die 70 m hohe Mauer soll die Stadt nicht schützen, sondern sie will unkontrolliertes Betreten verhindern. Gegründet ist die Mauer auf 12 Grundsteinen. Auf den Grundsteinen der 12 Mauerabschnitte, durch die die 12 Tore entstehen, finden sich die Namen der 12 Apostel. Über den Toren stehen die Namen der 12 Erzväter. Die Bewohner der Stadt sind die Vollzahl der Gemeinde aus Juden und Heiden. Durch die von Engeln bewachten Tore treten nur die ein, die sich mit Israel geeinigt haben. Ohne das Alte Testament gibt es keinen Heilsgrund, auch kein neues Jerusalem.

Und einen neuen Tempel sah ich nicht in der Stadt; denn der Herr, der allmächtige Gott, ist ihr Tempel und das Lamm.
Offb. 21,22

Obwohl es keinen unkontrollierten Zugang zur Heiligen Stadt gibt, stehen die Tore Tag und Nacht offen. Dabei fällt auf, daß bei der Aufzählung der Tore zuerst die drei Tore im Osten genannt werden. Dies erinnert Johannes an das seit Jahrhunderten verschlossene Osttor, das »Goldene Tor«. Durch dieses Tor durfte nach den Worten Hesekiels niemand eintreten, da der Herr, der Gott Israels, durch dieses Tor eingezogen war (vgl. Hes. 44,1–3). Nun stehen alle Tore offen. Als Johannes einen Blick in das Innere des neuen Jerusalems wirft, muß er feststellen, daß es im himmlischen Jerusalem keinen Tempel gibt. Für alttestamentliche Ohren mußte dies einen tiefen Schock auslösen. Hesekiel sah in seiner Vision einen großen Tempel, und die Juden erwarten in der neuen Welt einen Tempel mit strotzendem Reichtum und purpurnem Schmuck. In Gottes neuer Stadt aber braucht es keinen Tempel mehr, denn Gott wohnt nicht mehr nur in einem von der Unheiligkeit abgegrenzten Ort, sondern im neuen Jerusalem ist jeder Bezirk heilig. Er ist überall gegenwärtig. Er selbst, Gott, wohnt mitten unter den Seinen (vgl. Offb. 21,3). Der von ihm ausgehende Glanz war wie »kristallener Jaspis« (vgl. Offb. 21,11). Während Gottes Herrlichkeit in der alten Welt immer verdeckt war »wie durch eine Wolke«, erstrahlt sie jetzt als unverschleiertes, aufgedecktes Licht. War das Allerheiligste im Alten Testament lichtlos (vgl. 1.Kön. 8,12; 2.Mose 20,21), so braucht es in der neuen Stadt weder Sonne noch Mond, denn »die Herrlichkeit Gottes erhellt sie, und ihre Leuchte ist das Lamm« (Offb. 21,23). »Der Herr, Gott, wird auf sie leuchten« (Offb. 22,5). Nicht ein Stück der Herrlichkeit, Gott selbst begegnet seinem Menschen von Angesicht zu Angesicht. Sie werden ihn sehen, wie er ist (1.Joh. 3,2), denn sein Angesicht leuchtet auf sie. Der uralte, täglich gesprochene und empfangene aaronitische Segen ist erfüllt: »Der Herr segne dich und behüte dich! Der Herr lasse sein Angesicht leuchten über dir (wörtlich: auf dich) und sei dir gnädig! Der Herr hebe sein Angesicht über (wörtlich: auf) dich und gebe dir Frieden!« (4.Mose 6,24–26).

20. Oktober

Und er zeigte mir einen Strom von Wasser des Lebens, glänzend wie Kristall, hervorgehend aus dem Thron Gottes und des Lammes, in der Mitte ihrer Straße. Und auf beiden Seiten des Stromes Bäume des Lebens, die zwölffache Früchte bringen. *Offb. 22,1.2a*

In der Mitte der Stadt, d.h. im Schnittpunkt der zwölf Zugänge, die durch die Tore hereinführen, liegt die Thronstraße mit dem Thron Gottes und des Lammes. Der Thron Gottes, der schon bei der Erhöhung Jesu auch zum Thron des Lammes geworden war (vgl. Offb. 5), tritt jetzt in letzter Klarheit an den Tag. Von diesem Thron aus strömen Licht und Leben des neuen Jerusalem. Der »Strom von Wasser des Lebens« ist der vom Vater und dem Lamm ausgehende Heilige Geist, der Träger des Lebens (vgl. Joh. 7,37.38; 15,26). Vater, Sohn und Heiliger Geist sind in der Endschau des Johannes vereinigt. Sie sind das Heil der Gottesstadt. Im neuen Jerusalem fließt das Lebenswasser für jedermann. Außerdem stehen an beiden Seiten des Stromes Lebensbäume (vgl. Hes. 47,7). Die Bäume (wörtlich: »das Holz des Lebens«) treiben zwölffache Früchte. Doch nicht die monatliche Fülle der Früchte, sondern die Blätter der Bäume dienen der »Heilung der Nationen« (vgl. Offb. 22,2b). Unter den Völkerscharen aus Juden und Heiden wird es im neuen Jerusalem »keine Krankheit, kein Leid und keine Tränen« mehr geben (Offb. 21,4). Sie leben aus der vom Thron hervorbrechenden Fülle und dienen dem Lamm und Gott, dessen Angesicht sie sehen (Offb. 22,3.4). Das Ebenbild Gottes ist wiederhergestellt. Sie sind durch das Sehen des Angesichtes Gottes ihm gleich geworden (1. Joh. 3,2). Schon im Paradies erklang das so ähnlich klingende Versprechen: »Ihr werdet sein wie Gott« (1. Mose 3,5), doch es war teuflisch verfälscht zu einem Sein wie Gott, um selbst Gott zu sein und den Thron einzunehmen. In der Herrlichkeit dagegen geht es darum, »ihm gleich zu sein«, d.h. zu ihm, dem Heiligen, zu passen, erlöst und neugeschaffen zu sein zur Gemeinschaft mit ihm, dem Vater, dem Lamm und dem Heiligen Geist.

Ich, Jesus, habe meinen Engel gesandt, euch dieses zu bezeugen an die Gemeinden. Ich bin die Wurzel und das Geschlecht Davids, der glänzende Morgenstern. Und der Geist und die Braut sagen: Komm! Und der da hört, sage: Komm!

Offb. 22,16.17

Die Offenbarung des Johannes klingt aus, indem noch einmal fünf Stimmen zu Wort kommen. Christus spricht: »Siehe, ich komme schnell« (Offb. 22,7). Der Engel, vor dem Johannes niederfallen will, korrigiert ihn mit den Worten: »Dein Mitknecht bin ich! Gott bete an!« (Offb. 22,9; 19,9.10). Johannes warnt davor, auch nur ein Wort dem, was er aufschreiben mußte, hinzuzufügen oder aber etwas wegzulassen (Offb. 22,18.19), und der Geist und die Braut rufen: »Komm!« Jeden Hörer der Worte der Offenbarung fordern sie auf mitzusprechen: Komm! Amen, komm, Herr Jesus! (Offb. 22,17.20). Nachdem Johannes die Botschaft, die er auf Patmos empfangen hatte, weitergegeben hat, muß der Hörer aller Zeiten Bilanz ziehen. Er weiß nun, was kommen wird und wie er sich entscheiden muß, um einmal eingehen zu können in die Herrlichkeit Gottes. »Wer sich durch dieses Buch nicht gewinnen läßt, wird nicht gewonnen« (J. A. Bengel).

Jesus faßt seine Botschaft und sein Werk noch einmal zusammen in einem der aus seinem Munde so vertraut klingenden Worte, die beginnen mit »Ich bin«. Ich bin die Wurzel, d.h., in mir ist der ganze Lebensbaum erwachsen. Ich bin der Stamm, d.h., in mir hat der ganze Lebensbaum sein Mark. Ich bin der Morgenstern, der Stern der Frühe, d.h., ich verkündige den nahen Tag Gottes und führe ihn selbst herauf! Auf diese den Anfang, die Mitte und alle Zeiten umfassende Botschaft gibt es für die Gemeinde nur eine Antwort: »Maranatha! Komm, Herr Jesus!«

Der Ruf »Maranatha« erklingt in jedem Gottesdienst der Urgemeinde (vgl. 1.Kor. 16,22; Phil. 4,5). Dieser Ruf ist nicht leicht dahinzubeten, denn er ist die Herbeirufung des Richters und die Bitte nach dem Ende der Welt und dem Ende des geschichtlich gewordenen Christentums. Deshalb schließt Johannes die Offenbarung mit dem Wort: »Die Gnade des Herrn Jesus sei mit allen« (Offb. 22,21).

22. Oktober

Es war ein reicher Mann, der kleidete sich mit Purpur und köstlicher Leinwand und lebte alle Tage herrlich und mit Freuden. *Luk. 16,19*

In seinem Gleichnis vom Reichen Mann und dem Armen Lazarus stellt Jesus zwei sehr ungleiche Menschen vor die Augen seiner Hörer. Beide lebten hart nebeneinander.
Der Reiche hatte alles, sein ganzes Leben war ein Fest. Wie Könige trug er Purpurkleider. Seine Unterkleider waren aus Byssos, Kleider aus ägyptischer weißer Baumwolle, die damals als besonderes Zeichen des Luxus galten. Er lebte, als ob er schon im Himmel war. Jede Mahlzeit war ein Freudenmahl. Dies alles erzählt Jesus, ohne über den Reichtum zu schimpfen. In seinem Gleichnis verurteilt Jesus mit keinem Wort den Reichtum, er lehnt ihn nicht grundsätzlich zugunsten einer Verherrlichung der Armut ab, sondern weist nur darauf hin, welche verheerenden Auswirkungen Reichtum haben kann.
Der Reichtum machte den Reichen sicher. Nach alttestamentlich-jüdischer Auffassung hatte der Segen Gottes eine sichtbare Seite. Den, der nach Gottes Willen lebt, so war die Meinung, bestätigt Gott mit Reichtum und Ehre. Der Erfolg, die Fülle der Gaben, gab dem Reichen die Sicherheit, ein von Gott Gesegneter zu sein.
Der Reichtum machte ihn blind. Vor sein Haus hatten sie einen gelegt, der sich nicht mehr selbst fortbewegen konnte. Der Reiche mußte ihn sehen, wann immer er sein Haus verließ oder betrat, doch er sah ihn nicht. Er, der von Gott Bestätigte, war nur noch mit sich und seinem Leben beschäftigt.
Der Reichtum machte ihn kurzschlüssig. Er konnte den Lazarus vor seiner Tür übersehen, weil er überzeugt war, daß diese Elendsgestalt ein von Gott Gestrafter war. Gott hatte ihm nicht umsonst die sichtbaren Seiten des Segens vorenthalten. Aufgrund seiner Sicherheit, Blindheit und Kurzschlüssigkeit konnte der Reiche täglich an Lazarus vorbeigehen, ohne ihn zu sehen. Jesus verurteilt nicht den Reichtum, sondern den Mann, der durch den Reichtum nicht mehr fähig war zu sehen. Liebe beginnt mit sehen, aufmerken und wahrnehmen.

Ein Armer aber mit Namen Lazarus lag an seinem Tor, mit Geschwüren bedeckt, und verlangte sich zu sättigen von dem, was vom Tisch des Reichen abfiel. Aber auch die Hunde kamen und leckten seine Geschwüre. Luk. 16,20.21

Vor der Tür des Reichen lag ein Armer mit dem Namen Lazarus. Jesus nennt sonst in seinen Gleichnissen keine Namen. Der Name Lazarus heißt aus dem Aramäischen übersetzt »Gott hilft« und zeigt, daß Gott die Elendsfigur vor dem Tor des Reichen nicht verlassen hat. Jesus beschreibt den Zustand des Armen, nicht um die Armut zu preisen, sondern um Gottes Eingreifen zu schildern. Im Unterschied zu den Frommen in der Wüste am Toten Meer, den Siedlern in Qumran, hat Jesus die Armut nicht zum Gesetz erhoben. Dem Armen wird nicht geholfen, weil er arm war, sondern weil Gott sich seiner erbarmte.

Die Elendsgestalt konnte sich nicht alleine fortbewegen. Er war gelähmt, seine Haut war bedeckt mit Geschwüren, die damals als Zeichen der Unreinheit galten. Er konnte auch nicht mehr rein (koscher) essen. Er wäre zufrieden gewesen mit den angebissenen Brotfladen, an denen sich die Zu-Tisch-Liegenden, bevor sie sie hinter sich warfen, noch die Hände abwischten. Die Fladen, einmal angebissen, galten als unrein. Unrein waren auch die Hunde, gegen die sich der Kranke nicht wehren konnte. Ihr Speichel und die rauhen Zungen erhöhten die unausstehlichen Schmerzen des Lazarus. Gott aber hat den, der aussah wie ein gestrafter Sünder und der für die »Gesegneten« nur Last, Störung und Hindernis war, nicht vergessen. »Gott hilft!« Seit Jesus der »Allergeplagteste« war, steht Gott auf der Seite der Gequälten. Gott hilft Lazarus, aber nicht, weil er so elend war. Armut und Krankheit können Gott nicht zum Handeln zwingen, sondern er hilft Lazarus, weil er sich seiner erbarmte. Wer auf Gottes Seite steht, wird, wenn auch auf menschliche Weise, das Erbarmen über die Elenden nicht unterdrücken können.

Es begab sich aber, daß der Arme starb und ward getragen von den Engeln an die Seite Abrahams. Der Reiche aber starb und ward begraben. *Luk. 16,22*

Über das Leben nach dem Tod macht die Bibel nur spärliche Aussagen. Auch Jesus gibt in seinem Gleichnis keine theoretischen Auskünfte über das Jenseits oder über Prinzipien der Weltregierung Gottes, sondern er spricht vom Jenseits so, daß es jeden Hörer in Bewegung setzt. Er sagt zunächst: Die Toten werden auferstehen. Die uralte Sehnsucht des Menschen, daß mit dem Tode alles aus sei, ist ein Wunschtraum. Er verführte unzählige zu der Haltung: »Lasset uns essen und trinken, denn morgen sind wir tot« (Jes. 22,13; 1.Kor. 15,32). Dem hält Jesus entgegen: Es gibt für jeden eine Auferstehung, für die einen ist sie das Eingehen in die Herrlichkeit, für die anderen der »zweite Tod«, die Qual im Pfuhl aus Feuer und Schwefel (vgl. Offb. 21,8). Vom Reichen sagt Jesus deshalb nur: »Er wurde begraben«, d.h., sein Tod geht weiter. Für Lazarus aber trat das ein, was die Schriftgelehrten für sich erwarteten. Er bekam den Ehrenplatz an der Seite Abrahams. Beim himmlischen Festmahl sitzt er unmittelbar neben Abraham. Wie Johannes sich beim letzten Mahl Jesu auf Erden an Jesu Brust lehnte (vgl. Joh. 13,23), so liegt nun Lazarus an Abrahams Brust. Während der Reiche am Ort der Qual den zweiten Tod erleidet, lebt Lazarus am Ort der Herrlichkeit und Geborgenheit.

Hier trockn' ich deiner Augen Flut,
hier still ich deine Tränen;
hier setzt sich in dem höchsten Gut
dein Seufzen, Klag und Sehnen:
dein Jammermeer wird niemand mehr
denn nur in Freud erwähnen. Paul Gerhardt

Als der Reiche nun bei den Toten war, hob er seine Augen auf in seiner Qual und sah Abraham von ferne und Lazarus an seiner Seite. *Luk. 16,23*

Lazarus lag an Abrahams Brust. Für ihn war der Tod die Erlösung aus der Welt der Angst und des Leidens. Von der Auffassung der Urgemeinde über den Tod sagt Gerhard Tersteegen: »Dasjenige, was wir Tod nennen, das nannten und feierten die ersten Christen als einen Geburtstag der Märtyrer und Heiligen. Dieser dritte Geburtstag, der leibliche Tod nämlich, erlöst Gottes Kinder aus der bürgerlichen Welt.« Der Reiche konnte Lazarus sehen. Lazarus aber sieht den Reichen nicht. Er erlebte nur, was es heißt, an Abrahams Brust zu liegen. – Bei aller gebotenen Zurückhaltung, aus den Aussagen Jesu über das Leben nach dem Tod eine genaue Beschreibung über das Jenseits herauszulesen, ist eines sicher: Es gibt nach dem Tode ein Wiedererkennen. Es kann zwar keiner in den Bereich der Qual sehen, aber es wird ein Wiedererkennen unter denen, die in der Herrlichkeit leben, geben. Es ist durchaus neutestamentlich, wenn Menschen sich darauf freuen, den Geliebten, den Freund, Vater, Mutter, Tochter oder Sohn im Himmel einmal wiederzusehen. Es gibt keinen Anhaltspunkt, wie das Erkennen verwirklicht wird, aber Gott hat Wege und Mittel, die Menschen nicht verstehen und über die auch in seinem Wort keine Auskunft gegeben wird. Das Gleichnis vom Reichen Mann und dem Armen Lazarus eröffnet allen Trauernden, die nach ihren Erfahrungsmöglichkeiten zu früh von lieben Menschen Abschied nehmen mußten, die Hoffnung auf ein Wiedersehen.

Dort vor dem Throne im himmlischen Land
treff ich die Freunde, die hier ich gekannt,
dennoch wird Jesus und Jesus allein
Grund meiner Freude und Anbetung sein.

Hedwig von Redern

Der Reiche rief: Vater Abraham, erbarme dich mein.

Luk. 16,24a

Der Reiche gehörte zur alttestamentlichen Heilsgemeinde. Seine Abrahamssohnschaft wird auch nicht in Frage gestellt. Abraham redet ihn in seiner Antwort mit Sohn an (Luk. 16,25). Der Reiche wendet sich auch nicht an Lazarus, sondern er sucht seine Zuflucht bei Abraham. Abraham aber weist ihm seine Bitte ab. »Nicht der Verachtete und Verstoßene versagt ihm die Hilfe; Eigensucht, die nach Vergeltung schreit, hat hier keinen Raum« (A. Schlatter). Dadurch, daß Abraham, der Vater der alttestamentlichen Heilsgemeinde, die Bitte abschlägt, macht Jesus für alle Zeiten deutlich, daß die Zugehörigkeit zur Heilsgemeinde noch keine Garantie dafür ist, die Ewigkeit in der Herrlichkeit zu verbringen. Beschneidung und Abrahamssohnschaft waren kein Freibrief für den Himmel, genausowenig sind die Taufe oder die Mitgliedschaft in einer Kirche oder Freikirche Sicherheiten, vor der Schuld und vor dem Schicksal des Reichen bewahrt zu bleiben. Die Kolonne derer, die ins Verderben ziehen, wird in der Schau des Sehers Johannes angeführt von denen, die vom Glauben abgefallen sind, von den »Feigen« und von den »Treulosen« (Offb. 21,8). Zu den letzteren gehörte der Reiche im Gleichnis. Er ließ sich vom Reichtum, mit dem er seine Treue im Kleinen erweisen sollte, blenden und verführen (vgl. Luk. 16,10–12). Er setzte seine Hoffnung auf die bloße Zugehörigkeit zur Heilsgemeinde. Er hatte weder Augen noch Ohren für den, den Gott vor seine Tür legte. Das Wort Gottes »Brich dem Hungrigen dein Brot und führe Umherirrende in dein Haus« konnte er in seiner Sicherheit nicht mehr aufnehmen. Er war ein Treuloser.

Wer Gott verläßt, wird wiederum
verlassen und mit großem Grimm
zu seiner Zeit geschlagen.
Du aber, der du bleibst bei Gott,
findst Gnad und darfst in keiner Not
ohn' Hilf und Trost verzagen. Paul Gerhardt

Sende Lazarus, daß er das Äußerste seines Fingers ins Wasser tauche und kühle meine Zunge, denn ich leide Pein in dieser Flamme. *Luk. 16,24b*

Der Reiche hatte Gottes Denken auf eine menschliche Formel gebracht. Er rechnete mit einer mechanisch wirksamen Kindschaft. Er mußte erleben, daß Gott der Herr ist und daß er das Himmelreich allein denen gibt, die ihr Sehnen und ihre Hoffnung darauf setzen, »allezeit bei dem Herrn zu sein« (1. Thess. 4,17). Der Reiche erlebte die Verdammnis, wie sie in der Offenbarung beschrieben wird als ein mit Feuer und Schwefel brennender Verderbensort (Offb. 19,20; 20,10; 21,8). In letzter Selbstdemütigung bittet er Abraham um einige Tropfen Wasser. Für einen winzigen Augenblick wollte er mit den zwei, drei Tropfen, die am Finger des Lazarus haften, seine Zunge kühlen. So unbeschreiblich war seine Qual. Doch mehr als die physischen Qualen lagen die seelischen Qualen auf ihm. Er mußte ständig die Herrlichkeit sehen und war, wie aus seiner Selbstdemütigung zu schließen ist, geschüttelt von nagender Reue. Wie konnte ich so blind sein! Vergelte nicht Gleiches mit Gleichem, sende Lazarus. Veranlasse, daß der, den ich übersehen habe, an mir nicht vorbeisieht, sondern für einen kleinen Augenblick meine Qual lindert. Das Bild des Reichen in der Hölle ist so aufwühlend und grausam, daß viele es am liebsten aus der Bibel streichen würden. Doch Jesus selbst nahm es in sein Gleichnis auf. Paul Gerhardt hatte noch den Mut, es drastisch nachzuzeichnen:

»Ei siehe!« wird's heißen, »da liegt
der prächtge, mächtge Mann,
der, stetig mit Erden vergnügt,
den Himmel beiseite getan:
Vom Reichtum war immer sein Prangen,
und wenn er die Unschuld gefangen,
so hielt er's für treffliche Taten,
ei siehe, wie ist's ihm geraten!«

Zwischen uns und euch ist eine große Kluft befestigt, daß die, die sie durchschreiten wollen von hier zu euch, es nicht können und sie auch nicht von dort zu uns übersetzen können.
Luk. 16,26

In einer belehrenden Antwort erklärt Abraham dem reichen Mann, daß es nach dem Tode auch nicht mehr die geringsten Abänderungsmöglichkeiten gibt. Zwischen dem Bereich, in dem sich Lazarus befindet, und dem Verdammungsort liegt ein tiefer Spalt, der undurchschreitbar ist. Die beiden Worte, die die Unmöglichkeit des Hinüber und Herüber beschreiben, deuten an, daß die Kluft mit Wasser gefüllt zu sein scheint. Auch diese Vorstellung vom Jenseits hat ihre Entsprechung in der Offenbarung. Das Meer, der Ort der Verderbensmächte, aus dem der Drache den Antichristen auf die Erde ruft, wird es in der neuen Schöpfung nicht mehr geben (vgl. Offb. 13; 21,1). Nachdem der Teufel, der Drache, sowie der Antichrist und sein Prophet in den Pfuhl von Feuer und Schwefel geworfen sind, wird die Neue Welt total von den Fluten des antigöttlichen Meeres getrennt. Die Vorstellungen, die Jesus in seinem Gleichnis entwickelt, stimmen bis in die kleinsten Kleinigkeiten überein mit dem, was Johannes in der Offenbarung für alle Zeiten aufschreiben muß. Jesus nimmt in seinem Gleichnis nicht Märchenmotive auf, er entleiht auch nicht Vorstellungen aus anderen Religionen, sondern nimmt gleichnishaft Erkenntnisse vorweg, die Johannes auf Patmos enthüllt werden. Auch in Jesu Botschaft ist Gottes Liebe untrennbar von seinem Zorn und die von ihm ausgesprochene Verdammnis von letzter Gültigkeit.

Drum wird dich auch Gottes Gericht
zerstören, verheeren im Grimm;
die Rechte, die alles zerbricht
mit Donner und blitzender Stimm,
die wird dich zugrunde zerschlagen
und wird dich mit schrecklichen Plagen
aus deinem bisherigen Bleiben
samt allen den Deinen vertreiben. Paul Gerhardt

Ich bitte dich, daß du Lazarus sendest in meines Vaters Haus, denn ich habe noch fünf Brüder, daß er sie warne . . . Abraham sprach: Sie haben Mose und die Propheten, laß sie dieselben hören. Luk. 16,27–29

Der Reiche, der in seiner Blindheit und Kurzschlüssigkeit Lazarus nicht mehr sehen konnte, denkt am Ort der Qual an andere. Er bittet Abraham um ein Wunder. Er ist sich ganz sicher, daß seine fünf in derselben Blindheit lebenden Brüder durch ein Auferstehungswunder zur Besinnung und Umkehr gebracht werden. Wenn sie Lazarus, von dessen Tod sie erfahren haben, plötzlich lebendig vor sich sähen, würden sie ihr gegenwärtiges Leben ändern und sich »Schätze im Himmel sammeln« (Matth. 6,19). Strenggenommen steckt hinter der so selbstlosen Bitte des Reichen eine letzte Entschuldigung: Sieh, ich habe kein Wunder erlebt. Zu mir kam kein Toter. Ich hatte nur die Zusage, Kind Abrahams zu sein. Hätte mir ein ehemals Toter von Gottes unabänderlichem Gericht erzählt, es wäre mir wie Schuppen von den Augen gefallen. Ich wäre gewiß nicht hier am Ort der Qual.
Auf die Rechtfertigung des Reichen und auf seine Bitte für seine fünf Brüder bekommt er eine eindeutige Antwort: Deine Brüder können, genau wie du die Möglichkeit hattest, Gottes Wege und Willen erkennen, denn sie haben »Mose und die Propheten«. Was das Wort Gottes nicht erreicht, bewirkt auch kein Wunder. Du hast das Wort Gottes nicht gehört, der Hungrige blieb ohne Brot, und den Umherirrenden hast du nicht in dein Haus geführt (vgl. Jes. 58,7). Lazarus aber hat sich an das Wort gehalten. Sein Gebet lautete zum Beispiel: »Neige, Herr, Dein Ohr, erhöre mich, denn ich bin elend und arm« (Psalm 86,1). Lazarus wußte aus dem Alten Testament, daß er sich Hilfe von Gott erbitten kann. Gott hat ihn erhört.
Deine Brüder haben noch immer die Möglichkeit, den Umkehrruf der Propheten zu hören. Wenn sie diesem Ruf folgen und auch Gottes Gebot der Liebe aufnehmen, werden sie nicht an den Ort der Qual kommen.

Wenn wir unsere Sünden bekennen, so ist er treu und gerecht, daß er uns unsere Sünden vergibt und heilet uns von aller Untugend. *1. Joh. 1,9*

Am 31. Oktober 1517 wirft Martin Luther in einem Brief an den Hohenzollern Albrecht Erzbischof von Mainz dem Dominikanermönch Tetzel, dem erzbischöflichen Ablaßkommissar und Ketzermeister, folgendes vor: Für Geld verkauft Tetzel an Gutgläubige einen Brief, der ein gutes Gewissen geben soll. Die Ablaßbriefe verschaffen Freiheit von der Angst, mit Strafe belegt zu werden. Keine Sünde ist so groß, als daß sie nicht vergeben werden könnte, »selbst wenn einer – wenn das möglich wäre – die Mutter Gottes geschändet hätte«. Die Wirkung der Briefe, so verspricht Tetzel, tritt ohne Verzug ein, »sobald man für sie in den Kasten einlege«.
Die Briefe wurden in Massen verkauft. Dabei ging es nur um den Erlaß von zeitlichen Strafen. Die ewigen konnten und sollten gar nicht berührt werden.
Der Biologe und Verhaltensforscher Joachim Illies weist darauf hin, daß in der Gegenwart ein Ablaßhandel von weit größerem Ausmaß betrieben wird. »Wie im Mittelalter bezahlt man sein Geld und erhält ein Schriftstück. Für DM 20,– kaufe ich mir heute in einem wissenschaftlichen Werk die Erlösung. Stand auf Tetzels Zettel: Deine Sünden sind dir vergeben, so steht in den modernen Ablaßbriefen: Deine Sünden sind dir erklärt, sie existieren nicht, sie sind Einbildung.«
Joachim Illies legt den Finger auf eine Wunde der Kirche. Bis hinein in die Seelsorge hat sich der »neue Ablaßhandel« durchgesetzt. Wo immer versucht wird, Sünde zu erklären, zu entschuldigen und hinwegzudiskutieren, wird der Mensch um sein ewiges Heil betrogen. Die Bibel sagt: Wer seine Sünden bekennt, der erfährt, daß Jesus der Treue und Gerechte ist, der Sünden vergibt und bleibende Heilung schenkt.

Die Schlange war listiger als alle Tiere des Feldes, die Jahwe Gott gemacht hatte. Sie sagte zur Frau: Hat Gott wirklich gesagt, ihr dürft von allen Bäumen des Gartens nicht essen?

1. Mose 3,1

Zu allen Zeiten hat den Menschen die Frage bewegt, wie die Sünde in die Welt Gottes eingebrochen ist. Viele meinen sich die Antwort leichtmachen zu können, indem sie sagen, die Schlange ist der Teufel, dieser hat den Menschen verführt. Dabei wird übersehen, daß die Schlange ein Geschöpf Gottes ist. Sie gehört zu den Tieren des Feldes, von denen es heißt: »Gott hat sie alle gemacht« (1. Mose 2,19). Auch die Schlange ist Kreatur – Geschöpf Gottes. Das einzige, was sie den anderen Tieren voraushat, ist ihre sprichwörtlich gewordene List (vgl. Matth. 10,16). Die List der Schlange wird bezogen auf ihre Fähigkeit, Gift zu produzieren. Das Gift, das sie ausspritzt, ist in der Begegnung mit der Frau im Paradies der von der Schlange ausgehende Anreiz zur Sünde. Die Schlange spricht die Frau an und setzt damit die unheilvolle Bewegung der Entstehung der Sünde in Gang.

Damit, daß nach Gottes Wort der Mensch durch die kluge Schlange, ein Geschöpf Gottes, verführt wurde, ist gesagt, daß die Herkunft des Bösen nicht zu erkennen sein wird. »Die Verführung ... steht als etwas absolut Unerklärliches plötzlich da innerhalb der guten Schöpfung Gottes. Sie wird als Rätsel stehengelassen« (Walter Zimmerli).

Wenn der Mensch, Sie und ich, die Herkunft der Sünde erklären könnten, dann hätten wir bereits eine Entschuldigung oder zumindest einen, auf den wir als arme Verführte die Schuld abwälzen könnten. Da es aber keine Erklärung für die Herkunft der Sünde gibt, bleiben Sie und ich, wo wir schuldig werden, für diese unsere Tat allein verantwortlich.

Die Frau antwortete der Schlange: »Von den Früchten der Bäume des Gartens dürfen wir essen, aber von den Früchten des Baumes in der Mitte des Gartens hat Gott gesagt: Ihr sollt nicht von ihnen essen.« *1. Mose 3,2.3a*

Der von der Schlange ausgesprochene Anreiz zur Sünde war die Halbwahrheit. Dabei kann der Bestand der einzelnen Worte des Gebotes Gottes erhalten bleiben. Nur ein einziges Wort muß an eine andere Stelle geschoben werden, um aus einem Gebot Gottes ein unmenschliches Verbot zu machen.
Gott sprach:
»*Nicht* von allen Bäumen dürft ihr essen.«
Die Schlange:
»Von allen Bäumen dürft ihr *nicht* essen.«
Aus dem Gebot Gottes, das den Menschen versorgt mit den Früchten der Bäume und ihn durch eine beschränkte Ausklammerung vor Gefährdung bewahrt, wird durch die Umstellung des kleinen Wortes *nicht* ein hartes Verbot, das dem Menschen seine Lebensmöglichkeit nimmt. Die Frau erkennt die List der Schlange. Sie stellt sich auf Gottes Seite, sie verteidigt Gott mit ihrem: so hat es Gott nicht gesagt. Er gab uns ein Gebot, das uns versorgt und bewahrt. Du aber hast es verdreht zu einem unmöglichen Verbot. Die Taktik, der sich die Schlange bedient, war die Halbwahrheit. Eine Halbwahrheit liegt überall da vor, wo zwar die einzelnen Worte wahr sind, durch ihre Stellung aber zur Unwahrheit werden.
Die Halbwahrheit ist die feinste und raffinierteste Form der Lüge, zugleich die größte Bedrohung der menschlichen Gemeinschaft, besonders der Gemeinschaft unter Christen. Jeder Christ wird darum bemüht sein, nicht zu lügen. Keiner aber ist frei von der Versuchung, der Halbwahrheit Raum zu geben. Es braucht nicht einmal die Umstellung eines Wortes zu sein, oft genügt bereits ein verdächtigender Unterton, ein ganz bestimmter Tonfall, um aus einer Wahrheit, einem Gebot Gottes, eine Halbwahrheit, ein unmenschliches Verbot zu machen.

Rührt sie nicht einmal an, sonst werdet ihr sterben.

1. Mose 3,3b

Die Schlange beginnt das Gespräch mit einer Erkundigung, mit der sie ihre Teilnahme am Geschick des Menschen bekundet. In ihrer Klugheit wählt sie in behutsamer Weise zur Eröffnung des Gespräches die interessierte Frage. Sie gibt dann der Frau die Gelegenheit, auf Gottes Seite zu treten, Gott zu rechtfertigen. Damit aber hat sie erreicht, daß die Frau das Gebot Gottes diskutiert. Das Gebot steht nicht mehr als unumstrittenes klares Wort Gottes vor dem Menschen, sondern es ist nun ein Satz, worüber man nachdenkt, den man diskutiert. Der Mensch wird unsicher und beginnt, dem Gebot eigene Gedanken hinzuzufügen. So sagt die Frau: »Berührt sie nicht einmal!« Gott hatte das nicht gesagt. »Es ist, als wolle sie durch die Übertretung sich selbst ein Gesetz geben« (Gerhard von Rad).

Wenn Gott ein Gebot erläßt, gibt es nur eine Reaktion des Menschen, den Gehorsam. Wo Gott spricht, kann der Mensch nur gehorchen. Wenn aber der Mensch beginnt, über die Gebote nachzudenken, sie auszudeuten und zu diskutieren, entstehen Menschensatzungen, Verbote und Gesetze, mit denen der Mensch sich selbst schützen will, die Gott aber so nicht gegeben hat.

Ein diskutiertes und in Frage gestelltes Verbot ist nicht mehr das ursprüngliche Gebot. Wie gefährlich es ist, Gottes Gebot nicht einfach gelten zu lassen, zeigt die Geschichte vom Sündenfall. »Wer ein Gebot verteidigt, kann schon auf dem Weg sein, es zu übertreten« (Klaus Westermann). Gottes Gebote sind heilig, sie sind unantastbar und nicht hinterfragbar. Wo Sie und ich einfach gehorchen, da erleben wir, Gott gibt seine Gebote, um uns zu versorgen und zu bewahren.

Da sagt die Schlange zur Frau: »Ihr werdet gewiß nicht sterben, Gott weiß wohl, daß, sobald ihr davon essen werdet, eure Augen aufgetan werden.« *1. Mose 3,4.5a*

Nachdem sich die Frau auf das Gespräch über das Gebot eingelassen hatte, bestreitet die Schlange die Wahrheit des Wortes Gottes. Nun läßt sie die Maske fallen und macht Gott zum Lügner, indem sie das schwere Gottesgebot verspottet. Sie spricht in die Frau den Argwohn hinein. Hinter Gottes Gebot steht nur seine Mißgunst. Die Wirklichkeit sieht anders aus. »Sobald ihr gegessen habt, werden sich eure Augen öffnen, dann werdet ihr Dinge sehen, die es vorher nicht gab.«
Mit diesem offenen Angriff stellt die Schlange die Frau vor eine klare Entscheidung. Ursprünglich gab Gott dem Menschen, dem Mann zusammen mit seiner Frau, das Mandat, über die Kreatur zu herrschen, »über die Fische im Meer, die Vögel des Himmels, über alle Lebewesen, die sich auf Erden regen« (1. Mose 1,28). Nun beansprucht die Schlange, ein Geschöpf Gottes, daß die Frau ihrem Wort mehr Gewicht beimißt als dem Gebot Gottes. Damit versucht die Kreatur Schlange über die Frau zu herrschen. Es wird nun darauf ankommen, ob die Frau das ihr von Gott übertragene Mandat erfüllt und den Anspruch der Schlange zurückweist oder ob sie ihr Mandat abgibt, der Kreatur Glauben schenkt und dieser damit verfällt.
Sünde – Trennung von Gott – beginnt da, wo der Mensch sein ihm von Gott übertragenes Mandat, die Kreatur zu beherrschen, abgibt und in seiner Entscheidung vom Kreatürlichen beeinflußt und bestimmt wird. Der Anspruch des Kreatürlichen, die Dinge dieser Welt, sind nicht verstummt. Sie und ich sind immer wieder gefragt: Wer herrscht? Beherrschen Sie die Welt mit allen in ihr enthaltenen Verlockungen, oder werden Sie beherrscht?

4. November

Ihr werdet sein wie Gott – wissend, was gut und schlecht ist.
1. Mose 3,5b

Die Schlange geht aufs Ganze. Sie spricht dem Menschen zu, daß das Öffnen der Augen gleichzusetzen ist mit der Befähigung zur eigenen Bewältigung des Daseins. Der Mensch braucht Gott nicht. Er muß nicht mehr fragen: Ist dies gut, ist jenes schlecht? Er kann selbst entscheiden. Er weiß um Gut und Böse. Er ist nicht mehr abhängig, sondern in all seinen Entscheidungen frei. Er wird sein Dasein aufgrund seiner eigenen Erkenntnismöglichkeit meistern. Er ist nicht mehr Eigentum Gottes, sondern sein eigener Herr.
Der härteste Ausdruck des Alten Testamentes für Sünde, für die Trennung des Menschen von Gott, ist »päscha« = Eigentumsbestreitung.
Wo ein Mensch meint, mit sich, mit seinem Leib und Leben, mit seiner Gesundheit und seiner Zeit umgehen zu können, als gehöre alles ihm allein, als könne nur er bestimmen, bestreitet er, Eigentum Gottes zu sein. Er bestreitet seine Abhängigkeit von seinem Schöpfer, der ihn liebt und zum Eigentum erkauft hat. Er lebt in Sünde, in Eigentumsbestreitung. Wo Sie und ich meinen, im Umgang mit einem anderen Menschen könnten wir selbst erkennen, was gut und böse ist, und brauchten nicht zu fragen, ob unsere Beziehung zu ihm nach Gottes Gebot ist, bestreiten wir, daß der andere und wir selbst Eigentum Gottes sind und daß er, der Allmächtige, in seinem Gebot Gut und Böse bestimmt. Wir leben in Sünde, in Eigentumsbestreitung. Wo Sie und ich meinen, mit unserem Hab und Gut, mit der Welt und ihren Möglichkeiten umgehen zu können nach dem, was wir in unserer Erkenntnis gut und böse nennen, tun wir, als hätte Gott die Welt nicht erschaffen, als hätte er in seinem Wort nicht festgelegt, was gut und böse ist. Wir leben in Eigentumsbestreitung, d. h. in Sünde.

Da sah die Frau, daß von dem Baum gut zu essen wäre, daß er lieblich anzusehen und begehrenswert sei. *1. Mose 3,6a*

Trotz der List und Verführungskunst der Schlange handelt die Frau völlig selbständig. Es heißt: Sie sah sich die verlockende Frucht an und stellte fest, sie ist gut zu essen und lieblich anzusehen.
Das Sehen der verbotenen Frucht macht sie neugierig. Im Zusammenwirken der Sinne des Gesichtes und des Geschmackes wird in ihr die Gier erweckt, zu besitzen. Der Baum und seine Frucht sind für sie begehrenswert.
Das Begehren gehört zum Menschsein des Menschen. Der Mensch darf begehren. Die Frau soll die Bäume des Gartens schön finden, die Früchte sollen ihr gut schmecken, die Grenze des Begehrens ist der eine verbotene Baum.
Gott verbietet auch in den 10 Geboten nicht das Begehren als solches, sondern das Begehren, das die Grenze überschreitet. Das Begehren des Verbotenen, das Greifen nach dem, was dem Menschen nicht gehören soll und darf (2. Mose 20,17). Das Begehren, die von Gott gesetzte Grenze zu überschreiten, nennt Jesus bereits Sünde. »Wer eine Frau ansieht, ihrer zu begehren, hat bereits Ehebruch getrieben« (Matth. 5,28). Auch hier in Jesu Wort zum Begehren sind die Augen der Einfallspunkt der Begehrlichkeit. »Der Mensch darf« – wie Martin Luther dieses Gebot auslegt – »sich an jeder Frau freuen und sie ansehen, nur nicht wie seine eigene Frau.«
Gott hat in seinen Geboten dem aus dem Schauen kommenden Begehren klare Grenzen gesetzt. Wer, veranlaßt durch den Reiz des Verbotenen, die Grenze überschreitet, trennt sich von Gott, er »fällt in Sünde«.

Sie sah, daß der Baum begehrenswert sei, um klug zu werden. Da nahm sie von seiner Frucht und aß. *1. Mose 3,6b*

Das Begehren der Frau richtet sich nicht nur auf das Verbotene, wie es im 10. Gebot aufgeführt wird (vgl. 2. Mose 20,17), sondern sie erwartet von der Grenzüberschreitung einen neuen, vorher verschlossenen Daseinshorizont. Der Genuß der Frucht soll sie »klug machen«. Er soll ihr neue Möglichkeiten des Daseins eröffnen.

Das Wort im Urtext, das Luther mit »klug machen« übersetzt, heißt l^{e}haskijl und bedeutet »gelingen, aufstreben, zu Erfolg kommen«. Es umschließt die menschliche Sehnsucht nach mehr Dasein, mehr Erfolg, mehr Macht, mehr Leben, mehr Freiheit, mehr Selbstbestimmung. Die Frau sieht plötzlich das Angebot, über sich selbst hinauszuwachsen. Sie greift zu, sie nimmt von der Frucht und ißt.

Die Entscheidung war gefallen, die Frau hat gehandelt, als ob Gott keine Grenzen gesetzt hätte, ja, als ob es Gott nicht gäbe. Die Haltung zu entscheiden, als ob es Gott nicht gäbe, nannten die Kirchenväter die acedia = die Teilnahmslosigkeit. Die Teilnahmslosigkeit rechneten sie zu den Todsünden. Da, wo der Mensch nicht mehr nach Gott fragt, wo er in Gleichgültigkeit und Teilnahmslosigkeit so tut, als hätte Gott nie gesprochen, als hätte Gott nicht an allem teil, ist er von Gott geschieden. Wie ein Toter keinen Teil mehr am Leben hat, so gibt es keine Gemeinschaft mehr zwischen Gott und dem, der so tut, als ob es Gott nicht gäbe.

Die Verlockung, in diese Ur- und Todsünde der Teilnahmslosigkeit zu fallen, ist und bleibt die Sehnsucht des Menschen, klug zu werden, mehr zu sein, über sich selbst hinauszuwachsen.

Und sie gab ihrem Mann bei ihr, und er aß. 1. Mose 3,6c

Nachdem die Frau von der Frucht gegessen hatte, ißt auch ihr Mann. Dabei erzählt die Bibel mit keinem Wort, daß die Frau den Mann verführt hat. Es wird nur gesagt: »sie gab«, und es wird eine vom Mann selbständig vollzogene Handlung berichtet: »und er aß«.
Der Mann handelt wie die Frau selbständig und ist daher voll verantwortlich. Die Kürze des biblischen Berichtes von der Trennung des Mannes von Gott beschreibt den Fortgang der Sünde und den Weg des Mitmachens.
Nachdem der erste Schritt getan ist, folgt der zweite wie eine pure Selbstverständlichkeit. Für den alttestamentlichen Betrachter ist diese Aussage noch schärfer. Die Frau, das Wesen ohne Rechtsanspruch, deren Zeugnis vor den Instanzen alttestamentlicher Gerichte nicht galt, brauchte eine lange Zeit der Verführung durch die Kreatur und der eigenen Reflektion, bis sie sich zu dem Schritt entscheiden konnte.
Vom Mann heißt es einfach, »er nahm und aß«. Damit ist für alle Zeiten deutlich: der erste Schritt in die Sünde ist der entscheidende. Das erste Mal ist das entscheidende Mal. Es gibt keine größere Lüge in bezug auf die Sünde als das Sprichwort »Einmal ist keinmal«. Als die Frau sich zur Grenzüberschreitung entschieden hatte, macht der Mann einfach mit. Neben dem Weg der Verführung und dem der Übertretung gibt es in Sachen Sünde einen dritten Weg, den Weg des Mitmachens.
Wo ein Mensch sich von Gott getrennt hat und in der Sünde lebt, kann und will er nicht alleine bleiben. Er sucht einen Komplizen, einen, der einfach mitmacht, mit dem will er zusammenhalten, mit ihm verbindet ihn die gemeinsame Schuld.

Da wurden ihnen beiden die Augen aufgetan, und sie erkannten, daß sie nackt waren, und sie hefteten Feigenblätter zusammen und machten sich Schurze. *1. Mose 3,7*

Nach der Trennung von Gott folgen drei Dinge Schlag auf Schlag. Ihre Augen wurden geöffnet – sie erkennen – sie bedekken sich. Das Öffnen der Augen geschah nicht wie bei Hagar, der Magd Abrahams, durch Gott. Von ihr heißt es: Gott öffnete ihr die Augen, und sie sah eine neue Lebenschance für sich und ihren Sohn, eine Quelle in der Mitte der Wüste (1. Mose 21, 19). Adam und Eva wurden die Augen nicht von Gott, sondern aufgrund der Trennung von Gott durch das Essen von der Frucht des Baumes geöffnet. Was sie sahen und erkannten, war nicht ein neuer Weg zum Leben, sondern sie bemerkten einen Mangel, etwas an ihnen selbst war nicht richtig. Sie waren nackt. Nun setzten sie alles ein, diesem Mangel abzuhelfen. Sie machten sich Schurze.

Etwas Neues war geschehen. Hieß es ursprünglich, »sie waren nackt, doch schämten sie sich nicht voreinander« (1. Mose 2, 25), so setzten sie nun alles daran, sich voreinander zu bedecken. Sie beginnen, sich voreinander zu schämen. Hatte das Fehlen der Scham seinen Grund in ihrer Unbefangenheit und Unschuld, so fühlten sie sich nach ihrer Trennung von Gott bloßgestellt. Sie wußten voneinander und unternahmen nun alle Anstrengungen, ihr wahres Sein zu verbergen. Die Scham ist die menschliche Reaktion auf Bloßstellen und Bloßgestelltwerden. Jeder Mensch trägt vor dem anderen eine Maske. Er bedeckt die wunden Stellen, und er schämt sich, wo sie bloßgelegt werden.

Wir können uns voreinander bedecken. Wo aber Gott erscheint, wird das Sich-Bedecken unwirksam.

Als sie hörten, wie Jahwe Gott im Garten wandelte, versteckten sie sich, der Mann und seine Frau --- Und Jahwe Gott rief den Menschen und sprach zu ihm: »Wo bist du?« Er antwortete: »Ich habe dich im Garten kommen hören, und ich hatte Angst, weil ich nackt bin, so verbarg ich mich.«

1. Mose 3,8–10

Noch war der Mensch im Paradies. Er war noch nicht aus dem Garten vertrieben. Er war noch zusammen mit Gott. So kann gesagt werden: Gott und Mensch sind im gleichen Raum. Der Mensch hört die Schritte Gottes.

In das Zusammensein mit Gott aber war die Sünde eingebrochen. Sie äußerte sich im Sich-Schämen, in der Furcht und im Sich-Verstecken. Der Mensch hatte Angst vor Gott bloßgestellt zu sein. Die Furcht hatte ihn auf die Flucht vor Gott getrieben. »Die Furcht ist ein Zeichen der Zerrüttung des Verhältnisses des Geschöpfes zu seinem Schöpfer« (Gerhard von Rad). Die Geschichte vom Sündenfall ist zugleich der biblische Bericht vom Ursprung der Angst. Seit jener Zeit packt jeden die Angst, der sich seiner Schuld bewußt wird. Kein Mensch ist mehr imstande, Gott in seiner Heiligkeit zu begegnen, ohne daß ihn Angst und Furcht ergreifen. Jesaja ruft aus: »Weh mir!« (Jes. 6,5), die Hirten in Bethlehem fürchteten eine große Furcht (Luk. 2,9), die Frauen am Grabe erschraken sehr (Mark. 16,5), Paulus stürzte vor Damaskus zu Boden (Apg. 9,4), und Johannes auf Patmos fiel wie tot nieder (Offb. 1,17). Es ist die Furcht vor dem gerechten Gott und vor seiner Strafe. Die ersten Menschen erlebten: der strafende Gott ist und bleibt immer zugleich der sich um den Menschen bekümmernde Gott. Gott geht dem Menschen nach in sein Versteck. Er ruft den Menschen an: »Mensch, wo bist du?« In dem Anruf Gottes steckt eine Verheißung. »Der Mensch wird noch einmal von Gott angesprochen« heißt: es ist nicht alles vorbei. Die Gemeinschaft ist nicht ganz zerbrochen. Gott redet noch. Er will noch eine Geschichte mit dem Menschen haben.

Gott sprach: Wer hat dir gesagt, daß du nackt bist? Hast du etwa von dem Baum gegessen, von dem zu essen ich dir verboten hatte? Der Mensch sagte: Die Frau, die Du mir zur Gefährtin gegeben hast, die hat mir vom Baum gegeben, da habe ich gegessen. *1. Mose 3,11.12*

Der Sündenfall geschah in der Reihenfolge: Schlange, Frau, Mann. In dem Gespräch mit Gott über den Fall wird die Schlange überhaupt nicht angesprochen. Sie wird nicht gefragt. Sie trifft der Fluch. Der Mensch aber bekommt die Gelegenheit, sich zu verteidigen. Gott spricht mit ihm über das, was vorgefallen ist, um ihm die letzte Konsequenz seines Handelns deutlich zu machen. Gott gibt ihm die Chance, den Fall aus seinem Blickpunkt zu erläutern. Der Mensch wird auch nicht verflucht. Er wird von Gott gestraft.

Gott behandelt seinen Menschen auch nach dem Fall ganz anders als die Kreaturen. Er spricht noch mit ihm und läßt ihn Antwort geben. Antwort geben auf die Frage nach dem, was der Mensch getan hat, ist die biblische Erklärung des Wortes »Verantwortlichkeit«. Gott wird einmal jeden von uns fragen: Was hast du getan? Das heißt, Sie und ich sind vor Gott verantwortlich, und zwar verantwortlich für unsere Taten, wie immer sie zustande kamen. Daß Gott Adam, obwohl er in der Reihenfolge des Falls der Dritte war, zuerst fragt, zeigt, daß er ihn für voll verantwortlich hält. Gleichzeitig macht das Gespräch zwischen Gott und Adam deutlich, jede Sünde ist mehrdeutig. Für jede Schuld gibt es eine Erklärung. Gott hört sie ruhig an, doch die andere, Ihre und meine Erklärung, ändern nichts an der Unausweichlichkeit des Schuldspruches und des Verhängens der Strafe.

Und Jahwe sagt zur Frau: Was hast du getan? Die Frau antwortet: Die Schlange hat mich zum Essen verführt.

1. Mose 3,13

In Sachen Schuld gibt es keine gemeinsame Abfertigung. Gott fragt jeden einzeln, erst den Mann und dann die Frau. Beide versuchen auf ihre Art, die Schuld abzuschieben. Der Mann erklärt sein Schuldigwerden als einfaches Mitmachen und scheut nicht davor zurück, die Schuld in Richtung auf Gott hin abzuschieben: die Frau, die *Du* mir gegeben hast, sie gab mir, und ich aß.

Die Frau stellte sich hin als die Verführte: die Schlange, dein Geschöpf, ist an allem schuld. Ich wäre alleine überhaupt nicht auf die Idee gekommen.

Das Gespräch Gottes mit den Menschen über ihre Schuld zeigt, wie weit der Raum der Freiheit ist, den Gott dem Menschen einräumt, um sich, nachdem er schuldig geworden ist, zu verteidigen. In dem Bestseller eines naturwissenschaftlichen Nobelpreisträgers aus Frankreich »Zufall und Notwendigkeit« wird behauptet, daß es Gut und Böse gar nicht gibt und daß nicht die menschlichen Entscheidungen ihn schuldig werden ließen, sondern »Zufall, dummer, blinder Zufall«.

Der Mensch, Sie und ich, können unser Schuldigwerden so lange erklären, bis wir selbst überzeugt sind, es war keine Schuld oder zumindest nicht unsere Schuld. Gott hört sich bis heute unsere Verteidigungen und Erklärungen an. Er selbst aber wird dadurch in seinem Handeln und in der Bestimmung dessen, was gut und böse ist, nicht im geringsten beeindruckt. Er wird uns ungeachtet dessen, was wir uns an Erklärungen zurechtlegen, einfach einmal fragen: Was hast du getan?

Und Jahwe Gott machte dem Menschen und seiner Frau Röcke von Fellen und bekleidete sie damit. *1. Mose 3,21*

Das Letzte, was vor der Vertreibung aus dem Garten vom Wirken des Schöpfers an seinem Geschöpf berichtet wird, ist ein fürsorgendes Handeln am Menschen. Gott macht dem Menschen Kleider. Die Kleidung ist nicht etwas vom Menschen in Panik oder falscher Scham Angefertigtes wie jene Schurze (1. Mose 3,7). Kleidung ist ein Geschenk Gottes. Zum Dasein des Menschen in der Welt, in der er zu tun hat, gehört die Kleidung als ein Gut dieses Lebens.

Wo der Mensch meint, auf Kleidung aufgrund von großer Freizügigkeit und neuer Moral verzichten zu können, schlägt er Gottes Geschenk ab und sagt sich von seinem Willen los.

Im Orient weiß man noch, daß das Bekleidetsein die Bedeutung hat: ich bin nicht mehr frei. Ich gehöre jemandem zum Eigentum. Die orientalische verheiratete Frau ist deshalb ganz verhüllt. Sie zeigt mit ihrem langen Kleid und ihrem Schleier: ich gehöre meinem Mann. Nur in den Kulturen, zum Beispiel in Kreta oder Sparta, wo die Frau als Herrin über sich selbst verfügte und freizügig mit sich umging, war sie leicht oder nur halb bekleidet.

Wenn Gott dem Menschen Kleider macht, dann sagt er damit: Ich will auch, nachdem ihr euch von mir losgesagt habt, noch euer Herr sein. Ihr seid mein Eigentum. Ich werde mein Eigentum nicht aufgeben. Wie weit ihr euch auch von mir entfernt, ich werde euch nachgehen. Und wenn ihr euch ganz von mir lossagt, werde ich für euch jeden Preis bieten, um euch wieder zum Eigentum zu erwerben.

So schickte Jahwe Gott ihn aus dem Garten fort, das Ackerland zu bearbeiten, von dem er genommen war. Und er vertrieb den Menschen und ließ östlich vom Garten Eden die Cheruben sich lagern und das zuckende Flammenschwert den Weg zum Baum des Lebens bewachen. 1. Mose 3,23–24

Als die Schlange von Gott sprach, sagte sie schlicht »Gott«; den Namen Gottes, Jahwe, sprach sie nicht aus (1. Mose 3,1). Damit wird deutlich, der Name Jahwe gehört nur in die Beziehung des Menschen zu Gott. Solange Gott für den Menschen da ist, solange er Jahwe, d.h. der für den Menschen sorgende Herr ist, ist der Mensch nicht aufgegeben. Auch die Vertreibung war ein Werk des Jahwe Gottes. Die Vertreibung soll den Menschen bewahren vor dem Zugriff zum Baum des Lebens. Daß Gott Jahwe für den Menschen der sorgende Herr blieb, kommt auch dadurch zum Ausdruck, daß der Mensch nicht sofort tot umfiel, als er nach den Früchten des Baumes der Erkenntnis griff. Dennoch war nicht Gottes Gebot, sondern der Schlange Wort »Du wirst gewiß nicht sterben« Lüge. Der Mensch soll nach der Vertreibung aus dem Paradies den Acker bearbeiten, von dem er genommen ist. Im Strafwort an den Menschen spricht Gott von Leid und Mühsal, bis der Mensch zurückkehrt zu dem Acker, von dem er genommen ist (1. Mose 3,19). Damit erfährt der Mensch von seinem Todeslos. Der Tod, den der Mensch nach Leid und Mühsal des Lebens erleiden wird, ist der Sünde Sold (Röm. 6,23).
Gott hat über den Menschen nicht die sofortige Todesstrafe verhängt, aber er hat über ihn das Todeslos bestimmt.
Solange jedoch ein Mensch lebt, will Gott für ihn Jahwe sein, »der Herr, der für ihn sorgt«.

Ihr gehört nicht euch selbst, denn ihr seid teuer erkauft.
1. Kor. 6, 19b. 20

Angesichts der weiten Entfernung des Menschen von Gott und des totalen Zusammenbruchs der ursprünglichen Gemeinschaft klagt der Prophet Micha: Womit soll ich den Herrn versöhnen? Dann zählt er fragend auf: mit Brandopfern, Kälbern, vieltausend Widdern, ungezähltem Öl, oder soll ich meinen ersten Sohn für meine Übertretungen geben (Micha 6, 6. 7)? Der Psalmbeter gibt die Antwort: auch ein Menschenopfer kann Gott nicht versöhnen, denn es kostet zuviel, Seelen zu erlösen, »man muß es lassen anstehen ewiglich« (Psalm 49, 8. 9). Das Alte Testament endet mit einem hoffnungslosen Ausblick. Alle menschlichen Bemühungen sind ohnmächtige Versuche. »Man muß es lassen anstehen ewiglich.«
In diese aussichtslose Lage schickt Gott seinen Sohn. Sein Sterben am Kreuz ist der Rückkauf des Menschen aus der Gottferne, dem Bereich der Sünde und des Todes. Der Kaufpreis ist sein Blut (Offb. 5, 9). Die Kostbarkeiten dieser Welt, »Silber und Gold« (1. Petr. 1, 18), waren zu billig. Jesus hat den teuren, d.h. den hohen und richtig erlegten Preis gegeben, um die Menschen zu Gottes Eigentum zurückzukaufen. Der heilige, für Gott erkaufte Stamm ist nicht mehr allein Levi, die alttestamentliche Priesterschaft, sondern das zum Eigentum erworbene Volk Gottes ist Gottes königliche Priesterschaft auf Erden (1. Petr. 2, 9). Wer dazu gehört, kann wie Martin Luther beten: »Ich glaube, daß Jesus Christus sei mein Herr, der mich erlöst hat von allen Sünden, vom Tode und von der Gewalt des Teufels, nicht mit Gold oder Silber, sondern mit seinem heiligen, teuren Blut und mit seinem unschuldigen Leiden und Sterben, auf daß ich sein eigen sei und in seinem Reich unter ihm lebe und ihm diene.«

Mit dem Reich Gottes verhält es sich wie mit einem König, der seinem Sohn die Hochzeit bereitet. *Matth. 22,2*

Um das Wesen des Gottesreiches zu erklären, spricht Jesus in Gleichnissen. Er nimmt den Stoff für seine Beispielerzählungen aus der lebendigen Welt, um das, was von Anfang der Welt verborgen gewesen ist, auszusprechen (vgl. Matth. 13,35). In allen Gleichnissen, die beginnen mit dem Satz: »Mit dem Reich Gottes verhält es sich wie mit ...«, gibt Jesus Einblick in das Geheimnis des Himmelreiches.

Im Gleichnis vom Großen Abendmahl tritt Gott dem Menschen als König entgegen, der seinem Sohn ein Freudenfest ausrichtet. Ein König, ein Herrscher, kann nie allein gedacht werden. Er ist nur da Herrscher, wo er Menschen beherrscht, die ihm gehorchen und ihm dienen. Das Volk muß wissen, wer König ist. Es muß im ganzen Land ausgerufen werden: Wir haben einen König. Diese Kundgabe »Wir haben einen König«, die Königsproklamation, heißt in griechischer Sprache Evangelium. *Euangelizein,* das Evangelium ausrufen, kommt aus dem antiken Kaiserkult und bedeutet, die Königsproklamation in der Welt kundgeben. Das Evangelium ist die Botschaft vom Anbruch des Königreiches Gottes in dieser Welt.

Die ersten Worte, die Jesus an den Beginn seines Wirkens auf Erden stellte, waren: Die Zeit ist erfüllt! Das Reich Gottes ist angebrochen! Tut Buße und glaubt an die Heilsbotschaft! (Mark. 1,15). Damit sagt Jesus: Gott verwirft jeden Zwang, er will keine gezwungenen Untertanen. Er will Menschen, die aus freien Stücken der Heilsbotschaft glauben und sagen: Ich will mich von meinem bisherigen Leben abwenden, ich will mich Gott zuwenden, er soll mein König sein.

Er sandte seine Knechte aus, um die Eingeladenen zur Hochzeit zu rufen. *Matth. 22,3a*

Nach orientalischer Sitte ist der Zeitpunkt des Festes lange vorher bekannt. Die Eingeladenen stehen fest und wissen Bescheid. Die Wiederholung der Einladung durch die Boten des Königs geschieht unmittelbar vor dem Fest. Sie ist ein letztes Erinnern, zugleich aber auch eine besondere Höflichkeit; die Boten holen die geladenen Gäste ab und geleiten sie zum Königshof. Die besondere Art der Einladung und des Abholens ist bereits aus dem Alten Testament bekannt. Als der König Hiskia 700 Jahre v. Chr. das große königliche Passahfest feierte, schickte er seine Boten bis an die äußersten Grenzen seines Reiches. Sie sollten selbst aus dem noch von den Assyrern halbbesetzten Land »im Dunkeln«, aus Sebulon, die Gäste abholen und nach Jerusalem begleiten (vgl. 2. Chr. 30,10). Das Fest beginnt mit dem Erscheinen der Boten, denn in dem Augenblick, wo der Bote sagt: »Hier bin ich, ich möchte dich abholen«, gibt es keinen Verzug mehr. Der Schreiber des Hebräerbriefes hatte diesen alttestamentlichen Brauch des Abholens der längst Eingeladenen vor Augen, als er schrieb: »Dann setzt Gott aufs neue einen Tag fest, ein Heute, indem er nach so langer Zeit ... durch David verkündigt: Heute, wenn ihr seine Stimme hört, verhärtet eure Herzen nicht« (Hebr. 4,7). Wenn Gott Sie durch die Predigt eines Boten einlädt, mit ihm zu feiern und auf alles zu verzichten, was Sie von Gott trennt, ist *heute* Entscheidungszeit. Sie brauchen keine Angst zu haben, den Weg zu verfehlen oder nicht zu wissen, was Sie tun sollen. Die Boten sind dazu da, Sie abzuholen, die Geladenen zum Fest des Königs zu führen.

Aber sie wollten nicht kommen, deshalb sandte er einen anderen Knecht aus und sprach: »Sag den Eingeladenen: Siehe, ich habe mein Mahl bereitet, meine Ochsen und Masttiere sind geschlachtet, es ist alles bereit.« *Matth. 22,3b.4*

Die Boten, die die Gäste abholen sollten, kamen allein zurück. Die Geladenen wollten nicht kommen. Für den König ist dies unbegreiflich, doch er gibt nicht auf. Er schickt noch einmal Boten durch das Land mit dem Auftrag, die Geladenen abzuholen.

Die Eingeladenen wußten schon lange um den Termin und das Fest. Sie haben die Boten unverrichteterdinge zurückgehen lassen. Nun werden sie zum dritten Mal mit der Einladung konfrontiert. Wie vor wenigen Tagen, so wiederholen die Boten die Einladung »Kommt mit, es ist alles bereit.«

Das zwei- und dreimalige Handeln Gottes muß die ersten Hörer, die noch ganz in der Welt des Alten Testamentes lebten, erinnert haben an die Rede Elihus, einem der Freunde Hiobs. »Siehe, dies alles tut Gott zweimal, ja dreimal an dem Menschen, um seine Seele von der Unterwelt fernzuhalten, damit er vom Licht des Lebens umleuchtet werde« (Hi. 33,29).

Gott redet bis heute. Hunderte Male haben Sie und ich durch Predigten, Andachten oder in unserer Stillen Zeit Gottes Einladung gehört, und doch wissen auch Sie um Stunden, in denen Gott besonders redet. In einem Menschenleben geschieht dies zwei- oder dreimal, und zwar um Ihre Seele zu retten. Gott redet zwei- oder dreimal besonders, weil ihm an Ihnen liegt und weil er nicht will, daß Sie verlorengehen, sondern daß Sie zu denen gehören, die in seinem Reiche mit ihm leben in Ewigkeit. Wenn Sie Gottes besonderes Reden schon einmal oder gar zweimal in den Wind geschlagen haben, sollten Sie die letzte Chance, sein besonderes Reden, zum dritten Mal nicht verpassen.

Da fingen alle an, sich zu entschuldigen. Der erste sagte: »Einen Acker habe ich gekauft, ich muß hinausgehen, um ihn zu besehen. Ich bitte dich, entschuldige mich.« *Luk. 14,18*

Beim Kauf eines Ackers leistete der Käufer damals eine Anzahlung und trifft mit dem bisherigen Eigentümer die Übereinkunft, daß er das Feld während einer bestimmten Zeit überprüfen könne, um sich danach endgültig zu entscheiden. Versäumt er die Zeit, verliert er die Anzahlung oder muß den vollen verabredeten Kaufpreis entrichten.
Bei der ersten Entschuldigung handelt es sich um einen Menschen, der Angst hat, durch die Annahme der Einladung etwas zu versäumen und persönliche Nachteile einstecken zu müssen. Entschuldigungen dieser Art sind von Menschen bekannt, die sich für einen bestimmten Lebensstil entschieden haben, von dem sie genau wissen, ihre Handlungen und Entscheidungen stehen im Gegensatz zu Gottes Geboten. Ihre Umkehr zu Gott, ihre Bekehrung, würde einen radikalen Bruch bedeuten, eine klare Absage an alles, was bisher war. Sie müßten sich entschließen, mit ihrem alten Leben zu brechen und im Vertrauen auf Gott ein neues Leben zu beginnen. Eine solche Radikalbekehrung beginnt mit einer Lebensbeichte. Die Schuld wird vor Gott in der Regel in Form der Einzelbeichte bekannt. Der Bote Gottes spricht dem Beichtenden im Namen Jesu die Vergebung der Schuld zu und zeigt die ersten Schritte zum Beten und zum Glauben. Der Bekehrte gehört nun zur Gemeinde Jesu. Diesen Weg der radikalen Bekehrung zurück zu Gott wären viel mehr Menschen gegangen, gäbe es nicht die unzähligen Entschuldigungen, die geboren werden aus der Angst, etwas zu versäumen oder aber persönliche Nachteile in Kauf nehmen zu müssen.

Ein anderer sagte: »Fünf Joch Ochsen habe ich gekauft, und ich bin unterwegs, um sie zu prüfen. Ich bitte dich, entschuldige mich.« *Luk. 14,19*

In der zweiten Klasse der Entschuldigungen geht es um den Kauf, um die Eignungsprüfung von fünf Joch Ochsen. Im Alten Testament können Stiere und Farren Bilder sein für weltliche Führer, für die »Großen der Erde« (vgl. Psalm 22,13.30). Martin Luther bezeichnet deshalb die Entschuldigungen, die die Einladung Gottes zurückstellen wegen der Tauglichkeitsprüfung der Ochsen, als die Entschuldigungen der Menschen, die große weltliche Führungsaufgaben übernommen haben. Es handelt sich also nicht um Menschen, die in bewußten groben Sünden leben, sondern um den Typ des vielbeschäftigten und durchaus moralisch intakten Menschen. Er will das Beste und setzt sich in verantwortungsvollen Ämtern, in Kommune, Kirche und religiösen Vereinen bis zum Rande seiner Kraft ein. Oft will er gerade mit diesem Einsatz Gott dienen und hat nicht selten eine Sehnsucht nach geistlicher Vertiefung und nach regelmäßiger Stiller Zeit vor Gott. Seine Bekehrung, die Annahme der Einladung zum Königsfest, hat nichts zu tun mit einer Radikalbekehrung. Sie ist vielmehr eine geistliche Erneuerung, die sich über eine lange Zeitstrecke hinziehen kann. Sie ereignet sich in der Regel in einem helfenden, seelsorgerlichen Gespräch. Am Ende aber steht die Gewißheit: Jesus ist mein Herr. Mein Glauben und Beten ist meine ureigenste Entscheidung und Tat. Meine geistliche Erneuerung war meine Bekehrung, meine Form der Umkehr zu Gott.
Die Bekehrung aber erlebt der moralisch intakte und mit verantwortungsvollen Aufgaben betraute Mensch nur dann, wenn er erkennt, sein gutes Leben macht ihn nicht zum Christen. Auch er muß sich entscheiden und beten: Jesus, sei Du mein Herr!

Und ein anderer sagte: »Eine Frau habe ich geheiratet, deshalb kann ich nicht kommen.« *Luk. 14,20*

In allen Ländern des Nahen Ostens war der Mann, der heiratete, vom Militärdienst und anderen Pflichten dem Staate gegenüber, die ihn von seiner Neuvermählten trennen würden, für die Dauer eines Jahres befreit (vgl. 5. Mose 24, 5). Bei Gastmählern waren Frauen nicht geladen. Es ist also klar, er kann die Einladung nicht annehmen. Der Hinweis auf seine eben eingegangene Ehe ist mehr als jede Entschuldigung. Er braucht das »Ich bitte dich, entschuldige mich« gar nicht aussprechen.
Es gibt Menschen, denen die Umkehr zu Gott besonders schwerfällt, ja, von denen man kaum wagt, sie zu erbitten. Ihr Hinweis auf ihre rigoristische fromme Erziehung, auf das Schwere, das sie aufgrund einer falschen gesetzlichen Frömmigkeit erlebten, oder auf Fehlleistungen in ihrer Entwicklung, veranlaßt durch Jugendleiter, Lehrer und Pfarrer, wiegt so stark, daß sie keine Entschuldigungen formulieren müssen.
Ihre Bekehrung, ihr Weg, die Einladung Gottes zu seinem Mahl anzunehmen, ist weder der der Radikalbekehrung noch der der geistlichen Erneuerung. Ihre Umkehr beginnt mit der Wandlung der Einstellung. Zu dieser Wandlung kommt es in der Regel durch den Umgang mit Persönlichkeiten, deren Christsein in natürlicher Weise ihr alltägliches Leben prägt. Sie sind nicht nur Christen, sondern auch Menschen.
In der Begegnung mit solchen glaubwürdigen Boten Jesu wird die mit Vorurteilen verkrustete Schicht der Einstellung aufgeweicht. Die allergische Abwehr alles Frommen wird abgelöst durch ein neues Fragen. Das Verlangen, ein freier Christ zu werden, setzt sich durch. Die Einstellung zu Jesus wird eine total andere. Die Bekehrung, die Umkehr zu ihm, ist vollzogen.

Da sagte der König zu seinen Knechten: Das Hochzeitsmahl ist zwar bereit, aber die Gäste waren nicht würdig. Geht an die Durchgänge der Wege, und wen immer ihr findet, ladet zur Hochzeit. Und jene Knechte gingen hinaus auf die Straßen und führten alle zusammen, die sie fanden, Böse und Gute.
Matth. 22,8–10

Nachdem die ursprünglich Geladenen nicht gekommen waren, schickt der König seine Boten an die »Durchgänge der Wege«, d.h. an die Kreuzungen, in die Treffpunkte und Ballungszentren der einzelnen Städte im Land. Es sollen alle gerufen werden. Für Geachtete und Verachtete, für Fromme und Gottferne heißt es jetzt: »Kommt, es ist alles bereit« (Luk. 14,17).

Das Reich Gottes oder, wie es Daniel nennt, »das Volk der Heiligen des Höchsten« (Dan. 7,27) ist keine Versammlung elitärer Menschen. Jeder, gut und böse, ist eingeladen und kann am Mahl des Königs teilnehmen. Mit dem Entschluß, zum Königsmahl zu kommen, das heißt, auf alle Entschuldigungen zu verzichten und seine Bekehrung zu erleben, trifft der Gute und der Böse die Entscheidung, von nun an nur einem zu gehören und niemandem sonst.

Die Gemeinde Gottes auf Erden setzt sich zusammen aus »Guten und Bösen«. Es gibt in der Gemeinde Jesu Menschen mit intaktem und Menschen mit kriminellem Vorleben, nur eines haben sie gemeinsam, sie hatten keine Entschuldigung. Sie haben sich entschlossen, einem, Jesus, zu gehören und sonst keinem.

Der Weg in die Gemeinde war ganz verschieden. Vielleicht gleicht kein Weg dem anderen. Jeder ging seinen Weg, jeder erlebte seine Bekehrung. In der Gemeinde kommt es darauf an, daß wir jeden, der Jesu Ruf gefolgt ist, egal, welchen Bekehrungsweg er ging, den der Radikalbekehrung, den der geistlichen Erneuerung, den der Wandlung der Einstellung oder einen der unzähligen Wege dazwischen, voll anerkennen als einen »Heiligen des Höchsten«. Jesus hat ihn eingeladen. Keiner von uns hat das Recht, den Bekehrungsweg des anderen zu verdächtigen oder abzuwerten, nur weil er nicht so war wie sein eigener.

22. November

Und der Festsaal füllte sich mit denen, die zu Tische lagen. Da ging der König hinein, die zu Tisch Liegenden zu beschauen, und fand dort einen Menschen, der hatte kein hochzeitliches Kleid an, und er sagte zu ihm: Gefährte, wie kamst du hier herein ohne hochzeitlich Kleid? Der aber verstummte.

Matth. 22,10b.11.12

Das Gleichnis Jesu von der Einladung Gottes in seine Gemeinde endet mit einer erschütternden Szene, die nur verständlich ist, wenn man die damaligen Festgebräuche kennt. Ein Königsfest fand in den sogenannten Hallen Salomos, die im Süden den Tempelplatz begrenzten, statt. Der Eingang zu diesen Hallen führte durch das Huldator zunächst in die königlichen Kleiderkammern. Von Sallum, dem Mann der Prophetin Hulda, ist bekannt, daß er Verwalter des Kleiderhauses des Königs war. Als König Jehu ein großes Fest gab, ordnete er an, das Kleiderhaus aufzuschließen, um die Geladenen in Festkleider einzukleiden (vgl. 2.Kön. 10,20–22).

Das Festgewand ist im Orient eine hohe Auszeichnung. Als Joseph Großwesir wurde, gab ihm Pharao einen Ring, ein Kleid aus köstlicher Leinwand und eine goldene Kette (1.Mose 41,42).

Der heimgekehrte Sohn bekommt vom Vater das beste Kleid, den Ring und die Schuhe (Luk. 15,22). Alle vom König zur Hochzeit Geladenen bekommen ein Festkleid aus dem königlichen Kleiderhaus.

Einer schmuggelte sich durch das Kleiderhaus hindurch. Er war offensichtlich der Meinung, sein eigenes Kleid sei festlich genug. Mit seiner reinen Weste glaubte er nicht aufzufallen.

Für Paulus ist das vom König für seine Geladenen bereitgehaltene Festkleid Jesus Christus. Er bittet die Gemeindeglieder in Rom: »Ziehet den Herrn Jesus Christus an« (Röm. 13,14). Den Herrn Jesus Christus anziehen, heißt nichts anderes, als von Jesus die Vergebung der Schuld zu empfangen. Von dem, dessen Schuld vergeben ist, heißt es: er hat ein königliches weißes Festkleid.

Da sagte der König zu denen, die bei Tisch aufwarteten: Bindet ihn an Füßen und Händen und werft ihn hinaus in die Finsternis, dort wird sein Wutgeheul und Knirschen der Zähne.
Matth. 22, 13

Die Würdigkeit, am Hochzeitsmahl des Königs teilzunehmen, besteht in der Bereitschaft, auf alle Entschuldigungen zu verzichten, um die Einladung anzunehmen. Die Würdigen haben sich von ihrem alten Leben abgewandt. Sie bekehren sich zu Gott, und damit gehören sie zur Gemeinde der Heiligen.
Wenn Gott einlädt, kann auch die Ankündigung, später zu kommen, irgendwann einmal sich zu bekehren, bereits eine Absage sein. Die, die verspätet eintreffen, finden die Plätze besetzt.
Die Würdigen sind aber nur die, die bei ihrer Bekehrung Vergebung ihrer Schuld empfangen haben. Es gibt eine menschliche List, die anderen eine Bekehrung vortäuscht, um Vorteile zu haben, um dabeizusein, um mitfeiern zu können. Keinem der anderen Hochzeitsgäste ist der Betrüger aufgefallen. Kein Mensch kann und darf von einem anderen sagen: Deine Bekehrung war nicht echt. Gott aber sieht in das Herz eines jeden Menschen. Wo er einen solchen Menschen sieht, spricht er noch heute: Bindet seine Füße und seine Hände und werft ihn an den Ort der Qual. Gott lädt alle ein, Gute und Böse. Wer jedoch seine Gabe, die Erlösung und Vergebung, nicht annimmt, für den wird das Himmelreich verschlossen sein. Er kann zwar auf Erden in der Gemeinde Gottes mitmachen, in der Ewigkeit aber ist für ihn der Zugang zu Gott versperrt. Sein Teil wird die Hölle, der Ort der Qual sein.

Christi Blut und Gerechtigkeit,
das ist mein Schmuck und Ehrenkleid,
damit will ich vor Gott bestehn,
wenn ich zum Himmel werd eingehn.

Was soll das Toben der Heiden und das eitle Sinnen der Völker? Die Könige der Erde erheben sich, und die Fürsten rotten sich zusammen gegen den Herrn und gegen seinen Gesalbten.
Apg. 4,25.26

Mit dem 25. November, dem Tag der heiligen Katharina, beginnt im Kirchenjahr die vierzigtägige Rüst- und Fastenzeit des Weihnachtskreises. Unsere Väter haben sich mit Fasten auf das Weihnachtsfest, das ursprünglich am 6. Januar gefeiert wurde, vorbereitet. Die Rüstzeit begann mit dem Gedächtnis an eine der großen Märtyrerinnen der Kirche, Katharina (gest. 307).
Nach den Märtyrerakten stammte Katharina aus einem Fürstengeschlecht in Alexandria. Als Kaiser Maximus im Jahre 307 in Alexandria einzog und viele Christen aus Furcht um ihr Leben dem Befehl des Kaisers folgend auf den Altären des Zeus und der Aphrodite ihre Opfer darbrachten, trat Katharina vor den Kaiser und beschwor ihn, von seinem Befehl abzusehen, um nicht unzählige Menschen in Schuld und Verdammnis zu stürzen. »Erkenne den einen und wahren Gott«, rief sie ihm zu, »der dir dieses Reich gegeben hat, und beuge deine Kniee vor ihm. Er erhält auch jene, die wider ihn toben und wüten, und nimmt den Reumütigen mit Erbarmen auf.«
Das Toben und Wüten des Kaisers Maximus hörte nicht auf. Er brachte alle um, die sich im Verlauf des Prozesses gegen Katharina zu Jesus bekannten, und ließ Katharina, die das Angebot des Kaisers, nach einem Götzenopfer seine Frau zu werden, abschlug, mit dem Schwert hinrichten. Kaiser Maximus steht in der langen Reihe der Herren, von denen es schon im Psalm 2,1.2 heißt: sie toben gegen Gott und seinen Gesalbten. Auch die Hohenpriester und Ältesten fingen an zu toben, als sich Petrus und Johannes zu Jesus bekannten (Apg. 4,21). In ihrem Toben, das dem gesalbten Jesus galt, brachten sie zwar Menschen um, den Sohn Gottes, Jesus Christus, konnten sie nicht aus der Geschichte streichen. An Jesus kommt keiner vorbei, auch wenn er noch so »rast und tobt«.

Sie warfen Steine auf Stephanus, während dieser den Herrn anrief: »Herr, nimm meinen Geist auf.« Er fiel auf seine Kniee und schrie laut: »Herr, rechne ihnen die Sünde nicht zu.« Nach diesen Worten entschlief er. *Apg. 7,59.60*

Von Stephanus, der als erster nach Golgatha für Jesus, seinen Herrn, starb, heißt es: »er entschlief«. Im Urtext steht hier das für damalige Zeit für den Tod ganz selten gebrauchte Wort »Entschlafen«.

Jesus wählt dieses Wort auf dem Weg nach Bethanien, und zwar sagt er, bevor er seinen Jüngern deutlich erklärt: »Lazarus ist gestorben« (Joh. 11,14), »unser Freund Lazarus ist eingeschlafen, und ich gehe hin, ihn aus dem Schlaf zu wecken« (Vers 11). Jesus mußte damals seinen Jüngern die zusätzliche Erklärung »er ist gestorben« geben, denn die von ihm zuerst gewählten Worte konnten auch soviel bedeuten wie »Genesungsschlaf«.

Seit Lazarus und Stephanus ist klar, Christen sterben nicht, sie entschlafen. Wie hart und schwer die letzte Stunde auch sein mag, der Tod selbst ist nicht mehr der Feind des Menschen, das Sterben ist wie das Versinken in einen Genesungsschlaf. Wo Jesus der Herr eines Menschen ist, da gibt es keinen Tod mehr, da ist der Tod ein Schlaf geworden.

Diese Botschaft am Ende des Lebens des Stephanus ist der Trost in den Tagen des November, an denen wir unserer Toten gedenken. Christen sind nicht tot, sie schlafen. Christen begehen keinen Totensonntag, sondern sie feiern Ewigkeitssonntag. Unsere Toten sind »genesen«. Sie sind bereits in der Ewigkeit. Sie haben es gut. Sie sind bei Jesus.

Stephanus blieb die Stunde der Schmerzen und der Qualen nicht erspart. Er wurde so lange mit Steinen beworfen, bis er tot war und der Steinhügel sein Grab wurde. Aber er wußte: Der Tod ist der Durchgang zum Leben. Ich werde schauen, was ich geglaubt habe.

Stephanus war ein Mann voll Gnade und Geisteskraft, tat Wunder und große Zeichen unter dem Volk. *Apg. 6,8*

Stephanus war Tischdiener, Armenpfleger, Diakon. Als die Gemeinde groß und größer wurde, entstanden Spannungen und Konflikte. Gruppen von Armen, die Witwen und Waisen aus den griechischen Gemeinden, waren vernachlässigt worden. Bei den Aposteln trafen Klagen ein. Deshalb schufen die Apostel ein neues Berufsbild. Sie wählten sieben Tischdiener, sieben Armenpfleger oder, wie es griechisch heißt, sieben Diakone. Die ersten Diakone hatten alle griechische Namen. Sie wurden aus dem Bereich derer genommen, die bei dem Tischdienst vernachlässigt worden waren. Sie stammten alle aus den Gemeinden, die aus den griechischen Synagogenverbänden hervorgegangen waren.

Von Anfang an grenzten die Apostel die Arbeit der Tischdiener ein. Die Verkündigung blieb Sache der Apostel, die Diakone hatten nur »den sozialen Sektor abzudecken« (Apg. 6,3).

Stephanus hatte aber bald neben seinem Beruf eine ehrenamtliche Aufgabe. Er fing an zu verkündigen. Es heißt im Text: er verkündigte in Vollmacht, und seine Verkündigung war begleitet von Wundern und Zeichen.

Die Verkündigung läßt sich nicht vom Tischdienst, von der äußeren Arbeit trennen. Der voll im Beruf ausgelastete Stephanus wurde Verkündiger Jesu, Träger der frohen Botschaft. Auch Stephanus hatte nur eine Kraft. Doch nicht seine begrenzte Kraft hatte ihm zu sagen, was er zu tun hatte, sondern sein Herr. Jesus hatte ihn beauftragt, und Stephanus arbeitete als Diakon und Verkündiger.

Wenn Sie Jesus in Beschlag nimmt, können Sie sich nicht bei allem Ausgelastet- und Überarbeitetsein auf Ihren alltäglichen Dienst beschränken. Dann werden auch Sie Verkündiger, Zeuge seiner großen Taten.

Da traten einige Mitglieder der Synagoge, die Libertiner sowie die Cyrenäer und Alexandriner und die von der Synagoge der Cilicier und der Provinz Asien auf . . ., wiegelten das Volk sowie die Ältesten und Schriftgelehrten auf, schleppten ihn mit sich und führten ihn vor den Hohen Rat. *Apg. 6,9.12*

Vor Jahren gab es die Bewegung der Arbeiterpriester, Priester gingen in die Fabriken und wurden Arbeiter. Bei Stephanus war es umgekehrt. Ein Arbeiter wurde zum Priester, ein Diakon zum Wortverkündiger. Stephanus verlor durch die Verbindung seiner Arbeit mit der Verkündigung seine Freunde. Gerade seine Landsleute aus den alten griechischen Synagogenverbänden, die Libertiner, Cyrenäer, Alexandriner und der Verband der Cilicier und Asier, sie waren jetzt gegen ihn, Stephanus mußte sich um Jesu willen von seinen Freunden trennen. Wo Menschen im Bekennen Jesu treu bleiben, gibt es immer wieder Trennungen von Nahestehenden, Trennungen von Freunden. Wo Sie mit dem Glauben Ernst machen, gibt es Trennungen von Freunden, die diesen Weg nicht mitgehen können, die nicht durch Jesus frei geworden sind.
Der Mensch braucht Menschen. Gute Freunde sind nach Martin Luthers Erklärung der vierten Bitte des »Vaterunsers« so notwendig wie das tägliche Brot. Es gehört großer Mut dazu, auf Freunde um Jesu willen zu verzichten. Stephanus war ein Mann voll Mut. Nachdem er erkannt hatte, sein Auftrag ist mehr als das Dienen, das diakonische Tätigsein, als das soziale Engagement, da verkündigte er, unbeirrt der Kritik seiner Freunde, die großen Taten Gottes. Er war bereit, um Jesu willen einen einsamen Weg zu gehen. Stephanus hielt diesen Weg durch, auch als seine Freunde ihn vor Gericht schleppten.

Vom Hohenpriester befragt, antwortete Stephanus: »Werte Brüder und Väter, hört mich an. Der Gott der Herrlichkeit erschien unseren Vätern Abraham ..., Isaak ..., Jakob ..., Joseph ..., Mose ..., David ..., Salomo. O, ihr Halsstarrigen, wo ist ein Prophet gewesen, den eure Väter nicht verfolgt haben? Und so haben sie auch die getötet, welche das Kommen des Gerechten vorausgekündigt haben, an dem ihr jetzt zu Verrätern und Mördern geworden seid.« *Apg. 7, 1 ff., 51 f.*

Das Bekenntnis des Stephanus vor dem Hohen Rat begann mit dem Nacherzählen der großen Taten Gottes. Stephanus wiederholt die Geschichte Gottes von Abraham, den Vätern, von Mose, den Propheten und dem Königshaus David. Aus diesem Haus, so bezeugt er dem Hohen Rat, stammt Jesus. Ihn habt ihr umgebracht. Ihr seid die Mörder des Jesus, des Sohnes Davids. Die Hörer im Hohen Rat hielten sich die Ohren zu. Sie wollten und konnten diese Worte nicht hören. In einem Akt der Lynchjustiz brachten sie Stephanus um.
Das Bekenntnis des Stephanus mit der harten Aussage: »ihr seid die Mörder Jesu« war nicht eine allein auf einem Mann stehende Glaubensaussage. Das Bekenntnis war eingebettet in die große Heilsgeschichte Gottes, die in Ur in Chaldäa mit der Berufung Abrahams begann und im Kommen Jesu zu ihrem Ziel kam.
Eine Glaubensaussage, ein Bekenntnis, das einen Menschen unverstanden und einsam macht, ist nur dann Bekenntnis des Glaubens, wo es eingebettet ist in die große Heilsgeschichte Gottes. Dann braucht der Bekenner nicht davor zurückzuschrecken, auch harte Worte zu sagen.
Stephanus richtete sein Leben und Reden nicht nach Diplomatie und nach geschickter Gesprächsführung. Er verhüllte sich nicht hinter Schweigen und Zurückhaltung.
Wie oft war unser Schweigen und unsere Zurückhaltung Verleugnung, Verleugnung Jesu, aus Angst vor den Konsequenzen.

Aber Stephanus war voll des Heiligen Geistes, schaute zum Himmel empor und sah Gott in seiner Herrlichkeit und Jesus zu seiner Rechten stehen und sagte: »Ich schaue den Himmel geöffnet und des Menschen Sohn zur Rechten stehen.«

Apg. 7,55.56

Vier Dinge sind im Leben des Stephanus besonders auffällig und nicht in jedem Fall nacherlebbar. Die Begebenheiten in seinem Prozeß erinnern an Jesu Leiden und Sterben. Die falschen Zeugen (Apg. 6,12.13), sein Gebet »Herr, nimm meinen Geist auf« und sein fürbittendes Eintreten für seine Feinde »Laste ihnen diese Sünde nicht zu« (7,59.60), der geöffnete Himmel und das Schauen in das Reich der Herrlichkeit erinnern an Jesu Widerfahrnis am Jordan (Matth. 3,16).

Wer Jesus nachfolgt, ist geprägt von dem Weg, den Jesus auf Erden ging. Dies kann in besonderen Stunden so weit führen, daß ein Christ Unerklärliches schauen und erkennen kann. Er lebt und leidet nicht mehr um seinetwillen. Die Berichte aus dem Leben Jesu und das, was von ihm erwartet wird, sind sich so ähnlich, daß er erkennt, nun geht es nicht mehr um mein Leiden, sondern darum, daß ich gewürdigt werde zu erfüllen, was an den Trübsalen Jesu noch fehlt (Kol. 1,24).

Der Christ, dem unsagbar Schweres aufgetragen ist, leidet nicht wie ein Mensch. Er leidet *mit* Jesus. Er trägt die Qual *um Jesu willen.* Aus dem Leben solcher Menschen ist bekannt, daß Jesus ihnen auch einen Blick gewährt in den geöffneten Himmel.

Wenn Ihnen und mir Schweres, Qual, Schmerzen und Leid zugedacht sind, dann sind wir von Jesus eingeladen, so lange mit ihm zu ringen, bis wir sagen können: *Ich leide mit ihm.*

Nicht aus dem Geblüt der Menschen, auch nicht aus Fleisches Trieb und Manneswillen, sondern durch Gottes Wirksamkeit sind sie gezeugt. *Joh. 1,13*

Von den Kindern Gottes, von denen, die an Jesus glauben, schreibt Johannes: Sie sind erzeugt durch Gottes Schöpfungshandeln. Die Kirchenväter Irenäus (gest. 202) und Tertullian (gest. 220) hatten alte Bibelhandschriften, in denen auch der 13. Vers des 1. Kapitels des Johannesevangeliums auf Jesus bezogen blieb! Er, das wahrhaftige Licht, in diese Welt gekommen (Vers 9), das Wort, das Fleisch ward, der eingeborene Sohn vom Vater voller Gnade und Wahrheit (Vers 14), ist direkt von Gott erschaffen. Joseph ist nicht sein Erzeuger. Gott handelte vorbei an Joseph.

Johannes 1,13 ist den genannten alten Handschriften zufolge nicht nur ein Zeugnis für die Jungfrauengeburt, sondern zugleich die biblische Erklärung der Jungfrauengeburt. Gott braucht keinen Menschen. In der Schöpfung war Gott nichts vorgegeben, keine Materie, kein Stoff, kein Mensch. Er schuf die Welt aus dem Nichts. So schafft auch Gott Jesus in Maria. Die Jungfrauengeburt ist ein Schöpfungswunder. Die Weihnachtsgeschichte ist eine Schöpfungsgeschichte. Gott handelt direkt, ohne Zutun eines Menschen, wie damals bei der Schöpfung. Und doch nimmt Gott viele Menschen in seine Weihnachtsgeschichte mit hinein, Maria und Joseph bis hin zu Stephanus, Herodes und die unschuldigen Kinder in Bethlehem. Jeder einzelne Mensch kommt aber nur deshalb in der Weihnachtsgeschichte vor, um Ihnen und mir zu zeigen, wie wir Jesus, dem Kind in der Krippe, begegnen können. So sind Sie und ich besonders im Weihnachtswunder gefragt, ob wir zu denen gehören, von denen Johannes schreibt: Sie sind Gottes Kinder, erzeugt durch Gottes Schöpfungshandeln.

Das Buch von der Erzeugung Jesu Christi, des Sohnes Davids, des Sohnes Abrahams ... *Matth. 1,1*

Die Schöpfungsgeschichte auf den ersten Seiten der Bibel schließt mit dem Wort: »Dies ist die Erzeugungsgeschichte von Himmel und Erde« (1. Mose 2,4a). Das Wort Erzeugungsgeschichte, toledoth, wird sonst in der Bibel mit Stammbaum übersetzt. Es umschließt das Wort für erzeugen und gebären. – Es geht um die von Gott ausgehende Entstehungsgeschichte der Welt. Anlaß der Zeugung und des Gebärens ist die Liebe. Nach ägyptischen religiösen Texten aus dem Heiligtum, Heliopolis, schafft der Gott Atun durch einen Zeugungsvorgang die Welt. Diese massive Schöpfungsgeschichte findet sich in späteren Texten aus dem ägyptischen Heiligtum, Memphis, in vergeistigter Form. Die Zeugung der Welt, die Schöpfung, wird verlegt in das von der Gottheit ausgehende Wort.
Die genannten Vorstellungen aus der Umwelt Israels machen deutlich, daß in alttestamentlicher Zeit das von Gott ausgehende Wort verglichen werden konnte mit dem Vorgang einer Erzeugung. Die Schöpfung geschah durch das Wort. Gott sprach: »Es werde«, und es ward. Wort und Tat sind im Hebräischen eine Einheit. So kann der Schöpfungsbericht, in dem Gott durch sein Wort die Welt schuf, schließen mit der Feststellung: »Dies ist die Erzeugungsgeschichte von Himmel und Erde.« Zu Beginn des Neuen Bundes gibt es eine neue Erzeugungsgeschichte, einen neuen Stammbaum, der auf Gottes Schaffen zurückgeht: den Stammbaum Jesu. Matthäus 1,1 beginnt mit dem Wort »Stammbaum Jesu«. Man kann auch übersetzen »Buch des Geschlechtes, der Abstammung, des Ursprunges Jesu Christi«. Am Anfang der neuen Welt, der Königsherrschaft Gottes, steht die Schöpfungsgeschichte Jesu. Anlaß des Zeugens und des Gebärens ist die Liebe. So sehr hat Gott die Welt geliebt, d.h. auch Sie und mich geliebt, daß er seinen eingeborenen Sohn gab (Joh. 3,16).

Jakob erzeugte Joseph, den Mann Marias, aus welcher Jesus geboren wurde, der der Christus genannt ist . . . Die Geburt Christi ereignete sich folgendermaßen: Als Maria, seine Mutter, mit Joseph verheiratet werden sollte, war sie, noch ehe sie zusammenkamen, schwanger aus dem Heiligen Geist.

Matth. 1,16.18

Matthäus verfolgt die Abstammung Jesu von Abraham bis Joseph. Dabei benutzt er das Wort »zeugte«. Als er in seinem Stammbaum bei Joseph angekommen war, heißt es: Jesus wurde aus Maria geboren.

Obwohl Gott in seinem Handeln frei und auf keinen Menschen angewiesen ist, gliedert er seinem Handeln sowohl Maria als auch Joseph ein. Jesus wurde von Maria geboren. Maria war Joseph »vertraut«. Hinter dem Wort vertraut steht der Begriff »kaufen«, »für einen Kaufpreis erwerben«, d. h., die Eltern des Joseph und der Maria waren sich über die Heirat ihrer Kinder einig. Der Brautpreis war erstattet, Maria gehörte Joseph, die Vorbereitungen für die Hochzeit begannen. Da geschah das Unerklärliche, das nie ein Mensch verstehen wird: Maria wird schwanger ohne Mitwirkung eines Mannes. Gott griff nach Maria. Sie soll Jesus, den Heiland und Retter, zur Welt bringen. Joseph soll Jesus seinen Stammbaum geben. Er soll damit die Erfüllung der Verheißung gewähren: Jesus, aus dem Hause Davids.

Von Anfang der Schöpfung an handelt Gott nicht nur direkt. Er greift nicht nur von oben herab, d. h. vertikal, in die Welt ein, sondern er handelt gleichzeitig in und durch seine Geschöpfe. Er handelt auch auf menschlicher Ebene, d. h. auf der Horizontalen. Er gebraucht Maria und Joseph, um seinen Plan der Erlösung zu beginnen. Auch das Handeln Gottes auf der menschlichen Ebene in und durch Menschen geht weiter. Er will Sie und mich in seinem Dienst haben. Wir sollten nicht eher aufhören, zu ihm zu beten, bevor wir wissen, wozu er uns gebrauchen will.

3. Dezember

Joseph, ihr Mann, war gerecht, und da er sie nicht anzeigen wollte, entschloß er sich, sie heimlich zu verlassen. Noch während er dies überlegte, erschien ihm der Engel des Herrn im Traum und sprach zu ihm: »Joseph, Sohn Davids, fürchte dich nicht, nimm Maria zu deiner Frau, denn was in ihr erzeugt ist, ist vom Heiligen Geist.« *Matth. 1,19.20*

Gott verlangt von *Joseph* nicht nur den Stammbaum. Joseph soll dem Kind überhaupt die Chance geben, geboren zu werden. Nach dem mosaischen Gesetz muß ein Mädchen, das vor der Ehe schwanger wird, zu Tode gesteinigt werden (5.Mose 22,21). Als gerechter, gesetzestreuer Mann hätte Joseph Maria anzeigen müssen. Es gab nach dem Gesetz nur eine Möglichkeit, sie zu retten, nämlich den Entschluß, sie heimlich zu verlassen. Nach dem Vater des Kindes befragt, hätte dann Maria sagen können: »Er hat mich genötigt und ist geflohen.« Allein in dieser Situation wäre Maria begnadigt worden. – So ist der Entschluß des Josephs, Maria heimlich zu verlassen, nicht aus Feigheit geboren, sondern aus seiner Frömmigkeit und Rechtschaffenheit – und doch ist es ein eigener menschlicher Versuch, Gott zu retten, ein kluger Versuch, der aber nicht der ganzen Wahrheit entspricht. Gott sagt »nein« zu diesem rechtschaffen gemeinten Gedanken des Josephs. Gottes Reich wird nicht auf Lügen und Halbwahrheiten gebaut. Er soll bleiben und soll Jesus seinen Namen geben. Die Angelegenheit blieb vor der Umwelt geheim. Maria war geschützt. Jesus konnte geboren werden. Das Volk in Nazareth hatte immer geglaubt, daß Jesus der Sohn des Zimmermanns Joseph war (vgl. Luk. 3,23).
Maria sprach über die wunderbare Zeugung wahrscheinlich erst nach der Auferstehung, und zwar nur zu einigen ihrer engsten Freundinnen. Diese haben es dann den Aposteln weitergegeben. – So kommt es, daß die Geschichte von der Zeugung und Geburt Jesu erst später den Gemeinden in Israel und den Missionsgebieten der Urgemeinde bekannt wurde.

Im sechsten Monat wurde Gabriel von Gott in eine Stadt nach Galiläa, nach Nazareth, gesandt zu einer Jungfrau, die mit einem Mann namens Joseph aus dem Hause Davids verheiratet werden sollte, ihr Name war Maria. Als er zu ihr kam, sprach er: »Sei gegrüßt, Begnadete. Der Herr ist mit dir!« Sie aber war durch dieses Wort verwirrt und überlegte, wo dieser Gruß herkäme. Da sprach der Engel zu ihr: »Fürchte dich nicht, Maria, du hast Gnade bei Gott gefunden!« *Luk. 1,26–30*

Ein Engel kommt zu *Maria.* Er will Maria für Gottes Weg und Plan gewinnen. Das Neue Testament berichtet sehr selten von Engelerscheinungen. Nur da, wo sich Himmel und Erde berühren – wo Gott unmittelbar in die Weltgeschichte eingreift – erscheint Gottes Offenbarungsbote, um die Botschaft zu bringen und auszulösen. Gottes Bote kommt zu Maria nach Nazareth. Maria erschrickt und zittert.
Seit der Mensch aus Gottes Welt ausbrach, ist seine Begegnung mit Gott immer mit Furcht gepaart. Wo Gott dem Menschen entgegentritt, ihn anruft und beauftragt, da fürchtet sich der Mensch.
Nachdem der Engel Maria bereits mit seinem Gruß unter den Segen Gottes gestellt hatte, spricht er ihr nun das große »Fürchte dich nicht« zu: Gott erscheint dir nicht zum Gericht, sondern um mit dir seine Bundesgeschichte neu beginnen zu lassen. Du hast Gnade gefunden.
Wo die Erscheinung Gottes und die Zuwendung eines schweren Weges Sie und mich erschrecken lassen, da gilt auch Ihnen und mir sein Offenbarungswort: »Fürchte dich nicht! Der Herr ist mit dir!«

Siehe, du wirst in deinem Leib ein Kind empfangen und einen Sohn gebären, des Namen sollst du Jesus heißen. Luk. 1,31

In der Begegnung zwischen *Maria und Gabriel* geschieht nichts, als daß der Bote zu Maria spricht. Da er jedoch Gottes Wort direkt weitergibt, bewirkt dieses Wort, noch solange der Bote spricht, das Wunder der Zeugung in Maria. Die mittelalterlichen Maler haben das noch verstanden. Ein Wandgemälde in einer Nürnberger Kirche zeigt Maria, sitzend auf einem kleinen Schemel, neben ihr Gabriel. Aus Gabriels Mund kommt das Wort, eingefangen in einer Fahne, ein Spruchband: »Du wirst schwanger werden, du wirst ein Kind gebären, des Namen sollst du Jesus heißen!« Und dieses Spruchband reicht durch das Ohr der Maria bis in ihren Leib. Damit bekennt der Maler: Gott handelt wie in der Schöpfung, er zeugt seinen Sohn durch das Wort. Maria empfängt den Sohn Gottes durch das hörende Ohr. Das Wort ist wirkendes Wort, es schafft, was es sagt. Wie die erste Schöpfung, geschieht diese Neuschöpfung am Beginn der Heilsgeschichte durch das wirkende Wort und das hörende Ohr der Maria. Die ungeheuerliche Botschaft von der Jungfrauengeburt ist keine andere Botschaft als die Botschaft der Schöpfung. Es gibt Menschen, die meinen, sie könnten zwar an Gottes Schöpfung glauben, aber nicht bekennen: »geboren von der Jungfrau Maria«.
Diese Sätze gehen am Aussagegehalt der Bibel vorbei. Jungfrauengeburt ist nicht leichter und nicht schwerer zu glauben als die Schöpfung der Welt durch Gottes Wort.

Da sagte Maria zu dem Engel: »Wie soll das möglich sein? Ich weiß doch von keinem Mann.« Da gab der Engel ihr zur Antwort: »Heiliger Geist wird über dich kommen und die Kraft des Höchsten dich überschatten; daher wird auch das Heilige, das von dir geboren werden wird, Gottes Sohn genannt werden.«
Luk. 1,34.35

Maria konnte das, was geschehen soll, nicht verstehen. Wo Menschen das Wunder der Jungfrauengeburt erklären wollen, da zerstören sie es und bringen sich selbst um ihr Heil. Es gibt eine große Reihe stümperhafter Versuche, das Geheimnis der Jungfrauengeburt zu erklären. Manche Zeitschriften nennen Jesus – wie die Juden zu allen Zeiten – das uneheliche Kind des Joseph. Andere meinen, daß alte Sagen aus der griechischen Welt von der Erzeugung von Halbgöttern bei unserer neutestamentlichen Geschichte Pate gestanden hätten: Ein Gott habe Menschengestalt angenommen, sich mit einem Menschen verbunden und einen Halbgott erzeugt.
Es ist unmöglich, daß solche Geschichten in die geistige Welt des Neuen Testamentes, der Bibel, hineingewirkt haben können, schon aus einem ganz schlichten Grund: Der Geist, aus dem Jesus gezeugt wird, wird im biblischen Sprachgebrauch als weiblich und nicht als männlich verstanden! Ein männlicher Akt liegt völlig außerhalb der biblischen Gedankenwelt. Jesu Geburt ist eine Geburt durch das Wort. Gott schafft ohne Joseph, ohne daß er einen Menschen braucht, ohne daß es ein Mensch erklären kann, aber er schafft.
»Die Jungfrauengeburt« – so sagt Eduard Steinwand – »ist daher nicht ein Problem, sondern ein Wunder, das Zentralwunder der Schrift, vor dem man nur staunend und anbetend stehen kann.«

»Siehe, ich bin des Herrn Magd; mir geschehe nach deinem Wort!« *Luk. 1,38*

Maria übergibt sich Gott. In Vertrauen und Zuversicht erklärt sie: Ich bin zu allem bereit. Handle, Herr. Ich bin deine Magd. Die Tiefe dieser Erklärung erfassen Sie und ich erst, wenn wir zu verstehen suchen, was Gott Maria zugemutet hat. Sie soll auf geheimnisvolle Weise schwanger werden. Das kann sie niemand erklären, und niemand nimmt ihr das ab. Bis heute ist in Schulen und Betrieben die Jungfrauengeburt Gegenstand des Witzes und gemeiner Reden. Für Maria bedeutet es: die Familie muß sie ausstoßen, die Gesetze verlangen Steinigung, Joseph muß sie, die er liebhat, dem Tode der Steinigung übergeben. Wie viel wiegt es, wenn Maria angesichts dieses Wissens sagt: »Ich bin des Herrn Magd; mir geschehe, wie du gesagt hast!« Maria willigt damit in ihr Todesurteil ein. Sie sieht noch keinen Ausweg. Ihr Sohn kommt nicht nur gegen die Natur, sondern auch gegen die Moral und das Gesetz auf diese Welt. Bis heute handelt Gott vorbei am Verstehenwollen seiner Geheimnisse, an der Sehnsucht nach Garantie, an der Sehnsucht nach Licht und Klarheit. Er zerschlägt die Verzweiflung nicht, er durchbricht die Einsamkeit nicht und wischt die Tränen nicht immer ab. »Gott will im Dunkel wohnen«, so hat Jochen Klepper es auch für sich selbst prophetisch gedichtet, und dennoch fährt er fort: »und hat es doch erhellt.« »Noch manche Nacht wird fallen auf Menschenleid und -schuld. Doch wandert nun mit allen der Stern der Gotteshuld.«
Wo auch Sie dunkle Wege gehen müssen, will Gott mit Ihnen durch das Dunkel gehen. Maria wird das Dunkel zugemutet, doch Gott geht mit ihr. Ein Leben mit Jesus ist nicht eitel Licht und Sonnenschein, es führt ins Dunkel. Nur das Wissen: »Er führt!« geht mit uns. Und das Wissen: »Er will es so« macht Maria bereit, durch das Todestal zu gehen.

Elisabeth wurde schwanger und verbarg sich fünf Monate und sprach: So hat der Herr an mir gehandelt in den Tagen, als er auf mich sah, wegzunehmen meine Schmach unter den Menschen. *Luk. 1,24.25*

Lag vor Maria Dunkel und Nacht, so ging Elisabeth einer großen Freude entgegen. Sie wird in ihrem hohen Alter einen Sohn bekommen. Die auf Elisabeth als einer unfruchtbaren Frau lastenden Verdächtigungen und Schande sollten von ihr genommen werden. Kinderreichtum galt damals als Segen, Kinderlosigkeit als Fluch und Strafe (vgl. Psalm 127; Hi. 1,1; 1.Sam. 1,5f.; 2.Sam. 2,5–8).

Wo ein Ehepaar wie Elisabeth und Zacharias »gerecht waren und wandelten vor Gott in allen Geboten« (Vers 6), da wurde ihnen, wenn sie keinen Sohn hatten, der ihren Namen weiterträgt, erlaubt, ihren Namen auf einen Felsen im Tempel einzugravieren (vgl. Jes. 56,5). Damit waren sie vor aller Welt gerechtfertigt.

Gott wollte mit der Fruchtbarmachung der Elisabeth nicht nur vor aller Welt zeigen: Elisabeth und Zacharias sind gerecht, das hätte auch durch die Inschrift im Tempel geschehen können, sondern Gott zeigt mit dem aus dem Alten Testament bekannten Wunder die heilsgeschichtliche Stunde an, in die hinein Johannes, der Sohn der Elisabeth, geboren wird. Gott machte Sarah fruchtbar (1.Mose 17,16), um sich ein Volk zu schaffen. Gott schenkte den betagten Eltern des Simson (Ri. 13,2f.) und den alten Eltern Samuels (1.Sam. 1f.) einen Sohn, um sein Volk in der Stunde des Verfalls zu erhalten.

Johannes, der Sohn, den Elisabeth zur Welt bringen wird, ist für alle Welt ein Unterpfand, daß Gott sich ein neues Volk schaffen und sein Volk vor dem Untergang bewahren wird.

Wie Elisabeth, so stehen viele bis an ihr Lebensende unter einer nicht verstandenen Schmach. Es darf Ihr und mein Gebet sein, daß Gott uns vor kurzschlüssigen Verdächtigungen bewahrt.

Als Zacharias seinen Priesterdienst in der Ordnung seiner Dienstklasse vor Gott verrichtete – nach der Sitte des Priesteramtes hatte er erlost, das Rauchopfer darzubringen – . . ., erschien ihm ein Engel des Herrn, der zur Rechten des Rauchopferaltars stand, und sprach zu ihm: Fürchte dich nicht, Zacharias, denn deine Bitte wurde erhört. *Luk. 1,8–13*

Zacharias gehörte zur Dienstklasse des Abia. Die israelitische Tempelpriesterschaft setzte sich aus 24 Priesterklassen zusammen, in deren fester Reihenfolge die des Abia die achte war (vgl. 1. Chr. 24,10). Jede Priesterklasse hatte zweimal im Jahr für je eine Woche den Priesterdienst zu versehen. Vom Haus Abia ist aus zeitgenössischen Schriften bekannt, daß sich Glieder der Familie des Götzendienstes und der Unzucht schuldig gemacht hatten. Zacharias hatte sich in die genannten Sünden nicht mit hineinziehen lassen, er war gerecht und seine Ehe dem Gesetz entsprechend. Elisabeth war aus Aarons Geschlecht (vgl. 5.6). Auch Aarons Frau hieß Elisabeth (vgl. 2. Mose 6,23). Zu seinem Dienst traf Zacharias das Los, das ihn zur Darbringung des Rauchopfers bestimmte (1,9). Das Rauchopfer führte in das Heilige des Tempels und wurde deshalb häufig vom Hohenpriester selbst vorgenommen. Nach jüdischem Recht sollte ein einfacher Priester nur einmal in seinem Leben dieses Dienstes gewürdigt werden. Zacharias steht am großen Tag seines Lebens, und in der von ihm ein Leben lang ersehnten Stunde erscheint ihm Gabriel, der »Starke Gottes«. Gabriel ist nach alter Überlieferung der dritte Angesichtsengel Gottes, der allen Kräften vorsteht. Dieser vornehmste Vollstrecker des göttlichen Gnaden- und Zorneswillens sagt zu Zacharias: Deine Bitte wurde erhört.

Zacharias, sein Name bedeutet so viel wie »Gott gedenkt«, hatte seinen großen Tag, seine Gottesstunde erlebt. Er war im Warten auf diese Stunde alt geworden, nun aber erlebte er mehr, als er je zu hoffen gewagt hatte.

Gott hat seine eigene Zeit. Es gilt für Sie und für mich, auf diese Stunde zu warten. Er wird auch Ihnen erscheinen, so daß Sie einmal sagen können: Meine Bitte wurde mir erhört.

Maria sprach: Meine Seele erhebt den Herrn, und mein Geist frohlockt über Gott, meinen Erretter; denn er hat herabgeschaut auf die Niedrigkeit seiner Magd. Siehe, von nun an werden mich alle Geschlechter selig preisen, denn große Dinge hat der Mächtige an mir getan. *Luk. 1,46–49*

Unmittelbar nach der Begegnung Marias mit Gabriel macht sie sich auf, um Elisabeth zu besuchen und drei Monate bis zum Abschluß der Schwangerschaft der Elisabeth bei ihr zu bleiben. Bei der Begrüßung der beiden Frauen wurde Elisabeth zur Prophetin. Sie heißt Maria die »Gesegnete der Frauen« (1,42), erkennt sie bereits als Schwangere und nennt sie die »Mutter meines Herrn«. Zum ersten Mal wird Jesus hier Herr, »Kyrios«, genannt und von ihm mit dem persönlichen Bekenntnis »mein Herr« gesprochen.
Für Maria, die nicht wußte, wie das ihr bevorstehende Dunkel sich auflösen sollte, war diese Begegnung eine Bestätigung des Gotteswortes, das sie durch Gottes Boten Gabriel empfangen hatte. Ihre Antwort ist ein Anbetungspsalm. Er ist in die Geschichte der Christenheit eingegangen unter dem Namen Magnificat. Magnificare ist die lateinische Übersetzung des ersten Wortes, das Maria betet: »Ich will groß machen.« Maria, die selbst um ihre Bedeutungslosigkeit (»Nichtigkeit«) weiß, rühmt den Allmächtigen, weil er Großes an ihr getan hat. Sie betet Gott an.
Anbetung heißt, in vollem Vertrauen zu Gott kommen und Gott groß machen. Wo Sie und ich Gott anbeten, da erkennen wir zunächst wie Maria unsere Nichtigkeit vor Gottes Zorn, dann aber wird uns unser Angenommensein durch Gottes Gnade zutiefst bewußt, so daß wir sagen können: Ich will Gott groß machen, denn der Mächtige hat große Dinge an mir getan.

Und Zacharias wurde voll Heiligen Geistes und weissagte folgendermaßen: Gepriesen sei der Gott Israels, denn er hat besucht und geschaffen Erlösung seinem Volk.

Luk. 1,67–69

Zacharias hatte sich wie Männer der israelischen Vorzeit (1. Mose 15,8; Ri. 6,36 ff.; 1. Sam. 10,2–7; 2. Kön. 2,8; Jes. 7,11) von Gott ein Zeichen erbeten. Er begründete seine Bitte um ein Zeichen mit seinem und seiner Frau vorgerücktem Alter. Das Zeichen, das er erhält, besteht in seinem Verstummen, das bis zur Erfüllung des vom Engel Angekündigten befristet wird. Der Evangelist Lukas schreibt, daß die Zeichenforderung des Zacharias in seinem Unglauben begründet ist (Luk. 1,18–20). Paulus bezeichnet die Juden als Menschen, die Zeichen fordern (1. Kor. 1,22).

Nachdem seine Frau den verheißenen Sohn geboren hatte und Zacharias den ihm von Gott bestimmten Namen »Johannes« auf eine mit Wachs überzogene Buchsbaumholztafel geschrieben hatte, war sein Mund wieder geöffnet.

Sein erstes Wort war: »Gepriesen sei Gott!« Nach der lateinischen Übersetzung der ersten Worte, die Zacharias betete, ging das Gebet in die Geschichte der christlichen Kirche ein als »Benediktus«. Zacharias preist Gott, weil er ihn im Tempel besucht hat, wie er damals im Hain Mamre Abraham besuchte (vgl. 1. Mose 18). Wie ein Gastgeschenk überreicht Gott Zacharias die Botschaft von der Erlösung seines Volkes.

Das Lobgebet ist unter den Gebeten der Christen eine besondere Form der Antwort geblieben. »Ein Lobender ist wie ein heller Spiegel« (Manfred Seitz). Das, was die Seele des Menschen wie ein Spiegel an Strahlen, die von Gott ausgehen, empfangen hat, spiegelt sie zurück in den Worten des Lobgebetes. Das Lob bricht da auf, wo Sie und ich erkennen, Gott hat uns nicht vergessen. Er hat uns »besucht«. Er hat uns in Jesus Christus ein Gastgeschenk der Erlösung übergeben. »Gepriesen sei Gott!«

Und du, Kindlein, wirst Prophet des Höchsten genannt werden, denn du wirst vor dem Herrn hergehen, zu bereiten seine Wege, zu geben Erkenntnis der Rettung seinem Volk in Vergebung der Sünden. *Luk. 1,76–77*

Wie Elisabeth bei der Begegnung mit Maria zur Prophetin wurde, so schildert Zacharias prophetisch im Verlauf seines Gebetes die Aufgaben des eben geborenen Kindes. Johannes ist der Prophet des Höchsten und Vorläufer des Herrn. Mit seinem Kommen sind die alten Verheißungen erfüllt (Mal. 3,1; Jes. 40,3).

Die dem Johannes aufgetragene Wegbereitung für den Herrn ist ein innerer Vorgang. Sie entsteht in der Gabe der Erkenntnis der Rettung und in der Vergebung der Sünden.

Die Gestalt des Johannes macht deutlich, Jesus begegnen kann nur, wer um seine Verlorenheit weiß. Der erste Schritt zum Glauben an Jesus ist die Erkenntnis: Ich brauche einen Retter, ohne Jesus bin ich verloren. Um dies den Zeitgenossen Jesu und Ihnen und mir eindrücklich nahezubringen, beginnt Johannes zu predigen: »Tut Buße! Kehrt um, wendet euch wieder zu Gott« (vgl. Matth. 3,2).

Johannes zeigt in seinem vorbereitenden Wirken auch schon den Weg der Rettung. Die Rettung besteht in der Vergebung unserer Schuld. Deshalb war es der Ruf des Johannes, des Wegbereiters Jesu: »Laßt euch taufen zur Vergebung der Sünden« (vgl. Mark. 1,4).

Ohne Erkenntnis der Schuld und ohne die Bitte: Vergib mir meine Schuld, wurde noch nie ein Mensch Christ. Das Christsein beginnt, wie Johannes, der Wegbereiter Jesu, verkündigte, mit dem Gebet: »Ich habe gesündigt. Vergib mir meine Schuld.«

Herr, nun entläßt Du Deinen Knecht, wie Du ihm verheißen hast, im Frieden, denn meine Augen haben Dein Heil gesehen, das Du vor den Augen aller Völker bereitet hast, ein Licht zur Erleuchtung der Heiden und zur Verherrlichung Deines Volkes Israel. *Luk. 2,29–32*

Außer dem Gebet der Maria und des Zacharias gehört zu den Weihnachtsgebeten noch das des alten Simeon. Auch dieses Gebet ist bekannt durch die lateinische Übersetzung der ersten Worte: »Nunc dimittis«: Nun kannst du deinen Diener entlassen. »Entlassen« bedeutet auch »sterben«. Simeon kann sterben, und zwar in Frieden. Simeon ist einer der ersten durch Jesus Erlösten, und als solcher schaut er die Sendung des Kindes, das er auf seinem Arm hält. Seine Augen haben den Bringer des Heils und damit das Heil selbst gesehen. Nun kann er in Frieden gehen.
Wie oft wird Simeon den Weg zum Tempel gegangen sein mit der Frage: Wird heute Gott seine Verheißung erfüllen? Er mußte lange warten, doch er hatte eine Verheißung (2,26). Diese Verheißung ließ ihn durchhalten. Und als er endlich das Kind auf den Armen hielt, da machte Gott auch den greisen Simeon zum Propheten. Simeon weiß plötzlich, in Jesus Christus hat Gott das Heil für alle Völker bereitet. Jesus ist gesandt, wie es bereits Jesaja vorhersagt, zur Erleuchtung der Heiden (vgl. Jes. 42,6; 49,6). Durch ihn wird die Dunkelheit der Heiden erhellt. Sie werden ins Licht gestellt, und all dies ist zugleich Verherrlichung für das Volk Israel.
Für Maria und Joseph, die inzwischen einen schweren Weg hinter sich hatten, war diese Begegnung eine neue Bestätigung: ihr Kind ist der Heiland der Welt. Zugleich erlebten sie durch die Gestalt des Simeon: es kann lange dauern, sehr lange, bis Gott seine Verheißung erfüllt. Fest aber steht, Gott hält sein Wort.

Und da war eine Prophetin Hanna ... auch sie trat in dieser Stunde hinzu und pries Gott und redete über ihn zu allen, die die Erlösung Jerusalems erharrten. *Luk. 2,36.38*

Die Stunde, zu der Maria und Joseph mit ihrem Kind in den Tempel kamen, hatte eine dreifache Bedeutung. Ihr Sohn sollte beschnitten werden. Im Zusammenhang der Beschneidung soll er den von Gabriel angekündigten Namen Jesus bekommen, und drittens mußte er wie alle Erstgeburt in Israel ausgelöst werden (vgl. 4. Mose 18,15). Bis heute gilt bei den Juden: die Erstgeburt gehört Gott, deshalb bringt der Vater sein Kind vor einen Priester aus dem Stamm Levis. Einem alten Formular folgend, fragt der Priester in aramäischer Sprache, ob er den Sohn dem Priester übergeben oder ob er ihn freikaufen will. Der Vater erklärt dann seinen Willen, ihn freizukaufen, und gibt dem Priester eine Silbermünze.

Die Prophetin Hanna war Zeugin, daß, wie später Paulus schrieb, das Jesuskind mit seinen Eltern unter dem Gesetz stand (vgl. Gal. 4,4). Es war alles wie bei der Geburt eines jeden ersten Sohnes. Als Opfer brachten die Eltern Jesu zwei Turteltauben. Nur Arme durften statt des gewöhnlichen Opfers der Wöchnerin, ein Lamm und eine Taube, zwei Tauben darbringen (vgl. 3. Mose 12,6.8; 5,7–10). Hanna erlebte, Jesus war »gleich wie ein anderer Mensch«. Sie hatte aber auch vor Augen, wie Simeon Maria segnete, und in ihren Ohren waren noch die Segensworte: »Dieser ist gesetzt zum Fall und Auferstehen vieler in Israel« (2,34). Hanna hatte eine doppelte Botschaft: Jesus ist ganzer Mensch und zugleich ganzer Gott. So trat Hanna vor die, die auf die Erlösung Jerusalems warteten. Hanna wurde nach den Hirten die erste Zeugin vom Kommen Gottes in Jesus Christus. Sie konnte nicht schweigen, sie mußte erzählen, was sie gesehen und gehört hatte.

Und es geschah zu der Zeit, daß ein Gebot vom Kaiser Augustus ausging, daß alle Welt geschätzt würde. Und alle gingen, sich schätzen zu lassen, ein jeglicher in seine Stadt. Da machte sich auch auf Joseph aus Galiläa aus der Stadt Nazareth nach Judäa in die Stadt Davids, die Bethlehem heißt.

Luk. 2,1–4

Kaiser Oktavian bekam bereits im Jahre 27 v.Chr. vom Senat den Würdenamen Sebastos-Augustus, d.h. der »der Anbetung Würdige«. Seitdem hieß er »Caesar-Augustus. Im Jahre 9 v.Chr. wurde ihm in Rom ein Denkmal errichtet, das ihn mit göttlichen Zeichen darstellt. Man forderte, daß eine neue Zeitrechnung beginnen muß, die mit dem Tag seiner Geburt einsetzt, und feierte ihn als den großen Friedensbringer, der die Bürgerkriege beendet und an den Grenzen des Reiches Ruhe gestiftet hat.

Kaiser Augustus war bald vergessen. Daß er überhaupt noch genannt wird und sein Name noch bekannt ist, verdankt er jenem Kind in der Krippe in Bethlehem. Nicht mit der Geburt des Augustus beginnt die neue Zeitrechnung, sondern mit Jesu Geburt im Stall in Bethlehem. Augustus wird im Zusammenhang mit der Geburt Jesu genannt, weil die von ihm angeordnete Eintragung aller Bürger Palästinas in Steuerlisten Maria und Joseph veranlaßten, nach Bethlehem zu wandern. Der in vielen zeitgenössischen Schriften bezeugte Steuererlaß des Augustus – der erste für den palästinischen Raum – sah vor, daß jeder sich zusammen mit seiner Ehefrau in Steuerlisten eintragen mußte, und zwar an dem Ort, an dem er ein Stück Grundbesitz – und sei es noch so klein – hatte.

Während sein Befehl ausgeführt wurde, ist nach der unfreiwilligen Wanderung von Maria und Joseph Jesus geboren. Nicht Kaiser Oktavian mit dem Beinamen der »der Anbetung Würdige«, sondern Jesus, das Kind in der Krippe, wurde Herr und Heiland der Welt.

Rahel starb und wurde auf dem Weg nach Ephrat, das jetzt Bethlehem heißt, begraben. Jakob errichtete dann einen Denkstein auf ihrem Grabe, das ist der Denkstein, der auf dem Grabe Rahels noch heute steht. *1. Mose 35, 19. 20*

Bethlehem, das Ziel der auf kaiserlichen Befehl stattfindenden, unfreiwilligen Wanderung von Maria und Joseph, wird im Alten Testament schon einmal im Zusammenhang mit der Geburt eines Kindes erwähnt. Etwa 1800 Jahre v. Chr. zieht Jakob von Haran kommend durchs Land Kanaan. In Bethlehem bekommt er die große Verheißung: ein Volk von Völkern soll von dir kommen, und Könige sollen von dir abstammen (1. Mose 35, 11). Er zieht dann mit den Seinen weiter in den Süden. Kurz vor Bethlehem, einem kleinen Ort, 7 km südlich von Jerusalem, starb Rahel, Jakobs Frau, bei der Geburt ihres zweiten Sohnes. Als während der Geburt ihr die Hebamme sagte: »Es ist ein Sohn«, Rahel aber merkte, daß sie sterben mußte, gab sie ihm den Namen Ben-Oni, Sohn meines Unglücks. Jakob aber, der froh war, neben Joseph von Rahel noch einen Sohn zu haben, nannte ihn Ben-Jamin, Sohn meines Glücks. Gleichzeitig errichtete Jakob einen Denkstein über dem Grab der Rahel. Noch in der Gegenwart wird in der Nähe Bethlehems eine Grabstätte gezeigt, von der alte Traditionen sagen, es ist das Grab Rahels. Maria und Joseph zogen auf ihrem Weg an Rahels Grab vorbei. Vielleicht dachte Maria in der Nacht ihrer Niederkunft an die Stammutter Rahel. Sicher ist, bei Gott gibt es keine Zufälligkeiten, auch keine unbedeutenden Ortserwähnungen. In Gottes Geschichte ereignet sich jede bedeutende Handlung an einem ganz bestimmten Ort. Wenn Sie in Ihrem Leben um Orte wissen, an denen Gott Ihnen begegnete, dann sollten Sie den Mut haben, diese Orte immer neu aufzusuchen.

Naomi und mit ihr Ruth, ihre Schwiegertochter, die Moabitin, kehrten aus dem Lande der Moabiter heim und kamen nach Bethlehem beim Beginn der Gerstenernte. *Ruth 1,22*

Jahrhunderte waren seit dem Tode Rahels in Bethlehem vergangen. Das Volk war aus Ägypten in das verheißene Land zurückgekehrt. Bethlehem war, wie der Ortsname zu übersetzen ist, ein »Haus des Brotes«.

Dennoch gab es Zeiten, wo die Felder Bethlehems ihre Besitzer nicht ernähren konnten. So verließ während einer Hungersnot Elimelech mit seiner Frau und seinen beiden Söhnen Bethlehem und ließ sich jenseits des Jordans im Lande der Moabiter nieder. Beide Söhne heirateten heidnische Frauen, Moabiterinnen. Nachdem Elimelech und seine Söhne gestorben waren, entschloß sich Naomi, nach Bethlehem zurückzukehren. Eine ihrer Schwiegertöchter mit Namen Ruth – ihr Name hat die Bedeutung »die Freundin« – blieb bei ihr. Als sie in Bethlehem einzogen, »geriet die ganze Ortschaft ihretwegen in Aufregung« (1,19). Doch Boas, ein ferner Verwandter Naomis, nahm die noch junge Heidin ungeachtet aller Vorurteile und der kultischen Verbote zur Frau. Der Sohn, den Ruth Boas, ihrem Mann, zur Welt brachte, war Obed, der Großvater Davids (4,17). So wurde die Heidin Ruth zu einer der Stammütter Davids. Ihr Name findet sich auch unter denen der wenigen Frauen, die im Stammbaum Jesu erwähnt wurden (Matth. 1,5).

Gott, der in erkennbaren Ordnungen handelt, umkreist auch jede Unregelmäßigkeit. Er kann auch Ihre und meine Umwege, die durch unsere Schuld entstanden sind, seinem Plan und Weg eingliedern. Gott ist größer als alles menschliche Versagen.

Mit der Aufnahme Ruths in die Reihe der Stammütter Davids macht Gott schon Jahrhunderte vor Jesu Geburt deutlich, daß er einmal ein Gottesvolk aus Israeliten und Heiden schaffen will.

Gott sprach zu Samuel: »Ich will dich nach Bethlehem zu Isai senden, denn unter seinen Söhnen habe ich mir einen König ersehen.« *1. Sam. 16,1*

Als Davidsstadt gelten in der Bibel nicht die beiden Residenzstädte des bedeutendsten Königs von Israel, Hebron und Jerusalem, sondern Bethlehem, der Ort seiner Geburt, das Dorf, auf dessen Feldern David die Herden seines Vaters hütete.
Ungefähr tausend Jahre vor Christi Geburt erschien Samuel, der Prophet Gottes, in Bethlehem, um dort ein Opfermahl zu halten. Auf Befehl Gottes hatte Samuel zu diesem Mahl Isai und seine Söhne eingeladen. Einen aus Isais Haus sollte Samuel zum König salben. Als Samuel meinte, Eliab, beeindruckt von dessen äußerer Gestalt und seinem Wuchs, salben zu sollen, hörte er Gottes Wort: »Gott sieht nicht das an, worauf Menschen sehen, denn die Menschen sehen in die Augen, der Herr aber sieht ins Herz« (16,7). Danach führte Isai Samuel weitere sechs Söhne vor. Erst auf ausdrückliche Nachfrage, ob er denn keinen Sohn mehr habe, läßt Isai den Jüngsten, David, rufen. »Er hütet eben das Kleinvieh« (16,11). David, der Hirte, wird von Samuel zum König gesalbt. »Gott holte David von den Hürden des Kleinviehs, von den Mutterschafen weg holte er ihn, daß er Jakob weide und Israel, seinen Erbbesitz« (Psalm 78,70.71). David, dem Hirten, wurde ein anderes Hirtenamt übertragen, das Amt, das Gott selbst innehatte. »Er ließ sein Volk ausziehen wie Schafe und leitete sie in der Wüste wie eine Herde« (Psalm 78,52). Gott sieht in das Herz der Menschen. Er sah David und konnte später sagen: »Er weidete sie mit redlichem Herzen und leitete sie mit kundiger Hand« (Psalm 78,72).

Du aber, Bethlehem, in der Landschaft Ephrat, bist zwar zu klein, als daß du zu den Hauptorten Judas gehörst, aber aus dir wird mir der hervorgehen, der in Israel Herrscher sein soll und dessen Herkunft der Vergangenheit, den Tagen der Urzeit, angehört. Darum wird Gott die Israeliten preisgeben bis zu der Zeit, wo sie, die gebären soll, geboren hat ... Dann wird dieser Herrscher auftreten und seine Herde weiden in der Kraft des Herrn. *Mi. 5,1–3*

Bethlehem, der unbedeutende Ort auf dem schmalen Rücken des judäischen Gebirges, war nur bekannt wegen seiner ertragreichen Felder und Weiden. Aus diesem Dorf jedoch wird, so prophezeit es Micha 700 Jahre v. Chr., der endzeitliche Retter und Herrscher Israels hervorgehen. Dieser Herrscher und Befreier wird auftreten als Hirte, der seine Herde weidet. Das Zentrale am Hirtenmotiv sind die Sorge des Hirten für seine Herde und das Vertrauen der Herde zu ihm. Das Zeichen des Hirten ist nicht Macht. Mit dem langen Stab leitet er die Herde und kann sich auf ihn stützen. Die Keule dient zur Abwehr der Raubtiere. So betet David, der Hirte aus Bethlehem: »Er leitet mich auf rechtem Pfad. Und ob ich schon wanderte im finstern Tal, fürchte ich kein Unglück, Hirtenstab und Keule sind mein Trost« (Psalm 23,3.4).
Der von Micha erwartete, in Bethlehem geborene, endzeitliche Herrscher wird daran zu erkennen sein, daß er seine Herde weidet. Sicher dachten die glaubenden Hörer an David und Micha, als Jesus sagte: »Ich bin der gute Hirte« (Joh. 10,11). Seine Herrschaft über die Herde, über Sie und mich, besteht nicht in einem willkürlichen Regieren, sondern darin, daß er wie der gute Hirte sein Leben für die Schafe gibt (Joh. 10,11).

Und sie gebar ihren ersten Sohn und wickelte ihn in Windeln und legte ihn in eine Krippe, denn sie hatten sonst keinen Raum in der Herberge. *Luk. 2,7*

700 Jahre nach dem Prophetenspruch des Micha gebar Maria in Bethlehem den in ihr durch Gottes Wort erzeugten Sohn Jesus, den verheißenen Retter. Das Kind wird von Maria gewickelt. Es ist also ein wirkliches und nicht ein Wunderkind. Gott wird ganzer Mensch. Nach der Geburt legt Maria das Kind in eine Futterkrippe, »denn sie hatten sonst keinen Raum in der Herberge«.

In Bethlehem gibt es bis heute Häuser, die über einer Höhle gebaut sind. Die Höhle schließt ebenerdig ab, zum Haus führt eine Treppe hinauf. So muß man sich die Karawanenherbergen zur Zeit Jesu vorstellen. Die Höhlen dienten der Unterbringung des Viehs. Sie waren ausgestattet mit den in Felsen gehauenen Steintrögen, Krippen und Eisenringen, an die die Tiere angebunden werden konnten.

Die seit dem 2. Jahrhundert in Bethlehem als Geburtsstätte Jesu verehrte Grotte ist solch eine Höhle. Die Herberge darüber war bereits belegt, als Maria und Joseph ankamen. Deshalb wurde Jesus im Höhlenstall geboren und in eine Felsenkrippe gelegt. Alte Texte berichten, daß dies damals kein vereinzelter Fall war. Jesus kam auf die Welt wie die Ärmsten unter den Armen. Mit dieser seiner armseligen Geburt macht Gott deutlich, daß die Erfüllung der Verheißung da anfängt, wo für Menschenaugen Gottes Verheißung unerfüllbar geworden ist. Während Augustinus in Rom und Herodes in Jerusalem regieren, macht Gott Bethlehem, den kleinen Ort mit prophetischer Verheißung, zur Mitte der Menschheitsgeschichte.

Die Erfüllung der Verheißungen Gottes für Sie und mich beginnt oft so, daß ihre ersten Spuren unter dem Gegenteil verborgen sind.

Und es waren Hirten in derselben Gegend auf dem Felde bei den Hürden, die hüteten des Nachts ihre Herde, und der Engel des Herrn trat zu ihnen, und die Klarheit des Herrn leuchtete um sie; und sie fürchteten sich sehr. *Luk. 2,8.9*

Die ersten, denen die Botschaft von der Geburt des Heilandes gebracht wurde, waren Hirten. Obwohl Mose, Abraham und David Hirten waren und Gott selbst sich mit einem Hirten vergleichen konnte (Psalm 78), gehörten die Hirten zur Zeit Jesu zu der asozialen Schicht. »Es gibt keine verächtlichere Beschäftigung in der Welt als die des Hirten« (Rabbi Jose ben Chanina).

Die große Furcht, die die Hirten befiel, war nicht die Angst vor den tausend Möglichkeiten und Eventualitäten der Nacht, sondern die Furcht, die jeder in biblischer Zeit durchlitt, dem Gott in seiner Herrlichkeit begegnete. Im Alten Testament gibt es keine Gotteserscheinung, in der es nicht heißt: »Der Mensch fürchtete eine große Furcht.« Die Furcht der Hirten auf dem Felde in Bethlehem wird begründet mit dem Satz: »Die Klarheit des Herrn leuchtete um sie.« Sie wußten plötzlich: Gott ist da. Gott redet. Gott offenbart sich. Sie wußten: Die Nacht ist zerrissen von der Offenbarung Gottes. Sie wußten, wo Gott erscheint, da gibt es kein Entrinnen.

In dieser Nacht hörten sie die Botschaft: Fürchtet euch nicht! Siehe, ich verkündige euch große Freude, denn euch ist heute der Heiland geboren.

> Die ersten Zeugen, die du suchtest,
> erschienen aller Hoffnung bar.
> Voll Angst, als ob du ihnen fluchtest,
> und elend war die Hirtenschar.
> Den Ärmsten auf verlaßnem Feld
> gabst du die Botschaft an die Welt. Jochen Klepper

Die Weihnachtsbotschaft gilt bis heute denen, die sich fürchten. Da, wo Sie Angst haben vor dem Fest, Angst, vor Gott zu stehen, Angst, zu beten, Angst vor Tagen der Einsamkeit und wehmütigen Erinnerungen, gilt Ihnen die Botschaft: Fürchte dich nicht! Siehe, ich verkündige dir große Freude.

Es kamen Weise vom Morgenland ... sie gingen in das Haus und fanden das Kind mit Maria, seiner Mutter, und fielen nieder und taten ihre Schätze auf und schenkten ihm Gold, Weihrauch und Myrrhe. *Matth. 2,1.11*

Neben den Hirten – der Talmud rechnet sie zu den Räubern und Gewalttätigen – kommt noch eine andere Gruppe Verachteter in den Stall von Bethlehem, die Weisen. Im Urtext heißen sie Magier. Es handelt sich um babylonische Astrologen, um prophetische Wahrsager und Sonnenanbeter. Die faszinierende, auch in weltlichen, zeitgenössischen Schriften bezeugte Sternkonstellation von Jupiter und Saturn ließ sie annehmen, daß der »König der Juden geboren wurde«. Der Saturn ist der Sabbatstern. Jupiter galt als Königsstern. Die Astrologen waren die Repräsentanten der damals neu in Mode gekommenen Religion. Aus der wissenschaftlichen Erforschung der Gesetze der Sternenwelt, der Astronomie, war eine Religion geworden, deren Priester, die Astrologen, das Geschehen menschlicher Geschichte aus dem Sternenhimmel im voraus ablesen und ihren Gläubigen ihr Geschick voraussagen konnten.
Als die Repräsentanten dieser Religion Jesus sahen, fielen sie auf ihr Angesicht. Das Niederfallen, die Proskynese, war der spontane Ausdruck des überwältigenden Erlebens, den wahren Gott zu erkennen. Mit dem Fallen auf ihr Angesicht lieferten sie sich Jesus, dem neugeborenen König der Juden, aus.
Da man einem König Gaben schenkte, legten sie Gold, Weihrauch und Myrrhe an der Krippe nieder. Die beiden letzteren sind Harze, die einmal Wohlgeruch verbreiten, zum anderen auch als Medikamente verwendet wurden.
Mit ihrer Auslieferung an das Jesuskind wurden die fremden Priester Christen. Bereits im Stall beginnt die im Stammbaum Jesu vorgezeichnete (vgl. Ruth!) und von Simeon prophetisch geschaute Gemeinde aus Juden und Heiden sich zu verwirklichen. Wer vor Jesus niederfällt, der wird gerettet werden.

Denn gleichwie durch eines Sünde die Verdammnis über alle Menschen gekommen ist, so ist auch durch eines Gerechtigkeit die Rechtfertigung des Lebens über die Menschen gekommen. *Röm. 5,18*

Der 24. Dezember bekam im christlichen Kalender als einziger Tag im Jahr zwei verschiedene Namen: »Adam und Eva« und »Heiligabend«. Diese Namensgebung geht zurück auf die biblische Botschaft vom ersten Menschen – Adam –. Durch ihn kam die Sünde in die Welt, der Mensch wollte »klug werden« (1. Mose 3,6). Er wollte sein Leben selbst in die Hand nehmen. Er wollte seinen Lebensraum erweitern. Er handelte, als ob Gott nicht da wäre und nicht zu ihm gesprochen hätte. Sünde ist überall da, wo der Mensch lebt, handelt und entscheidet, als ob es Gott nicht gäbe. Die Menschen lernten in den Jahrhunderten und Jahrtausenden, ohne Gott zu leben. Sie entfernten sich damit immer mehr von Gott. Die »Welt ging verloren«. – Da ließ Gott seinen Sohn in diese unsere Welt geboren werden. »Christ ist geboren.« In einer Nacht in Bethlehem kam Jesus Christus, Gottes eingeborener Sohn, in diese Welt. Es ist der erste Heiligabend, die Nacht der Rettung. Gott bietet dem Menschen, Ihnen und mir, noch einmal ewiges Leben an.
Nach altem Brauch versammelt sich die Familie am Heiligabend vor dem verschlossenen Weihnachtszimmer und hört dort die Geschichte vom Sündenfall: die Botschaft, wie durch den Beginn der Entfernung von Gott Tod und Verdammnis über alle Menschen gekommen ist. Dann stimmt die Familie ein in das Weihnachtslied von Nikolaus Herman:

Heut schleußt er wieder auf die Tür
zum schönen Paradeis;
der Cherub steht nicht mehr dafür.
Gott sei Lob, Ehr und Preis!

Die Tür zum Weihnachtszimmer wird geöffnet, und die vielen brennenden Kerzen verkündigen: Jesus Christus ist gekommen. Mit Jesus ist das Licht in die Finsternis der Welt eingebrochen. Wer vor ihm niederkniet und zu ihm betet, ist gerecht vor Gott und wird leben in Ewigkeit.

Das Wort ward Fleisch und wohnte unter uns, und wir sahen seine Herrlichkeit – eine Herrlichkeit als des eingeborenen Sohnes voller Gnade und Wahrheit. *Joh. 1,14*

Das Wort, von dem Johannes spricht, das von Anfang an war, das bei Gott war, ja das Gott selbst war (Joh. 1, 1) ist Jesus Christus. Er kam in diese Welt, er wurde Fleisch, »er trat ein in den ganzen Ernst der Verkehrung des Menschengeschlechtes« (Hermann Bezzel). »Er vereinigt sich in unendlicher Gnade mit dem Unflätigen und mit dem Gemeinen« (Johannes Calvin). Alle Wunder, die menschliche Kunst und Technik geschaffen haben, werden begreiflicher, je länger man sie betrachtet. Mit dem Weihnachtswunder ist es umgekehrt. Je länger wir darüber nachdenken, desto unbegreiflicher wird es. Je länger wir es betrachten, desto unfaßlicher wird es.
Das einzige, was Menschen angesichts des Weihnachtswunders sagen können, ist: Gott hat noch einmal als Schöpfer in diese Welt eingegriffen. Das Wort, durch das er die Welt schuf, wurde in Jesus Christus in diese Welt hineingeboren.
Man hat lange nicht gewußt, welcher Tag des Jahres als Christtag, als erster Tag im Leben Jesu, gefeiert werden sollte. Nach wissenschaftlichen Untersuchungen kam am ehesten ein Tag im August in Frage. Bis zum Jahre 202 feierte die ganze Christenheit den 6. Januar als Weihnachtstag. Dann kam es im Jahr 202 zur Entstehung der ersten christlichen Weltchronik. Nach ihr schuf Gott die Welt zur Zeit der Tages- und Nachtgleiche am 25. März. Zu demselben Zeitpunkt nimmt die christliche Tradition den Besuch Gabriels bei Maria an. Durch Gabriels Wort schuf Gott in Maria Jesus. Neun Monate später wurde dann der Christtag begangen.

Wir können dich Kind in der Krippe nicht fassen.
Wir können die Botschaft nur wahr sein lassen.

Albrecht Goes

Das Wort vom Kreuz ist eine Torheit für die, welche verlorengehen, für die aber, welche gerettet werden, ist es eine Gotteskraft. *1. Kor. 1,18*

Paulus, der diese Worte an die Gemeinde in Korinth schreibt, war selbst lange davon überzeugt, daß das Wort vom Kreuz eine Torheit ist.
Er wurde zum ersten Mal in seiner Meinung erschüttert, als er Stephanus sterben sah. Es heißt zwar in der Geschichte von der Steinigung des Stephanus nur: »sie legten die Kleider zu Füßen eines jungen Mannes mit Namen Saulus« (Apg. 7,58), aber es ist kaum Zufall, daß schon in Kapitel 9 der Apostelgeschichte Lukas von der Bekehrung und Berufung des Paulus zum Heidenapostel berichtet. Vor den Toren Jerusalems, bei der Steinigung des Stephanus, war für Paulus das Wort vom Kreuz noch eine Torheit. Vor den Toren von Damaskus wurde es für ihn zur Gotteskraft. Gewiß dachte er noch manches Mal daran, wie Stephanus vor seinen Augen starb. Gewiß blieb ein Stachel zurück, den er nie los wurde, und erst in der Ewigkeit wird einmal für alle erkennbar werden, wie oft das Wort des Kirchenvaters Tertullian in der Geschichte der Kirche Wirklichkeit wurde: »Das Blut der Märtyrer ist der Same der Kirche.«
In der kirchlichen Tradition bekam der zweite Weihnachtstag den Namen des ersten Märtyrers nach Jesu Auferstehung, »Stephanus«. Das Kommen Jesu in die Welt, die Krippe in Bethlehem, ist noch nicht das Ende von Not, Leid, Verfolgung und Haß in der Welt. An jenem ersten heiligen Abend, an dem Maria Jesus in die Krippe legte, begann sein Weg ans Kreuz. Auch denen, die ihm nachfolgen, wird das Kreuz nicht erspart bleiben. Für die aber, die aus Überzeugung sagen können: »Christ, der Retter, ist da«, ist das Kreuz keine Torheit, sondern eine Gotteskraft.

Stephanustag

26. Dezember

So sehr hat Gott die Welt geliebt, daß er seinen eingeborenen Sohn gab, auf daß alle, die an ihn glauben, nicht verlorengehen, sondern das ewige Leben haben. *Joh. 3,16*

Obwohl der Evangelist Johannes keine in sich geschlossene Weihnachtsgeschichte erzählt, trägt der von unseren Vätern noch gefeierte dritte Weihnachtstag den Namen: Tag des Evangelisten Johannes. Sein ganzes Evangelium ist eine einzige Weihnachtsgeschichte, nämlich die Einladung an Noch-Nicht-Christen, an Jesus zu glauben. Als Grund, warum Gott seinen Sohn gab, nennt Johannes die Liebe als Ziel des Kommens Jesu, alle, die an ihn glauben, vor dem Verderben zu retten und ihnen ewiges Leben zu schenken. Johannes schreibt dieses, das Weihnachtswunder zusammenfassende Wort im Anschluß an den Bericht von dem Gespräch Jesu mit Nikodemus (Joh. 3,1–11). Zu Nikodemus sagt Jesus: das Wunder der Schöpfung, das Weihnachten sich noch einmal wiederholte, will weitergehen als Wunder der Neuschöpfung: Ihr müßt von neuem geboren werden. Das Wort im Urtext des Neuen Testamentes ist in seiner hebräischen Entsprechung das im Schöpfungsbericht (1. Mose 1) für das Schöpfungshandeln Gottes gebrauchte Wort »schaffen« (bara). Es ist ein Wort, das im Alten Testament immer nur Gottes direktes Schöpfungshandeln beschreibt. Als David nach dem Ehebruch mit Bathseba und nach dem Mord an Uria seinen Gott verloren hatte, da betete er: »Schaffe (bara!) in mir, Gott, ein reines Herz« (Psalm 51,12).
Auch Sie und ich dürfen besonders an den Weihnachtstagen Gott bitten: Schaffe in mir, Herr, ein reines Herz. Laß mich wiedergeboren werden, damit ich zu denen gehöre, die dein Reich ererben. »Es sei denn, daß jemand von neuem geboren werde, so kann er das Reich Gottes nicht sehen« (Joh. 3,3).

In Rama wird Wehklagen laut, bitterliches Weinen. Rahel weint um ihre Kinder, will sich nicht trösten lassen wegen ihrer Kinder: ach, sie sind nicht mehr da. Doch so hat der Herr gesprochen: »Wehre deiner Stimme das Klagen und deinen Augen die Tränen . . ., es ist noch eine Hoffnung für die Zukunft vorhanden, denn deine Kinder kehren in ihre Heimat zurück.« *Jer. 31,15–17*

Der 28. Dezember, der bis ins Mittelalter als vierter Weihnachtsfeiertag begangen wurde, ist dem Gedächtnis der Kinder in Bethlehem gewidmet, die Herodes umbringen ließ. Der Kindermord war die Wahnsinnstat Herodes des Großen. Herodes wollte mit allen ihm zur Verfügung stehenden Mitteln Jesus beseitigen. So ordnete er an, daß alle Knaben von zwei Jahren und weniger in Bethlehem und im ganzen Umkreis getötet werden. Die Kinder in Bethlehem starben um Jesu willen. Sie schützten ihren gleichaltrigen König. Diese Kinder sind die ersten christlichen Märtyrer. Sie starben unschuldig, sie starben für Jesus.
Matthäus, der diese Tat des gekrönten Verbrechers Herodes berichtet, schreibt, daß die Ausführung des Befehls so grausam war, daß Rahel, die Stammutter Benjamins, die bei Bethlehem begraben liegt, das Grab verließ, Rama, einen Berg nördlich von Jerusalem, bestieg und in bitteres Weinen ausbrach (Matth. 2,16–18). Das Wort des Propheten Jeremia war in Erfüllung gegangen. Mit der Erwähnung des Prophetenwortes und der Vision der klagenden Rahel bringt Matthäus den weinenden Müttern in Bethlehem zugleich den Trost Gottes. Wie bei dem ersten Klagen der Rahel über die Wegführung ihrer Kinder in Gefangenschaft, so ist auch jetzt das Leid bei Gott nicht das Letzte. Die Weggeführten kamen in ihre Heimat zurück. Die um Jesu willen Getöteten werden bei ihm in der ewigen Heimat sein. Bei Gott ist das Leid nie das Letzte. Dies dürfen Sie und ich auch dann sprechen, wenn wir Gott überhaupt nicht mehr verstehen.

Als die Weisen weggezogen waren, erschien der Engel dem Joseph im Traum und gebot ihm: »Steh auf, nimm das Kind und seine Mutter und fliehe nach Ägypten und bleibe so lange dort, bis ich es dir sage.« *Matth. 2,13a*

Das Kind in der Krippe macht Joseph neue Unannehmlichkeiten. Seit jener Stunde in Nazareth, wo der Engel ihm verwehrte, Maria zu verlassen, ist das Erleben um das Kind ein ständiger Wechsel zwischen Bestätigung der Verheißung und neuer Not und Zweifel. Bestimmt war auch Joseph in seiner Haltung bestätigt durch das, was Maria im Hause der Elisabeth und des Zacharias erlebte, doch dann kam die Herbergssuche in Bethlehem mit ihrem Ende im Stall und an der Krippe.
Die Hirten und die Sterndeutkundigen Babylons wurden die ersten Christen. Nach acht Tagen mußte Joseph den Gang zum Tempel antreten, in den Händen nur das Armenopfer von zwei Tauben. Doch das prophetische Anbetungslied des Simeon nahm Joseph wieder alle Zweifel: Jesus ist der Messias. In diese Situation brachte die Morddrohung des Herodes und der Befehl zur Flucht nach Ägypten neue Not für Maria und Joseph.
Das Ereignis von Weihnachten ist ein ständiger Wechsel von Trauer und Freude. Alles Geschehen um Jesus zeigt, Krippe und Kreuz sind nicht zu trennen. Um diese Botschaft von der Einheit von Krippe und Kreuz zum Ausdruck zu bringen, verkündigt der 1. Festtag, der Christtag, den Jubel aller Kreatur; der Stephanustag ist der Tag des Kreuzes; der Johannestag bringt die Botschaft: die Liebe Gottes ist ohne Grenzen; und der Tag der unschuldigen Kinder zeigt den Ernst der Nachfolge Jesu: »Wer nicht sein Kreuz auf sich nimmt und mir nachfolgt, kann nicht mein Jünger sein« (Luk. 14,27).

Die Feier ward zu bunt und heiter,
mit der die Welt dein Fest begeht.
Mach uns doch für die Nacht bereiter,
in der dein Stern am Himmel steht.
Und über deiner Krippe schon
zeig uns dein Kreuz, du Menschensohn.

Jochen Klepper

Herodes geht damit um, nach dem Kind suchen zu lassen, um es umzubringen. *Matth. 2,13b*

Herodes ist in die Weihnachtsgeschichte eingegangen als König, in dessen unmittelbarer Nähe das Weihnachtswunder geschah und der doch an Jesus vorbeiging. Herodes starb im Wahnsinn als Einsamer und Verlorener. Zunächst wollte er mit Jesus, dem »neugeborenen König der Juden«, wie ihn die Weisen nannten, fertig werden, indem er seine Tötung befahl. Er wollte ihn ermorden lassen, wie zuvor seine Brüder Aristobul, Alexander und Antipater und zahlreiche Angehörige der pharisäischen Gruppe. Doch Jesus konnte er nicht treffen. Nicht Herodes, sondern Gott behielt das letzte Wort. Gott hat Jesus bewahrt für das Kreuz auf Golgatha. Dort starb Jesus als Retter und Erlöser, und zwar unter der Überschrift: »Dieser ist der König der Juden« (Matth. 27,37). Die Gründe, warum Herodes nicht wie jene Weisen vor Jesus niederfallen konnte und Christ wurde, waren seine Angst, sein Machthunger und sein Mißtrauen.

Herodes lebte als Nichtdaviditer auf dem Thron. Er stammte aus dem im Ostjordanland beheimateten Mischvolk der Idumäer. Er fühlte sich nicht anerkannt, ständig bedroht und *hatte Angst,* ein »König der Juden« könne ihn um seine Macht bringen.

In seiner Macht, die Herodes aus den Händen der Römer empfangen hatte, wußte er sich nicht an Gott und sein Gebot gebunden. Für ihn war es keine geliehene Macht, für die er einmal Verantwortung ablegen mußte, sondern die Ermöglichung von Willkür und Gewalttätigkeit.

Sein Mißtrauen wurde immer größer. Da er als Mächtiger nicht annehmen konnte, daß Gott für ihn war, mußte er zwangsläufig annehmen, daß alle gegen ihn waren. So starb er im Verfolgungswahn. Die Spirale seiner Gottlosigkeit trieb ihn in den Wahnsinn. An Jesus, der ihm allein helfen konnte, ging er vorüber, ja, er versuchte ihn sogar zu töten.

Joseph stand auf, nahm in der Nacht das Kind und seine Mutter und floh nach Ägypten; dort blieb er bis zum Tode des Herodes. So sollte sich das Wort erfüllen, das der Herr durch den Propheten gesprochen hat, der da spricht: »Aus Ägypten habe ich meinen Sohn gerufen.« *Matth. 2,14.15*

Auf die Heilige Nacht folgt für Maria und Joseph die Nacht der Flucht. Joseph bekommt von Gott das Ziel der Flucht genannt. Er soll Maria und das Kind nach Ägypten bringen. Da Ägypten zu dem von Augustus beherrschten Gebiet gehörte, hatte Herodes dort keinen Zugriff.

Joseph mußte um des Kindes willen seine Heimat verlassen. Er wurde damit zum Abraham des Neuen Bundes. Zu seiner Grundhaltung des Vertrauens, die er in Nazareth bewies, wo er im Vertrauen auf Gottes Wort bei Maria blieb, kommt nun die des Gehorsams. Als Gott ihm sagte: »Geh nach Ägypten«, stellte er keine Fragen, er fing nicht an, mit Gott zu rechten oder zu diskutieren, sondern er gehorchte einfach. Im Zusammenklang von Vertrauen und Gehorsam wurde er ein Mann des Glaubens. Glauben heißt im Urtext des Neuen Testamentes pistis = »Vertrauensgehorsam«. Der Vertrauensgehorsam des Joseph ließ ihn wie Abraham erleben, Gott macht seine Verheißungen wahr. Buchstäblich vor den Augen des Joseph erfüllte sich durch seine Flucht nach Ägypten und die Rückkehr nach dem Tode des Herodes das Wort des Propheten Hosea: »Aus Ägypten habe ich meinen Sohn gerufen« (Hos. 11,1). Glauben an der Schwelle zum neuen Jahr ist nicht leichter und nicht schwerer als im Alten und Neuen Bund, den Gott mit der Menschheit schloß. Glauben heißt vertrauen und gehorchen. Im Vollzug des Vertrauensgehorsams dürfen Sie in den letzten Stunden des alten Jahres um eine persönliche Verheißung aus Gottes Wort bitten, und Sie werden es erleben, Gott hält seine Verheißungen.

Verzeichnis der Bibelstellen

* bezeichnet die ausgelegten Texte

Altes Testament

1. Mose

	Tag	
1	17.	10.
	27.	12.
1,26	3.	7.
1,28	4.	11.
2,4a	2.	12.
2,19	1.	11.
2,25	9.	11.
*3,1	1.	11.
3,1–7	8.	7.
3,1	14.	11.
*3,2.3a	2.	11.
*3,3b	3.	11.
3,5	21.	10.
*3,4.5a	4.	11.
*3,5b	5.	11.
*3,6a	6.	11.
*3,6b	7.	11.
3,6	24.	12.
*3,7	9.	11.
3,7	13.	11.
*3,8–10	10.	11.
*3,11.12	11.	11.
*3,13	12.	11.
3,14	8.	7.
3,19	14.	11.
*3,21	13.	11.
*3,23.24	14.	11.
*3,60	8.	11.
4,1	6.	8.
	19.	5.
4,10	19.	9.
9,6	24.	6.
12,1	7.	10.
14	26.	7.
15,5	14.	6.
	24.	9.
15,8	12.	12.
15,18	22.	9.
17,8	28.	1.
18,2	12.	3.
18,18	24.	9.
19,14	7.	10.
21,16f.	15.	3.
21,19	9.	11.
22,18	24.	9.
29,32	3.	6.
30	25.	1.
	3.	6.
	4.	6.
	13.	6.
	21.	6.
32	24.	3.
	10.	6.
	19.	6.
*35,19.20	17.	12.
35	28.	6.
	17.	12.
37	7.	1.
	3.	6.
	11.	6.
	26.	6.
38,26	12.	6.
40,23	25.	6.
41,42	23.	11.
42	3.	6.
	6.	6.
45,4–8	25.	6.
46,14	13.	6.
47,9	5.	3.
47,13–26	26.	6.
48,1–20	27.	6.
*49,3	4.	6.
*49,5.6	5.	6.
*49,7	6.	6.
*49,8.9	11.	6.
*49,10–12	12.	6.
*49,13	13.	6.
*49,14.15	15.	6.
*49,16–18	17.	6.
*49,19	19.	6.
*49,20	21.	6.
*49,21	23.	6.
*49,22–24a	26.	6.
*49,27	29.	6.
*50,19–20	27.	6.
50	15.	6.
	27.	6.

2. Mose

3	9.	5.
	25.	7.
6,23	10.	12.
7,11ff.	23.	5.
8,3	23.	5.
12,22	28.	3.
13,2	18.	8.
13,19	27.	6.
16,10	23.	7.
17,7	7.	6.
17,14	20.	1.
19,18	29.	5.
20,17	6.	11.
	7.	11.
20,21	20.	10.
21,5–6	2.	1.
21,32	16.	8.
24,18	21.	4.
25,31–37	16.	1.
25,40	19.	10.
28,41	8.	6.
	18.	8.
29,20	1.	1.
31,1–11	17.	6.
31,12	18.	8.
32,1	7.	6.
32,12b	22.	4.
32,14	22.	4.
32,28.29	7.	6.
	8.	6.

33,18ff.	3. 8.
34,5	23. 7.
	3. 8.
34,28	21. 4.
40,34	23. 7.

3. Mose

4,7	19. 9.
5,7–10	15. 12.
8,8	8. 6.
8,28	8. 6.
10,2	31. 5.
12,6.8	15. 12.
19,18	7. 2.
20,10	16. 2.
21,1ff.	10. 2.
24,10–14	17. 6.
24,2.3	16. 1.

4. Mose

1,27	11. 6.
3,4.18	9. 6.
5,11–31	19. 2.
6,24–26	1. 2.
	20. 10.
15,29f.	25. 3.
18,15	15. 12.
20,17	26. 5.
21,22	26. 5.
22–24	7. 9.
23,22	17. 9.
26,22	11. 6.
27,21	8. 6.
31,23ff.	31. 5.
32	4. 6.
	18. 6.

5. Mose

1,7	22. 9.
6,4ff.	7. 2.
6,5	6. 2.
7,12	6. 6.
9,9.18	21. 4.
11,26–28	17. 7.
15,19	18. 8.
19,8.9	24. 6.
19,11–13	24. 6.
19,15	11. 2.
21,22.23	17. 7.
22,21.22	16. 2.
	4. 12.
24,5	21. 11.
32,35	5. 6.
32,41	19. 10.
*33,6	3. 6.
*33,8.9	7. 6.
*33,10.11a	9. 6.
33,8–11	8. 6.
	9. 6.
*33,11b	10. 6.
*33,12	28. 6.
*33,18.19a	16. 6.
33,19b	13. 6.
*33,20.21	20. 6.
*33,22	18. 6.
*33,23	24. 6.
*33,24–27	22. 6.
34,15	5. 6.

Josua

19,1–9	6. 6.
22,11	3. 6.

Richter

1,34ff.	18. 6.
6,11	12. 3.
6,36ff.	12. 12.
13	18. 6.
14 + 16	18. 6.
17 + 18	17. 6.
19–21	29. 6.
20,16	28. 6.

Ruth

1,19	18. 12.
*1,22	18. 12.
4,18–22	12. 6.

1. Samuel

1	16. 1.
	22. 6.
1,9	15. 1.
1,11	18. 6.
2,1–10	14. 4.
2,23.24	15. 1.
3	16. 1.
*3,1	15. 1.
*3,7	16. 1.
*3,10	17. 1.
3,15ff.	18. 1.
*3,19.20	18. 1.
*7,13	22. 1.
*7,15.16a	19. 1.
8,1–8	20. 1.
9,13.23	21. 1.
10,2–7	12. 12.
10,6.9	21. 4.
12,4	19. 1.
*12,23.24	20. 1.
13,10–14	18. 1.
13,11.12	19. 1.
*15,10	21. 1.
15,11.35	27. 1.
15,31	21. 1.
15,35	21. 1.
*16,1	19. 12.
16,7	19. 12.
16,11	19. 12.
28,13	30. 9.

2. Samuel

2,8	19. 6.
2,9	28. 6.
6,18	11. 6.
14,26	18. 6.
16,5–13	28. 6.
17,23	16. 8.
17,24	19. 6.
20,1–22	28. 6.
27–29	19. 6.

1. Könige

6,20	19. 10.
7,25	1. 10.
8,12	20. 10.
8,14	11. 6.
10,18–20	16. 9.
*17,6	7. 3.

17,24 3. 4.
19,3 6. 6.
19,4 18. 3.
8. 4.
22,19 9. 1.
16. 9.

2. Könige
2,8 12. 12.
9,1–6 19. 6.
10,20–22 23. 11.
14,25 4. 4.

1. Chronik
5,1.2 3. 6.
5,18 ff. 19. 6.
8,40 28. 6.
12,8–15 19. 5.
12,29 28. 6.
16.23 9. 6.
24,10 10. 12.
25,1–6 16. 9.
25,9–31 16. 9.
27,16–22 22. 6.
*29,11 8. 5.
29,29 20. 1.

2. Chronik
3,8 19. 10.
9,29 20. 1.
26,16 30. 5.
30,10 17. 11.

Esra
4,1 28. 6.
10,9 28. 6.

Nehemia
8,4 25. 1.
13,2 21. 4.

Esther
7,3 21. 6.

Hiob
9,3 24. 9.
9,13 12. 4.
12,11 17. 1.
18,13 27. 2.
28. 2.
18. 9.
*19,25 14. 3.
26,12 12. 4.
28,18 16. 6.
33,24 8. 4.
33,29 18. 11.

Psalm
1,1 25. 1.
2 4. 8.
25. 11.
7,1 28. 6.
8,7 4. 8.
16 24. 6.
21,10 13. 4.
22 28. 3.
29. 3.
29. 7.
20. 11.
23 14. 1.
20. 12.
24 31. 1.
*27,11 6. 3.
31 30. 3.
31. 3.
33,18 17. 9.
34 14. 4.
17. 9.
35,25 13. 4.
37,11 28. 1.
4. 2.
16. 5.
*37,5 1. 3.
41,10 16. 8.
49,8.9 15. 11.
51 31. 1.
10. 5.
6. 7.
27. 12.
57,5 9. 10.
61,3 12. 10.
62 24. 6.
*68,20 8. 3.
69,16 13. 4.
74 12. 4.
17. 9.
75,9 22. 3.
77,20 15. 4.
78 19. 12.
22. 12.
84,11 24. 9.
86,1 30. 10.
88,5 ff. 8. 4.
89 12. 4.
4. 7.
16. 9.
90,5 11. 1.
*91,11 12. 3.
98,6–9 21. 9.
103 9. 1.
11. 1.
104,2 27. 9.
104,35 8. 10.
*105,16–19 25. 6.
105,45 25. 6.
116,13 23. 3.
*118,6 4. 3.
118 14. 4.
17. 9.
120,1 14. 4.
123,1 1. 8.
137,1 6. 10.
138,3 14. 4.
139 6. 4.
12. 10.

Sprüche
*3,5 2. 3.
*3,6 3. 3.
8,22 4. 7.

Weisheit
2,11–20 2. 2.

Jesaja
6,1 9. 1.
6,1 30. 5.

6 11. 1.
16. 9.
*6,3a 28. 5.
6,3 4. 5.
*6,3b 29. 5.
*6,5a 30. 5.
*6,5b 31. 5.
6,5 23. 7.
10. 11.
6,7.8 31. 5.
6,8a 1. 6.
*6,8b 1. 6.
6,9 2. 6.
6,10 2. 6.
*6,11 2. 6.
6,13 2. 6.
7,11 12. 12.
*9,1 14. 6.
9,5 1. 2.
10,17 31. 5.
11,4 4. 8.
13,13 20. 9.
15,1 30. 5.
22,13 25. 10.
24,23 16. 9.
27.1 28. 9.
30,6.7 16. 4.
33,15 7. 2.
35,6 29. 2.
*40,1 7. 1.
*40,2 8. 1.
*40,3 9. 1.
40,3 13. 12.
*40,4.5 10. 1.
*40,6.7a 11. 1.
*40,7b.8 12. 1.
*40,9 13. 1.
*40,10.11 14. 1.
41,8.9 9. 7.
42,6 14. 12.
*43,3 8. 6.
43,16 15. 4.
43,24 8. 1.
45,23 29. 7.
47,1.5 6. 10.
49,2 9. 10.
49,6 14. 12.
49,10 29. 1.
*50,4 6. 1.
*50,4b 3. 1.
*50,5a 1. 1.
*50,5b 2. 1.
*50,6 4. 1.
*50,7 5. 1.
51,1.2 24. 1.
51,9f. 12. 4.
51,9 28. 9.
51,17 8. 1.
22. 3.
52,7 23. 2.
53 9. 7.
4. 10.
*53,3 13. 3.
53,5 8. 1.
18. 7.
54,7 16. 5.
55,11 12. 1.
57,15 26. 1.
58,7 30. 10.
61,1 29. 2.
66,2 26. 1.
66,19 6. 4.

Jeremia

1 11. 1.
15,1 21. 1.
17,13 17. 2.
23,22 9. 1.
25,15ff. 22. 3.
31,13 21. 4.
*31,15–17 28. 12.
31,33 6. 2.
46,10 10. 10.
47,5 30. 5.
50,27 10. 10.
51,13 6. 10.
51,34 13. 4.

Klagelieder

3,33 22. 9.
4,21 22. 3.
5,2 4. 2.
5,21 7. 1.

Hesekiel

20,12 18. 8.
20,33 14. 1.
23,14–17 5. 10.
27,12 6. 4.
28,13 16. 9.
32,21.27–30 8. 4.
37 26. 9.
38,19 20. 9.
38,2.15 12. 10.
39,1.6 12. 10.
39,17 10. 10.
40,2 19. 10.
40,5 25. 9.
44,1–3 20. 10.
44,20 18. 6.
47,7 21. 10.

Daniel

7,14 28. 2.
7,27 22. 11.
10,15–19 23. 3.

Hosea

11,1 31. 12.

Joel

2,1 21. 9.
2,10 20. 9.

Amos

5,5 6. 6.
8,14 6. 6.
8,11f. 29. 1.

Obadja

5 30. 5.

Jona

*1,1 3. 4.
*1,2a 4. 4.
1,2b.3a 5. 4.
*1,3b 6. 4.

*1,4.5a 7. 4.
*1,5b 8. 4.
1,6 8. 4.
1,7 8. 4.
*1,9 9. 4.
*1,11.12 10. 4.
1,13 7. 4.
*1,15.16 11. 4.
*2,1 12. 4.
*2,2 13. 4.
*2,3a 14. 4.
*2,3b 15. 4.
*2,4 16. 4.
*2,5.6 17. 4.
*2,7 18. 4.
*2,8–10 19. 4.
*3,4 20. 4.
*3,5 21. 4.
*3,10 22. 4.
*4,1 23. 4.
*4,2a 26. 4.
*4,2b 27. 4.
*4,4 24. 4.
4,1–9 18. 3.
5. 4.
26. 4.
*4,5 25. 4.
*4,6–8 28. 4.
*4,8 29. 4.
*4,10.11 30. 4.

Micha

*5,1–3 20. 12.
6,6.7 15. 11.
6,8 7. 2.

Zephanja

1,16 21. 9.
3,9 31. 5.

Sacharja

1,8 16. 10.
1,9 1. 9.
4,10 17. 9.
9,9 9. 10.
11,12.13 16. 8.
50,12f. 25. 1.

Maleachi

3,1 13. 12.
3,23 28. 9.

2. Makkabäer

2,7.8 26. 9.

4. Makkabäer

17,20 21. 8.

Jesus Sirach

9,9 12. 7.

Barnabas

5,1 18. 8.

Neues Testament

Matthäus

*1,1 2. 12.
1,3 12. 6.
1,5 18. 12.
*1,16.18 3. 12.
*1,19.20 4. 12.
*2,1.11 23. 12.
*2,13a 29. 12.
*2,13b 30. 12.
*2,14.15 31. 12.
2,16–18 28. 12.
2,23 4. 12.
3,2 13. 12.
3,15 15. 3.
3,16 30. 11.
4,1–11 16. 5.
4,13 24. 6.
4,16 14. 6.
*5,1.2 25. 1.
*5,3 26. 1.
*5,4 27. 1.
*5,5 28. 1.
*5,6 29. 1.
*5,7 30. 1.
*5,8 31. 1.
*5,9 1. 2.
*5,10 2. 2.
*5,11.12 3. 2.
5,17 3. 5.
5,28 18. 2.
6. 11.
5,39 13. 7.
6,6 19. 3.
25. 3.
*6,9a 9. 5.
*6,9b 10. 5.
6,9–13 8. 5.
*6,10a 11. 5.
*6,10b 12. 5.
*6,11 13. 5.
*6,12a 14. 5.
*6,12b 15. 6.
*6,13a 16. 5.
*6,13 17. 5.
6,15 15. 6.
6,19 30. 10.
*8,5 1. 5.
*8,6 2. 5.
8,7 6. 5.
8,8 22. 8.
*8,7.8a 3 5.
*8,8b.9 4. 5.
*8,10 5. 5.
*8,11 6. 5.
*8,12 7. 5.
8,24 16. 4.
9,1 23. 2.
7. 5.
9,4 26. 2.
*9,9 23. 1.
9,18–26 7. 5.
10,5.6 6. 5.
10,12.13 1. 2.
10,16 1. 11.
11,5 29. 2.
11,15 17. 1.
11,23 7. 5.
11,28 10. 7.
*12,39 2. 4.
*12,40 1. 4.
13,35 16. 11.
13,39 28. 9.
13,43 17. 1.
14,22–27 15. 4.
17. 5.

14,28–33 18. 4.
16,23 18. 3.
16,28 22. 7.
17,5 23. 7.
17,9 28. 2.
18,19 26. 8.
18,23–35 14. 5.
18,27 12. 2.
18,28 15. 6.
20,1–16 24. 4.
*22,2 16. 11.
*22,3a 17. 11.
*22,3b.4 18. 11.
*22,8–10 22. 11.
*22,10b.11.12 23. 11.
*22,13 24. 11.
22,36–40 7. 2.
22,37 4. 2.
23,9 20. 3.
23,37 26. 9.
24,4–5 19. 9.
24,6–7 19. 9.
24,9–28 19. 9.
25,35 27. 5.
25,35.36 13. 2.
25,40 13. 2.
25,41 ff. 15. 10.
26,10.11 10. 7.
26,22 16. 8.
26,27.28 23. 3.
26,31.56 21. 3.
26,41 26. 1.
*26,44 22. 3.
26,44 21. 3.
26,50 16. 8.
26,54 21. 3.
26,67 f. 4. 1.
27,30 4. 1.
27,37 30. 12.
*27,46 29. 3.
28,1 3. 9.
28,19 6. 5.

Markus

1,4 13. 12.
1,15 23. 2.
16. 11.
1,17 24. 1.
1,21–28 23. 2.
1,21–32 7. 5.
1,31 25. 2.
1,34 24. 2.
*2,1.2 23. 2.
*2,5b 25. 2.
2,5 19. 2.
*2,3–5a 24. 2.
*2,6–8 26. 2.
*2,9 27. 2.
*2,12 29. 2.
*2,10–11 28. 2.
4,9 17. 1.
*5,36b 5. 3.
6,6 5. 5.
6,41 1. 8.
7,31–37 1. 1.
7,36 28. 2.
8,6 15. 3.
8,12 28. 2.
9,1–8 7. 5.
10,38 17. 3.
12,1–11 12. 5.
12,28 ff. 15. 3.
12,30 6. 2.
7. 2.
14,22 15. 3.
*14,32.33 17. 3.
*14,34 18. 3.
*14,35 19. 3.
*14,36 20. 3.
14,37 21. 3.
14,40 21. 3.
15,40 f. 27. 3.
15,34 17. 3.
16,2 3. 9.
16,5 12. 3.
10. 11.

Lukas

*1,8–13 10. 12.
1,18–20 12. 12.
*1,24.25 9. 12.
*1,26–30 5. 12.
*1,31 6. 12.
*1,34.35 7. 12.
*1,38 8. 12.
1,42 11. 12.
*1,46–49 11. 12.
*1,67–69 12. 12.
*1,76–77 13. 12.
*2,1–4 16. 12.
*2,7 21. 12.
*2,8.9 22. 12.
2,9 10. 11.
2,25 27. 1.
2,26 14. 12.
*2,29–32 14. 12.
2,34 15. 12.
*2,36.38 15. 12.
2,36–38 22. 6.
3,33 12. 6.
4,22 9. 10.
6,20 25. 1.
7,49 19. 2.
9,60 27. 5.
10,18 12. 5.
8. 7.
*10,25 4. 2.
10,25 ff. 15. 3.
*10,26 5. 2.
*10,27a 6. 2.
*10,27b 7. 2.
*10,28–29 8. 2.
*10,30 9. 2.
*10,31 10. 2.
*10,32 11. 2.
*10,33 12. 2.
*10,34.35 13. 2.
*10,36.37 14. 2.
11,2–4 8. 5.
11,5–8 13. 5.
11,8 13. 5.
14,17 22. 11.
29. 12.
*14,18 19. 11.
*14,19 20. 11.
*14,20 21. 11.
15,11 ff. 9. 5.

15,11–32	23.	4.
	30.	4.
15,20	12.	2.
15,22	23.	11.
15,30	23.	4.
	9.	5.
15,31	24.	4.
	9.	5.
16,10–12	18.	10.
	27.	10.
*16,19	23.	10.
16,19	5.	10.
*16,20.21	24.	10.
*16,22	25.	10.
*16,23	26.	10.
*16,24a	27.	10.
*16,24b	28.	10.
16,25	27.	10.
*16,26	29.	10.
*16,27–29	30.	10.
18,11	10.	5.
18,9–14	10.	5.
19,41	15.	3.
19,43	27.	9.
21,11	19.	9.
22,3	16.	8.
*2,29	16.	3.
*22,31.32	10.	3.
22,31–34	15.	8.
22,40	21.	3.
22,41	19.	3.
*22,43	23.	3.
*22,44	24.	3.
*22,45	21.	3.
*23,34	25.	3.
23,34	14.	7.
*23,42	26.	3.
*23,46	30.	3.
24,21	13.	4.

Johannes

1,1	25.	12.
*1,13	1.	12.
1,1–16	9.	10.
1,18	16.	9.
*1,14	25.	12.
1,14	28.	8.
1,39ff.	4.	9.
2,4	27.	3.
3,1–11	27.	12.
3,2	28.	8.
3,2–8	6.	7.
3,3	27.	12.
*3,16	27.	12.
3,16	2.	12.
3,16	21.	8.
3,17	29.	8.
3,18	29.	8.
3,19	18.	10.
4,1–26	12.	7.
4,22	27.	9.
4,26	12.	7.
6,35	29.	1.
7,6	2.	8.
7,37.38	21.	10.
*8,2.3a	15.	2.
*8,3b–5	16.	2.
*8,6	17.	2.
*8,7	18.	2.
*8,8	19.	2.
*8,9	20.	2.
*8,10.11a	21.	2.
*8,11b	22.	2.
9,1–3	27.	2.
9,31	29.	2.
10,11	20.	12.
10,30	29.	3.
11,11	12.	7.
	26.	11.
11,14	26.	11.
11,25; 8,51	13.	10.
11,41	1.	8.
12,23	2.	8.
12,31	5.	8.
	11.	8.
	13.	8.
13,1	2.	8.
13,2	16.	8.
13,23	25.	10.
13,27	18.	3.
15,13	2.	9.
15,15	13.	5.
16,22	17.	8.
*16,23.24	31.	8.
*17,1a	1.	8.
*17,1b	2.	8.
*17,1c	3.	8.
*17,2a	4.	8.
*17,2b	5.	8.
*17,3	6.	8.
*17,4.5	7.	8.
*17,6	8.	8.
*17,7.8a	9.	8.
*17,8b	10.	8.
17,9	25.	8.
*17,9.10a	11.	8.
*17,10	3.	8.
*17,10b	12.	8.
*17,11a	13.	8.
*17,11b	14.	8.
17,11.21.24.25	2.	8.
*17,12a	15.	8.
*17,12b	16.	8.
*17,13–16	17.	8.
*17,17	18.	8.
*17.18	19.	8.
*17,19	20.	8.
	21.	8.
*17,20	22.	8.
*17,21a	23.	8.
*17,21c	25.	8.
*17,21b	24.	8.
*17,22.23	26.	8.
17,22	28.	8.
*17,24a	27.	8.
*17,24b	28.	8.
*17,25a	29.	8.
*17,25a.26	30.	8.
18,22	13.	7.
18,23	13.	7.
19,2.3	4.	1.
19,3	13.	7.
*19,26.27	27.	3.
*19,28	28.	3.
19,30	17.	10.
*19,30	31.	3.
*21,22	24.	1.

21,22	24.	1.
20,26	3.	9.

Apostelgeschichte

1,9	23.	7.
1,9	29.	5.
1,10	11.	5.
1,11	11.	5.
2	21.	5.
2,32	21.	7.
2,33	17.	9.
4,21	25.	11.
*4,25.26	25.	11.
6,3	27.	11.
*6,8	27.	11.
*6,9.12	28.	11.
6,12.13	30.	11.
*7,1 ff.51f.	29.	11.
*7,55.58	30.	11.
7,58	26.	12.
*7,59.60	26.	11.
7,59.60	30.	11.
8,9–12	23.	5.
9,4	10.	11.
9,9–11	13.	4.
20,7	3.	9.
20,35	22.	5.

Römer

2,1–16	15.	10.
*4,25	21.	7.
5,12–19	9.	7.
*5,18	24.	12.
6,23	14.	11.
8,34	31.	8.
*8,35	11.	3.
8,37	17.	10.
8,38	17.	5.
9,4	3.	5.
10,14	15.	10.
10,17	22.	8.
12,2	26.	6.
12,19	5.	6.
13,8.10	7.	2.
13,14	23.	11.

1. Korinther

*1,4a	18.	5.
*1,4b.5	19.	5.
*1,6	20.	5.
*1,18	26.	12.
1,22	12.	12.
2,8	3.	8.
6,18	7.	10.
*6,19b.20	15.	11.
6,19	12.	8.
10,14	7.	10.
*11,26	24.	5.
11,17–34	24.	5.
*12,1.3	23.	5.
*12,4–6	27.	5.
*12,8.9.a.28a	21.	5.
*12,10b.28b.	22.	5.
*12,11.12.27	25.	5.
*12,31;13,8.13	26.	5.
12–14,1	24.	5.
14,24	18.	1.
	21.	5.
15,20	22.	7.
15,23	13.	10.
15,32	25.	10.
15,45	9.	7.
16,2	3.	9.
16,22	22.	10.

2. Korinther

5,17	6.	7.
5,19	18.	7.
	10.	8.
6,17	7.	10.
12,7	28.	2.
12,8	22.	3.

Galater

3,13	29.	3.
3,29	4.	6.
	24.	9.
4,4	15.	3.
	25.	12.
5,14	7.	2.
6,17	4.	1.

Epheser

1,22	26.	8.
2,2	4.	10.
2,14	1.	2.
4,8	1.	4.
4,15	26.	8.
5,23	26.	8.
6,12	13.	8.

Philipper

*2,5	1.	7.
2,5–11	1.	7.
*2,6	8.	7.
*2,7a	9.	7.
*2,7b	10.	7.
*2,8a	12.	7.
*2,8b	17.	7.
*2,9a	23.	7.
*2,9b	24.	7.
*2,11	30.	7.
2,9–11	3.	8.
*2,10	29.	7.
2,26	17.	3.
*3,4–7	30.	6.
3,7–11	30.	6.
4,5	22.	10.

Kolosser

*1,14	28.	7.
1,13–20	1.	7.
*1,15	4.	7.
*1,16	5.	7.
*1,17	6.	7.
*1,18	22.	7.
*1,19.20	19.	7.
*1,18a	27.	7.
1,24	4.	1.
	30.	11.
4,13.16	14.	9.

1. Thessalonicher

4,16	21.	9.
4,17	28.	10.

2. Thessalonicher

2,3	16.	8.
	18.	10.

2,4 4. 8.
2,9 23. 5.

2. Timotheus
1,6 20. 5.
2, 21. 8.

1. Petrus
1,6–8 3. 2.
1,11 3. 8.
1,18 15. 11.
2,5 12. 8.
2,9 15. 11.
*2,22 11. 7.
2,22–24 1. 7.
*2,23a 13. 7.
*2,23b 14. 7.
*2,24a 15. 7.
*2,24b 18. 7.
3,14 2. 2.
3,19f. 1. 4.
4,4 7. 10.

2. Petrus
1,4 7. 10.
2,20 7. 10.

1. Johannes
1,7 28. 7.
1,7–10 24. 9.
*1,9 31. 10.
1,9 28. 7.
2,11 31. 8.
3,2 20. 10.
21. 10.

3. Johannes
12 13. 9.

Judas
9 21. 9.
26. 9.

Hebräer
*1,3a 2. 7.
*1,3b 3. 7.
31. 7.
*1,3c 7. 7.
1,3.4 1. 7.
*1,4 25. 7.
1,1–4 3. 8.
2,17 30. 1.
4,7 17. 11.
*5,7 15. 3.
5,7 10. 7.
*5,8 16. 7.
5,10 26. 7.
7,3 26. 7.
7,25 31. 8.
9,11–14 20. 8.
11,12 24. 9.
12,24 19. 9.
13,2 12. 3.
*13,7 9. 3.

Offenbarung
*1,1 1. 9.
1,3 3. 9.
*1,4a 2. 9.
1,5 2. 9.
1,5.6 27. 7.
1,6 11. 5.
15. 8.
2. 9.
1,6.18 14. 10.
1,8 7. 7.
*1,10.11a 3. 9.
1,11 17. 10.
1,14 9. 10.
1,17 10. 11.
1,18 14. 3.
*2,1.4.5a 4. 9.
*2,7 5. 9.
2,7.11.17.26 17. 10.
*2,8.11 6. 9.
2,8 10. 9.
2,10 6. 9.
2,12 10. 9.
*2,12.14.15 7. 9.
*2,17 8. 9.
*2,18.20 9. 9.
2,18 10. 9.
2,18 9. 10.
2,25 10. 9.
*2,26–28 10. 9.
*3,1 11. 9.
3,1 26. 1.
12. 9.
*3,5 12. 9.
3,5.12.21 17. 10.
*3,7.12 13. 9.
*3,14.15 14. 9.
3,14 15. 9.
3,18 15. 9.
*3,21 15. 9.
*4,1–6 16. 9.
4,1 9. 10.
4,8 7. 7.
4,9.10 14. 10.
*5,1.6 17. 9.
5 21. 10.
5,5 12. 6.
5,9 15. 11.
5,12 1. 10.
5,13 14. 10.
*6,1–8 18. 9.
*6,9 19. 9.
*6,12; 8,1–2 20. 9.
*7,4 23. 9.
*7,9.14 24. 9.
7,10.11.14 23. 9.
7,12 14. 10.
7,15 25. 9.
8,2 21. 9.
8,4 20. 9.
*8,7–12 21. 9.
*8,13 22. 9.
9,17–19 22. 9.
9,20 22. 9.
10,6 14. 10.
11,1 25. 9.
11,1.2 25. 9.
*11,3 26. 9.
11,15 14. 10.
11,17 7. 7.
11,19 25. 9.
12,1 6. 10.
*12,1 27. 9.

*12,7–9	28. 9.
12,18	29. 9.
*13,1	29. 9.
13,1	17. 5.
13	5. 10.
*13,11	30. 9.
13	29. 10.
*15,1–3	1. 10.
15,6	2. 10.
15,7	14. 10.
*16,1.2	2. 10.
*16,3–11	3. 10.
16,4	3. 10.
	8. 10.
16,5	29. 8.
16,7	3. 10.
16,11	3. 10.
*16,12.17	4. 10.
16,17	17. 10.
*17,1.2	5. 10.
17,4.5	18. 10.
17,11	18. 10.
*18,1.2	6. 10.
*18,4.5	7. 10.
18,13	6. 10.
19,1–3	8. 10.
*19,1–6	8. 10.
19,9.10	22. 10.
*19,11	9. 10.
19,11	16. 10.
19,11–13	31. 7.
19,11–16	20. 5.
	18. 9.
	11. 10.
*19,17.18	10. 10.
19,19	10. 10.
19,20	28. 10.
20,10	28. 10.
*20,1.2	11. 10.
*20,3	12. 10.
*20,4.5	13. 10.
20,6	13. 10.
20,8	12. 10.
20,9	12. 10.
*20,10	14. 10.
20,10	14. 10.
*20,11.12	15. 10.
20,12	12. 10.
20,14	13. 10.
*21,1–2	16. 10.
21,1	17. 5.
	29. 10.
21,3	20. 10.
21,4	3. 2.
	22. 7.
	21. 10.
21,4.8.22.23.25.27	16. 10.
22,2.3.5	16. 10.
*21,6.7	17. 10.
*21,8	18. 10.
21,8	25. 10.
	27. 10.
	28. 10.
*21,9.11a	19. 10.
21,11	20. 10.
*21,22	20. 10.
21,22	25. 9.
21,27	18. 10.
*22,1.2a	21. 10.
22,2b	21. 10.
22,3.4	21. 10.
22,4	31. 1.
22,5	14. 10.
22,5	20. 10.
22,7	22. 10.
22,9	22. 10.
22,15	18. 10.
*22,16.17	22. 10.
22,16	10. 9.
22,17.20	22. 10.
22,18.19	22. 10.
22,18	11. 10.
22,21	22. 10.

Personenregister

Aaron – 7. 6. / 8. 6. / 9. 6. / 10. 12.
Abba – 20. 3.
Abia – 10. 12.
Abdullah – 5. 6.
Abigail – 22. 6.
Abner – 19. 5.
Abraham – 24. 1. / 28. 1. / 12. 3. / 4. 4. / 6. 5. / 14. 6. / 9. 7. / 26. 7. / 24. 9. / 7. 10. / 25. 10. / 27. 10. / 29. 10. / 30. 10. / 9. 11. / 29. 11. / 12. 12. / 22. 12. / 31. 12.
Adam – 4. 7. / 8. 7. / 9. 7. / 11. 11. / 24. 12.
Aetheria – 16. 3.
Agrippa Menenius – 25. 5.
Ahia – 20. 1.
Ahitophel – 16. 8.
Akiba – 7. 2.
Albrecht – 31. 10.
Alexander – 15. 7. / 30. 12.
Alexandriai (Rabbi) – 27. 2.
Allborn (Diakon) – 4. 3.
Amittai – 3. 4. / 9. 4.
Amos – 29. 1. / 6. 6. / 1. 9.
Ananias – 13. 4.
Andreas Christian – 8. 3.
Angelius Silesius – 21. 7.
Anna Katharina – 8. 3.
Anna Maria – 8. 3.
Antiochus II. – 14. 9.
Antipas – 7. 9.
Antipater – 30. 12.
Aphrodite – 25. 11.
Aquila – 4. 9.
Archipus – 14. 9.
Aristobul – 30. 12.
Asklepios – 7. 9. / 8. 9.
Asnath – 26. 6.
Asser – 21. 6. / 22. 6.
Attalus II. – 13. 9.
Atun – 2. 12.
Augustinus – 5. 1. / 15. 2. / 29. 9. / 2. 10. / 11. 10. / 16. 12. / 21. 12.

Bach, Johann Seb. – 31. 3.
Balak – 7. 9.
Barnabas – 18. 8.
Barth, Karl – 14. 3.
Barthold, Anna Maria – 4. 3. / 5. 3.
Bathseba – 31. 1. / 6. 7. / 27. 12.
Bengel, J. A. – 3. 10. / 8. 10. / 10. 9. / 22. 10.
Benjamin – 3. 6. / 11. 6. / 28. 6. / 29. 6. / 30. 6. / 17. 12. / 28. 12.
Bezaleel – 17. 6.
Bezzel, Hermann – 12. 8. / 14. 8. / 27. 8. / 5. 9. / 11. 9. / 28. 9. / 6. 10. / 18. 10. / 25. 12.
Bileam – 7. 9.
Bilha – 3. 6. / 4. 6.
Bilhas – 23. 6.
Boas – 18. 12.
Bonhoeffer, Dietrich – 31. 1. / 3. 2. / 10. 4. / 29. 4.
Buber, Martin – 30. 5. / 19. 8.

Caesar-Augustus – 16. 12.
Caligula – 29. 9. / 5. 10.
Calvin, Johannes – 25. 12.
Celsus – 7. 10.
Chagall, Marc – 4. 6. / 6. 6. / 9. 6. / 10. 6. / 11. 6. / 13. 6. / 15. 6. / 16. 6. / 17. 6. / 19. 6. / 21. 6. / 23. 6. / 26. 6. / 28. 6. / 29. 6.
Chanina, Jose ben (Rabbi) – 22. 12.
Chorin, Schalom Ben – 9. 4.
Chyträus, David – 11. 8.
Claudius, Matthias – 1. 3.
Cyrill v. Alexandrien – 11. 8.

Dagon – 22. 1.
Dan – 17. 6. / 23. 9.
Daniel – 28. 2. / 23. 3.
David – 20. 1. / 10. 6. / 11. 6. / 12. 6. / 19. 6. / 28. 6. / 4. 7. / 6. 7. / 17. 11. / 29. 11. / 3. 12. / 4. 12. / 5. 12. / 16. 12. / 18. 12. / 19. 12. / 20. 12. / 22. 12. / 27. 12.

Debora – 22. 6.
Deissmann – 20. 5. / 30. 9.
Demetrius – 13. 9.
Dina – 5. 6.
Döbler – 1. 3.
Domitian – 29. 9.
Dürer, Albrecht – 23. 3.

Ehud – 28. 6.
Eichholz – 20. 5.
Eli – 15. 1. / 16. 1. / 17. 1. / 18. 1. / 9. 9.
Elia – 18. 3. / 29. 3. / 2. 4. / 9. 7. / 26. 9.
Eliab – 19. 12.
Elias – 3. 4.
Eliezer – 4. 2.
Elihus – 18. 11.
Elimelech – 18. 12.
Elisa – 2. 4. / 19. 6.
Elisabeth – 10. 12. / 11. 12. / 13. 12. / 29. 12.
Elkana – 21. 1.
Euseb – 16. 3.
Epaphras – 14. 9.
Ephraim – 26. 6. / 27. 6.
Esau – 19. 6.
Esther – 21. 6. / 22. 6.
Eva – 24. 12.

Fr. Leopold Graf zu Stollberg – 10. 3.
Fr. Wilhelm Kurfürst – 6. 3. / 10. 3.
Fort, Gertrud von le – 22. 2.

Gabriel – 25. 2. / 5. 12. / 6. 12. / 10. 12. / 11. 12. / 15. 12.
Gad – 20. 1. / 19. 6. / 20. 6.
Ger – 12. 6.
Gerhardt, Paul – 1. 3. / 2. 3. / 3. 3. / 4. 3. / 5. 3. / 6. 3. / 7. 3. / 8. 3. / 9. 3. / 10. 3. / 11. 3. / 12. 3. / 13. 3. / 14. 3. / 26. 3. / 27. 3. / 28. 3. / 31. 8. / 12. 9. / 25. 10. / 27. 10. / 28. 10. / 29. 10.
Gerok, K. – 8. 3.
Gideon – 12. 3.
Goes, Albrecht – 25. 12.
Guardini, R. – 15. 10.
Gunkel – 30. 9.
Gurion, David Ben – 5. 6.

Hagar – 9. 11.
Haman – 21. 6.
Hammurapis – 6. 10.
Hammerskjöld, Dag – 16. 6.
Hanna – 22. 6. / 15. 12.
Hemor – 5. 6.
Herodes Antipas – 1. 5.
Herodes Philippus – 1. 5.
Herodes – 21. 12. / 28. 12. / 30. 12.
Hesekiel – 25. 9. / 26. 9. / 19. 10. / 20. 10.
Hieronymus – 16. 3.
Hiob – 15. 6. / 18. 11.
Hiskia – 6. 6. / 17. 11.
Hitler, Adolf – 10. 6. / 29. 9.
Hophni – 15. 1.
Hulda – 22. 6. / 23. 11.

Iddo – 20. 1.
Ihmels, L. – 2. 9.
Illies, Joachim – 20. 2. / 31. 10.
Irenäus – 2. 10. / 1. 12.
Isaak – 29. 3. / 6. 5. / 29. 11.
Isai – 19. 12.
Isaschar – 7. 2. / 13. 6. / 15. 6. / 16. 6.
Isboseth – 19. 6. / 28. 6.
Israel – 10. 6. / 2. 7. / 4. 7. / 19. 12.
Ischariot, Judas – 16. 8.
Isebel – 9. 9.

Jairus – 5. 3.
Jakob – 7. 1. / 6. 5. / 3. 6. / 4. 6. / 5. 6. / 6. 6. / 7. 6. / 9. 6. / 10. 6. / 11. 6. / 13. 6. / 14. 6. / 19. 6. / 21. 6. / 23. 6. / 25. 6. / 28. 6. / 30. 6. / 4. 7. / 29. 11. / 3. 12. / 17. 12. / 19. 12.
Jakobus – 17. 3. / 21. 3.
Jehu – 19. 6. / 23. 11.
Jeremia – 4. 1. / 21. 1. / 26. 9. / 28. 12.

Jeremias, Joachim – 5. 2. / 20. 3.
Jesaja – 1. 1. / 2. 1. / 7. 1. / 8. 1. / 12. 1. / 24. 1. / 29. 1. / 7. 2. / 11. 2. / 1. 6. / 11. 6. / 29. 7. / 16. 9. / 10. 11.
Jeschurun – 22. 6.
Jethro – 4. 4. / 16. 6.
Johannes – 17. 3. / 21. 3. / 27. 3. / 27. 7. / 11. 8. / 15. 8. / 21. 8. / 28. 8. / 29. 8. / 1. 9. / 2. 9. / 3. 9. / 4. 9. / 6. 9. / 7. 9. / 8. 9. / 11. 9. / 13. 9. / 16. 9. / 17. 9. / 19. 9. / 22. 9. / 23. 9. / 25. 9. / 2. 10. / 5. 10. / 6. 10. / 10. 10. / 16. 10. / 17. 10. / 19. 10. / 20. 10. / 21. 10. / 22. 10. / 25. 10. / 27. 10. / 10. 11. / 25. 11. / 1. 12. / 12. 12. / 13. 12. / 25. 12. / 27. 12.
Jona – 18. 3. / 3. 4. / 7. 4. / 12. 4. / 14. 4. / 15. 4. / 16. 4. / 17. 4. / 18. 4. / 19. 4. / 21. 4. / 25. 4. / 26. 4.
Joseph v. Arimathia – 27. 3.
Joseph – 7. 1. / 3. 6. / 11. 6. / 23. 6. / 25. 6. / 26. 6. / 27. 6. / 27. 9. / 13. 11. / 29. 11. / 1. 12. / 3. 12. / 4. 12. / 5. 12. / 7. 12. / 8. 12. / 14. 12. / 16. 12. / 17. 12. / 21. 12. / 29. 12. / 31. 12.
Josephus – 9. 2.
Juda – 6. 6. / 11. 6. / 12. 6. / 13. 6.
Judas – 16. 3. / 17. 8. / 18. 3.
Julian (Kaiser) – 28. 1.

Karpus – 9. 9.
Katharina – 25. 11.
Kierkegaard, Sören – 30. 1. / 9. 4. / 19. 4. / 11. 9.
King, Martin Luther – 22. 6.
Klepper, Jochen – 8. 12. / 22. 12. / 29. 12.
Köhler, Ludwig – 6. 1. / 16. 6.

Laodika – 14. 9.
Lapid – 24. 1.
Lazarus – 24. 10. / 27. 10. / 28. 10. / 29. 10. / 30. 10. / 26. 11.
Lea – 3. 6. / 13. 6. / 15. 6. / 21. 6.
Levi – 5. 6. / 6. 6. / 7. 6. / 8. 6. / 9. 6. / 10. 6. / 15. 11.
Leviathan – 28. 9.
Luise (Königin) – 10. 3.
Lukas – 15. 8. / 2. 10. / 12. 12. / 26. 12.
Luther – 25. 1. / 27. 1. / 18. 2. / 21. 2. / 14. 3. / 29. 3. / 12. 4. / 1. 8. / 4. 8. / 26. 8. / 27. 8. / 1. 9. / 31. 10. / 6. 11. / 7. 11. / 15. 11. / 20. 11. / 28. 11.
Lydia – 9. 9.
Lysimachos – 7. 9.
Luzifer – 8. 7.

Manasse – 26. 6. / 27. 6.
Manoah – 18. 6.
Mao – 29. 9.
Mardochai – 21. 6.
Maria – 27. 3. / 1. 12. / 3. 12. / 4. 12. / 5. 12. / 6. 12. / 7. 12. / 8. 12. / 11. 12. / 13. 12. / 14. 12. / 15. 12. / 16. 12. / 17. 12. / 21. 12. / 23. 12. / 25. 12. / 26. 12. / 29. 12. / 31. 12.
Martini, Jakob – 3. 3.
Matthäus – 23. 1. / 14. 6. / 2. 10. / 28. 12.
Maximus – 25. 11.
Mbiti, John – 23. 6.
Melchisedek – 26. 7.
Melito v. Sardes (Bischof) – 11. 9.
Menge – 8. 6.
Merseburg, Herzog von – 9. 3.
Micha – 7. 2. / 17. 6. / 15. 11. / 20. 12. / 21. 12.
Michael – 23. 3.
Miriam – 8. 6. / 1. 10.
Mirjam – 22. 6.
Moab – 7. 9.
Mose – 4. 1. / 15. 1. / 20. 1. / 21. 1. / 3. 2. / 17. 3. / 4. 4. / 21. 4. / 3. 6. / 7. 6. / 8. 6. / 16. 6. / 17. 6. / 20. 6. / 2. 7. / 9. 7. / 25. 7. / 26. 9. / 1. 10. / 10. 10. / 19. 10. / 29. 11. / 22. 12.

Nabonich – 12. 1.

Naomi – 18. 12.
Naphtali – 14. 6. / 23. 6. / 24. 6.
Nathan – 20. 1.
Nebukadnezer – 7. 1. / 9. 1. / 12. 1.
Nehemia – 11. 6.
Nikodemus – 27. 12.

Obed – 18. 12.
Oholiab – 17. 6.
Oktavian – 16. 12.
Onan – 12. 6.
Origenes – 14. 10.
Othniel – 22. 1.

Papias – 15. 2.
Pascal, Blaise – 22. 3.
Paulus – 18. 1. / 28. 2. / 17. 3. / 25. 5. / 30. 6. / 1. 7. / 12. 8. / 21. 8. / 22. 8. / 4. 9. / 7. 10. / 10. 11. / 23. 11.
Perez – 12. 6.
Petrus – 24. 1. / 17. 3. / 18. 4. / 12. 8. / 15. 8. / 7. 10. / 25. 11.
Phanuel – 21. 6. / 22. 6.
Pharao – 16. 6. / 25. 6. / 26. 6. / 23. 11.
Pinehas II. – 15. 1.
Pohl. A. – 17. 10. / 19. 10.
Polykarp – 6. 9. / 13. 9.
Pilatus Pontius – 14. 7.
Potiphas – 26. 6.
Priscilla – 4. 9.

von Rad, Gerhard – 6. 1. / 18. 6. / 3. 11. / 10. 11.
Rahab – 28. 9.
Rahel – 3. 6. / 23. 6. / 28. 6. / 17. 12. / 28. 12.
Redern, Hedwig von – 26. 10.
Röber, Paul – 3. 3.
Ruben – 3. 6. / 4. 6. / 19. 6.
Ruth – 18. 12. / 23. 12.

Sacharja – 1. 9. / 16. 10.
Sakkas, Ammonius – 14. 10.
Sallum – 23. 11.
Salomo – 2. 2. / 27. 3. / 11. 6. / 23. 11. / 29. 11.
Samuel – 16. 1. / 17. 1. / 19. 1. / 20. 1. / 21. 1. / 22. 1. / 27. 1. / 19. 12.
Sarah – 22. 6.
Saul – 18. 1. / 19. 1. / 21. 1. / 27. 1. / 13. 4. / 19. 6. / 28. 6.
Schlatter, Adolf – 16. 8. / 15. 10. / 27. 10.
Schick, E. – 13. 10.
Schleiermacher – 14. 10.
Schlink, E. – 29. 3.
Scriver, Johannes – 22. 8.
Schütz, Paul – 17. 3. / 23. 3.
Sebastos Augustus – 16. 12.
Sebulon – 13. 6. / 14. 6. / 24. 6.
Seitz, Manfred – 12. 12.
Spener, Philipp Jakob – 1. 8.
Sera – 12. 6.
Silpa – 19. 6. / 21. 6.
Simeon – 5. 6. / 6. 6. / 7. 6. / 8. 6. / 14. 12. / 23. 12. / 29. 12.
Simon, Bar Jona – 24. 1.
Simson – 27. 1. / 18. 6.
Solschenizyn, Alexander – 2. 6.
Steinwand, Eduard – 7. 12.
Stephanus – 20. 11. / 26. 11. / 27. 11. / 28. 11. / 29. 11. / 1. 12. / 26. 12.
Strabo – 7. 9. / 13. 9. / 14. 9.
Sua – 12. 6.
Sueton – 29. 9.

Tersteegen, Gerhard – 26. 10.
Tertullian – 1. 12. / 26. 12.
Tetzel – 31. 10.
Thamar – 12. 6.
Thomas – 14. 2.
Tiglathpileser III. – 14. 6.
Timotheus – 21. 8.

Ulrich von Augsburg (Bischof) – 1. 9.
Uria – 31. 1. / 6. 7. / 27. 12.
Usia – 30. 5. / 1. 6. / 2. 6.

Veronika – 13. 3.

Westcott – 20. 8.
Westermann, Claus – 26. 6. / 3. 11.
Windisch – 1. 2.

Xerxes – 21. 6.

Zacharias – 2. 10. / 10. 12. / 12. 12. / 13. 12. / 14. 12. / 29. 12.
Zeno – 15. 9.
Zephania – 31. 5.
Zeus – 25. 11.
Zimmerli, Walter – 1. 11.
Zotikos – 11. 9.

Für persönliche Ergänzungen und Gebetsanliegen

Für persönliche Ergänzungen und Gebetsanliegen

Für persönliche Ergänzungen und Gebetsanliegen

Für persönliche Ergänzungen und Gebetsanliegen

Für persönliche Ergänzungen und Gebetsanliegen

Für persönliche Ergänzungen und Gebetsanliegen